江戸時代帳合法成立史の研究

—和式会計のルーツを探求する—

田　中　孝　治　著

東　京　森　山　書　店　発　行

Tracing Back to the Old Style Accounting of Japan

Takaharu TANAKA

2014
MORIYAMA SHOTEN, Tokyo

まえがき

本書の目的は，歴史をさかのぼり，和式会計のルーツを探求することにより，逆にその発達過程を解明していこうということにある。

江戸時代の商人は，「帳合」という簿記法を持っていた。よく「大福帳式」などと馬鹿にされることもあるが，かなり高度なものである。豪商の中には，多数の帳簿に記入し，半年か一年に一度，決算報告会を行っていたことが，研究により分かっている。しかも，その決算書では，財産計算だけでなく，損益計算も行われ，その結果が一致するというものである。現在では，それを，「我国固有の簿記」であるとか，「和式簿記」，「伝統簿記」，「和式帳合」ないしは，単に「帳合法」などという名称で呼んでいる。

それでは，なぜ，江戸時代にそれほど優れた簿記法が発達したのか。筆者は，考えてみたことがなかった。研究を始めた頃には，貨幣経済の発達や商品取引が急速に進み，庶民の生活も豊かになったからであろう，というぐらいにしか考えていなかった。

我国において，現存する最古の商業帳簿は，元和の頃，すなわち江戸時代の初めにおける伊勢富山家の帳簿であり，記録上で最古のものは，「集古文書」というものに書かれている永正17年（1520，室町時代）の「土倉帳」（質屋の台帳）であると云われてきた。これは，大正10年（1921）に京都帝国大学の大森研造博士が提唱したものである。その後，この説は大森博士の後輩で，戦後，日本経済史の大家となる大阪大学教授の宮本又次氏に受け継がれ，現在では定説となっているものと考えられる。

ところが，ある時，たまたま網野善彦氏という日本史の研究者が，我国中世の荘園の決算報告書について触れている箇所を目にした。調べてみると，それは20m以上もある紙の巻物に，体系だった四つの計算書が書かれ，荘園の領主である東寺に送られたものであった。しかもそこでは監査も行われていた。もしかしたら，これが江戸時代の帳合法の基になったものではないか。しかしながら，このような精巧な決算報告書の制度は，当時の時代的状況から考えて，一朝一夕にできるものではない。そこで，我国の古代の律令制度に目を向け，さらには古代の中国や朝鮮半島にまで目を向け研究を進めていくことになった。結果として，我国の正税帳や出挙帳にその起源と考えるようになった。さらには，唐の長安にあった質屋の帳簿や，遠く離れたトルファンや敦煌で出土した帳簿，また百済の木簡などが，そのルーツではないかという結論に到達した。

なお，ここで一つ断わっておくことは，本書の研究の多くは，いわゆる和式簿記の研究である。しかしながら，そこには「監査」というものが行われていたという事実が認められた。かつて，リトルトンは，会計を簿記から明確に区別する要素の一つに会計監査がある（A. C. Littleton 1933, 259：片野訳1989, 371），と述べている。本書では，このリトルトンの説に従い，「和式会計」という名称を用いることとする。

前述したように，最古の商業帳簿は，室町時代の「土倉帳」であると考えられている。しかし，古文書に名前が出ているだけで，それがどういうものか一切分かっていない。また，古代の「正税帳」が，我国会計の起源であるとする説はあった。しかしながら，それがどういうものであるかということを真正面から取り組んだ研究も無かった。したがって，中世以前の日本会計史は未知であるといっても過言ではない。暗闇の中に，一つか二つの小さなか明かりがポツン，ポツンと見える程度であったと思う。

かつて**ドラッカー**（Peter F. Drucker）は，フォーチュン誌上で，「流通機構」についてあまりにも知られていないことを称して，流通は，「**経済の暗黒大陸**（*The Economy's Dark Continent*）」（Peter F. Drucker1962, 103）である，と言ったことがあった。このドラッカーの言葉を借用させて頂くなら，「中世以前の日本会計史は，日本会計史研究における**暗黒大陸**である」と表現できる。いや，もっと言うのなら，その「暗黒大陸」の存在さえ認識されていなかったというのが正確かと思う。筆者も，何も知らずに日本会計史研究の海を航行しているうちに，暗黒大陸にぶち当ってしまった。そして，その暗黒大陸の探検に無謀にも挑んでいったというのが本書の試みである。果たして，この暗黒大陸の探検が成功しているかどうかは，読者の方々のご判断にお任せする次第である。

なお，本書において強調したい主張や，重要な語句等については，傍点や太字，または下線で表現をした。これは，全く筆者が感覚的に付けたものであり，法則性があっての事ではない。ただ，本書は，用語一つ取っても，会計学の研究者の方には馴染みのないものと思われる。少しでも読む助けになるのではないかということもあり付した。その部分だけでも追って拾い読みして頂けるだけでも，本書の流れが理解して頂けるのではないかと思う。また，出来得る限り原典に忠実にするため旧字体を使用したことも付け加えておく。

本書を執筆するに当たって，会計学の研究者の方々のみならず，日本史の研究者の方々や，郷土史家の方々にお世話になった。また，大学図書館や，公立図書館の司書の方々にもいろいろとお手数をお掛けしたことをお許し頂きたい。心より感謝申し上げる。本来なら，お一人おひとり，お名前を揚げ，お礼を申し上げるのが筋であるが，紙面の都合もあり，ここでは，会計学の研究者の方で，特にお世話になった方々のお名前を挙げ，お礼を述べさせて頂きたいと思う。

今日，筆者が，研究者の端くれとしてやっていられるのは，大学院で指導して頂いた河合秀敏先生のお蔭である。「江戸商人の帳合法」という拙愚稿をお送りした時も，これが果して会計学のテーマに相応しいかという不安があった。意外にも「継続してやってみてはどうですか」というお返事を頂いた。そんなことを書いて頂いたのは，初めてであった。「これでいいんだ」と思い，以後20年近くも会計の歴史について研究している。先生の古希を記念して出版された『21世紀の会計と監査』にも執筆させて頂いた。それが初めての共著となった。また，「経済が停滞した時は，人々の関心は必ず歴史に向かうから」と励ましても頂いた。今や，「歴女」とか，「古事記ガール」などという言葉が生まれるくらい空前の歴史ブームである。会計学は，学問の性格上，ブームとまではいかないが，それでも最近の日本簿記学会などの報告を見ていると，歴史に関するものが増えたと思う。特に，日本のものが増えた。以前では，絶対に考えられないことである。正に，河合先生の言われた通りになったと思う。

安藤英義先生には，一橋大学という素晴らしい環境で，勉強する機会を与えて頂き，ご指導もして頂いた。その後も，先生のご退官を記念し，一橋大学の高弟の方々が執筆し刊行された『会計学論考』に，私のようなものも加えて頂いた。さらに，筆者が，発表の機会がない原稿を抱えて迷っている時，「学問のため」と，ご過分のお言葉をお掛け頂き，雑誌『産業経理』掲載にご推薦頂いた。あの時の掲載が無かったら，本書は無かったと思う。

学部時代の指導教授の野村晴男先生には，何も知らずに大学に入学した田舎者の筆者に，学問の手ほどきをして頂いた。先生の深い専門性と，幅の広い教養で，本当にいろいろなことを教えて頂いた。先生のお蔭で学問的な基礎ができたと思う。

平林喜博先生には，日頃からいろいろご指導頂き，ご心配をおかけしている。先生は，筆者がいつも勝手に送らせて頂いている拙愚稿を丹念にお読みになり，必ず朱記を入れてご返送してくださった。また，先生が会計史研究の地位向上を目指し，大学レベルのテキストとして企画出版された『近代会計成立史』の執筆者に，ご指名頂くという栄誉に預かったことも忘れられない。

三代川正秀先生にも，平素よりご指導して頂き，お世話になっている。先生は気さくなお人柄（と失礼にも勝手に解釈しているのですが）で，いろいろなことを相談させて頂いたり，愚痴を聞いて頂いたこともあった。特に，日本パチョーリ協会で勉強の機会を与えて頂いたことは，誠に幸せなことであった。

佐藤俊徳先生には，学部，大学院の講義を通して，ご指導頂いた。ゼミナールの大先輩である伊藤清己先生，盛田良久先生にも，ご指導頂いている。伊藤先生は，筆者が院生の時に大学に赴任され，それ以来お世話になっている。また，愛知大学経営総合科学研究所客員研究員にもご推薦頂いている。もし，客員研究員で無かったら，本書は為しえなかった。盛田先生は，河合先生を囲む弟子の研究会，AA（アイチ・アカウンティング）研究会の会長をしてい頂いていた。そこでは，多くのことを学ばせて頂いた。

一橋大学に内地留学した際には，新田忠誓先生，廣本敏郎先生の授業を聴講させて頂き，優しいお言葉も掛けて頂いた。両先生のご講義で，一橋大学のレベルの高さを痛感したものだった。また留学時には，原俊雄先生にご懇意にして頂き，以後もいろいろとご指導頂き，お世話になっている。

日本会計研究学会中部部会でも，多くのことを学ばせて頂いている。特に，斎藤隆夫先生，鎌田信夫先生には，筆者の拙い報告をいつもお聴きいただき，叱咤激励して頂いている。また，友杉芳正先生にもお世話になっている。なお，事務局の野口晃弘先生には，いつも無理を聞いて頂きお世話を掛けている。

もちろん会計史の分野では，西川登先生，岩邊晃三先生には，研究の駆け出しの頃からお世話になっている。岩邊先生の「イタリア式簿記法が日本に伝播したという説」に触れた時，「こんな着想をする人がいるんだ！」と感心した。研究を進めていくうちに，その岩邊先生と，西川登先生が日本会計研究学会を舞台として論争し，その後も紙面で，応酬し合っていることが分かった。「これはすごい」と思った。実証史料はないが，「文化論的アプローチ」と称し，イタリア式簿記法が日本に伝播したというベテランの研究者，岩邊晃三と，史料を丹念に読み三井家会計研究の第一人者であり，日本会計史研究の若き（当時は）エース，西川登の対決を思い描いた時，「これが歴史研究のロマンだ，醍醐味だ！」などと，単純な筆者は一人で盛り上がり益々研究にのめり込んでいった。だから，このことを，河原一夫先生の大石内蔵助や近藤勇の帳簿についてのご研究と共に，『近代会計成立史』で紹介した。少しでも初学者が会計史に興味を持ち，研究の動機付けになってほしいと思ったからだった。また，それが会計史の地位を上げたいという平林先生の思いに，適うものと考えたからでもあった。

君塚芳郎先生には，ご過分のお誘いや，貴重な情報並びに資料を頂いた。また，土方久先生には，日本簿記学会の懇親会の後，札幌のホテルで大変参考になるお話をして頂いた。高寺貞男先生には，なんの面識もなく突然失礼な電話をしたにも拘らず，長時間に渡りご教示頂いたことなどは，忘れられない。

久野光朗先生，戸田博之先生，岸悦三先生，森川八洲男先生，渡邉泉先生，片岡泰彦先生，笠井昭次先生，中居文治先生，中野常男先生，百瀬房徳先生，高須教夫先生，佐々木重人先生，泉宏之先生，今村聡先生，橋本武久先生，清水泰洋先生，桑原正行先生には，学会に出席した折には，貴重なご助言を頂いている。

高校の教員としても尊敬する江頭彰先生には，貴重な情報や資料を提供して頂くと共に，いろいろとお世話かけている。

もうすでに鬼籍に入られた先生方もおられる。新井益太郎先生，中村忠先生，武田隆二先生，武田安弘先生，安平昭二先生，興津裕康先生，大雄令純先生，みなさん筆者が駆け出しの頃から優しいお言葉をお掛け頂き，ご指導して下さいました。心よりご冥福をお祈り申し上げます。

なお，本書の出版をお引き受け下さった森山書店の菅田直文社長をはじめとした森山書店の皆様には，厚く感謝申し上げる。特に，筆者が旧漢字に拘ったために，本当に煩雑な作業をお願いすることになった。重ねてお礼を申し上げる。また，本書は，日本会計研究学会の平成25年度の財団法人産業経理協会の寄付による出版助成を受け，発刊できる運びとなった。心より感謝申し上げる。

最後に，いつも筆者を暖かく見守ってくれる家族に深い感謝の気持ちを記しておきたい。

2014年陽春　自宅にて

田　中　孝　治

目　　次

第1章　江戸時代の商人の帳合法

1　は　じ　め　に

我国における江戸時代以前の帳簿システムについては，あまり知られていない。現代利用されている複式簿記は，明治時代初期に西洋から輸入されたものである。この西洋式簿記を我国に紹介した代表的人物である福沢諭吉は，『帳合之法』初編一の序文で次のように述べている。

「都テ世ノ中ノ事物ニ就キ不便利ヲ見出シテ苦情ヲ述ルコトハ易ケレドモ其不便利ヲ補フノ術ハ甚タ難シ諸方大家ノ帳合ヲ見聞スルニ何レモ皆混雑多ク一商家ノ棚卸ニハ店中惣掛リニテ二箇月ヲ費シ尚不分明ナルモノ多シ帳合ノ宜シカラザル證拠ナレドモ今日ニ至ルマデコレヲ改正シタル者アルヲ聞カズ一家ノ不便利ノミナラズ天下一般ノ不便利ト云フ可シ今コノ譯書ハ唯西洋帳合ノ初歩ナレバ固ヨリコレヲ以テ諸商賣ノ帳合ヲ變シテ全ク世ノ不便リヲ除ク可キニハ非ザレドモ先ツ此書ヲ以テ帳合學ノ門ニ入リ次テ二編ノ本式ヲ學ヒ尚進テ其奥義ニ達スルコトアラバ遂ニハ全國公私ノ會計ヲ便利ニス可シサレバ此冊子粗ニシテ小ナリト虽トモ尚ナキニ優レル乎」（下線引用者，福澤1873，二丁から三丁）

江戸時代の商人の簿記は，当時「帳合」と呼ばれていた。福沢は，その帳合は，「混雑多く」，「天下一般の不便利」であるとして，その弊害を除くために，この書，すなわち『帳合之法』を学べと説いている。

黒澤清は，『帳合之法』の意義について，明治初期の日本人の近代企業家精神を鼓舞するために書かれたものであり，その歴史的重要性は測り知れないものがある（黒澤 1990, 78-79）と，述べている。しかしながら，ここに書かれているように我国の江戸時代の簿記は不便なものとして片づけてしまっていいものだろうか。17 世紀の前半に 20 年間長崎出島に在留したオランダ商館長フランソワ・カロンは，日本人は「伊太利流の簿記法を知らないが，勘定は正確で，売買を記帳し，一切が整然として明白である」（フランソワ・カロン 1974, 188），と述べている。また，『日本永代蔵』や『世間胸算用』などを著わした井原西鶴の全著述に現れた各種帳簿の名称は，20 種を超えるものであるという（上坂 1938, 94）。これらの帳簿がどのような働きをするものであるか。果して西洋式の複式簿記に匹敵するものであろうか。

江戸時代の「帳合」と呼ばれていたものは，現在，西洋式の簿記に対して，「和式簿記」，「伝統簿記」，「我国固有の簿記」と言ったり，「(和式）帳合法」，などとも呼ばれたりしている。本書では**「和式簿記」**で統一することとするが，江戸時代のものに限って，先達に倣い特に**「帳合法」**と呼ぶこととする。この帳合法の研究は日本経済史[1] の研究者による研究に負うところが多い。帳簿（システム）そのものよりも，そこに書かれている内容から，その商家の盛衰であるとか，扱った商品やその流通ルートなど社会経済史的な部分に関心を寄せることが多いのではないかと思われる。これに対して，帳簿（システム）を研究対象とする会計の研究者の業績は，それほど多くないように思われる。これには，二つの理由が考えられる。一つは，明治時代以来，我国の会計研究者の目が西欧に向けられていたこと。これは，一刻も早く欧米先進国にキャッチアップするために当然の事であったと思われる。もう一つは，史料，すなわち古文書を扱ったり，翻刻（解読）したりすることが困難なことと関係しているものと思われる。大学の日本史学科でトレーニングを受けたものでない限り，古文書を読むということは難しい。いや受けたものでも一筋縄ではいかないものではなかろうか。

しかしながら，会計の研究者による優れた業績も数多く残されている。中でも近江商人中井家の小倉榮一郎（1962），伊勢商人富山家を中心とした河原一夫（1977），三井家の西川登（西川登 1993，西川登 2004）等の帳合法の研究は単行本として刊行され，その評価も高い。また西川孝治郎の研究の意義も大きいと思われる。西川孝治郎の膨大な研究は，近代，すなわち明治時代以降の簿記書の研究に主眼が置かれているが，明治に到る江戸時代の考察も含まれ帳合法研究に与えた影響は大きなものがあると思われる。これら4人の研究は，以後の帳合法研究者の模範となり，ガイドラインとなった[2]。

そこで本章では，先達の研究を参考にしつつ，帳合法の概観をして，その意義について検討してみたいと思う。ただし，ここでは，その研究の草創期と考えられる明治維新期から第二次世界大戦までと，その研究が盛んになる大戦以後に便宜的に区分し，考察を進めていくこととする。

2　明治初期から第二次世界大戦までの研究

この期では，戦後の研究に大きな影響を与えたと考えられる，書物，研究を中心として考察する。

2.1　『商事慣例類集』に見る江戸時代の商人の帳合法

明治期に発刊されたもので，江戸期の商人の帳合法を知る手懸りとなる最初のものは，おそらく『商事慣例類集』である。これは研究者による論文ではない。西川孝治郎によると，明治14年（1881）～15年（1882）頃，太政官（中央政府＝引用者）が商法編纂の参考資料とするために[3]，日本全国各地の商法会議所と1府8県の地方官庁に対して，商習慣の取調べを命じ，その答申を編集したものである（西川孝 1969，3）。

『商事慣例類集』には，「賣買」や「契約」など八つの商事慣例についての諮問が揚げられ，第一篇（明治16年（1883）7月印行）には，各商法会議所の答申並びに附録が，第二篇（明治17年（1884）2月印行）には各府県の答申が掲載されている。より詳細で重要度の高い思われる前者を，本書では取り上げることとする。

さて，諮問の中で帳簿のことは，第一番目の「商人商業及商業帳簿ノ事」という事柄の第四條に，以下三つの諮問項目として揚げられている。

「第一節　商業帳簿ノ種類幾多アリヤ其各種類ノ名稱ノ用方及保存ノ期限等ハ如何

第二節　其帳簿ハ凡ソ一定ノ書式アリヤ又商業ノ性質ニヨリ帳簿ノ種類ヲ異ニスルヤ

第三節　歐米各國ニ用ユル所ノ單複ノ記簿法ニ倣ヒ簿冊ヲ記スルコトハ追々盛ンニ行ハルヽ景況ナルヤ」(30頁)

上記第一節，第二節の質問事項に対して，東京，大阪，京都，神戸などの諸都市の商人の帳簿は，大体7～9種の帳簿を基本としている。

例えば，東京では「凡ソ商業ノ帳簿ハ取引ノ摸様及商賣柄ニ依リ其要スル所ノ種類一様ナラス其數亦無慮數十種アリト雖トモ今茲ニ其商賣柄ノ何タルヲ問ハス苟クモ問屋ノ業ヲ營ムニ於テ普通欠クベカラサル帳簿ヲ擧クレハ概子左ノ九種トス」として，「當坐帳，大福帳，仕入帳，仕切帳，藏入帳，水揚帳，金錢判取帳，荷物判取帳，金錢出入帳」の9種を挙げ，「而シテ其名稱ノ如キハ各商店ニ依リ一定ノ極リナシ例ヘハ當坐帳ヲ注文帳若シクハ諸用帳ト稱スルカ如キ……然レトモ其用方ニ至リテハ共ニ皆一ナリトス又其帳簿ニハ一定ノ書式ナシ……」というふうに書かれている(30-32頁)。つまり，当時東京の商人では，名称は違っても上記9種類の帳簿が使用されていたこと，一定の書式もなかったことなどが分かる。それでは，これらの帳簿が，どういう機能を持っていたのか，概ねつぎのように抜粋要約できる(32-51頁)。

當坐帳…「注文帳」若くは「諸用帳」とも称する。この帳簿は，取引の日記とも云うべきもので，売買に関係したものは，其の貨物の品位・数量・価格・現品受渡しの月日・相手の姓名等を，必ず先ず登記するものである。この帳簿は，西洋諸国で行われている單式記簿法の「日記帳」なるものと，全くその用法は同じである。

大福帳…「懸帳」(「掛帳」＝引用者)，又は「本帳」とも名付けられる。其の用法は，専ら売掛を明記することにある。帳簿に売り上げ先別などに細分した小口の見出しを付ける。売り上げ先，即ち自店に対して負債者たるものの姓名は，日々の取引にして先ず當坐帳へ記入した後，現金払いでない売掛となるべきものは，貨物の代価は勿論，諸掛り入用（費用＝引用者）高に至るまで，一旦仕切帳（後述）に登記した後，総て売り上げ先の分類に従って夫々書き込むものである。この大福帳なるものは，西洋單式記簿法の所謂「大帳」なるものと，全くその用法は同じである。

仕入帳…「買付帳」ともいう。其の用は，買付方（仕入先＝引用者）を明記することにある。即ち，買い入れ先の姓名を分類し，其の貨物の品位・数量・原価・取引約定の月日等の詳細を登記するものである。抑も，この仕入帳及び仕切帳（次に記す）なるものは，商家が因って以て，其の損益を計較するための原據たるべきものにして，其の必要なること遠く他の帳簿の右に出るものというべし。

仕切帳…この帳簿の用途は，貨物売り上げのことを明記する事にある。即ち，売り先姓名・貨物の品位・数量・諸掛り入用高・売り渡しの月日等を詳記し，売掛となるべきものは，必ず大福帳に登記すべし。所謂「売上帳」なるものと，全くその用法は同じである。

藏入帳…「藏出入帳」ともいう。即ち，貨物の出入り帳にして，その用途は，専ら現品の出入りを明記するにある。仕入れ貨物が到着する時には，先ず点検して一々之を「水揚帳」（次に記す）に詳記し，送り状と突き合わせて，藏入れするに際して，某月某日何品幾個入りと記し，売り上げ貨物を運出する時には，この藏入帳に某月某日何品幾個出と記し，然る後，この貨物を積込問屋に渡し，「荷物判取帳」（後述）に其の領収を證記する。其の他，苟しくも貨物の出入りのある時には，必ず記載し，貨物の現在高を容易に知ることができるものである。

水揚帳…この帳簿の用途は，仕入れ貨物の到着を明記する事にある。先ず送り状を得たる時には直ちに貨物の数量，積込船名等を詳記して，積付帳と名付け，追って其の貨物が到着した時には，これを点検し送り状と突き合わせて，その詳細を記載する。西洋單式記簿法の所謂「送り状控帳」なるものと，全くその用法は同じである。

金錢判取帳・荷物判取帳…共に金銭・貨物請取人の證印を受ける帳簿である。金錢判取帳は，概ね仕入貨物の代金を支払った時，売主の證印を，運賃を支払った時には積込問屋の證印を受ける時に用いる。また，小口の買い物の代金を支払う時も，この帳簿に受取人の證印を受けることがある。荷物判取帳は，府内に貨物を売り渡した時は，直ちに其の買主の證印を受け，地方へ之を売り渡した時には，積込問屋の證印を受けることなどが，その例である。要するに此の二帳は，金錢貨物の受取帳に過ぎず，其の記載方法も一定の極まりはなく，甚だ簡略なものである。

金錢出入帳…又は，「兩替出入帳」とも云う。日々の仕入・売上等について，一々金銭の出納を明記する帳簿である。毎夜，精算差引して，其の日の勘定を確実にしている例もある。これまた，商家に在っては，実に欠いてはいけない帳簿である。其の記載方法も一定の極まりはなく，概して不規則なるものが最も多い。

これら以外にも〔東京〕の答申では，「糶帳」，「相場帳」，「爲替帳」，「給金帳」，「運送通帳」等を揚げているが，問屋においては，上記，9種類の帳簿，また，仲買，小売商に至っても藏入帳と水揚帳の二つを除いた7種が商業上必ず要すべきものとす（49-50頁），としている。

〔大阪〕においても，「大福帳」，「買帳」，「賣帳」，「注文帳」，「金銀出入帳」，「金銀受取帳」，「荷物渡帳」の7種を「商業上欠クヘカラサルノ帳簿」（63頁）として揚げている。そして，上記に続いて，「商業ノ繁閑ニ因リ便宜其一種ヲ二三種ニ分チ或ハ名稱ヲ異ニシ又ハ其商業ノ種類ニ因リテ各種ノ帳簿」を要するとして，44の帳簿を例として揚げている（63-64頁）が，「畢竟賣買帳ノ兩帳及ヒ金銀出入帳ノ三種ヲ以テ緊要トシ之ヲ大福帳ニ於テ惣括スル」（下線引用者，64頁）としている。つまり44の帳簿のうち売上帳，仕入帳，現金出納帳の三つが差し迫って重要なものであり，最も重要なものが，それらの帳簿を統括する大福帳，すなわち売掛帳である，としている。

この答申で見る限り，基本的な帳簿はそれほど多くなく単純なものであるといえそうである。ただし，兵庫だけは，第一篇の付録で，問屋と仲買商の帳簿組織図（帳簿轉記連絡之図）を掲載し，説明を加えている（571−586頁)。これについては，本書の最後の章（補論）で考察する。

それでは，これらの帳簿が江戸時代から続いているものであるのか，それが問題である。本書が作られた当時（明治14〜15年)，すでに西洋式の簿記は我国に入ってきているからである[4]。そうした疑問に対する回答が上記，第三節の質問事項に対しての回答である。例えば，東京の場合は次のようなものである。

「現今國立私立各銀行及諸會社等ハ概子洋式記簿法ヲ専用スト云トモ他ノ商業者ニ於テハ未タ其法盛ニ行ハルヽヲ聞カス是其法式ノ便ナラサルカ爲ナメナラス只奮慣ヲ破フリテ新法ニ移ルノ難キニ苦シムノミ自今商業ノ益々隆盛ナルニ趨キ取引ノ愈々綿密ナルニ随ヒ必スヤ漸次記簿法ノ世ニ行ハルヽニ至ルハ本會カ信スル所ナリ」(51−52頁)

この文章からも，明治以後なかなか西洋式簿記に切り変わらなかった事が分かる。他の地域，京都の「西洋記簿法ハ行ハレ難クト存候」(58頁）や，大阪の「商業ノ種類ニ因リテハ歐米記簿法ニ做フモノアリト雖トモ盛ンニ行ハルヽ景况ナリトハ言ヒ難シ」(67頁）でも状況は変わらないことが分かる。横浜でさえ，「銀行其他諸會社等ニ用ユル簿冊ハ概子洋式ノ記簿法ニ傚ヒ記載スルモ他ノ商業者ニ至リテハ洋式ヲ用ユル者甚タ稀ナリ」(73頁）という現状であった。したがって，本書に掲載されている商業帳簿は，江戸時代から続くものである。このことを実証するものとして例えば，明治44年（1911）に初版発行の『大阪市史』がある。第二の第四編の徳川時代には，「問屋と仲買　賣買の手續　商家の帳簿と雇人」という項があり，前述の『商事慣例類集』の大阪商法会議所の答申の商業帳簿に関する記述が載せられている。さらに，この『大阪市史』の第五にも，『商事慣例類集』の大阪商法会議所の答申の全文が，「商事慣習諮問報答書案」という形になって載せられている。このことは，『大阪市史』の編纂者が，『商事慣例類集』に載っている帳簿類（つまりそれは明治15

年頃の大阪の商人が使用していたもの）が，江戸時代（徳川時代）の商人のそれと，同一もしくは，大差がないと考えたからであると思われる。本書を見れば，江戸時代の帳簿がどういうものであるか分かるということになる。

前述したように，本書は研究者の著した研究書ではない。それにもかかわらず，なぜ本書を真先に取上げたのか。それは本書が発刊以後，研究者の拠り所となってきたからである。西川孝治郎（西川孝 1969, 3-4），河原一夫（河原 1977, 338-340），などが研究論文，著書の中で取り上げている。また，昭和9年（1934）に出版された黒澤清著『簿記原理』（黒澤 1934）に，『商事慣例類集』の引用がみられる。これは，西洋式の複式簿記についての書物であるにもかかわらず，「第三篇　帳簿組織」の「第八章　帳簿組織の發展」の中に，「I　原始的帳簿組織」という項目があり，さらにその中に，「(4) わが國固有の帳合法における帳簿組織」という小項目を作り，243頁から249頁まで7頁を割いている。この黒澤の書物は，教科書である。しかも以後，何度もの再版，増刷がなされている。この黒澤の引用は，江戸時代の商人の商業帳簿というものを，それだけ多くの人の目に触れる効果をもたらしたことは確かである。以上の理由から，『商事慣例類集』を先ず紹介した。

2.2 大森研造論文

我国の会計学関係の学術論文中，帳合法関係の研究でもっとも早いものは，大正10年（1921）5月に京都帝国大学の大森研造が著した「我國在來の商業帳簿」（大森 1921）であると思われる。大森論文は，「第一，序言」，「第二，我國に於ける帳簿の起源」，「第三　徳川時代以前の帳簿」，「第四，徳川時代并に其以後の商業帳簿」，「第五，結言」の五部構成になっている。以下順を追って簡単に説明すると，次のようになる。

まず，「第一」の冒頭で，「商業帳簿は營業の鏡なり，歴史なり，卽を商人は商業帳簿に依つて始めて過去を稽へ現在に徵し將來を畫策し得るものにして，商業帳簿の完否は實に其國商業の盛衰消長に關すること頗る大なりと謂ふべし」（大森 1921, 117）と，その意義を述べている。また，「第二」では，「集古文書に見えたる永正十七年（1520＝引用者）の**土倉帳**を以て史籍に表はれたる我國最古の商業帳簿なりとす」（傍点・太字引用者，大森 1921，121）と述べている。すなわち，現存はしないが，記録上で我国最古の商業帳簿は，「集古文書」に記載されている永正 17 年（1520）の土倉帳であるとしている。さらに「第三　徳川時代以前の帳簿」では，まず，史籍に現れた徳川時代以前の帳簿として，「神帳」，「驛起稻帳」，「大計帳」，「四季帳」，「見丁帳」，「青苗簿」，「輸租帳」，…「正税帳」…「戸籍」，「人別帳」等の帳簿を列挙している。しかしながら，これらは，總て商業帳簿にはあらず（大森 1921，121–124），として次のように述べている。「此時代に表はれたる唯一の商業帳簿は，**集古文書**に載する室町時代の末葉に於ける**土倉帳**なるべし」，と前説を強調し，「即ち永正十七年の掟に『土倉（今の質屋）には土倉帳あり，訴訟には之に依って決すべし』といふ事あり，この土倉帳とは質屋の臺帳なるべし」（太字引用者，大森 1921，121）と，説明を付け加えている。また，「尚質屋のみならず他の商人も各自帳簿を有したるなるべし，然れども當時如何なる種類の帳簿が如何なる形式を備へたりしかは明確ならず」（大森 1921，121）とも述べている。

次に「第四」の徳川時代以後の商業帳簿では，先ず，現存する最古の商業帳簿について言及している。

「徳川時代に入りて商業帳簿は一般に整備し來りたるが如く，現存するものも尠なからざれば從てその形式用法等を窺ふこと得べし，但しその現存する最古のものとして多くの史家は寛永十一年（…1634 年…）頃に記録せられたる京都の木材商白木屋の帳簿を推せども，予の聞く所に依れば伊勢國松阪の古長者富山家の用ひし元和頃（…1615 年…）の帳簿（現伊勢國射和村伊馥寺蔵）を以て現存せる我國最古の帳簿となす」（下線引用者，大森 1921，125）[5]。この伊勢富山家の帳簿が，何であるかということについては後述するが，その次に大森は，「今此時代に於いて一般に使用せられたる商業帳簿の概要を叙説せんか」（大森 1921，125）として，「大福帳」，「買帳」，「賣帳」，「注文帳」，「金銀出納帳」，「金銀受取帳」又は「判取帳」，「荷物渡帳」の 7 種の帳簿名を具体的に掲げ説明している。これは大正三年（1914）の『大阪市史』第二巻（大阪市 1914）と，明治四十四年（1911）の『同』第五巻（大阪市1911）や，大正三年（1914）発行の『徳川時代商業叢書』第三巻（早川1914）など[6]を参考文献として揚げている。ところが，これらの文献に当たってみると，大森が『大阪市史』第二巻で参考にしている箇所は，『商事慣例類集』の〔大阪〕答申の要約であり（大阪市1914，317−318），第五巻にいたっては，「商事慣習問目並報答書案」と称し，『商事慣例類集』の〔大阪〕の答申をそのまま転載したものである（大阪市1911，476−479）。このことは，大森論文も間接的にではあるが，『商事慣例類集』の影響を受けているということである。

大森は，最後の「第五，結言」では，次のように締め括っている。

「商家の備ふる帳簿は其數頗る多きも其間何等の系統なく，記入の内容は粗雑にして再三重複し，從て轉寫頻繁なるの結果は時間を徒費し誤謬を傳へ，現今の激烈なる商戰場裡に馳驅して錯綜せる營業の収支計算を明確ならしむるに適せず，されば吾人は今日に於て宜しく歐米各國の商業帳簿に就きてその組織制度を究め，彼此の長短を比較し其得失を對照し以て各種營業の性質繁閑取引の大小等に適應するの法式制度を樹立すべきなり」（大森1921，133）。

最終的には，西洋式の簿記法を推奨する形になっている。しかしながら，この論文によって，我国帳合法の歴史が分かる。この大森の研究は，同じ京都帝国大学の後輩で，戦後，日本経済史の大家となる宮本又次に受け継がれることとなる。宮本は，著述の中で何度となく大森の論文を引用している。例えば，宮本が，昭和15年（1940）に『日本經濟史辭典』に書いた「商業帳簿」という項目（宮本1940）や，昭和17年（1942）発刊の『あきなひと商人』の「帳簿と帳合」という章の中にも引用がみられる（宮本1942，63−68）。特に，「江戸時代の帳簿と帳合」（宮本1957）は，帳合法の研究のために多くの研究者が参考にし，帳合法研究のためのバイブル的存在といえる[7]。

ところで，大森がいう現存する我国最古の商業帳簿である元和元年頃の伊勢松阪の富山家の帳簿とは何か。大森は，具体的な帳簿名を挙げていない。その帳簿名が分かってくるまでには，大森の研究から半世紀を待たなければならなかった。それは昭和44年（1969）に，西川孝治郎が著した「日本固有帳合法の特徴について」（西川孝 1969）である。西川孝治郎は，「伊勢國射和村伊馥寺」にあった富山家の史料が，文部省史料館（現，国文学研究資料館）所蔵になっていることを発見した。そして，967 点に上る史料の内から，元和元年の頃の帳簿として，**「足利帳」**（図表 1-1）と**「大福帳」**（図表 1-2）の二つを揚げている（西川孝 1969, 11）。

図表 1-1　足利帳の写真

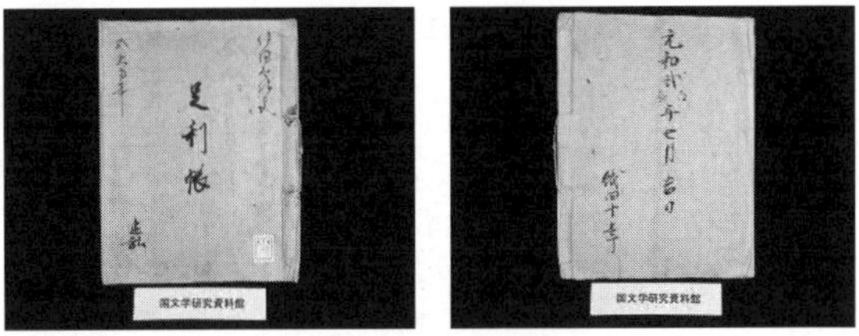

表紙　　裏表紙

（国文学研究資料館所蔵）

図表 1-2　羽書仕入帳の写真

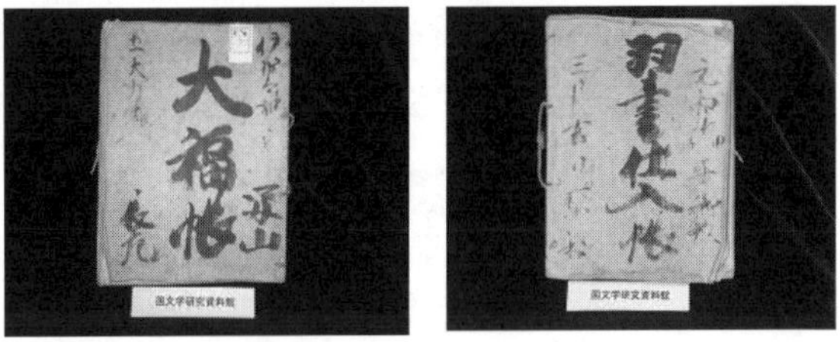

表紙　　裏表紙

（国文学研究資料館所蔵）

その後，この二帳簿について詳細な研究をし，発表を行ったのは，西川孝治郎の指導を受けた河原一夫である（河原 1977, 8-22）。

河原によると，足利帳とは，富山家の正味身代（純財産）の増減を，元和元年（1615）から寛永 17 年（1640）までの 25 年間にわたって記録した帳簿である（河原 1977, 8）。また，大福帳の方は，富山家個人が発行元として発行した「羽書」（射和羽書＝引用者）の受払いについて，元和 10 年（1624）から明暦元年（1655）の 32 年間にわたって記録した帳簿である（河原 1977, 13）。ここで，羽書（ハガキ）とは，江戸時代に発行された私製の少額紙幣のことである。なお，大福帳というは，一種の美称である。同じ「大福帳」という名称の帳簿であっても，商家によって全く別の帳簿であり，機能が違うことがある。また，「大福帳式簿記」というように，帳合法の総称として使用されたりするものである。そのためもあってか，この富山家の大福帳は，現在，一般には**「羽書仕入帳」**（裏表紙）という名称で呼ばれている。

さて，この二帳簿のうち，大森の言うところの元和元年頃の我国最古の商業帳簿というのは足利帳ということになる。昭和58年（1983）の『松阪市史』においても，足利帳を「わが国最古の会計帳簿」（松阪市1983，547）としているし，平成10年（1998）発行の『三重県史』においても「日本最古の経営帳簿」（三重県1998，88）と記述されており，現在，通説になっている。

以上のように，大森論文は帳合法研究の草分けであり，後世，多くの研究者がよりどころとした帳合法研究のためのバイブル的存在といえる。また，蓋し，この大森論文の一番の功績は，我国で記録上最も古い商業帳簿は「土倉帳」であり，現存する最も古い商業帳簿は伊勢富山家の帳簿であることを，世に知らしめた事ではなかろうか。以上のような理由によって，大森論文を二番目に採り上げた。

それでは次節では，「出雲帳合」について考察することとする。

2.3　出　雲　帳　合

出雲帳合とは，島根県飯石郡吉田村に600年以上も続いた舊家，田部家に伝わった帳合法のことである。そもそも事の起こりは，昭和11年（1936）5月30日附の大阪毎日新聞に，其の帳簿が『大福帳式』であるのにも拘らず，その勘定方式は，複式簿記と原理を等しくする**両面勘定**に依る，という記事が載ったことにある。それを見た当時，神戸商大教授の平井泰太郎，彦根高商教授の山下勝治等が現地に赴き調査研究し，報告したものである（平井1936，1-2）[8]。山下によると，この「出雲帳合」という名称は，平井の命名とのことである（山下1936，89）。

田部家の主たる家業は，持山より産出される砂鉄を採集し，これを**鑪（たたら）吹き製鐵法**と称する我が国古来の製煉法によって，製鉄・製鋼を行うことであった。出来上がった製品は，日本刀の材料とし最も優秀とされ，鐵泉丸等という千石船で尾道を経て大阪や，あるいは，松江近くの大芦より能登又は，直江津を経て江戸に運び込まれたという。鑪は，一時は20数個所以上に上っていたが，生産事業が変化したために，大正2・3年（1913・1914）頃を以って廃止されている（平井1936，4）。

平井は，「帳合を理解せんが爲には，一應同家の業態を説明しておく必要があると思はれる」（平井1936，5）と述べているので，最初に，田部家の業務組織の説明から始めることとする。

すなわち，家業の処理のために『營業部』を設け，財務処理のために『財務部』を置く。そして，その結末の一半は，『基本部』において処理される。製煉所は鑪，又は『箇所（かしょ）』と呼ばれ，人夫の十乃至二十家族位が属していた。箇所における事務所を『元小屋（もとごや）』と言い，夫々支配人及び屬[9]が配置され，一個の会計単位を構成する。製品の保管・販売・入用品の買入れ，其の他の為に，松江支店及び大阪支店を有する。支店もまた，支配人を有し，会計単位をなす。支配人は手代であって，皆本店より派遣される。『營業部』は，これら箇所の元締めである。營業部と箇所との間には，製品，其の他の受渡しに就いて，一定の内部計算を必要とする。

『財務部』には，山方，田地方，畜産方，調度方，納戸方，及び計算方の諸係りを置いている。『方（かた）』は係の意味であるが，方には夫々，二人又は一人の支配人を有し，一人から四人の屬が附いている。山方，田地方，畜産方は，營業部との間に，一定の定めによって互いの貸借決済が行われ，独立の収支計算が行われている。『調度方』は，物品方とも称され，本店，又は箇所の用度係を務める。『納戸方』は，奥向きの世帯の管理をなし，『計算方』は，番頭の采配の下に總ての計算の結末を附ける（平井1936，5-8）。

次に，帳簿について説明する。帳簿は，全部和綴じであって，美濃判の和紙を，横二つ降りとして綴り合せたものである（縦　一尺二寸五分三七・五糎，横四寸四分一三・二糎）。枚數は不同であるが，小口五十枚，又は百枚位を普通とし，主要簿には三百枚以上に上るものもある。表紙は厚紙を用ひ，大部分は澁を刷いてある。丁數は附してなく，…帳簿の中には，各々葉紙を改めて多くの口座が設けられている。之を『勘定（かんぢよう）』，又は『座（ざ）』と稱して居る。其の『**勘定**（かんぢよう)』，又は『**座**（ざ)』の所在を明瞭ならしむるが爲に，竹製見出し（finder）を附して居る事であって，之を『白眼（にらみ)』と稱して居る。…記帳は毛筆，縦書。…」(平井 1936，9)。

さて，先の新聞記事にもあったように，出雲帳合の最大の特色は，「両面勘定」にある。平井，山下共にこの両面勘定について，箇所の一つである大吉鑪を採り上げ，その帳簿組織について説明している。

まず，「鑪の支配人は，毎月，『月切帳』と稱する帳面を以て，業績を報告する外，毎期末，卽ち六月切，及び十二月切を以て，其の一定期間に於ける諸帳簿の勘定尻を取纏め，之を『**勘定目録**』と言ふ形を以て，本店に報告するのである。勘定目録は，期末に於ける決算報告書綴であつて，夫自體，又一冊の帳面をなすのである」(太字引用者，平井 1936，14)。

大吉鑪で道いられている帳簿は以下のようなものである。

大炭庭帳・米請取帳・米俵切請拂帳・金米拂判取帳・米拾出帳・金錢請拂帳・馬代算用帳・馬方上り日帳・村方仕事拾帳・山内仕事拾帳・暮方（クラシカタ）帳・大炭拾出帳・諸鐵請拂帳・諸人夫日帳・燒木釜土（ヤクギカマツチ）帳・諸極帳・伐り代帳，出鐵改帳，諸積り帳，小取算用帳（雜仕事帳の意）・萬買物帳・萬算用帳・山内算用帳・村方算用帳・前切勘定帳・鐵穴山代歩一井手走臺（カンナヤマダイブイチキデハシリ）帳（砂鐵採集上の堀切借料・水引料等を記帳する帳簿）・小鐵場殘指目帳・小鐵庭帳・駄賃拾出帳・米炭小鐵突合帳・鐵穴算用帳，鐵穴雜用帳，本家箇所立用洋帳（山下 1936，94）

また山下は，箇所の支配人は，箇所に於ける上述の帳簿から，関係費目を拾い出して，之を一定の勘定座で纏め上げる。そして，その勘定が正確であるか否かを検するために「内部突合せの制度」が出来上がっており，出雲帳合の特色をなす両面勘定の構想はここに存する（山下 1936，95)，と述べている。毎期末，『勘定目録』に設けられる勘定座は次のようなものである。

現金座，現米座，米値段平均座，鋼値段平均座，地鐵値段平均座，小鐵元代座，小鐵棚着座，大炭値段平均座，燒木座・釜土座・諸駄賃（突合）座・鋼方雜用座・成替米書出座・買戻米書出座・過上不拂書出座・未進書出座・中浮雜用座，殘有物書出座，出目金座，惣差引座（山下 1936，95)

次に，「箇所の支配人は，箇所の凡ての關係帳簿から以上出目金，惣差引座以外の勘定座に記録をまとめ上げ，更に之等の勘定から出目金勘定を作り上げ，こゝで箇所に於ける収支計算を明らかにするのであるが，同時に，この出目金座の殘高は最後の惣差引座の殘高と一致すると言う機構の上に立つて，この出目金座と惣差引座とを總稱した言葉として兩面勘定なる語を用ひてゐるのである。新聞紙上に此の帳合が複式簿記と原理を同じふすると傳へらるゝに至つた根據は實に此の兩面勘定の存在の故を以てである」（山下 1936，95–96），と山下は述べている。

要するに，これらの勘定座は，混合勘定である。それで，この各勘定座を損益勘定尻と財産勘定尻の二系列に分解して，前者を「出目金座」へ，後者を「惣差引座」へ集合させる。その結果，これら二つの勘定座では後述するような形式で純損益が計算されることになり，両者は一致する。この異なる計算過程を経て計算された両者の純損益が結局出会うということを称して，「**出雲帳合の両面勘定**」と呼ぶ（河原 1977，150–151）。「『出目金勘定』は，又『出目銀勘定』とも書かれて居る事があり，其の差引を『**出目**』と言ふのである。因みに若し，之が缺損となれば，『**控目**』と稱する」[10]（傍点・太字引用者，平井 1936，19）。後に河原は，この大吉鑪の帳簿関係を，図表 1–3 にように分かりやすく描いている。

図表 1–3　両面勘定の帳簿関係図

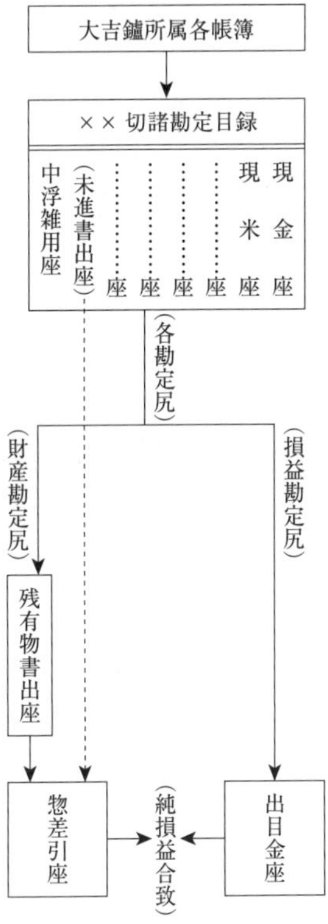

出典　河原 1977，151

それでは次に，「**出目金座**」と「**惣差引座**」をごく掻い摘んで説明する（両面勘定は，安政年間のものにも確認できるが，大正初期のものと形が変わらないということで，平井は大吉鑪の大正２年（1913）８月28日付のもの（平井 1936，19–22），また，山下は大正3年（1914）3月31日付のもの（山下1936，96–103）をそれぞれ調査研究し，紹介している）。

「出目金座」は，損益計算書に当たるものである。ここでは，まず当期の総生産数量とその内訳，生産に要した製造原価の各要素により，当期製造原価が算出される。次に鋼値段平均座と，地鐵値段平均座で算定された製品の評価額が記入され，その差額が純利益の「出目金」となる。

他方，「惣差引座」は，貸借対照表に当たる。まず，期首債権，債権以外の期首財産，本家より受入高で，期首の純財産が算出される。同じように期末債権，債権以外の期末財産，本家へ渡高で，期末の純財産が算出される。「出目金」は，その差額である。すなわち財産計算により損益を計算しているわけである。ただし，本家受入高，引き渡し高を加算している意味は，収支損益計算の思想に立って，本家よりの受入高は箇所に於ける収入と考え，本家への引渡代価は支出と考えているからである（山下1936，102）。

前述したごとく，「出目金座」の出目金と，「惣差引座」の出目金は，当然一致するはずである。しかしながら，大正2年のものは78銭3里の「ソゴ有物出」が，大正3年のものは，79銭1厘の「ソゴ有物欠」がそれぞれ生じている。後者の方が，前者より大きい場合には『有物出』（ありもので），逆の場合は『有物欠』（ありものかん）と呼んでいる。これは計算の齟齬か手続上の欠陥により生じたものと考え，5円以下の場合に限り其の報告書を認めることにしていた（平井1936，22）。このことについては，川原の指摘するように（河原1977，154），企業会計原則の**重要性の原則**に相通じるものではなかろうか。

以上が，出雲帳合と両面勘定の概要である。平井は，次のようにまとめている。「此の帳合が，複式簿記に屬するものではない事は，以上の論述に倣って，略々明かにし得たと思ふ。然し，それは決して此の帳合の不完全なる事を意味するものではなくて，寧ろ或る意味に於いては，『複式簿記以上のもの』でもあるのである。此の會計處理の中には，多くの近代的なるものを含み，又，家業の會計處理として，完全に近き一事例でもあるのである」（平井1936，26–27）。

また，山下も出雲帳合と両面勘定の着想が，単式簿記的な考え方に立ったものであるとは認めながらも，次のように結んでいる。「出雲帳合が日本固有の簿記法として誠に優れたる着想に立ち，巧妙なる機構の下に組み立てられ，以つて箇所の監督・統制・經營状態の判斷をも可能ならしめてゐることは，たとひ，それが如何に經營の必要から生まれたるものとは言へ，吾々は十分に評價せねばならない制度であることを確信する」（山下 1936，136）。

残念ながら，出雲帳合と両面勘定の後世の評価は，必ずしも高いものではないように思われる。河原も，「両面勘定を案出した着眼点は，近代会計における正確な損益のは握を目的としたものではなく，公表会計を意識したものでもない。多分に，各箇所などの経営能率の測定と多数帳簿の記帳から生ずるであろう誤算・誤謬（ゴビユウ）を防止するための自己検算（試算表）的役割を果たすために考案された帳合法というべきであろう」（河原 1977，151）と，述べている。

しかしながら，出雲帳合については，小倉榮一郎が指摘するように，「現代の会計学者が研究対象とした時期としては，出雲帳合の研究が学界最初のもので，山下博士の報告が嚆矢である」（小倉 1980d，100）という点での意義は誠に大きい。出雲帳合の発見は，我国帳合法研究史における戦前最大の発見であるといっても過言ではない。なぜなら，戦後の研究者は必ず平井，山下の研究を参照したであろうし，実際，戦後の江戸時代の豪商の帳合法を研究した論文にも引用された[11]。また「両面勘定」という言葉も使用された。出雲帳合の発見が，当時の研究者達に，他の商家の帳合法も両面勘定の構造をしているのではないか「予感」させ，「もしかしたら，我国にも西洋式の複式簿記に匹敵する簿記があるのではないか」という，「期待」を抱かさせるものがあったのではなかろうか。そういう意味において，戦後の帳合法研究に大きな足跡を残したといえる。

3　第二次世界大戦後の研究

帳合法について，戦後多くの研究がなされてきた。本節では，特に注目に値する研究で，本書の後半に影響を与えるものだけその概要を紹介する。

3.1　中井家の帳合法

先ず，紹介するのは近江商人，中井家の帳合法の研究である。中井家とは，近江日野の豪商中井源左衛門家を指す（小倉 1957, 1)。近江商人は江州の郷里に本家を構えて，全国に支店網を形成する。中井家もその例外はない。言うまでもなく，この中井家の帳合法を研究したのは滋賀大学の小倉榮一郎である。小倉は，戦前，彦根高商で山下勝治や宮本又次の教えを受けた。特に山下の薦めで学会に入ったという（小倉 1975, 100)。小倉が中井家の帳合法を研究する契機となったのは，滋賀大学の史料館（現，滋賀大学経済学部附属史料館）に中井家文書が寄託された。その中井家の研究をしていた先輩教授の江頭恒治[12]から依頼されたことにある（小倉 1975, 100−101)。

以下，小倉の説に従って，中井家の帳合法の概要を説明していく。

まず，滋賀県蒲生郡日野町にある中井本家に所蔵されている史料の総数は，一万五千余点に上り，そのうちの半数が帳簿と会計決算簿からなる会計史料であるという（小倉 1962, 47)。その中で，会計帳簿には，次のようなものが挙げられる。

大福帳・金銀出入帳・問屋仕限帳・売立帳・給金帳・貸借帳・仕入帳・大宝恵・古貸書抜帳・飯米帳・手船新造諸色帳

店卸残物附立帳・樽木在高帳・諸色下直控帳・蔵有酒改帳・金銀差引帳・店卸書抜帳

酒切手番附・酒出高有酒調子帳・舂屋並蔵江米渡帳・蔵有酒改帳借貸書抜借口・仕込月〆書本帳・酒売場控

これらのうち，第一区分は会計計算簿，第二区分は決算簿とその補助としての棚卸帳各種，第三区分は物量計算・金額計算による製造過程の管理帳簿と売買関係庭帳類であって原始記録簿以前の覚書である（小倉 1962, 57−58)。

どの帳簿にも罫線は引いてなく，西洋のように借方側，貸方側といった区分（二面形式）はない。金額のプラス・マイナスは，金額の頭に「出」「入」という文字をつけて表しており，正数と負数が同列に並べられている（**並置減法**，又は，**加減算方式**（小倉 1962，54））。すべての演算は算盤を用い，主として読み上げ算によったので，西洋のような二面形式の口座の上に，**対置減法**記入するという必要はなかった。もっともこの（洋式簿記の＝引用者）便利さがかえって（西洋で＝引用者）数理を発達させなかったともいえる（太字引用者，小倉 1980b,117）。

記帳に当たっては，**「帳合わせ」**というものが行われた。これは，「毎夜関係者全員が集まって，記帳事項の突合わせをおこない，該当する事項にはいちいち照合印を押捺したのである。これは店則に定められていて，これが終わらないと夕食にしなかった。この帳合わせの目的は，取引複記を確認するという簿記のための作業であると同時に，内部牽制組織でもあったと思う」（小倉 1980b,116）と，小倉は述べている。

それでは，この中井家の帳簿組織はどうなっていたのだろうか。図表 1−4 は，小倉が描くその帳簿組織の概要図である（この図は，小倉が後年描いた図で，『江州中井家帖合の法』（小倉 1962）を著した当時と若干の相違が見られる。それは，その後の研究により新たに分かってきたことにより手を加えたものと考えられる。本書では，この図を掲げた）。

図の中心は，**「大福帳」**である。中井家の大福帳は，西洋式簿記の総勘定元帳に当たる働きをするものであると考えられる。すなわち，必要な全勘定がこの帳簿の中に開設され，**口取紙（ヒビロ）**がつけられている（小倉 1980c, 102）。勘定口座は取引が個々に記入される口座と，別帳に分けられている給金帳・問屋仕限帳について，これから合計転記を行う口座とがある。大福帳に口座を開いていない勘定は別帳に分け，それぞれ内容を示す名称がつけられている。「給金帳」は，給料勘定であると同時に，前貸給料勘定である。給料勘定としての全従業員に支給した支給総額は大福帳の「店給金口」に合計転記される。また，各人に対する立替・前貸の残金は債権であり，「給金帳口」に合計転記される。「問屋仕限帳」は，売掛金勘定（得意先元帳）であって，得意先別人名口座である。これに対する記入は売立帳の掛売記入と照合関係となり，売

図表 1-4　中井家の帳簿組織概要図

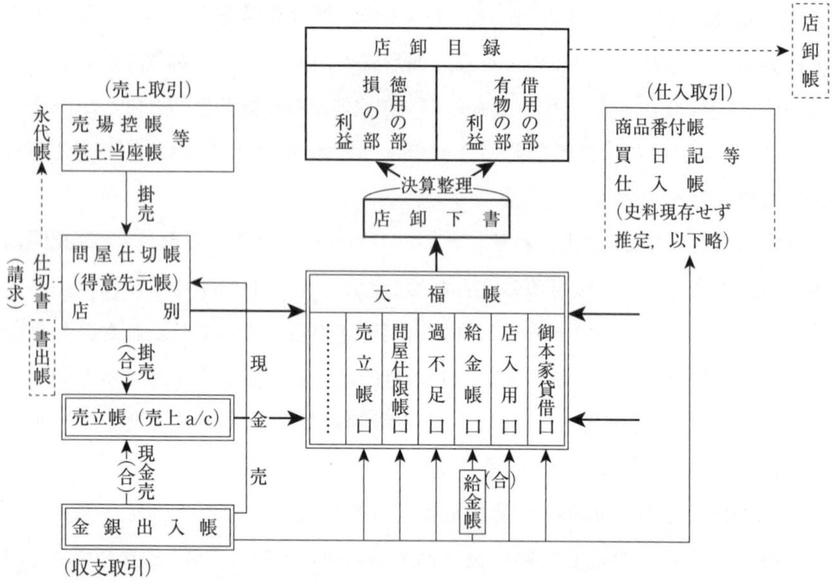

……原始記入簿　……会計計算簿　……決算簿　……補助的覚書類（本図解では省略した）

⟶　日常記帳　毎日記帳することを意味し，取引毎の個別記帳はそのままの線で示し，会計転記をする場合は，（合）の記号を添える

⟶（太線）　決算記帳　決算のためにおこなう記帳関係

‐‐‐▸　その他　簿記記入でない記帳

◂‐‐▸　突合関係　帳合わせで突合わせをする関係を示す線である。この図解では記入事項を示していないので，この表示は省略されている

出典　小倉 1980c，100

掛金回収の記入は金銀出入帳と照合関係になる。問屋仕限帳から「問屋仕限帳口」に人名別に合計転記される。「売立帳」は現金売上，掛売上の別なく，売上高を集計するもので売上勘定に相当する。売立帳の他に大福帳内には「諸色売上口」があって，雑売上を記入している。「借貸帳」は，売掛金以外の債権，債務を相手方別に記帳するもので，金銭の貸借関係を詳細に整理するために人名口座を設けられており，合計転記される。「仕入帳」は，売立帳に対応する仕入費用の帳簿で仕入勘定に相当するところの勘定で，売立帳同様の記載要領

であったと想像できるが，現存していない（小倉 1962，132−133）。

次に決算について説明する。決算のことは「店卸」と呼ばれた。まず，大福帳に集められた各口座の金額は，順序を正しながら**「店卸下書」**という長帳に集められる。この長帳の前半には資本・負債・資産が集められ，その差額として損益が算出される。すなわち，貸借対照表に相当する。後半には収益と費用が集められ，その差として損益が算出される。すなわち，損益計算書である。「給金帳口」，「問屋仕限帳口」の各金額は前半に，「店給金口」や「売立帳口」の金額は後半に，それぞれ集められることとなる。また，商品棚卸や費用の期間修正もこの表の上でなされる（小倉 1974，5）。したがって，この店卸下書は，明らかに決算運用表（精算表）である（小倉 1962，62）。さらにこの店卸下書にもとづいて，**「店卸目録」**が作られる。これは決算報告書であって，毎年作成され，全支店から日野にある本家へ送られた（小倉 1974，6）。

小倉が，中井家の帳合法の決算について発表した最初の研究は，享和元年（1801）酉年の決算で，翌享和２年（1802）２月に作成された仙台見世（小売部）の店卸目録（小倉 1957，6−9）である。

この仙台見世の店卸目録は，「金差引之部」，「仕入之部」，「損徳之部」，「惣勘定之部」の四区分から成る。このうち，「金差引之部」は，現金出納帳の要約であり，別帳で作られることが多い。「仕入之部」は，売上純利益の計算の部であり，計算された売上純利益は，次の「損徳之部」の収益に転記される。その「損徳之部」は，損益計算の部であり，「惣勘定之部」は，財産計算の部である。小倉によると，中井家の帳合法の場合も，損益計算と財産計算の計算結果が一致するという両面勘定の構造が打ち出されているという。すなわち，「損徳之部」で計算された徳用（当期純利益）と，「惣勘定之部」で計算された徳用（当期純利益）が一致するということである。

小倉は，この仙台見世の決算は次の二式にまとめられるとしている（小倉 1957，9）。

(1)〔**当期売上収益－{(前期繰越商品棚卸高＋当期仕入高－仕入高控除)－期末商品棚卸高}〕＋受取利息－(支払利息＋営業費＋雑損評価損)＝当**

期純損益

(2) **期末資産合計－元入金期末残高＝当期純損益**

小倉は，このような中井家の帳合法を**多帳簿制複式決算簿記**と名付けている（太字引用者，小倉 1967, 70)。ただし，この仙台見世の場合は，当期純損益が一致していない。これについては，小倉は原因を付き止め，この誤差は，全くの不注意で原理的不備によるのではない（小倉 1962, 157)，と述べている。

小倉は，この後，仙台質店や，仙台元方店の店卸目録の研究を行っている。両者共に両面勘定は成立している。また，中井家の本支店会計についての考察も行っている（小倉 1962, 195-227)。

以上，中井家の帳合法を帳簿組織と決算報告書を中心として簡単に紹介した。そこから分かってきたことは，中井家の決算報告は，両面勘定の構造が成立しているということ，更に重要なことは，「大福帳」が，総勘定元帳の役割を果たしているということである。この事柄は，後の考察にも関係してくるので覚えておいてほしい。

3.2　鴻池家の算用帳

鴻池家の研究は，昭和 30 年代から 40 年代にかけ，大阪大学の宮本又次を中心として，作道洋太郎，安岡重明，川上雅，森泰博，藤田貞一郎らによって研究された。昭和 40 年代後半から 60 年代になると宮本又郎・廣山謙介らによっても研究が行われている。また，鴻池両替店の後身である三和銀行（現，三菱東京 UFJ 銀行）調査部，後に三和総合研究所に在職していた竹内一男も数多くの業績を残している。

鴻池家の史料の大半は，東大阪市の鴻池新田会所が所蔵しているが，宮本らが研究のために撮影したマイクロフィルムが，現在，大阪大学経済学研究科，経済史・経営史資料室に所蔵されている。鴻池家の帳合法では，決算報告書のことを**「算用帳」**と呼ぶ。この算用帳については，現在，作道が経済史・経営史資料室に寄贈した写真帳で閲覧できるようになっている。

さて，鴻池家の帳合法の研究については，早いものは安岡重明の「前期的資本の蓄積過程（一）　―鴻池家算用帳の研究の一節―」（安岡 1960）である。安岡によると，現存する算用帳は，寛文 10 年（1670）―延享 2 年（1745），宝暦 6 年（1756）―明和元年（1764），安永 2 年（1773）―文化 14 年（1817），明治 2 年（1869），明治 9 年（1876）だそうである（安岡 1960，96）。安岡は，これらの算用帳の数字を一覧表として示し，鴻池家の経営分析を行っている（安岡 1960，104-128）。安岡は，鴻池家の算用帳について，「財産計算と，損益計算が全く完全に行われていたらしく，計算のあやまりは，若干の書きあやまりとみられるもの以外にはない」（安岡 1960，103）と，述べている。また，時代から見ても，方法から見ても，安岡が最も進歩していたものと考える貞享元年（1684）の全文を紹介している（安岡 1960，99-102）。

ここで検討していくのは，現存する史料のうちで最古の寛文 10 年の算用帳である。その理由は，後に明らかとなる。

寛文 10 年の算用帳の構造を分析・研究，紹介したのは，作道洋太郎である。まず，「近世大阪両替商経営の形成過程　―十人両替の創設と鴻池両替店―」（作道 1962）で，寛文 10 年から寛文 13 年（1673）の算用帳（論文の中では，財務諸表と仮称）を紹介している。そして，「鴻池両替店の帳合法」（作道 1966）において，算用帳の構造分析を行っている。ここでは，後者を主に参考としながら，鴻池家の寛文 10 年の算用帳について検討することとする。

図表 1-5 は，作道の寄贈した写真帳の中にある寛文 10 年の算用帳の表紙と，書き出しの丁をデジタルカメラで撮影したものである。

算用帳の末尾には，「寛文十年戌正月六日」

図表 1-5　鴻池家の寛文 10 年の算用帳の表紙と書き出しの写真

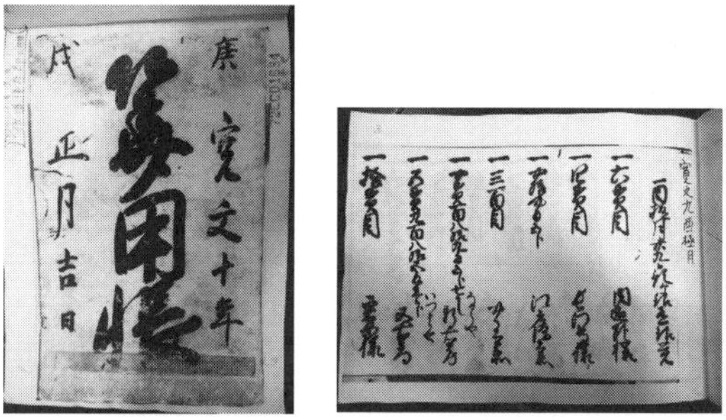

算用帳の表紙　　　算用帳の書き出し

（大阪大学経済学研究科，経済史・経営史資料室所蔵）

の日付で，作成者と思われる「手代」五名，「彦兵衛　弥兵衛　嘉兵衛　太郎吉　七兵衛」の署名が同筆で書かれ，押印がある（但し，太郎吉の印はない）。そして「鴻池屋喜右衛門殿」と，提出先，すなわち当主の名前が書かれている。

さて，作道は，算用帳の構造について次のように述べている。

「算用帳では，当初は毎年末，天和2年（1682）からは一月に決算がなされ，いずれのばあいも，1月6日付で記帳されることが慣例となっている。決算にさいしては，まず資産・負債・資本の計算がなされ，資産マイナス負債・資本の差引計算によって，「有銀」が算出される。ついで，利益と損失とがそれぞれ計上され，最後に期首資本金と当期純利益をあわせた「有銀」がもういちど確認される仕組みとなっている。このように「**有銀**」のいわば「**両面勘定**」が成立していることに注目せねばならない」（傍点引用者，作道 1966，30）。

鴻池家の寛文10年の算用帳の計算構造を図示すると，図表1−6のようになる。

図表1−6　鴻池家算用帳の計算構造

期末正味身代計算の第一式					期末正味身代計算の第二式						
①Ⅰ　預け銀・有銀覚（期末資産）合計　三二七、六八七・六一	−	②Ⅱ　内負方（期末負債）合計　一二三、二九九・九六	=	③残高　有銀（期末正味身代）二〇四、三八七・六五	④酉　九月元銀（期首正味身代）一九六、三三四・三七	+	⑤収益　一四、五〇一・二五	−	⑥Ⅲ　内払方（費用）六、四四七・九七	=	⑦差引残高　有銀（期末正味身代）二〇四、三八七・六五

以後，作道の見解を参考にしながら，算用帳の構造について見ていきたいと思う。

まず，「Ⅰ　預ケ銀・有銀覚」とう項目（欄）は，資産の部に相当する。主として町人貸および大名貸と未収利息，商品，金銀高が記載されている。この合計額が，① 327 貫 687 匁 6 分 1 厘になり，これが期末資産である。ここで作道は，「鴻池の算用帳の記載様式から考えても，備忘録的な人名勘定の成立の事情を理解できる。…算用帳に記載される以前において，補助帳簿で整理されていたことは疑いを容れぬところで，前記の『大福帳』は，その役割を果たしていた」(傍点引用者，作道 1966，35) と，述べているのが，注目に値する。

「Ⅱ　内負方」は，貸借対照表の負債の部に相当すると考えられる。こちらの合計額は，② 123 貫 299 匁 9 分 6 厘であり，期末負債ということになる。①から②を差し引いて，③「残高　**有銀**」204 貫 387 匁 6 分 5 厘が算出されている。これが，期末純財産，すなわち期末資本である。**期末正味身代**などといわれるものである。

その次の④「酉（寛文 9 年）9 月元銀」196 貫 334 匁 3 分 7 厘は，期首資本金**（期首正味身代）**である。

さらにその後に，「浜家賃」と「利打銀」の二項目⑤が来ている。作道の言葉を借りれば，「利益の部」(作道 1966，38) である。収益の部と考えてよいと思う。

「Ⅲ　内払方」⑥は，「損失の部」である (作道 1966，38)。費用の部と考えてよいと思う。

そして，④に⑤を加え，それから⑥を差し引いた残額が，⑦「差引残高　**有銀**」204 貫 387 匁 6 分 5 厘であう。この⑦も**期末正味身代**であり，③の**期末正味身代**と一致する。

以上が鴻池家算用帳の計算構造である。先に述べたように，期末正味身代を二重計算する「両面勘定」ということができる。

後年，小倉榮一郎は，鴻池家の算用帳の構造式を次のように整理している (小倉 1967，76)。

(1) **期末資産合計－期末負債合計＝期末正味身代（有銀）**

(2) **期首正味身代＋当期収益－当期費用＝期末正味身代（有銀）**

小倉のこの算式は，以下の章でもたびたび登場するので，覚えておいてほしい。

ただし，作道は，この算用帳についての問題点もいくつか指摘している。

まず第一点として，内払方に「小遣銀」が計上されているのが目につくこと。これは，鴻池家の家計にぞくするものと思われる。その一部は店の営業費としてしようされたとも考えられるが，非営業的部分も少なかったであろうから，家計と企業との分離が完全に行われていない状態を表している（作道 1966，39）。

第二点として，純利益が表示されていないこと。このことについては，当時においては損益計算ということがそれほど問題にされていなかった。重点はむしろ貸借関係の記載と，その資金の回転状況をとらえることに置かれていた（作道 1966，38）からであると，述べている。

第三点として，収益に見出し（欄）が付けられていないこと。このようなところに「損益計算という概念の未熟さを推しはかることができる。この部分が鴻池の帳合における最大のウィーク・ポイントであり，そこに鴻池の帳合の特徴が最もよく現れている」（作道 1966，38）と，述べている。

以上のことについて筆者が思うことは，当時の社会においては，武士がそうであったように，商家においても家を守ることが第一と考えられていた。だから，損益計算よりも期末正味身代の計算に重きを置いていたのではなかろうか。

ところで作道は，この算用帳を図表1-7のように，西洋式簿記法の貸借対照表と，損益計算書に書き改めている。このような形式に書き換えると，西洋式の簿記法を勉強してきたものにはわか分かり易いと思われる。しかしながら，作道は次のように指摘している。

「算用帳の重点は貸借関係の記載におかれ，損益計算の概念は比較的うすい。それにくらべて，「有銀」の「両面勘定」がみられることは注目される。これらは鴻池資本の性格を理解するうえで大切なことである。その意味からいえば，貸借・損益両計算を現代ふうに書き改めることは，問題があるといえる。それにもかかわらず，あえて両決算表を書き替えたのは，鴻池の帳合にみられ

図表 1−7　鴻池家の寛文 10 年の算用帳を西洋式に書き改めたもの

（単位　銀）

貸　借　対　照　表

	貫　匁		貫　匁
〔一〕預け銀・有銀覚	327,689.61	〔二〕内負方	123,299.96
Ⅰ　大名貸（7 口）	62,060.00	Ⅴ　鴻池関係出銀	93,686.91
Ⅱ　町人貸（36 口）	194,185.24	Ⅵ　鴻池以外出銀	28,003.05
Ⅲ　商品（米・塗り物）	25,326.50	Ⅶ　大名（2 口）	1,610.00
Ⅳ　現金	46,115.30	〔三〕有銀	204,387.65
		Ⅷ　期首資本金	196,334.37
		Ⅸ　当期純利益	8,053.28
	327,689.61		327,689.61

損益計算書

	貫　匁		貫　匁
〔一〕内払方	6,447.97	〔三〕収益	14,501.25
Ⅰ　切損銀	4,097.73	Ⅴ　浜家賃	450.00
Ⅱ　利銀，打銀	696.69	Ⅵ　利銀，打銀	14,051.25
Ⅲ　小判売買損銀	0.90		
Ⅳ　小遣銀	1,652.65		
〔二〕当期純利益	8,053.28		
	14,501.25		14,501.25

出典　作道 1966，39

る貸借平均の原理を捕らえたいと考えたからである」（傍点引用者，作道 1966，52）。

それでは，鴻池家において，このような両面勘定が成立したのは何時からなのか，またその理由は何か。作道によると，「鴻池において，はじめて算用帳を用いたのは，現存の史料によると，寛文十年からであり，しかも同十年は，鴻池が，十人両替[13]に任命されたと推定されることを見のがすことはできない」（作道 1962，49・1975，201）。また，「鴻池両替店では寛文十年，十人両替の公用を開始するにあたって，大福帳採用以前の経営方式から大福帳経営に切り替え，両替店における資産・負債・損益に関する勘定を実施したのではないか考えられる。鴻池における帳簿組織が封建制下の金融業にふさわしい体系を確立したのは，まさに十人両替への参加によって触発されたものであったといえるだろう」（作道 1962，49・1975，207）。と述べている。そして，そういえる理由として，「その後（寛文 10 年＝引用者）のばあいとちがって，寛文九年末の決済のみが，期首資本金（「元銀」）が九年の一月とはならず，九月となっていることから考えると，ある特殊な事情によって，とり急ぎ算用帳が作成されたものと思われる。このように見てくると，鴻池における帳合法の成立は，帳簿組織の体系化は，まさに十人両替への参加によって触発されたものといわざるをえない」（作道 1966，30）と，述べている。

以上が，作道を中心とした鴻池家の算用帳研究に関しての概要である。この他にも，竹内一男の研究がある。竹内によると，鴻池両替店の算用帳は，「大福帳」，「差引帳」，「買置品元帳」，「留帳」，「現金有高帳」，「道具帳面」の外，種々の「別帳」，「小払帳」を転記することによって作成された（竹内 1998, 21），と述べている。この他にも，鴻池与三吉家の「差引帳」という当座勘定元帳の紹介もしている（竹内 1976）。まだまだ数多くのすぐれた研究があるが，ここでは省略することとしたい。

最後に触れておかなくてはならない大事な点が，もう一つある。それは，鴻池両替店が算用帳を用いたのは，三井家や中井家と比較しても，ずっと早い（作道 1966, 29）ということである。河原一夫も，研究した商家の帳合法の年代別一覧表を作成している（河原 1977, 最初の頁）が，両面勘定という点では，鴻池家が一番古い。前述したように，小倉は，中井家の帳合法を多帳簿制複式決算簿記と名付けたが，鴻池の帳合法は，**現存する我国最古の多帳簿制複式決算簿記**ということができる。

3.3 帳合法の決算報告書

以上，戦後の帳合法の研究で後世に大きな影響があった二つの商家についてみてきた。前述したように，中井家の大福帳が総勘定元帳の働きをするという点については注目に値する。また，決算報告書が財産計算と損益計算の結果が一致するという両面勘定の構造をしているという点で共通していた。小倉のいうところの多帳簿制複式決算簿記である。このうち，前者については，次節で考察する。ここでは，ごく簡単にその他の商家の決算法を中心として，もう少し他の商家の帳合法についてみていくこととする。

(1) 長 谷 川 家

伊勢商人，長谷川家の帳合法の研究は，戦前の昭和 12 年（1937），大谷壽太郎が行ったのがその嚆矢である（大谷 1937ab）。大谷は，東京商科大学（現，一橋大学）の図書館に保管されていた長谷川家の帳簿を『商事慣例類集』などを参考としながら，分析し紹介している。

本格的な研究は，昭和 30 年代の半ば，東京都立大学（現，首都大学東京）の北島正元を委員長とする研究チームが三重県松阪市に逗留し，研究調査し出来上がったのが，『江戸商業と伊勢店　―木綿問屋長谷川家の経営を中心として―』（北島 1962）であり，伊勢商人研究の底本[14]になっている。本書で，帳合法を含む経営や財務面についての部分の執筆を担当しているのは松本四郎である。長谷川家には，決算（年 2 回）の度ごとに，江戸店から松坂本家へ送付された決算報告書が多く残されている。貸借対照表に当たるものは**「店算用目録帳」**であり，損益計算書に当たるものは**「大黒」**または**「利益差引覚」**などと呼ばれている。本書の中では，長谷川次郎兵衛店から送られてきた宝永 5 年（1708）「店算用目録帳」（北島 1962，174–176）と「利益差引覚」（北島 1962，189）が掲載されている。前者の様式は，期末資産から期末負債を差し引き，期末資本を求め，その期末資本から期首資本（**店元金**）を差し引き当期純利益（**延金**）の算出を行っている。そして，店元金と延金の合計として，最後に，再度，期末資本を表示している。また，後者の方は，売上総利益（収益）から費用を差し引き当期純利益（**延金**）の算出を行っている。両者の延金は一致している。すなわち，ここでも両面勘定の構造が成立しているということである。

また，伊勢の長谷川本家には，**「大福帳」**と**「万儲覚」**が残されている。これは，本支店合併の貸借対照表と損益計算書というべきものである（河原 1977，237）。

最後に長谷川家の帳合法では，貸倒引当金（北島 1962，388・423）や廻船損失引当金（北島 1962，425–426）が計上されていることが特徴的である[15]。

(2) 三　井　家

三井家の戦前の研究には，三井高維のものがある。三井は，昭和 7 年（1932）の『社會經濟史學』第 2 巻第 9 号に「江戸時代に於ける特殊商業としての吳服屋と兩替屋」という論文を発表している。その中で三井は，「周到な經榮經齋の經驗の結果は，自然に會計簿記法の發達を促して，今日殘れる奮帳簿を一覽して見ても，西洋の複式簿記にも劣らない程の日本固有の複式簿記の發達を既に二百年前に遂げて居るのを實見することが出來る次第であります」（三井高維 1932，九ノ六〇）と，述べている。また，三井は，翌昭和 8 年（1933）の『新稿兩替年代記關鍵』二巻交證篇では，金銀錢相場の取り扱い方に關する商業帳簿の考察を行っている（三井高維 1933，235-240）。

しかしながら，戦後，江戸期を代表する大商人でも，鴻池家の研究に比べると，三井家の研究は遅れて始まっている。それは，三井家の史料が一般公開されておらず，三井文庫が昭和 40 年に公益法人となり，昭和 41 年 2 月から公開されることになった（西川孝 1969，14）からであると思われる。したがって，それ以前の研究では昭和 34 年に出版された中田易直著『三井高利』（中田 1959）の中で，三井文庫の山口栄蔵が昭和 32 年（1957）11 月の社会経済史学会例会で，三井家の決算報告書である宝永 7 年（1710）の「大元方勘定目録」について報告した要点が紹介されていることと，昭和 36 年（1961）に『三井本社史』を利用，研究した栂井義雄の「三井大元方の資本蓄積」（栂井 1961）が発表されているぐらいである。

三井文庫が一般公開される頃になると，安岡重明が，昭和 41 年（1966）6 月に「三井家初期の大元方勘定目録」（安岡 1966）を，さらに昭和 43 年（1968）1 月には「明治中期の三井組大元方勘定目録」（安岡 1968）を相次いで発表している。安岡は前者において，宝永 7 年（1710）の**「大元方勘定目録」**を，後者においては明治 9 年（1876），10 年（1877）の「大元方勘定目録」を考察している。そして両者を比べ，記帳の形式はほぼ同一である。基本的に異なる点は，宝永のものでは不動産が別勘定になっていて最後に合計されていたが，明治 10 年のものでは，前半の貸借対照表の部分に計上され，形式的には完全化している点である（安岡 1968，7）と，述べている。

なお，三井家の帳合法に関しては，後年，西川登のすぐれた研究『三井家勘定管見』（西川登 1993），『三井家勘定管見［資料編］』（西川登 2004）があることは「はじめに」でも触れた。ここでは，「大元方勘定目録」の構造について紹介するにとどまる。安岡によると，大元方勘定目録は概ね四つの部に区分される。そのうち**「金銀預り方」**は貸借対照表の貸方，**「金銀貸シ方」**は借方であり，**「差引シテ」**は純利益または損失である。**「入方覚」**は，損益計算書の貸方，**「払方覚」**は借方であって，**「差引シテ」**は純利益または損失である（安岡 1966，14）。

河原も，「大元方勘定目録」の計算構造を分析している（河原 1977，284-286）。河原が示した式は，次のように表わすことができる。

(1)　**（期首資本＋期末負債）－期末資産＝当期純損益**

(2)　**利益（収益）－損失（費用）＝当期純損益**

(1) と (2) で算出された当期純損益すなわち，「差引シテ」は一致する。即ち，三井家でも両面勘定の構造が成立しているということである。

(3) 富　山　家

富山家には，日本最古の商業帳簿である足利帳と羽書仕入帳が現存することはすでに述べた。この富山家の研究は，吉永昭の「伊勢商人の研究　―近世前期における『富山家』の発展と構造―」（吉永 1962）が早い。帳合法について本格的に研究したのは，河原一夫である。河原は，富山家の史料を時系列的に分析している。

富山家の決算において，複式決算の構造がみえるのは元禄元年（1688）である。河原は，上州藤岡に開設した仕入店開店時における元禄2年の**算用帳**を分析し，「簿記技術的にみれば，複式決算構造の萌芽（ホウガ）がみられる」（河原 1977，68）としている。

次に，元禄元年から20年ほどたった，宝永4年（1707）の算用帳を採り上げて，考察している。ここで，**期末資産** A_1，**期末負債** P_1，**期首資本** K_0，**期末資本** K_1，**利益（収益）G，損失（費用）V** とした時，算用帳の計算構造は，次のような算式で表されるとしている（河原 1977，73）。

$(K_0+G)-V=K_1$……（1）

$A_1-P_1=K_1$……（2）

このことについて河原は，「(1) の変型した損益計算の結果を受けて算定した期末資本と，(2) の財産計算により算定した期末資本の両計算が行われている。しかも，この両計算の結果が，必ず合致するという，試算表の補完的機能を果たす計算構造となっている」（河原 1977，73）と，述べている。そして，

「冨山家上州店の算用帳は，財産計算と損益計算的成果計算の複式決算構造を有する帳合法であることは明らかである。しかも，口別損益計算が併せて行われていることは特質すべき帳合法であるといえよう」（河原 1977, 77）と述べている。

また，河原は，他店の考察で次のようなことを述べている。すなわち，宝暦7年（1757）の「江戸金方」の算用帳の特色の一つは，固定資産を簿外とせず，沽券価額[16]を参考として資産計上をしていることである。ただし，減価償却の考慮は払われていないようである（河原 1977, 83)。その算用帳の計算構造を算式で示すと次の通である（河原 1977, 83−84)。

$K_0+(G-V)=K_1$……（1）

$A_1-P_1=K_1$……（2）

同じ富山家でも，算用帳の構造が違うことが分かる。ただし，期末資本の二重計算をしている点は，同じである。

以上，第二次世界大戦後の帳合法の研究についてみてきた。ここで取り上げた帳合法の商家は，すべて豪商，すなわち大規模な商家である点で共通していた。おそらく江戸時代の豪商は，このような帳簿組織を持っていたことであろう思われる。他の数々の研究がそのことを物語っている。すなわち，多くの豪商が，個々で取り上げたような財産計算と損益計算を併せ持ち，しかもその計算結果が一致するという決算報告書制度をとっているということである[17]。西川登によると，純資産（自己資本）を二重計算するものと，純利益を二重に計算するという帳合が多い（西川登 1995, 199）とのことである。本節では，そのことが良く分かったと思われる。ただし，この構造について，「両面勘定」とか，「複式決算構造」とか呼んできた。以後，後者で呼ぶこととする。なぜなら，すでに述べたように，小倉榮一郎が，「多帳簿制複式決算簿記」と名付けたからである。河原一夫や西川登など後世の研究者も，この名称を承認し，引用し使用している。そこで，本書でも以後この名称を使用することとする。また，決算報告書の名称についても商家によってまちまちである。現在，一般には，それらを総称する名称として，**「算用帳」**ないしは，**「算用目録」**という呼称で呼ばれていると思われる。特に「算用帳」という名称は，独り鴻池家のものを指す固有名詞としてだけでなく，広く一般に使われている名称（通称）であるので，以下，本書でもこの名称を用いる（ただし，第2章で考察するように，伊勢商人の場合は，算用目録と呼ぶことが多い。なお，この「目録」については，第6章の「日記と和式簿記」で関係するので，覚えておいてほしい)。

次節においては，もう少し踏み込んで帳合法の特色について考察したいと思う。

4　江戸時代の商人の帳合法の特徴

江戸時代の帳合法の特色を述べる前に忘れてはならない事は，その帳簿そのものがほとんど現存しないということである。長い時間のうちには，関東大震災のような天災で失われたものもあったであろうし，第二次世界大戦の空襲で焼失したものも多かったであろう。それでも決算書の類は，本家に送られ大切に保管されているものがあったため残っている。例えば，伊勢商人の場合，江戸店から松坂の本家に算用帳が送られてきていた。津市と宇治山田市（現，伊勢市）は，空襲で焼土と化した。しかし，松阪はその時の空襲を受けなかったため，多くの算用帳が残されている。ただし，決算書が残されているのに対して，その基となった原始簿は，ほとんど残されていない。このことについて，三井高陽は，「古い帳簿は，必要のあるものは永久に保存され，一定の時期を過ぎてから焼却されたり，さしつかえないものは目方で紙屑買に売られたものもあり，その他襖の下張り，煙管(キセル)掃除用のこよりにも用いられた。著者の少年時代，母が，この不要になった反故紙でこよりを作っていた。煙管の羅宇掃除のほかに，故紙で作ったこよりは，帳面を綴る製本用にも大いに役立った。…裏返しにして自家製の帳簿を作る場合も少なくない」（三井高陽 1982，250）と述べている。岩辺晃三は，昭和57年（1982）に，改修中の桂離宮の襖の下張から，大福帳が発見されたことを紹介している（岩辺 1994，66)。

西川孝治郎は，昭和30年（1955）の論文の中で，わが国帳合法の特長として次の五つを掲げている。

「1. 帳簿は和紙を二つ折にし長綴裁切にしたものと，用紙を四つ折とし二十枚許りを一綴とし，これを多数積み重ねて綴合したものとがある。

2. 用紙は無罫で，出入を記入する如き場合には出または入の字を書いて区別する。

3. 数字は日本字で五百六十七円等の如き在来の記数法による。

4. 無論筆墨による縦書である。

5. 多数の帳簿に分れ総勘定元帳に当たるものはない」（西川孝 1955，113）

1については，江戸時代なので和紙を使うのは当然であるが，和紙の研究者，久米康生は，興味深い事を言っている。商人たちは大福帳に長い紐をつけており，火事が起こると，その紐を垂らして大福帳を井戸水につける。鎮火して引揚げ，乾かすと，そのまま使えるという強い紙が帳簿に使われていた（久米 1976，6）。もちろんその紙は高価なものであり，帳簿がそれだけ大事であった証ではないかと思われる。

次に2～4に関して述べる。図表1-8は，中井家の帳簿の一部を抜粋したものである。一見して分かるように，右から縦に漢数字を使って書いていくものであり，西洋式の簿記のように借方と貸方に分かれていない。出入りを表すためにaには，「入」，bには「出」の文字が書かれている。また，cの下には「金」，dの下には「銀」，eの下には「山」，fの下には「銭」と記されている。

図表1-8　中井家の金銀出入帳

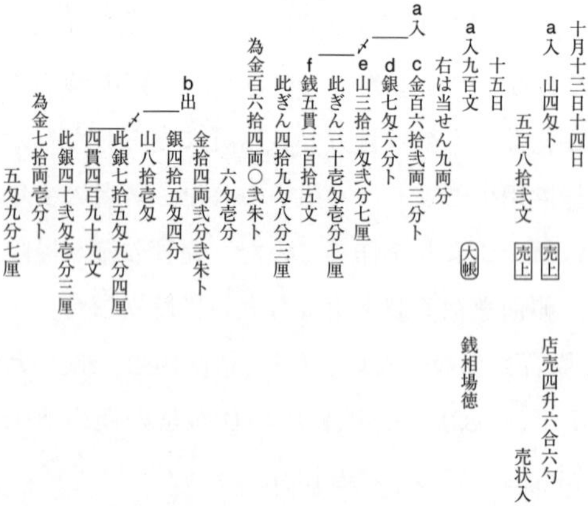
十月十三日十四日
a入　山四匁ト　売上　店売四升六合六勺
五百八拾弐文　売上　売状入
十五日
a入九百文　大帳　銭相場徳
右は当せん九両分
a入　c金百六拾弐両三分ト
d銀七匁六分ト
e山三拾三匁弐分七厘
此ぎん三十壱匁壱分七厘
f銭五貫三百拾五文
此ぎん四拾九匁八分三厘
為金百六拾四両〇弐朱ト
六匁壱分
b出　金拾四両弐分弐朱ト
銀四拾五匁四分
山八拾壱匁
此銀七拾五匁九分四厘
四貫四百九十九文
此銀四十弐匁壱分三厘
為金七拾両壱分ト
五匁九分七厘

出典　小倉 1962，85

江戸時代には**金貨**（両・分・朱），**銀貨**（匁・分・里），**銅貨**又は**銭**（貫・文）の三種と，藩によっては**藩札**（紙幣）が，というふうに四種類の貨幣が流通していた（上記，eの「山」は，「山札」すなわち「山田藩札」[18]のことである（小倉 1962，50））。金何両何歩ト何匁とある後の項は銀。その次に札，最後に銭の順に並べて記載する。それを一定時に，金種別に合計を求めた上で，次に銭・札を銀に，銀に換算された金額を金に換算し，端数だけはもとの単位のままで合計に添えるという方法をとる（小倉 1962，51－52）。

このように江戸時代の商人の帳合法においては，西洋式の簿記のように，借方と貸方に分けて記入されていないので，途中で足したり，引いたりする計算を行わなければならない。いうまでもなく，貸借別の記入がなされていれば，借方は借方で合計し，貸方も同じように合計し，最後に合計額どうしを差し引きすればいいというメリットがある。また，我国の帳合法では金種別に記入され，それを換算しなければならないという煩雑さがあり，不便であった。しかしながら，我が国には算盤（そろばん）という便利な道具があった。算盤が，この不合理を補っていたといえる。フランソワ・カロンも，先に引用した文章に続き，次のように述べている。

「彼らの計算は細い棒の上に円い小玉を刺した板の上で行なわれる（支那人の使用するものと，同様であるが，それより大きい）。加減乗除比例まで整数分数とも出来，そして和蘭におけるよりも，また速算家でない和蘭人が計算するよりも，一層迅速正確である」（フランソワ・カロン 1974，188）。

ただ注意しなければならないのは，このような特徴は，江戸時代の帳合法の一般的な特徴であり，商人達は各々独自の帳合法を持っていたということである。江戸時代には会計基準のようなものはもちろんない。帳合法は，その商人の秘伝であり，門外不出の秘法であった。だから，中井家では，「店卸目録」が決算報告書に当たるのに対し，伊勢商人・長谷川家では，「店算用目録帳」と「大黒」がそれに当たり，財産計算や損益計算の方法も違うわけである。

しかしながら，西川孝治郎が指摘したように，共通性もみられる。それは，どうしてか。この点については，小倉榮一郎の次の文章が答えになると思われる。

「学校教育という制度がなく，商業実務に関する指導書のようなものもなかった江戸時代にあって，一つの方法が地域を超え，時代を超えて伝播する可能性というのは商人が相互に教え合うということであったと思われる。それは丁稚奉公が広範にわたっておこなわれていたこと，婚姻関係など考えられないことではない」[19]（小倉 1991，136）。

ただし，西川孝治郎が掲げた特徴のうち，5の「総勘定元帳に当たるものがない」には異論がある。この点については，小倉榮一郎の中井家の一連の研究が発表される以前に書いた論文であるので，西川が，終生そう考えていたわけではもちろんない。第3節で考察したように，小倉が明らかにした中井家の「大福帳」は，総勘定元帳の役割を果していた。また，西川登も三井家の帳合法において，「『勘定目録』即ち決算報告書に記された貸借対照表・損益計算書の悉く計上項目は，現金を除き，総勘定元帳たる『大福帳』の各勘定口座からもたらされたものである」（下線引用者，西川登 2004，21）と，述べている。したがって，「総勘定元帳に当たるものはある」ということになる。

しかしながら，図表1-9をご覧戴きたい。伊勢商人，川喜田家の算用帳である。a～e には，「是迄差引帳ゟ」とか，「是迄年賦帳ゟ」，「上ケ帳ゟ」などという貼り紙がしてある（「ゟ」は「より」と読む）。これは，この部分が，こ

図表 1-9　川喜田家の算用目録

○一、金弐百六拾五両三分　三匁壱分　国々拝金
拾壱口
○
（貼紙）「是迄差引帳ゟ」 a
○一、金七両　拾三匁壱分　日野屋市郎兵衛船加入
○一、金壱分　八匁八分　日野屋彦四郎舟加入
○一、金三両壱分　六匁九分　顕屋卯右衛門舟加入
○一、金拾七両弐分　五匁八分　大黒屋光太夫舟加入
（貼紙）「是迄年賦帳ゟ」 b
○一、金八百四拾九両弐分　壱匁壱分　川喜田久太夫
○
（貼紙）「上ヶ帳ゟ」 c
○一、金七百両　殿様上ヶ金
○一、金五拾両　殿様上ヶ金
○一、金六百両　殿様上ヶ金
○一、金三百両　殿様上ヶ金
○一、金四百両　殿様上ヶ金
（貼紙）「是迄目録帳ゟ」 d
合〆金三千弐百六拾四両三分　四拾六匁八分
惣〆金壱万三千三百八拾弐両三分　百五匁五分
合（印）○金〆壱万三千三百八拾四両弐歩　五分
内
一、金弐百六拾九両　拾匁八分
右者八丈かし
一、金壱万三千百拾五両壱分　四匁七分
右者かし金
合（印）〆金壱万三千三百八拾四両弐分　五分
㊁
仕入荷物仕切参候分
（貼紙）「不残送物帳ゟ」 e
○一、金拾四両壱分
角孫買
伊北布四拾疋
○

出典　三重県 1998，376

れらの帳簿から転記されたことを示す貼り紙であると考えてよいと思われる。すなわち，総勘定元帳に当たるものがない場合には，このような形で，直接，各帳簿から項目と金額を転記して算用帳を作り上げる（書き上げる）しか方法はないと思われる。おそらく，江戸時代の帳合法は，こちらの方が主流だったのではなかろうか。前にも述べたように，「大福帳」といった名称で呼ばれるものは，一般的に，売掛金帳である。したがって，そこには各顧客の口座が開設されている。商人のあるものはそのことを利用し，その中へ，他の帳簿の勘定の口座も順次書き加えていったのであろう。それは，一つの帳簿（大福帳）に口座をまとめた方が，決算書（算用帳）を作成しやすかったからであると思われる。したがって，江戸時代の商家（豪商）の帳合法においては，総勘定元帳に当たるものを持たないものと，大福帳を総勘定元帳として利用するものの2種類の帳簿組織が存在したと考えられる。蓋し，商家の中であるものは，大福帳を総勘定元帳に進化（変化）させていったのではなかろうか。

また，西川孝治郎は，先の特徴を揚げたのとは別の論文において，我国の帳合法は，西洋式の複式簿記が持っているような「計算結果の正確性を，その簿記自身の機構内で検証することができるような計算構造」—自検機能を有しない（西川孝 1969，17），という意味合いの事柄を述べている。しかし，このことは帳合法が複式簿記に劣っている事にはならないと考えられる。なぜなら，先の指摘は，試算表のことをいっているものと思われるが，試算表で全ての間違いが発見できるとは限らない。小倉も，実際には，試算表ができるできないは，問題ではない。実質的には毎晩帳合わせをして，取引複記を確認してあることの方がより信頼できるのではなかろうか（小倉 1981，62–63），と述べているからである。

簡単ではあるが，帳合法の特徴を述べた。

5 おわりに

江戸時代の商人の帳合法について，その研究史を辿りながら検討をしてきた。そこから分かったことは，まず，我国において，現存はしないが記録上で最古の商業帳簿は，「集古文書というものに書かれている土倉帳」であった。また，現存する最古の商業帳簿は，伊勢富山家の「足利帳」であった。この説は，京都帝国大学の大森研造が提唱し，大森の後輩で，戦後，日本経済史の大家となる宮本又次に受け継がれた。その後，新しい説が出ていないので定説となっていると，考えられる。

また，明治初期，商法編纂の参考資料とするために作られた『商事慣例類集』には，全国的にみて9種類前後の商業帳簿が使われていることが記載されていた。その中で，中心的な位置を占めるのは，「大福帳」と称される売掛金元帳であった。これは，土倉帳が，質屋の債権簿であったことと軌を一にする。宮本又次は，「債務は，相手方の帳簿に債権として必ず記録されるもの故，その帳簿にはこの方面の記録が軽んぜられ，専ら債権のみが記帳されたのであろう」（宮本 1957，87），と述べている。このような理由から，我国の帳合法では，伝統的に債権簿たる大福帳が中心であり，重要視されてきたのではなかろうか。

一方，我国には，多帳簿性複式決算簿記と称される帳合法も存在することも分かった。それは，出雲帳合の両面勘定の発見に端を発する。いわゆる豪商と呼ばれる大商人の帳合法は，**「算用帳」**とか**「算用目録」**とよばれる財産計算と損益計算を備えた決算報告書を持つ大がかりなものであった。その算用帳の中で，最古のものは，鴻池家の「算用帳」であった。

このことから，江戸時代，我国の帳合法は，9種類前後の商業帳簿しか持たない帳合法と，算用帳という決算報告書を作成する帳簿組織を持つ帳合法が存在したということが分かる。このことについて，西川孝治郎は，**「和式帳合の二重構造」**と名付けている[20]。

また，帳合法の特徴として，無罫の紙に右から筆墨による縦書きで，金・銀・藩札・銭などの金種別に記載されていた。また，貸借に分けられていないので，途中でプラス，マイナスをしなければならないというような不便もあった。しかしながら，我国には算盤があった。毎晩，「帳合わせ」が行われ，それが自検機能を果たした。

さらに帳合法は，各商家によって違っていた。西洋のように簿記の教科書もなく，学校もなかった[21]。帳合法は，門外不出の秘宝であり徒弟制度の中で伝承されていった。それでも，ある程度の共通性がみられるのは，婚姻養子縁組などがあったからである。

そして，算用帳を作成するのに，総勘定元帳に当たる帳簿を持たずに各帳簿から書き上げていく場合と，大福帳が総勘定元帳の役割を果たし，そこから転記し，作成する場合の2つの帳簿組織が存した。おそらく前者から後者へ帳簿組織が進化（または「変化」と考えるべきか）したものと考えられる。

以上が，本章の簡単な要約である。しかしながら，述べたいことはまだまだたくさんあるし，紹介できないのが残念である。他にも多くのすぐれた研究がある。特に会計の研究者は，帳合法と西洋式の簿記との比較研究を試みている。こうした研究については，もちろん小倉榮一郎や西川登も積極的な発言を行っているが，他にも優れた研究がなされている。昭和25年（1950）に，木村和三郎が著した『日本における簿記会計学の発展』（木村 1950）は，戦後の早い時期に書かれたものである。その第1章が，「洋式簿記渡來以前の日本固有の簿記」（木村 1950，5–8）であり，「大福帳」のことや，「出雲帳合の両面勘定」についても書かれている。この書物は，1972年の『科学としての会計学』（木村 1972）に再録され，多くの研究者に読まれ，引用文献や参考文献に揚げられた（筆者が初めて引用したのも本書からである）。この他にも，茂木虎雄（茂木 1971，1976），高寺貞男（高寺 1978a，1978b），原征二（原 1975，1977）らの研究があり，最近では片岡泰彦（片岡 2009）が，勢力的に研究の発表をしている。

また，小倉榮一郎は昭和35年（1960）に，河原一夫は昭和53年（1978）に，西川登は，平成5年（1993）に日本会計研究学会賞を受賞している。なお河原は，公認会計士でもあったことから同年，日本公認会計士協会学術賞を，西川登は日本会計史学会賞を翌年に併せて受賞している。この事柄は，彼らの研究がすぐれていたからであるのはもちろんであるが，帳合法の研究が会計学の研究分野として認められたことの証ではないかと思われる。また，昭和46年(1971)には，西川孝治郎の『日本簿記史談』(西川孝 1974)が，会計学書のみならず，経営学，経済学書をも対象とした日経・経済図書文化賞を受賞している。さらに昭和44年(1969)10月29日の毎日新聞の第1面と第8面には，作道洋太郎・新保博・安岡重明・高橋久一・森泰博・宇田正らの「わが国簿記会計史の研究」に毎日学術奨励金が送られるという記事が掲載されている[22]。このことは，帳合法研究の価値が社会的に認められたことであり，また，この記事の掲載により，一般大衆に帳合法の存在を認知させることになったものと思われる。

さて，ここまでで，「はじめに」で述べた，「帳合法は，果して西洋式の複式簿記に匹敵するものであろうか」という疑問に対して，完全に否定はできないと思う。江戸時代の簿記は，「大福帳式」などと，不合理なものの代名詞のような別称で呼ばれてきた。しかしながら，本章を読むことによって，それが完全なる誤解であることが分かっていただけたのではないかと思う。

小倉榮一郎は，「世界中で江戸期の商業機構ほどに組織だって機能的であった例はないのである。その商人が独自の工夫で洋式簿記と同等の機能をもつ帳合法を案出しても当然である」(小倉 1979, 278)と，述べている。

全く同感である。当時の江戸は，人口100万人を擁する世界最大の都市であり，識字率も最高ではなかったかといわれている。そのような所で使われていた簿記法が，そんなに不合理で役立たずの存在であったはずわないのではなかろうか。本章で，見たように鴻池家は，すでに寛文10年(1670)に，複式決算の機能を持つ決算報告書(算用帳)を作成していた。小倉榮一郎は，そのような簿記のことを，多帳簿制複式決算簿記と名付けた。**管見の限り，複式簿記を除けば，このように進歩した簿記システムは世界史上類例を見ない。**

帳合法が廃れたのは，その機能性の故ではなく，グローバルスタンダードでなかったということが大きいと思う。この点については，嘗て，拙稿(田中孝 2003, 161)でも述べたので，ここでは触れない。

しかしながら，本章の最後に，このような江戸時代の商人が用いた帳合法が，明治以降も使われていたことを述べて終わりにしたい。最近では，明治の初めに西洋式簿記が輸入され，それまでの商人の簿記が一挙に無くなったような感もあるが，少なくとも明治・大正・昭和の初期までは命脈を保った。西川登は，社史から「在来企業が西洋式簿記を導入した時期」の一覧表を作成している（西川登 1991，41）[23]。一見しただけでも西洋式簿記が，簡単には在来企業に浸透しなかったことが分かる。また，それだけではなく，この表に示されているのは大企業が多い。ということは，中小企業・商店の導入は，もっと遅い。この点について，小倉が述べるように，学校出が大企業に吸収されてしまって，商業学校，高等商業の卒業生が在来の企業の経営者として入ったり，自営者として進むケースが少なかった（小倉 1981，59），からではなかろうか。

小倉は，次のように述べている。「…在来の商人の経営する企業では，昔ながらの固有簿記法が踏襲され，驚くなかれ，太平洋戦争前夜，企業整備をうけて閉鎖されるまで，その命脈を保ってきたのである。もし，戦後に，青色申告制度が実施されなかったら，この固有帳合法が再び復活したかも知れないのである」（小倉 1980a，98）。

実際，第二次大戦後に発表された『中小企業簿記要領』は，帳合法の影響を受けている。この詳細については，本書の最終章の「補論」に譲る。

注

1 「経済史」の他にも，「経営史」とか，「商業史」などの研究分野があると思われる。残念ながら，筆者は専門家ではないので，これらの明確な違いについては分からない。本書では，これら3分野を総称して「経済史」と呼ぶこととしたい。

2 帳合法は，我国固有の簿記といわれるように，我国のオリジナルのものであると考えられている。それは，西洋式簿記が影響を与えたという歴史的証拠がないからである。嘗て，長崎商業学校の教授であった武藤長蔵氏は，大正10年（1921）1月の『国民経済雑誌』第30巻1号に掲載した論文で，オランダ語で書かれたイタリア式の簿記書が，佐賀鍋島藩に輸入されていたことを突き止めたことを書いているが，我国の帳合法に影響を与えたことについては否定的である（武藤 1975，小島男佐夫編に所収）。また，西川孝治郎氏は，静岡の葵文庫に徳川幕府が残した旧蔵書の一部が伝わっており，その中にオランダ簿記書が三冊あることを指摘しているが，これらは，日本の社会には何の影響もあたえなかった（西川孝 1974, 6–7），と述べている。行武和博氏は，17・8 世紀の長崎出島のオランダ商館で作成されていた会計帳簿を詳細に分析され，11 の特徴を述べている（行武 1992）。これを見ると，現在の簿記の教科書に出てくるものと，ほとんど遜色がないように感じられる。しかしながら，本章の「はじめに」でも書いたように，長崎出島のオランダ商館長フランソワ・カロンが書き残した如く，日本人は「伊太利流の簿記法を知らない」ままで，その簿記も出島の外には出なかったのではなかろうか。小倉榮一郎氏も，イギリス人，オランダ人により早くから西洋式簿記法は伝えられたのであるが，商人の実践にまで影響を及ぼした形跡は認められないとしている（小倉 1962, 15）。これに対して岩辺晃三氏は，文化論的アプローチと称し，16 世紀後半にイタリア式簿記法が日本に伝播したという説を唱えている。かつて岩辺氏は，日本会計研究学会や紙面上を舞台として西川登氏との間で論争を繰りひろげた（田中孝 2005, 127）。史料がないのであるから，筆者としても，「影響を与えたかもしれないし，与えていないかもしれない」としか言いようがない。しかしながら，事の真偽は兎も角として，会計史を考える上で，一つの興味深い問題提議ではないかと考えられる。岩辺（邊）氏の主張は，（岩邊 1986），（岩邊 1987a），（岩邊 1988），（岩辺 1989），（岩辺 1992）などと続いていき，一連の主張は，（岩辺 1993）として単行本化している。話は変わるが，ドイツにおいてもイタリア式の複式簿記が伝わる以前に「ドイツ固有の簿記」があったことを土方久氏が一連の研究（土方 2005），（土方 2008），（土方 2012）で，発表されておられる。また，三光寺由美子氏は，複式簿記の教科書が登場する以前の 13–14 世紀のフランスの会計帳簿を実証的に研究されている（三光寺 2011）。これなども「フランス固有の簿記」の研究になるのかもしれない。

3　瀧本誠一氏も，「兎に角此の慣例類集は，當時商法編纂の爲めの参考資料として，取調べたるものなることは明らかである」（瀧本 1992, 3）と述べている。

4　周知のように，我国初の西洋式簿記書，福沢諭吉の『帳合之法』初編（単式）は，明治 6 年（1873）6 月に，我国初の西洋式の複式簿記書『銀行簿記精法』は同年の 12 月に発刊されている。文部省の小・中学校の教科書，『馬耳蘇氏記簿法』は，一は明治 8 年（1875）3 月，二は同年 10 月に，『馬耳蘇氏複式記簿法』（上中下）は，明治 9 年（1876）9 月に，それぞれ発刊されている。また，我国初の商業学校である商法講習所（現，一橋大学）は，明治 8 年 9 月に設立されている。その他にも，西洋式簿記を教える所は，どんどん作られてきていた。したがって，西洋式簿記は，知識としては認知されてきていたと思われる。『商事慣例類集』では，「記簿法」という名称を使用している。これは，文部省の命名である（田中孝 2003, 169）。

5　西川孝治郎氏によると，大森論文のこの部分を，陶山誠太郎氏が，雑誌“*The American Accountant*”の 1930 年 4 月号で紹介した事実がある（西川孝 1969, 10）とのことである。

6　大森氏は，参考文献として『經濟大辭』も揚げているが，よく分からない。インターネットの検索でも出てこない。もしかしたら明治36年（1903）の『經濟大辭典』（大西・石丸1903）ではないかと思われる。全国的にも12大学しか所蔵されていないが，大森氏の職場であった京都帝国大学には，現在も，京都大学附属図書館，京都大学経済学部図書館，京都大学人間・環境学研究科 総合人間学部 図書館に3冊も所蔵されているからである。この辞典には，「しょーぎょーちょーぼ　商業帳簿　Trade Book，Account Book」（大西・石丸1903，531），「ちょーあい　帳合　Stock Account」（大西・石丸1903，761）という項目がある。ただし，西洋式簿記の解説のようである。いずれにしても，大森論文は，『商事慣例類集』の影響が大であるということは，動かない事実である。

7　宮本又次氏が，昭和32年（1957）に『大阪大学経済学』誌上に著した「江戸時代の帳簿と帳合」は，和式簿記研究の最も優れた論文の一つと考えられ，多くの研究者に引用されている。この論文には土倉帳や富山家の商業帳簿の記述があるが，その記述の参考として（拙稿，帳簿と帳合，あきないと商人，所収）と書かれている。これは，本書末の引用文献中の（宮本1942）である。さらにこの「帳簿と帳合」の末尾には，（日本評論社版「日本經濟史辭典」のために執筆せる原稿に訂正加筆）と記載されている。これは，宮本氏が，昭和15年（1940）に『日本經濟史辭典』に書いた「商業帳簿」（宮本1940）という項目である。この「商業帳簿」の参考文献として大森論文が揚げられている。執筆当時の宮本氏の肩書きは「立命館大學講師」（日本經濟1940，5）となっている。その後宮本氏は，彦根高等商業学校教授，九州帝国大学教授，大阪大学教授を歴任していくこととなる。蓋し，明治40年（1907）生まれで，京都帝国大学卒業の宮本氏は，学生時代に大森氏の教えを受けていたのであろう。

8　平井・山下両氏の研究した出雲帳合の帳簿類は，現在，神戸大学の社会科学系図書館の書庫に所蔵されている。孫徳榮氏は，研究論文のなかで，田部家の帳簿の写真を掲載している（孫1993，85）。

9　『広辞苑』を引くと，「属」には，「ぞくすること」のほかに，「つき従うもの」（新村1983，1406）という意味があるので，おそらく支配人の下に配属された従業員の事ではないかと思われる。

10　「出目」という言葉は，近世に用いられたことはよく知られている。例えば，江戸幕府が，元禄8年（1695）に金銀貨の純度分を下げて，悪貨に改鋳して出目を出したことはテレビのドラマにも登場する有名な話である。辞書を引くと，「貨幣の改鋳による益金」（滝沢1988，913）であるとか，「二つの数量を比較して，一方が他より多い場合の差額」（日本国語2001c，719）などがこれに当たると思う。しかしながら，「控目」というのは，出雲帳合でいうような意味は見つからなかった。今後の検討課題であるかと思う。

11　第3節でもみるように中井家や鴻池家の帳合法の研究でも出雲帳合は参考にされてい

るし，「両面勘定」という言葉も使っている。特に，平井・山下両博士の研究に刺激を受けて行われたのは木島幹世氏の研究である（木島 1963ab）。木島氏は，出雲帳合に感銘を受け，出雲国とも地理的にも近い鳥取県伯耆国で製鉄業を営み，田部家とも比肩した近藤家の帳合法を研究された。

12　江頭恒治氏は，昭和40年（1965）に大著『近江商人中井家の研究』（雄山閣）を刊行している。

13　宮本又郎氏によると，十人両替とは，「江戸時代，大阪において本両替屋仲間のうちより選ばれて，両替屋仲間の取締り・公金の出納・金銀相場の調整・新旧貨幣の交換などにあたった原則として十人の大両替屋。十人両替の成立は寛文2年（1662）…さらに寛文十年，当時の大坂東町奉行石丸石見守定次と西町奉行彦坂壱岐守重紹が協力して制度化した。この時十人両替に登用されたのは，…鴻池屋喜右衛門…の十名であった」（宮本又郎 1990，296）。また，鈴木浩三氏は，大坂の両替商は，本両替，南両替，三郷銭屋仲間に分けられるが，本両替の上には十人両替が置かれていた。江戸の本両替に当たるのが大坂の十人両替で本両替の監督を行っていた。なお江戸には，大坂の本両替にあたるものはなかった。大坂の本両替は，金銀取扱い，預金，貸付，為替，手形取扱いなどのほか，諸藩の掛屋，蔵元を兼ねる場合が多かった。大坂において江戸の三組両替にあたるのが南両替，番組両替にあたるのが三郷銭屋仲間だった。さすが天下の台所といわれた大坂だけあって，両替商の数は江戸よりはるかに多く，嘉永期には本両替179人，南両替544人，銭屋仲間617人を数えた，と述べている（鈴木浩 1995，29−30）。

14　他にも伊勢商人の研究について，古くは紺野浦二氏の『大傳馬町』（紺野 1935）があり，バイブル的存在となっている。戦後，単行本化されたものでは，まず嶋田謙次氏の『伊勢商人』（嶋田 1987）が発刊された。その後，後藤隆之氏の『伊勢商人の世界』（後藤 1990）が続き，上野利三・高倉一紀両氏の『伊勢商人　竹口家の研究』（上野・高倉 1999）など，良書が次々に発刊されている。また，『射和文化史』（山崎・北野 1956）は，昔から伊勢商人の研究のために参考書として使われてきた名書である。また，引用文献に挙っている以外にもすぐれた論文もあまた見うけられるが，ここでは省略する。

15　長谷川家についての最近の研究には，賀川隆行氏の研究（賀川 1999）がみられる。また，松阪市が文化庁から補助金をもらい「長谷川家文書調査事業」として平成20年（2008）から5年計画で調査を進めてきた。そしてその成果が，2013年3月，松阪市教育委員会から『長谷川家調査報告書（Ⅰ～Ⅲ）』として発刊された。なお，同年8月より再び第Ⅱ期調査が始まっている。

16　沽券というのは土地渡し証文のことであり，沽券価格とは土地の取得原価のことである。

17　本文でみてきたように，複式決算構造を持つ商家は，豪商ばかりであるし，他の研究をみてもそうである。しかしながら，植村正治氏のような説もある。植村氏は，魚間屋の文化6年（1809）の「惣勘定立帳」を分析し，「損益計算と貸借対照がなされている」（植村 1977，295）と述べている。そして結論として次のように推測している。「今日まで鴻池・三井・中井家の帳合法の研究がなされてきており，いずれもその帳合法は貸借対照表と損益計算書を持つ複式決算構造であったと言われている。しかし，この三家共に近世においては最大規模の商家であったのに対して，文化6（1809）年における魚間屋の資産額は30貫目余にすぎない。鴻池の場合，最低は寛文10（1670）年の327貫目で，最高は明治9（1876）年の8万6492貫目となっている。また，中井家の仙台元店の享和2（1802）年のそれは4万880両であり，三井家の宝永7（1710）年のそれは7639貫目であった。これら商家と比べて近藤家の魚間屋の規模はきわめて小さなものであった。それにもかかわらず，その帳合法が複式決算構造であったことは，近世においてこのような帳合法がかなり一般的に行なわれていたことを推測させる」（下線引用者，植村 1977，300）。

18 山田札はこの地方だけで通用した。最初は伊勢商人の間だけで使われた商人手形であったが，商人の信用を背景として，よく流通し，後に山田藩札となった。主として少額補助貨幣として用いられたもので，初期は銀兌換券であったが，後に寛文年間の銀称呼の金兌換券となった（小倉 1962，50）

19 帳合法を婚姻関係などにより伝播していくことを証明するこのとして，文政7年（1824）の『夜職草』の中に，姉の嫁ぎ先で帳合法を学んだという話が出てくる（鈴木著・宮校注 1978，195-196，243-244）。しかしながら，学校教育ではないが，寺子屋において『大福帳』が教材として用いられるなど，江戸時代，巷で帳合法の教育が行われていたことも認められる（田中孝 2000，16-22）。

20 西川孝治郎氏は，「わが国帳合の実態が，全国的な中小の商家の帳合と，少数の巨商・富豪の帳合との共存状態であった事実は，商事慣例類集が存する限り変わらない。わたくしはこれを和式帳合の二重構造といいたいのである」（西川孝 1971，107）と，述べている。これは，当時我国の経済状態を指して「経済の二重構造」ということがさかんに言われた。その言葉から考えたのではないかと思われる。ちなみに「経済の二重構造」とは，「わが国の経済には，一方において近代的大企業が，他方零細な小企業が存在し，両者の間に，資本規模・生産性・収益性・技術・賃金などの点で大きな格差がみられる。このような日本経済の構造的特質を一般に二重構造とよんでいる。これらの格差は，単に工業部門内のみでなく，工業と農業，工業と商業の間にもみられる」（中山・金森・荒 1984，367）。

21 清水廣一郎氏によると，中世イタリアの学校で，生徒たちは，「簿記の初歩」も勉強しなければならなかったとのことである（清水 1982，28）。

22 この研究の一部として，新保博氏は，鴻池・三井・中井の帳合法の比較研究を行い発表している（新保 1971）。

23　西川登氏は，これ以外にも約300社の社史を調べ，洋式簿記の導入時期の研究をされている（西川登 1996）。

第2章　伊勢商人の帳合法と監査

1 は じ め に

前章でも考察したように，江戸時代の商人の簿記法（帳合法）によって，**「算用帳」**や**「算用目録」**と呼ばれる，かなり高度な決算書が作成されていたことは衆目の一致する所であると思われる。しかしながら，それでは監査（会計監査）の方はどうなっていたのであろうか。「会計あるところに必ず監査あり」[1]といわれるが，現在，我々が考えるような監査が果たして行われていたのであろうか。この点について本章では伊勢商人を取り上げ検討してみたいと思う。

では，なぜ伊勢商人なのか。それは次の二点による。第一に，伊勢商人には豪商が多かったという点である。現在でいうなら大企業である。例えば，嘉永7年（1854）に幕府が江戸商人に対して莫大な御用金賦課を行っているが，1,289人の江戸商人のうち1千両以上の御用金を上納した商人は全部で96人にすぎない。その中に長谷川・川喜田・小津・長井・田中といった大傳馬町の伊勢商人が入っている（北島 1962, 141），ことからも伺い知ることができる。また江戸時代に流行した諺に「近江泥棒，伊勢乞食」というのがあるが，これなども伊勢商人の商才が近江商人と並んで傑出していたがために出てきた悪口といえる[2]。

ここで伊勢商人を取り上げるもう一つの理由として，経営形態がいわゆる

「番頭経営」であったためである。『古事記伝』を著したことで知られる江戸時代の国学者，本居宣長は『玉勝間』の中で，「かくて松坂[3]は，ことによき里にて，…富る家おほく，江戸に店（たな＝引用者）といふ物をかまえおきて，手代といふ物をおほくあらせて，あきなひせさせて，あるじは，国にのみ居てあそびをり，うわべはさしもあらで，うち〳〵はいたくゆたかにおごりてわたる……」（吉川・佐竹・日野 1987，477–478）[4]と，述べている。現代風に訳すると，松坂はことによい里で，江戸に店を出し，商売は手代にまかせ，主人は松坂にいて遊び，上辺はそうでもないが豊かな家が多い，といったところになろう。つまり，この事を現在の株式会社組織に当てはめて考えるなら，主人を全く経営にタッチしない大株主に，手代を経営者に仮定して考えることができるからである[5]。

以上二つの理由から特に伊勢商人に焦点を当て，江戸時代の商人に監査（会計監査）が行われていたや否や，また行われていたとしたらそれは現在に通じるものかどうかという事を，本章では検討してゆきたいと思う。

2　伊勢商人と監査

2.1　伊勢商人とは

伊勢商人と聞いてまず頭に浮かぶのは，時代劇などにもたびたび登場する「伊勢屋」ではなかろうか。「江戸時代中期に流行した『ものは付け』に，『江戸に多きものは，火事，喧嘩，伊勢屋，稲荷に犬の糞』というのがある」（嶋田 1987，1）。つまり「伊勢屋」は，火事と喧嘩と稲荷と犬の糞と並んで，江戸に多いものの代表であったというのである。後藤隆之によると，『三井文庫論叢』に掲載されている江戸時代後期の「江戸商人名前一覧」中，圧倒的に多いのが「伊勢屋」の601で，以下「越後屋」の377，「三河屋」373，「万屋」356，「近江屋」246と続く（後藤 1990，4）[6]。何も「伊勢屋」を名乗るものが全て伊勢商人ではない。おそらく「伊勢屋」と名乗ることが，「お伊勢さん」のイメージと相俟って，商売上メリットに繋がったからではなかろうか。

さて，それでは伊勢商人とは何か。伊勢商人の研究家である後藤隆之は，次のように定義している。

「伊勢商人とは，江戸時代に本家が伊勢にあり，江戸その他に店[7]を持ち，店員が伊勢出身であった企業体―これが狭義の定義である。そして，江戸時代に，伊勢出身者で各地で活躍した商人たち―これが広義の定義である」（後藤 1990，5）[8]

これら二つの内，本章で伊勢商人と呼ぶのは狭義説の方である。すなわち先に引用した本居宣長の文章にあるような商人，江戸に店を出し，経営は番頭にまかせて主人は伊勢で遊ぶような豪商は，狭義の意味の伊勢商人だからである。なお，ここで伊勢商人の「伊勢」というのは，現在の三重県伊勢市のみを指すのではなく，松阪市や津市・鈴鹿市・四日市市・桑名市などを含む伊勢国という意味である。

それでは伊勢商人は，江戸の何処へ店を構えたか。この辺の事情について，後藤の講演録より拾ってみると次のようになる。

「そこで伊勢商人の有名な町がございます。それは③の資料（省略＝引用者）に日本橋北・本町・大伝馬町辺りの地図がございますが，この辺に伊勢商人が沢山いたわけです。その中で大伝馬町一丁目は木綿問屋街です。当時江戸木綿問屋で一番評判の良かった優秀ブランドが『松阪木綿』でした。その松阪木綿を江戸に送って木綿商いの問屋がずらっと並んでおったのが大伝馬町一丁目なのです。大伝馬町は初め木綿問屋が 70 軒位ありましたが，それがだんだん淘汰され最終的には 20 軒ぐらいの問屋に集中していきます。その資料が⑧（省略＝引用者）にあります。文化・文政期の店配置でありますがその 20 軒のうち 8 割が伊勢商人であります。その中に田中（田端屋）・長谷川・川喜田・小津の 4 軒の伊勢商人が殆どを牛耳っていたほどの活躍をしていました」（下線引用者，後藤 1997，69）[9]。

このように伊勢商人の店は，日本橋とか大伝馬町に集中していたようである。特に大伝馬町一丁目の木綿問屋は，伊勢商人の代名詞のようになっている。それが証拠に，伊勢商人を扱った書物には歌川広重の「名所江戸百景」の中の「大伝馬町の木綿店」などの浮世絵が掲載されている事が多い。

このようなわけで，次節においては，まず大伝馬町の木綿問屋川喜田家の16代目当主，川喜田久太夫[10]が昭和初期に「紺野浦二」というペンネームで著した**『大傳馬町』**という書物を手掛りとして，伊勢商人の監査について検討してゆきたい。

2.2　「本状」，「目録開き」，「勤番」

前節で述べたように，伊勢商人の場合主人は伊勢におり，江戸店の経営は番頭にまかせていた。それではその主人が遠く離れた江戸店の経営をどうしてチェックできたのか。『大傳馬町』によると「本状」という制度があったとされている。

> 「これは今と違って通信機關の整つてゐない時代に伊勢の本宅と江戸にある店（たな）との聯絡方法として考へられたものでありまして，双方から毎月三回三ノ日とか，六ノ日とかに必ず一定の様式によって認められた『本狀』と呼ばれる通信が取り交はされるのです。そしてこれは必ず店（たな）は番頭，本宅は主人自ら筆を取る事になつてゐました…」(紺野 1935, 76)。

つまり川喜田家は，十日に一回の「本状」というものによって伊勢の主人は江戸店をチェックしていたわけである。公認会計士を本業とする郷土史家の後藤は，江戸の番頭が書いた「本状」を営業報告書に譬え，主人からの返答は指図であるとして，次のように説明している。

> 「例えば川喜田家であれば毎月3の付く日に営業の報告書を作って国もとに送るのです。3日に送り13日に送り23日に送り，月に3回営業報告書が送られてくるのです。国もとではその営業報告書を見て判断し，指図することがあれば返答を送るのです。このように江戸と国もとの間を常に情報が行き来しています。江戸と松阪・津は歩いて一週間から10日位かかりますから，江戸との間を切れ目なく飛脚が文書を持って往復していた制度でございます。これは川喜田家では本状（ホンジョウ）と呼ばれていました。旦那様は見るべきところは普段からチェックしていたのです」(後藤 1997, 73–74)。

この「本状」のような制度は，伊勢商人一般で行われていたようである。現在でも長谷川家や田中家には大量の書状留が残されていることが分かっている。それらを分析した茂木陽一は，これらは基本的には私信ではなく，商用の稟議決裁システムとして評価できるものであるとして，次のようなコメントを加えている。

「江戸店の支配人が決定してほしい事項について書き記し，本家の主人がそれに対して指示を与えるというものである。伊勢商人は情報を迅速にかつ正確に伝えるために様々な手だてを取った。特に近代社会と違って情報の伝達において公的なサービス，すなわち郵便・電信制度がないもとでは商人は自らの力で情報獲得・伝達をしなければならない。そこで利用されるのは，幸便・定飛脚・臨時飛脚・本家手代の派遣・主人の江戸詰めなどである。これらのうち，日常的な業務にかかわる稟議決済は定飛脚によって行われ，江戸の大火や安政の地震などのような重大事件の際には臨時飛脚が使われた。

本家の主人が江戸に対して送った書状は，江戸店からもたらされた商況報告や稟議の内容を記した上で決済を記している。したがって，往復の双方が揃っていなくともどのようなことが問題となっていたかを書状留からうかがうことができる。そして，これらの書状留が大切に保存されているということは，これもまた店掟と同様に本家の主人が江戸店を管理・統制するための準則であったということを示している。江戸店の経営に何か問題が生じたときは，店掟に照らして，さらにこの書状留の中から過去の判断を検索することによって，一貫した，ある意味でマニュアル化された管理を行うことができるのである」(三重県 1998，15)。

以上のように伊勢商人の場合，平素から書状を遣り取りすることによって，伊勢の主人は江戸店をチェックしていたと考えられる。それでは決算報告についてはどうであろうか。この点について『大傳馬町』では次のように述べられている。

「…，年に二度『目録開き』といふ儀式が伊勢の本宅で擧げられます。つまり今で云う半期の決算總會です。此式には國許に休息中の勤番連中や本宅の詰合勤番が列座して，はる〴〵江戸から勤番が持つて來た半期間の決算報告が主人の前で披露されるのです。此時の挨拶が振るつてゐます。たとへ赤字が出て居やうとも，取れる見込のないお得意先の掛金が澤山あつて所謂帳面富限と云ふ喰せ物であらうとも主従お互ひに『結構な勘定で』『結構な御勘定で御目出度う御座ゐます』と，お時儀を仕合つて盃を擧げ御馳走を食ていゝ氣分になるといふ寸法なんです」（紺野 1935，75）。

伊勢商人の場合，このような「目録開き」という儀式が決算報告会である。これを現代の株式会社に当てはめるなら株主総会に当たる。なおここでいう「目録」とは「算用目録」，すなわち「算用帳」のことである。したがって「目録開き」とは，江戸から勤番が持ってきた「算用目録」を開き，皆に披露するという意味である。

ただし，文中にあるように損失が出ていようと，或いは財政状態が悪くとも，主人は「結構な勘定です」と，一切うるさいことは言わず，後は宴会になるという趣向になっている。このことについて後藤は，シャンシャン総会と一緒の様なことである（後藤 1997，74），と述べている。

しかしながら，たとえシャンシャン総会であったとしても，その総会の前には公認会計士や監査役が監査を行うわけで，このことは，公認会計士であった後藤自身が一番承知していたことだと思われる。もちろん伊勢商人の場合も「目録開き」をする前の段階でちゃんと監査は行われているわけである。それを解くカギは，文中に登場する**「勤番」**にある。『大傳馬町』では，「勤番」について次のように書かれている。

「…店一切の事は此支配人格の番頭が思ふやうに切り廻はせるかといふとそうは行かず，『中の間』といつて店と土藏との間の部屋にいつも苦虫を噛みつぶしたやうな顔をして瞰んでゐる『勤番』又は『隱居』と呼ぶ怖くて五月蝿いおぢいさんが，其時の都合でどこの店にも二人なり三人なり詰合つて居て何かにつけて口も出せば又威張りもする，此連中は支配役を勤め上げた連中で徳川幕府の参勤交代の制度の様に妻子は國許の伊勢に置いて同僚と代り合つて半ケ年位づゝ店に詰合ひます」（紺野 1935，64-65）。

つまりこの「**勤番**」とか「**隠居**」と呼ばれる人達が，半年交替で伊勢から出てきて店を監督していたわけである。しかもこの人達は，支配人を勤め上げた人達であるという。『大傳馬町』には，先の文章に引き続きこの「隠居」さんになるまでの経過が次のように記されている。

「伊勢店は一切伊勢出身の者でなければならなかったのですから先づ十二三歳で伊勢から小僧に來て，それが初登り，二度登り，三度登り，と順序を經て勤め上げて番頭となります。其番頭を何年か勤めて遂に此『隠居』と云う今での重役格になるのです。

最初十二三歳で小僧になるには，『宰領』といつて道中一切を賄ふて世話をする男に連れられて東海道をテク丶丶登り，店に入ると『小僧』となるのです。店では『小僧』の事を『こどもし』と云つてゐますが，此『こどもーし』と引いて呼ぶノンビリした響きが喉から出るやうになるには長年伊勢店の御飯を食べたものでなければ一寸やそつとでは出ません。此『こどもーし』はどこの店にも十五六人は居たもので，其中の古参の三人を『おかしら』と呼ばれてゐて，年の淺い小僧等からは地震や雷さんよりも怖ろしがられたものです。それと云ふのも番頭から小僧への小言は皆此『おかしら』へ天降る仕來りになつてゐて，それを今度は『おかしら』が幾倍にもして小僧を叱りつけるのです。ときには土藏と土藏の間へ呉蓙を敷いてそこへ小僧を座らせ三人の『おかしら』が叱りつけ，又時々は『私刑』さへ行つたらしいのですから自然雷さん以上になつてしまふのです。そこで此小僧達も入店以来五年目になると『二才』と呼ばれ此時を元服といつたのです。それから『初登り』と云つて入店後八年目で伊勢の主人の許へ挨拶に行き，角樽に入れたお酒を祝つてもらつて故郷の親や親類に『此度は私も初登りをさせて頂きまして』と此お酒でお祝ひをするのです。それから伊勢参宮をして改めて主人へ御禮に行きます。二度登りは更に七年目で三度登りは更にまた六年目と定つてゐて，形式は同じ事になつてゐました。店で與えられる其期間は何れも三週間の定めでした。

最後の三度登りを濟して三年目に支配役格の『番頭』となつて主人から

『有附金（ありつけきん）』と云ふ名で家を持つ資金を貰ひ，花嫁を迎へる事になるのですが，どうかすると先きがつかへて居ておくれますと禿頭や白髪まじりの花婿さんが出來ることになります」（紺野 1935，65-68）。

上述のように，川喜田家の場合，伊勢出身の者が 12・3 歳で雇用され，初登り，二度登り，三度登りを繰り返しながら，丁稚から手代，さらに番頭（支配人）へと昇進していくシステムとなっている。そして番頭を無事勤め上げた者が，先に見た「勤番」とか「隠居」となるのである。

実はこの雇用システムは伊勢商人全般に見られるものである。伊勢商人研究家の嶋田謙次は，代表的な伊勢商人である，小津・長谷川・川喜田・竹川の各家の採用から退役までを比較した表（嶋田 1987，161-162）を作成している。各家とも昇進や登りについて若干の違いはあるが大体は同じであるといえる。また，「勤番」，「隠居」の他に，小津家では**「目代」**，竹川家では**「後見」**又は，**「老分」**と呼ばれていたようである。このことについてもう少し詳しく書くこととする。

まず小津家の歴史を著した『小津三百三十年のあゆみ』によると，「目代」は別家の中から選ばれ，「本家目代」と「江戸目代」がいて，江戸詰の「目代」は本店，木綿店，向店の三店に派遣されていて，店では現役の人たちから「隠居さん」と呼ばれていた（小津 1983，70），と書かれている。また，小津家には，この「目代」について次のような「目代役ノ事」と題する古文書が残されている。

「目代役の事

目代ハ退役後住居ヲ定妻ヲメトリタル上，篤実謹行ノ者ヲ選ヒ店中取締及ヒ金銀ノ出納帳簿ノ検査其外人々ノ勤惰ヲ視察シ商法万端ニ注意シ，則チ店総裁取締ノ大任ヲ受ケタル主人ノ代理ナリ，出発前ヨリ要件ヲ協議シ，毎年夏詰冬詰ト半年ツヽ交代スルノ旧規ナリ，店方老分ト精議ノ上篤実ノ者ヲ選ヒ，夏詰ハ一月五日初状ノ席ニテ申付，冬詰ハ七月一日ニ申付，毎年二月廿日出立，冬詰ハ八月廿日出立，前日立振舞御家ニテ別盃ヲ斟ミ要用ヲ協議或ハ申付ルヲ古例ス，目代役ハ勿論店々登ノ者タリトモ大橋迄主人ノ見送ル古例ナリ」(傍点引用者，松阪市 1983，303)。

(目代は，退役後住居を持ち妻帯した者の中から誠実で勤勉な者を選び，店中の取締りと金銀出納簿の検査の外，人々の働きぶりを監視し，商いの事，全てに渡って注意をしている者で，言わば総裁取締役の大任を受けた主人の代理である。(江戸へ) 出発前よりよく協議し，夏と冬と半年交代で (江戸) に詰めるのが旧くからのきまりである。店方の老分とよく相談して夏詰は一月五日言い渡し，二月廿日出発，冬詰は七月一日に言い渡し，八月廿日に出発する。出発の前日は本家にて別れの盃を酌み交わすのが古くからのしきたりである。また目代役は勿論，登りの者も主人が大橋まで見送るのも古くからのしきたりである)。

このことからもわかるように，「目代役」は，帳簿の監査や従業員の監督が仕事だということである。またこの「目代役」は伊勢に定住していて，江戸に詰めるということである。ここで二つの疑問が沸いてくる。まず一つ目は，なぜ江戸店で働いていた奉公人が退役すると故郷の伊勢に戻るのか。この点については，松阪市郷土資料室に所蔵されている長井家の文書，「ヶ條」(図表 2-1) が参考になると思われる。この中で，関係した部分を抜き出してみる。

「一　自今以後江戸手代退役以後者當所へ住居為致可申江戸住居ハ不申及在所江引込候事も為致申間敷候…①

一　江戸手代支配致退役弐年後見相勤三年目之春定目之通り元手金被仰付其春為登候而早速先者借宅為致妻をもたせ身躰堅メさせ其上三四ケ万半年も過候ハヽ江戸後見二下シ可申事候…②

一　江戸店手代引込候年ゟ三ケ年之内ハ見舞金として一ケ年拾五両廿両辻之内其人二鷹じ御合力可被成遣候右三ケ年過候ハ家

図表 2-1　長井家文書「ヶ篠　申五月」

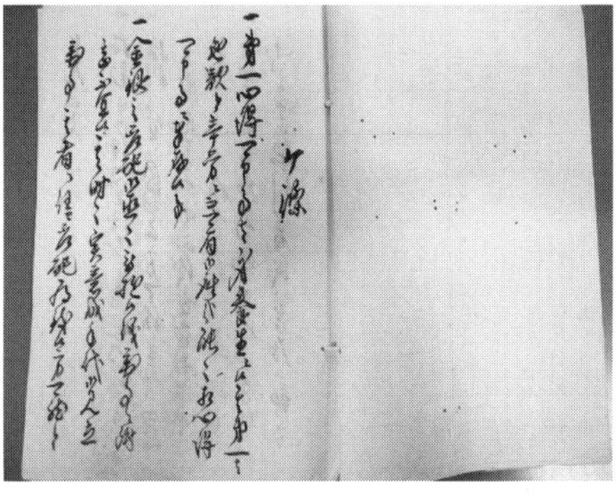

(松阪市郷土資料室所蔵)

を求メ可被遣候…③」(①，②，③引用者)

(一　江戸の手代を退役した後は，当所（伊勢松阪）へ住まわせて，江戸は言うに及ばず，在所へも住まわせてはならない。…①

一　江戸の手代支配役を退役した後二年間は後見を勤めさせ，三年目の春に定目（家法）の通り元手金を与えて，その春（伊勢へ）登らせ，早速先ずは家を借りさせ，妻を持たせ，家庭をちゃんとした上で，三・四ケ月か半年も過ぎたら再び江戸へ下すように…②

一　江戸の手代を松阪に呼び寄せた後，三ケ年の内は見舞金として，一ケ年10両，15両，20両までの内，その人（の働き或いは貢献）に応じて，三ケ年を過ぎたら家を買い求めて与えるようにすること…③)

つまり江戸で支配人を退役させた後は，伊勢松阪に住まわせて，在所にも住まわせてはならない。そして妻帯させ，最初は借家，後には家を持たせ，退職金や年金も出すという。定年まで真面目に勤め上げたら，後で必ずいい事があるという我国の終身雇用制度と似ていないこともない。それではなぜ退役した支配人をこうも厚遇するのであろうか。この文書を所蔵している同資料室の杉本喜一学芸員の話によると，この文書は文面からして，主人直方（道倫）の死去〔明和3年（1776）〕後，まだ幼年の直延（8歳）に上呈されたいわば教訓状の様なものである，としている。すなわち番頭が書いた帝王学のテキストといえる。そうすると支配人を退役後，伊勢に住まわすことについて次のように推測できる。蓋し，それは自店でせっかく育て上げた人材を，みすみす商売敵（ライバル企業）に取られるのを恐れたからではなかろうか。また在所にも住むことを禁じているのは，本家の近くに住まわせ，いざという時に助けさせるという本家大事の考えではないかと思われる。

次に二つ目の疑問点に移る。それは，「目代役」（或いは「勤番」等）は，なぜ半年交替で江戸に詰めるのか，この点については，嘉永3年（1850）の『竹川家勢州掟書』の一節が参考になると思われる。

主人・名代店務監督

「一，店々詰合の儀，怠慢なく繰合せ罷出づべく候。主人名代とも交々罷下り，七ケ月目代交代致すべく，長詰は却つて取締りの害にも相成り候間，右の順相心得べき事。尤も奉公人ども身持取調べ，且諸貸方等取調，手広く不取締相成らざるよう，古格を相正し，支配人どもへ心添これあるべき事。但し詰合の者，不身持か或は取締も出来難く，不行届の者にはゞ，衆評の上店詰相止め，其次第により賄減らし候とも時宜に申談ずべき事。」（傍点引用者，山崎・北野 1956，395）

（一，店々の詰合については，怠慢なく繰り合わせて出向くこと。主人と名代とも交々に（江戸）に下り，7ケ月に目代を交替すること。長く詰めることは取締りの害になる。右のことはよく心得ること。もっとも奉公人どもの身持・貸方など手広く取り締まるよう，古くからのしきたりに従い，また，支配人への心使いも忘れないこと。ただし詰合の者が，身持ちが悪かったり，取り締まりもできないくらい不行届の者があれば，相談の上，店詰めを止めさせ，事の次第では，賄も減らすことも適宜相談すること）

つまり「長詰は却って取締りの害」になるから交替するということである。やはり長く詰めると，マンネリ化になり，腐敗を生んだり，或いは手心を加えたりと，ちゃんとした詰合いの仕事ができなくなる恐れがあるということである。

いずれにしても小津家の「目代役の事」という古文書から生じた二つの疑問，一つはなぜ目代役を伊勢に住まわせるのか，もう一つはなぜ半年交替なのかという疑問に対する答えが出たといえる。すなわち前者については，せっかく育てた人材をライバル企業に取られないようにするため，並びに，いざという時本家を守るためであり，後者については，長く詰めていると詰合いの仕事の害になるから，ということである。

以上，監査をする「勤番」，「隠居」，「目代」，「後見」，「老分」について見てきたわけであるが，最後にもう一つ，第4節で史料を取り上げる関係からも津（三重県津市）の田端屋（田中家）についての説明を見たいと思う。

「…徳川時代の将軍家と諸藩との間の参覲交代（さんきんかうたい）制の如く，当勤の番頭さんの上に，当勤を勤め上げて元老格となった古参番頭さんが，何人かで定期的に交代して，江戸詰めと津詰めとなって，江戸の当勤者の指揮監督に任じ，兼ねて田中家の本家たる津の主人と江戸の店との間の連絡と意思疎通とに当たって居たのであります。…

参覲交代（さんきんかうたい）の人が江戸に来る時は，著者の知る限りでは，上席と次席と二人若しくは三人，後（のち）に一人に成りましたが，其期間は昔は半ヶ年宛（づつ），後に三ヶ月宛であり，其間家族を伊勢に残して単身赴任，店員全部と，寝食起居を共にしたのであります」（田中治 1966，9-10）

この田端屋（田中家）の文章もだいたい今まで説明してきたことと合致すると思われる。ただこの文章からも江戸に詰める者が複数人いたことがわかる。もちろん商家各々によって違うと思われるが，やはり豪商の場合は複数いたのではなかろうか。

それではこのような江戸詰め「勤番」がどのように監査を行なったのか。これについては，まず竹川家の嘉永3年（1850）の「主従連印老分掟」の一節を見てみたいと思う。

「一店々二季請帳之節老分不残立合目録算当并諸帳面披見可有之，尤平常共店々江折々身廻帳面不時ニ披見可有之事」（松阪市 1983，173-174）

（一店々へ年二回の決算の時には，老分は目録の計算ならびに諸帳面の検査に残らず立ち合うこと。もっとも平生でも店へ抜き打ちで見回り不意に帳面の検査もすること）

というように，なかなか厳しいものがあったように思われる。

実際，竹口家の決算書である算用目録の末尾（三重県 1998，420）には，作成者（支配人）の金兵衛と，監査人（老分・詰合）の素六と礼蔵の署名と押印がなされている。つまり，このことは監査証明がなされているということである。ただ，残念ながらこの竹口家の算用目録については，目録以外に付属書類があったかどうかも不明である。また算用目録も厳密さに欠けていると，三重県史には，説明が付されている（三重県 1998，420）。そこで次節においては，完全な複式決算になっており，付属書類も揃っている長井家の算用目録帳を取り上げ検討してみたいと思う。

3　長井家の決算報告と監査証明

3.1　算用目録の体系と様式

長井家は，江戸店「大和屋」「綿屋」を有し，近世期から明治・大正期にかけて活発な営業活動を見せた代表的な江戸店持伊勢商人の一つである。大伝馬町に江戸店を開いたのは貞享3年（1686）であったが，それ以前から久居藩などの家中士に対する年貢米引き当ての金融を行っていた。その後，元禄9年（1696），大和屋市兵衛の跡式を取得し，大和屋を屋号とすることになった。五代嘉左衛門常孝の時に甥の長井惣兵衛常綏が分家して新宅を名乗り元文5年（1740）には，綿屋を開いている。他方，享保14年（1729）には営業方と貸付方を分離し，貸付業務を担うセクションを**奥田方**と称するようになった。宝暦五年（1755）に松阪御為替組に加入し，その後も度重なる御用金に応じている。長井家の場合，木綿操綿の取引を盛んに行っていたから，経営の盛衰もかなり大きなものがあったと思われ，この点操綿取引[11]などを厳禁していた長谷川家とは同じ伊勢商人でもかなり異なった類型に属する[12]。

図表 2-2　長井家の算用目録の写真

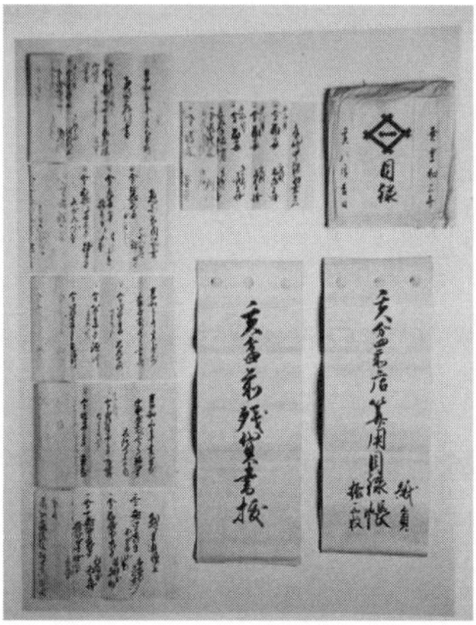

出典　津市 1998，図版2頁
（石水博物館所蔵）

長井家の算用目録は，年二回，江戸から伊勢の本家へ，図表2-2の写真のように袋に入られて送られてきていた。長井家は当時年二回決算を行なっていたようで，2月に作成されるものを「盆後」，8月に作成されるものを「盆前」と名付けていたようである。

さて，ここで採り上げるのは，享和2年（1802）8月の長井家大和店の盆前の算用目録である。この享和2年の目録は「戌盆前店算用目録帳」，「戌盆前残貸書抜」の二冊の横帳[13]と，「手代中銘細書」，「小遣内訳覚」，「戊盆前奥田差引書」，「戊盆前家屋敷上り高書附」，「戊盆前家屋敷上り高銘細書」，「懸方追啓上」，「古残懸覚」の七通の書状から成り立っている（但し，図表2-2の写真，享和3年(1803) 8月分には，「古残懸覚」は含まれていない）[14]。以下各々について説明をしていくこととする。

(1)「戊盆前店算用目録帳」(図表2-3・図表2-4)

この「戊盆前店算用目録帳」が，最も主要な財務諸表と考えられる。なぜならその構造は，**貸借対照表的部分**（図表2-3），**損益計算書的部分**，及びその**仕入木綿・繰綿利益の内訳的部分**（両方とも図表2-4）に，大きく三つの部分から成り立っており，他の諸表は，この中の金額の明細を表わしているからである。まず貸借対照表部分では，期末資産の合計金額から期末負債の合計金額を差し引き，期末資本すなわち期末正味身代を計算している。

次に損益計算書的部分では，収益（利益）の合計金額から費用の合計金額を差し引き，当期純損益を計算し，それに期首資本（期首正味身代）を加算し期

図表2-3　戊盆前店算用目録帳の貸借対照表的部分

（表紙）
戊盆前店算用目録帳
紙員　拾七枚

覚

この○は儀八が改めたという印

期末資産

西ノ盆後金壱万八百四拾両余
○一、金壱万八百弐拾五両　壱匁四分五厘　古残懸　かし　B
西ノ盆後金弐千三百三拾両余
○一、金弐千三百三両壱分　九匁壱分五厘　時貸筋　かし
西ノ盆後金千三拾壱両余
○一、金千百九両弐分　壱匁四分弐厘　残貸　かし　A
○〆金壱万四千弐百六拾四両三分　拾弐匁弐厘
有物
○一、金五拾七両　拾三匁八分　小野屋伊右衛門　残荷
○一、金七両　六匁壱分五厘　長井喜兵衛　同断
○〆金百六拾八両壱分　七拾六匁五分四厘
西ノ盆後金弐両弐分
○一、金弐両弐分　松崎六左衛門　かし
○一、金千六百六拾壱両壱分　八分六厘　当座帳　かし
○一、金弐百七両　拾壱匁六分五厘　仲間　皆済　かし
○一、金六百七拾四両三分　拾四匁弐分七厘　有金
○〆金弐千五百四拾五両弐分　弐拾六匁七分八厘

期末資産合計

○惣〆金弐万四千三百拾六両　拾弐匁壱分四厘

期末負債

預り
○一、金弐千三百五拾両　算用　預り
○一、金百四拾壱両　六匁四分五厘　算用　出目　預り
○一、金三千両　奥田　預り　D
○一、金百両　竹内筋　松坂　預り
○一、金弐千両　奥田　預り　D
○一、金千弐百五拾両　手代中　預り　C
○一、金四両三分　六匁六分六厘　大口清兵衛　同断
○〆金五百七拾両三分　百弐拾七匁九分七厘

期末負債合計

○惣〆金壱万三千八拾三両三分　四匁弐厘
○指引〆金壱万千弐百三拾弐両壱分　八匁壱分弐厘
右之通慥ニ預り支配仕候、以上

期末正味身代
（期末資本）

享和二年戌八月
同　忠兵衛（印）
弥助（印）
長井九郎左衛門様

出典　三重県 1998，392-397

図表 2-4　損益計算書的部分と，仕入木綿・繰綿利益の内訳的部分

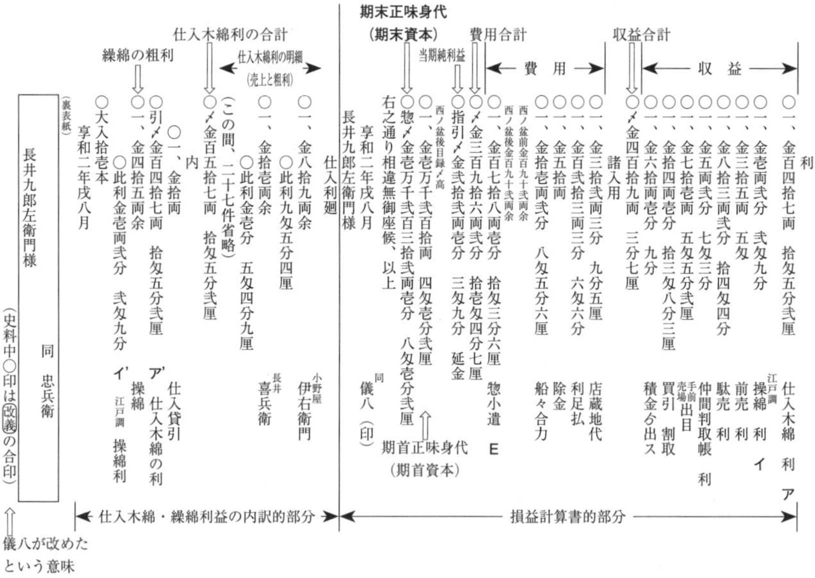

出典　三重県 1998，397-400

末正味身代を計算している。

すなわち，この二つの部分は，以下の二つの算式によって表すことができる。

(1)　**期末資産合計－期末負債合計＝期末正味身代（期末資本）**

(2)　**当期収益－当期費用＝当期純損益**

当期純損益＋期首正味身代（期首資本）＝期末正味身代（期末資本）

つまり，この決算書においては**期末正味身代（期末資本）**を二重計算するという複式決算の構造[15]になっているわけである。なお，期末正味身代の他に当期純損益も計算しているところは，第1章でみた寛文十年の鴻池家の算用帳より進歩しているといえる。

三番目の利益の内訳的部分では，損益計算書的部分の収益（利益）の中で重要な「仕入木綿　利」**ア**と「江戸調操綿　利」**イ**の内訳（得意先別の売上高とその粗利）が記載されている。そして内訳欄の合計**ア'**，**イ'**が，前記の**ア**，**イ**と一致するようになっている。

また，この決算書で特徴的な事柄は，重要と思われる項目には，その一期前とか，二期前の金額が付されている事である。例えば，「惣小遣」**E**の当期の金額は「金百七拾八両壱分拾匁三分六厘」であるが，その横に少し小さく「酉ノ盆後金百九十弐両余」と「酉ノ盆前金百九十弐両余」と記されている。当期が戌盆前であるので，酉ノ盆後というのは前期であり，酉ノ盆前というのは前々期である。前期の金額や前々期の金額が記載されているということは，比較できてわかりやすい点（比較可能性）であると思われる。企業会計原則でいえば，さしずめ**明瞭性の原則**の要請に適うものではないかと思われる。

なお，この決算書において重要と思われるものは，他の諸表が明細表になっている。それらについては，以下，各々の諸表の所で取り上げることとする。

(2) 「戌盆前残貸書抜」（図表 2-5）

この表は，先の「戌盆前店算用目録帳」（図表2-3）の「残貸　かし」**A**の明細を示すものであり，この表の合計**A'**と一致する。「残貸かし」とは売掛金

図表 2-5　戌盆前残貸書抜

（表紙）
戌盆前残貸書抜

申ノ盆前引残
○一、金九両壱分　地 近江屋伊助
未ノ暮引残
○一、金拾四両弐分　五匁壱分八厘　房州磯村 和泉屋久右衛門
申ノ暮引残
○一、金百拾五両弐分　上州藤岡 梅鉢屋平助
申ノ暮引残
○一、金弐拾弐両壱分　四匁九分六りん　奥州棚倉 藤屋専助
（この間十件省略）
年々追送り
○一、金百拾五両　地 玉垣屋五郎左衛門
年々追送り
○一、金拾両　地 吉野屋清兵衛
〆
○一、金壱分　六匁六分四厘　九月廿八日済　武州忍行田 鈴木六郎兵衛
○一、金三拾九両壱分　拾三匁四分八厘　九月八日済　地 三川屋市兵衛
○一、金弐両三分　拾壱匁四厘　九月五日済　平松屋弥市
○一、金百五拾両　水戸下町 那波屋長三郎
○一、金弐分　五匁七分　八月晦日済　野州足利 阿波屋源蔵
○一、金拾弐両　九月七日済　下総左倉 上総屋文右衛門
○〆金千百八両　九拾壱匁四分弐りん
○持〆金千百九両弐分　壱匁四分弐りん　A'
内
一、金六拾八両壱分　五匁四分九りん　受取

（裏表紙）
長井九郎左衛門様
同　忠兵衛

（史料中○印は改義の合印）

A' ⇧ 戌盆前店算用帳（図表2-3）のAと符号

出典　三重県 1998，400-401

のことであるので，「戊盆前残貸書抜」は売掛金の附属明細表ということになる。しかしながらこの表は，「戊盆前店算用目録帳」と同じ横帳に書かれているので，主要財務諸表として位置付けられるものである。それではなぜ売掛金の明細が重要なのであるか。なぜならそれは次のような理由による。

先ず，一つ目の理由は，第1章でも述べたように，我国で最古の商業帳簿が土倉帳であるということである。土倉帳とは質屋の台帳，つまり売掛金と同じ債権を記入する帳簿である。我国の商業帳簿は，債権簿から始まったわけで，売掛金元帳もこれと同様の帳簿だからである。

また，もう一つの理由として，江戸時代の商業帳簿の中で・大福帳（売掛金元帳）が中心だったのではないかということである。この点について宮本又次は，次のように述べている。

「商業帳簿は元来，備忘記録を起源とすると思われる。債務は相手方の債権として記録されるので軽んじられ，専ら債権のみが記録されたのであろう。江戸時代に使用された帳簿で，凡そ大福帳・買帳・売帳・金銀出入帳・判取帳・注文帳・荷物渡帳の七種類が商業上欠くべからざる帳簿である。その中でも売買の両帳及び金銀出入帳の三種を以て最も緊要とし，大福帳に於いてこれを総括するものであり，他の帳簿は取扱の一部分を記すのみであった」（宮本 1957，89-90）。

話を元に戻すと，このような理由で「戊盆前残貸書抜」が「戊盆前店算用目録帳」と同様に横帳に記入され，主要財務諸表とし位置付けられる理由である（次項で述べるが，「戊盆前店算用目録帳」には㊞改義の合印が押してある。この合印は「戊盆前残貸書抜」にも同じように押してある。この点からもいえる）。

(3)「手代中銘細書」（三重県 1998，401-402）

この表も「戊盆前店算用目録帳」（図表2-3）の「手代中　預り」Cの明細を示すものである。この表の合計と「戊盆前店算用目録帳」（図表2-3）のCは，当然に一致する。これらの金額は手代の「預り」となっているので，負債という分類になるが，手代からの出資分と考えた方がよいように思われる。現代の株式会社に当てはめて考えるなら，さしずめ従業員持株制度といえるかもしれない。どの手代が，いつ・どれだけの出資をしたのか，ということは，主人の立場からしても重要な情報であったにちがいない。なお，手代といってもおそらく支配役を退役した人達であると思われるが，この点については次項で検討する。

(4)「小遣内訳覚」(三重県 1998，402)

この表も「戌盆前店算用目録帳」(図表2-4) の「惣小遣」E の明細である。この表の合計と「戌盆前店算用目録帳」(図表2-4) の E は，当然に一致する。これは，店の従業員に対する小遣いの明細表である。前述したよう「戌盆前店算用目録帳」上で，前期の金額，前々期の金額まで合わせて書き添えてあることから考えても重要な項目であったと考えられる。おそらく小遣いは，人件費の中で大きなウエートをしめていたからではなかろうか。賀川隆行も，長谷川家の研究の中で，「店小遣が店に住み込みの手代，奉公人の生活費に相当し，最も基本的な営業用の費用」(賀川 1999，38) であると述べている。

(5)「戌盆前奥田差引書」(図表2-6)

茂木陽一によると，この表の「奥田勘定」は，主として本店・綿屋店などへの出資や諸方へ貸付を行うための貸付部門として設置されており，長井家の経営の独自な特徴となっている (津市 1998，9)，とのことである。つまり貸付事業部であるといえる。

さて，この表の構造であるが，基本的には「戌盆前店算用目録帳」と同じ様式である。すなわち期末資産合計 (期末債権＋期末現金) から期末負債の合計を差し引き，期末資本 (期末正味身代) を算出する。また別に当期の利益 (「戌盆前利足上り高」F) に期首正味身代 (期首資本) を加え期末正味身代 (期末資本) を算出する。前者が貸借対照表的部分であり，後者が損益計算書的部分に当たる。つまりここにおいても**期末正味身代を二重計算する複式決算構造**を成しているわけである。そして最後の部分が「戌盆前利足上り高」F の明細になる。すなわちここで算出される F' と損益計算書的部分の F とは，当然一致する。この明細が付けられている点も「戌盆前店算用目録帳」の構造と同じである。

図表 2-6 戊盆前奥田差引書

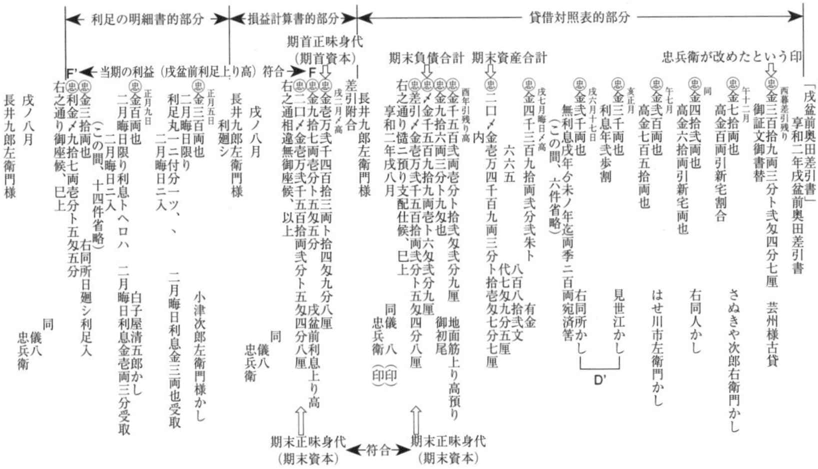

出典 三重県 1998，402-405

なお D'，「見世江かし」，「右同所かし」の二つは，「戊盆前店算用目録帳」（図表 2-3）の二つの「奥田預り」D となって現れてくる。つまりこれが本店への貸付金である。

(6)「享和二年戊盆前家敷上り高書附」（図表 2-7）

この表は，不動産部門（事業部）の利益計算書ともいうべきものである。長井家の場合も御多分に漏れず江戸府内，大伝馬町以下七町に多くの貸家や土地を所有しており，その貸付から生じる利益の計算書である。構造としては，まず不動産収益の合計額を出し，そこから諸経費（費用）の合計額を差し引き，不動産利益を算出している。

したがって，以上までの説明からわかるように，長井家の大和店（本店）は木綿等の商いの他，貸付の金融部門と不動産部門の二つの部門（事業部）を持っていたわけである。

(7)「享和二年戊盆前家屋敷上り高銘細書」（三重県 1998，406-410）

この表は，「享和二年戊盆前家敷上り高書附」（図表 2-7）の各町から得られる利益の明細表である。すなわち「享和二年戊盆前家敷上り高書附」（図表 2-

図表 2-7　享和二年戌盆前家敷上り高書附

（包紙）「家屋敷書付入」
（包紙）「戌盆前家屋敷上り高銘細書」
享和二年戌盆前家屋敷上り高書附

不動産収益

（忠）一、金三拾両弐分ト四匁弐分壱厘　大伝馬町

G

(7)「享和二年戌盆前家敷上り高銘細書」の中の「大伝馬町」に明細

（忠）一、金六拾九両三分ト三匁三分四厘　深川
（忠）一、金四拾三両三分ト弐匁九分四厘　通塩町
（忠）一、金五拾九両三分ト拾三匁九分三厘　通三町目
（忠）一、金弐拾七両弐分ト三匁三分壱厘　鉄砲町
（忠）一、金弐拾弐両ト八匁八分五厘　大伝馬弐町目
（忠）一、金九拾七両三分ト拾匁六分九厘　霊岸嶋

合計
（忠）〆金三百五拾壱両三分ト弐匁弐分七厘

内

諸経費（費用）

（忠）一、八分　大伝馬弐丁目　釘代
（忠）一、金弐両弐分ト三匁四分弐厘　鉄砲町　修覆入用
（忠）一、金弐両弐分ト壱匁弐分弐厘　塩町　修覆入用
（忠）一、金壱両三分　同所　井戸普請
（忠）一、金壱分弐朱　同所　参会入用
（忠）一、金壱分弐朱　壱匁三分七厘　同所　名主殿先キかし
（忠）一、金壱両也　通三丁目
家守弐人上下代
（忠）一、拾匁壱分　同所　修覆入用
（忠）一、金三両也　同所　太兵衛家代引
（忠）一、金拾弐両壱分ト拾匁四分　深川
表通りしたみ修覆入用
（忠）一、金壱両ト拾四匁六りん　霊岸嶋　修覆入用
（忠）一、金壱両弐分也　右同所
家守二人上下代
（忠）一、金弐分也　欠ヶ付　岩熊両人へ出ス

合計
（忠）〆金弐拾七両壱分ト拾壱匁三分七厘
（忠）差引〆金三百弐拾四両壱分ト五匁九分

不動産利益

右之通御座候、御引合被遊可被下候、巳上
享和二年戌八月
同　儀八
忠兵衛
長井九郎左衛門様

出典　三重県 1998，405−406

7）には大伝馬町から霊岸嶋まで七つの町からの利益が掲載されている。そのうち大伝馬町を例にとると，大伝馬町から得られる地代（収益）は三口合計「四拾四両壱分壱匁六分七里」である。これに対してこの不動産を維持するための諸経費は合計「拾三両弐分ト十弐匁四分六厘」となる。前者から後者を差し引いた「三拾両弐分ト四匁弐分壱里」が，大伝馬町から上る利益となり，「享和二年戌盆前家敷上り高書附」（図表 2−7）の大伝馬町の金額 G と一致することになる。以下このような形式で七町分の明細が書かれている。

(8)「懸方追啓上」（三重県 1998，410−411）

この表は，「戌盆前店算用目録帳」（図表 2−3）の「残貸　かし」A の返済の滞りの理由（事情）を記載したものである。すなわち，前述したように「残貸かし」A，すなわち売掛金の明細は「戌盆前残貸書抜」（図表 2−5）に掲載されている。その掲載されている得意先のほとんどの返済滞りの理由が，この「懸方追啓上」には書かれているわけである。

(9)「古残懸覚」(三重県 1998，411-412)

この表は，「戊盆前店算用目録帳」(図表 2-3) の「古残懸　かし」B の当期の返済状況を示したものであると思われる。なお，この「古残懸　かし」とは，前述の「残貸　かし」よりもっと古くから返済が滞っている売掛金のことではないかと思われる。

以上，長井家，大和店の享和二年の盆前の算用目録 (決算書) の体系と様式について見てきた。次節においては，この算用目録を基にして監査との関係を検討してみたいと思う。

3.2　算用目録と監査証明

この長井家の算用目録 (決算書) と監査の関係を考える時，まず主要財務諸表である「戊盆前店算用目録帳」を取り上げる。裏表紙には「長井九郎左衛門様」[16] とある。これは，もちろん長井家の当主である。ここでこの算用目録が当主に差し出されたものであることがわかる。

次に忠兵衛と弥助，それに儀八の三人の署名押印がなされているのが注目される。ここでこの三人がこの算用目録を作成した人と，監査した人ではないかと推測できる。もしそうであったとしたら，この三人の内，誰が作成者であり，誰が監査人であるかが問題になる。そこで次に算用目録の上部に書かれている○印に注目する。この○印は，この「算用目録」の後に書かれているように(改義)の合印という意味である。それではこの(改義)とはどういう意味か。この「義」という字は，前記の儀八の「儀」の字のことではないかと思われる。なぜなら江戸時代「儀」という字は「義」と書かれることがあったからである。このことを証明するために石水博物館 (三重県津市) に所蔵されている，この一期前の享和 2 年戌 2 月の「酉盆後店算用目録帳」を確認すると，儀八と書かれた同じ位置に勢助とあり，上部の合印は(改勢)となっていた。したがってこの(改義)は，(改儀)のことであると思われる。もしそうだとしたらこの(改義)というのは，儀八が改めたということである。恐らく儀八が他の帳面 (原始記録簿) と照合し，勘定も金額も合ったということで印鑑を押したものだと思われる[17]。それでは，この儀八が後見であるということになる。それを証明するものはあるだろうか。「手代中銘細書」を見ると，その中に「松坂儀八」，「松坂勢助」というのがある。もしこの儀八と勢助が，先の儀八と勢助と同一人物なら松坂に住んでいることになる。これだけでは儀八が後見であるという確証は持てないと思われる。何か他に史料はないだろうか。この算用目録が作成されたより少し年数は後になるが，「別紙口上書之覚」（三重県 1998，560-567）という書状が残されている。日付は「文化十癸酉」とある。つまり1813年である。この書状は，長井家の奉公人の引締，質屋の開業の勧めなど，経営の好転のために考えられる諸事を詳細に進言した史料（三重県 1998，567）である。この書状の中に，「…後見儀八…」とか，「江戸後見儀八伊兵衛…」という記載がみられる。すなわちこの時点において，儀八や伊兵衛という人物が後見であったことが解る。しかしながらこれでも「戌盆前店算用目録帳」の儀八と，この書状の儀八が同一人物という絶対的な確証にはならないと思われる。なぜなら算用目録が作成された年と11年の開きがあるからである。しかしながら，次に掲げる書状はその絶対的な確証を与えるものである。それは石水博物館に所蔵されている「一札之事」（図表2-8）と題された古文書である。現代語に直すと，凡そ次のようになると思われる。

（この度は伊兵衛殿が首尾よく退役された後，私に支配役を仰せ付け下さりありがとうございます。お店の前々からの掟の通りいろいろな事をよく守り，全ての事を皆様方に相談し，差次（支配人次役＝引用者）の弥助並びに店の従業員達と心を合わせ大切に相い勤めますので，このことはご安心下さいますように

右の通り支配役を預かるに付きまして一札の通りでございます。

享和二年（1802）　　　　忠兵衛㊞
戌（いぬ）年の二月

長井九郎左衛門殿（どの）
勢助殿（どの）

儀八殿（どの）
伊兵衛殿（どの））（傍点引用者）

つまりこの書状は，支配役の伊兵衛が退役した後，支配役を仰せ付けられた忠兵衛が書いたものである。しかもその中に「差次の弥助と……」という記述が見られる。しかも宛先は当主の長井九郎左衛門[18]の他，勢助，儀八，と支配役を退役したばかりの伊兵衛である。しかもこの書状が書かれた日付が「戌盆前算用目録帳」が表わす会計期間の直前の享和２年２月である。これで全ての疑問が解けることになる。すなわち「戌盆前店算用目録帳」は，支配役になったばかりの忠兵衛が，差次（支配人次役）の弥助とともに初めて作った決算書である。そして，それを監査したのが儀八であるということが確実となるのである。ちなみに前述した「酉盆後店算用目録帳」を監査したのは，後見の勢助であるということも解かる。

ここでもう一度「戌盆前店算用目録」に目をやると，忠兵衛，弥助の署名・押印の前には「右之通慥ニ預り支配仕候，以上」とある。これは会計責任の解除を表わす文言ではなかろうか。また儀八の文言「右之通り相違無御座候，以上」は，監査を行なったことを表わすものであるといえる[19]。

さて，以上のことを頭に置いた上で長井家大和店の全体の算用目録を眺めると，次のことが明らかになる。

すなわち主要財務諸表である「戌盆前店算用目録帳」並びにその明細表的な「戌盆前残貸書帳」,「手代中銘細書」,「小遣内訳覚」,「懸方追啓上」,「古残懸覚」は，忠兵衛，弥助が作成し，㊂改義か，或いは㊂儀の合印があることから儀八が監査をしていることが解る。これとは逆に，貸付部門の決算書である「戌盆前奥田差引書」と，不動産部門の決算書である「享和二年戌盆前家屋敷上り高書附」並びに，その明細表である「享和二

図表 2-8　長井家「一札之事」

一札之事
一此度伊兵衛殿首尾能退役被致
跡支配役私江被仰付難有奉存候
御店先ゝ御掟之通諸事相守
万端各方江及相談差次弥助并
見せ共申合大切ニ相勤可申候間
此段御安慮可被成下候
右奉預支配候一札如斯御座候以上
享和二年
戌二月　忠兵衛㊞
長井九郎左衛門様
勢助殿
儀八殿
伊兵衛殿

（石水博物館所蔵）

年戊盆前家屋敷上り高銘細書」は，儀八が作成し，㊟の合印があることから忠兵衛が監査をしていることが解る。つまりクロスに監査し合っているわけである。

この点に関連して，同じ伊勢商人の長谷川家においても，江戸店の地面・長屋・貸店の管理も退役人の任務の一つであったという研究報告がある（北島 1962，591）。したがって，恐らく長井家の場合も本業の商売に関しては支配役が責任を持って管理し，不動産部門の管理を伊勢松坂から下った後見の役割としていたのではなかろうか。またそればかりか長井家独自の貸付部門である奥田勘定も後見が直接管理していた[20]。そして決算時には各々が算用目録を作成し，支配役と後見が，各々相手方の監査を行なっていた。それではなぜ，お互い交互に監査を仕合うのだろうか。蓋し，それはお互いを監査することによって内部牽制の機能が働き，不正を防止する仕組にしているのではなかろうか。この長井家の算用目録を見る限り，以上のように受け取れる。

いずれにしても後見が，算用目録（決算書）の末尾で監査証明を行っていることは確かである。それではそれ以外に，監査に関連した史料は存在しないのだろうか。こういう事を考えて次節では，長井家の分家に当たる津の田端屋（田中家，つまり田端屋田中治郎左衛門家）[21]の史料について見てみたいと思う。

4　田端屋（田中家）と監査

4.1　監査報告書

田端屋（田中家）は，非常に堅実な経営を続け，江戸に本店・新店・両国店の三店を開設するとともに，多数の家屋敷を所有していた。享保14年（1729）から久居藩為替御用を勤め，文化10年（1813）には，越後屋・白木屋・大丸などと並び，一万両の御用金を江戸幕府から課されるほどの豪商になっていた（三重県 1998，44）。

さて，田端屋（田中家）の場合，「江戸用事控」と総称される史料が100冊以上，麗澤大学図書館に所蔵されている。この「江戸用事控」と総称される堅帳には，「誰々下す」という文書と，「登り誰々」いう文書が含まれている。前者は，伊勢の本家から江戸店にあてた指示書であり，後見役と呼ばれた勤番によって運ばれた。一方後者は，その勤番と交代で伊勢の本家に戻る後見役によって運ばれる江戸店から本家にあてた報告書だと考えられる。この両文書は毎年春秋二度ずつ作成され，享保年間から江戸期を通じて連年残されている（三重県 1998，27-28)。

この江戸用事控の中に「文政十一子三月下り九月登り　江戸下り諸用覚　治兵衛」（三重県 1998，335-343）と書かれている文書が含まれている。これは，治兵衛という人が文政 11 年（1828）3 月から 9 月までの間，勤番として江戸へ詰めていた時のことを記述した報告書であると考えられる。すなわち，治兵衛が，文政 11 年 3 月 15 日に伊勢を出発し，江戸で後見役として勤番を勤め，8 月 29 日江戸を発ち 9 月 16 日再び伊勢へ戻るまでの様子が書かれている。いわば江戸で監査を行なった際の報告書（長文式監査報告書）である。

ただし，あくまでも報告であり，現在の監査報告書のように監査証明は行っていない。監査証明は，前記の長井家を例に掲げたように，算用目録の末尾で行っているものと思われる。しかしながら，この報告書を見ると，当時の勤番が行なった監査の範囲を知ることができる。

まず冒頭には，「着後用之覚」とある。これは江戸に到着したら直に行わなければならない事の覚え書きであると思われる。その中には諸帳面や目録も点検することが含まれている。また，「地合用之覚」として，江戸に滞在しながら継続して監査を行っていくに当たってしなければならない事，或いは守らなければならない事ではないかと思われることが書かれている。この中に帳面の見分けが掲げられている。

さらに，「水戸黄門候御教訓五ケ条」とか，「守氏長官御歌」など，江戸に到着した後江戸店の従業員達に申し聞かせるものであると思われるものも書かれている。この水戸黄門の教訓は，抽象的な内容で具体性に欠けるが，他の文書中で再三にわたって説かれていたもので，田端屋（田中家）における精神的心得としての店掟と位置付けることができる（三重県 1998，328）のではないかと思われる。

そして，いよいよ江戸に向けて出発をし，どういう事を行なったかという記録が書かれている。3月15日，文兵衛[22]らと伊勢を出発し，24日に無事に江戸に到着した。誰と誰が何処まで出迎えてくれたとか，名主らに挨拶されたことなど歓迎の様子が書かれている。

では，実際どのような監査を行ったのか。次に，実際に点検した事柄について書かれている。まず「店掟」の確認，次に，蔵の破損状況の調査，さらに奉公人の数や，商品の在庫量，の確認，また不動産の貸付状況の確認など，大きな事だけでもこれだけあり，その他諸々の調査が行なわれていることが解る。

そして終わりの方では，到来物とその返礼，餞別が書かれている。

最後の部分では，伊勢への帰国，8月29日江戸を出発し，9月16日，無事伊勢へ到着した事などが書かれている。伊勢を出発してちょうど六カ月である。

以上，この史料から，六カ月間の監査の状況を伺い知ることができる。それは帳面の点検だけでなく，商品の在庫の調査から従業員数の確認，不動産の調査など，**実査**（或いは**立会**）を伴ったかなり広いものであったということができる[23]。

4.2　監査手続書

前節で考察した監査報告書の他に，田端屋（田中家）の史料の中には，監査に関係したものとして次の「覚」（図表2-9）が見出せる。（①，②は引用者）

現代語に直すと，凡そ次のようになると思われる。

（一，万扣帳，金積り帳，両替通の三品は別に包むよう申す事，もっとも合判は致す事，右の三帳共，上書名を次郎左衛門と致す事

一，入日記は無用，当座帳も無用，出入帳で解決する事……①

一，太売帳は無用，利帳も無用，大帳で解決する事……②

両店用

一，古掛は年々あるはずの事

図表 2-9　田端屋（田中家）覚

覚
○一、万扣帳、金積り帳 両替通此三品外ニ包置可申事、尤合
判可致事、右帳共上書名次郎左衛門与可致事
一、入日記無用、当座帳無用、出入帳ニて埒明可申事
一、太売帳無用、利帳無用、大帳ニて埒明可申事
両店用
一、古掛ケ年々ヱト致シ有之筈ノ事
一、与七万へ両店ゟ状通無用候
伝馬町用
○一、帳口前ニ通預り判取可申事
一、店入用常々勘略致し候へ而、店ノ者壱人ハ年々登り可
申事
○一、如何と申店名前不残治郎左衛門ニ致ス事、但しかり手
形治郎左衛門代六郎兵衛と致ス事
一、同出入帳差納合判ノ事
○一、丹波屋仁兵衛かし久保藤内殿かし斎藤平兵衛かし、右
何れも帳口前改見かし高見可申事、右何れも印刻取可申
事
伝馬町用
一、仕切帳常々写置事
同
一、仕入利算用合判可致事
同
一、両替古通改取納置キ可申事
同
一、店仲ノ間普請春ニて茂可致事
同
一、仕入荷有之節又店入用物有之節、其心当程山越取引致
其刻売場ゟ判取帳付させ有之通堅可相守事、右之外心当無
之ニ山越商内一切無用、とたん同前ゆへ堅ク無用候
同
一、前々申渡置候通り仙台売堅ク無用事

出典　三重県 1998，124

一，与七方へ両店より書状の遣り取りは無用の事

伝馬町用

一，帳面に，預りの判を取るべき事

一，店の費用は日頃から始末する事　店の者一人は毎年伊勢へ登らせる事

一，店の名前は残らず治郎左衛門と致す事　但し借手形は治郎左衛門代理六郎兵衛と致す事。

一，出入帳は差し納め合判の事

一，丹波屋仁兵衛への貸付，久保藤内殿への貸付，斎藤平兵衛への貸付，何れも帳面と貸高を改め，何れも刻印をする事

伝馬町用

一，仕切帳は日頃から写しておく事

一，仕入の利益を計算し合判致す事

一，両替の古通は改め取り納め置く事

一，店の仲ノ間の普請は春にても致す事

一，仕入荷の有る時，店の費用ある時は，予想の範囲で山越取引を致す事　その時は，売場帳より判取帳を付けることはこれまで通り堅く相守る事

右の外，予想のつかない山越取引は一切無用　とたん商いも同様に堅く無用の事（ここで，「山越取引」，「とたん商い」は，共に投機色の強い取引か＝引用者）

一，前々より申し渡してある通り，仙台への売りは堅く無用の事）（傍点・下線引用者）

この文書は，田端屋（田中家）の伊勢の本家から江戸店に手代を下した際に持たせた指示書である（三重県 1998，123）。『三重県史』の解説には，表紙ウワ書に「享保十九六月庄右衛門下り節又持せ遣し候」とある記事に対応するものと思われる（三重県 1998，124），としている。すなわち，後見役の庄右衛門が，享保19年（1734）に勤番のために江戸へ下る際に持参した本家からの指示書ということになる。なお，文書中の「〽」は，合点を表す（三重県 1998，凡例）。つまり庄右衛門が，その指示に対して合点がいったか，或いはその指示を済ませたというチェックマークである。

この文書に関しては意味不明な部分も多いし，出てくる帳簿も現存しないものも多いと思われる[24]。しかしながら，監査に関連して特に注目すべき点は，「精査」ではなく，「試査」であったろうということである。例えば，①と②である。①の場合は，「入日記」と「当座帳」は検査しなくてよい，「出入帳」さえ調べればそれで解る。また②の場合も同様に，「太売帳」と「利帳」は調べなくてよい，「大帳」さえ調べれば解る。ということである。これは監査対象の限定である。すなわち，監査に当って全ての帳面を調べるわけではないが，これらの帳簿を調べれば，監査の判断に充分な根拠（監査証拠）が得られるということである。

したがって，田端屋（田中家）の史料を見る限り，一種の**「試査」**で帳面を監査していたのではないか，当時，我国ではすでに試査[25]の考え方があったのではないか，ということになる。

4.3 算用目録

それでは，田端屋（田中家）の算用目録は現存するのであろうか。『三重県史』の解説によると，現存している古文書の中には，他の伊勢商人のような算用目録を見出すことはできない。算用目録という名称の文書は残されているが，それらは一時的に経営の動向を見るために臨時的に作成されたものであって，毎決算期ごとに作成されて本家に提出されたいわゆる算用目録と見ることはできない。しかし，このことは田端屋が算用目録を作成しなかったことを意味しない。田端屋江戸店も他の伊勢商人同様に算用目録を作成して，伊勢の本家に提出していたことは，江戸用事控の中の記載から推定できる（三重県1998，426）として，「諸用事相為済扣」（三重県1998，421-426）という題された江戸店に対する監査報告に記載されている享保11年（1726）の記録の一部を紹介している（三重県1998，426）。この表は，所々符牒で書かれている部分があったりして解りづらい。『三重県史』の解説によると，この表は，江戸店の算用帳をはじめとする諸帳簿の数値を突き合わせて，正しく記帳されているかどうかを確認するためになされたものだと思われる（三重県1998，426）[26]，としている。

この事は，当時もうすでに各帳簿の数値を照合することによって，その数値が正しいかどうかということを検証するための表（すなわち監査技術）が発達していたということである。しかもそれは監査報告書の中に記載されていたのであるから，それは本家への報告事項になっていたということができる。

5 おわりに

以上，江戸時代の商人の会計監査はどうなっていたのだろうということで，特に伊勢商人の場合を取り上げ論を進めてきた。なぜ伊勢商人かといえば，それは第一に豪商が多かったということである。現在でいえば大企業であった。第二の理由としては，本居宣長が『玉勝間』の一節で著したように，いわゆる番頭経営，つまり所有と経営が分離していたのではないかということである。

そこでまず伊勢商人が多くいた大伝馬町の木綿問屋川喜田家の第16代目当主である川喜田久太夫が著した『大傳馬町』を手掛りとして，伊勢商人と監査について関係のある事柄を探してみた。そうしたところ①「本状」，②「目録開き」，③「勤番（隠居）」という三つのキーワードが現れた。

まず①「本状」とは，伊勢本家と江戸店の定期的な書状の遣り取りである。江戸店の日頃からのチェック・システムである。

これに対して②「目録開き」というのは，年に1回（或は2回）の決算報告会である。決算書のことを「算用目録」と称したので，その目録を本家主人の前で開けるという儀式である。しかしながらこの決算報告会は，結果が良くても悪くても，「結構な勘定で」と言って宴会に移るという形式的なものであった。これを公認会計士で伊勢商人研究家である後藤隆之は，「シャンシャン総会の様だ」と称している。しかしながら，たとえシャンシャン総会であったとしても，その前にちゃんとした監査が行なわれていたはずであり，その事は自らが公認会計士である後藤が一番承知しているはずである。

それではその監査を，伊勢商人の場合いったい誰が行なったか。それが三つ目のキーワードである③「勤番（隠居）」と呼ばれる人達である。もっともこの名称は，各商家によって，「老分」とか「後見」，或いは「目代役」等いろいろな名称で呼ばれているが，要は支配人を退役した人達である。この人達が，参勤交代のように，伊勢の本家から江戸店へ半年交替で監視に来るわけである。いずれにしても，この「勤番（隠居）」とか，「後見」等と称される人が監査を行なっていたと考えてよい。

そこでまず，長井家の算用目録を取り上げ，監査との関係を考察した。長井家の算用目録の体系は，次のように大きく三つに分類される。①「戌盆前店算用目録帳」と，「戌盆前残貸書抜」，「手代中銘細書」，「小遣内訳覚」，「懸方追啓上」，「古残懸覚」である。②「戌盆前奥田差引書」，③「戌盆前家屋敷上り高書附」と「戌盆前家屋敷上り高銘細書」になる。①は，本業の主要財務諸表（貸借対照表的部分と損益計算書的部分から成る）と，その明細を表す諸表である。②は，貸付部門の財務諸表である。そして③は，不動産部門の財務諸表とその附属明細表である。

これらの決算書類と監査の関係を示すと，①の本業の財務諸表群は，支配役の忠兵衛（と差次の弥助）が作成し，後見役の儀八が監査を行なっている。これに対して，②の貸付部門の財務諸表と，③の不動産部門の財務諸表は，儀八が作成し忠兵衛が監査を行なっている。このことは，当時長井家にあっては，支配役と後見役が各々クロスして監査を行うことによって内部牽制の機能を働かせ，不正を防止する仕組を作っていたのではないかということである。

次に監査に関係した歴史資料はないかということで，田端屋（田中家）の三つの史料を取り上げた。

まず一番目の「江戸下り諸用覚」は監査報告書であり，その内容から田端屋（田中家）の監査は，商品の在庫の調査から奉公人数の確認，不動産の調査など，「実査」を伴った広いものであることが解った。

二番目の「覚」は，監査手続の指示書であり，当時「試査」という考え方があったのではないかということが解った。

三番目の「諸用事相為済扣」は，算用目録などの決算書類の数字が正しいかどうかを突き合せる表であり，当時から照合のような監査技術が発達していたことが確認できた。

さて，ここまで見て来ると，江戸時代の商人も今日的に言うところの「監査」は行われていたと言っても過言ではないし，またそのための監査技術も工夫されていたということができる。かつてリトルトンは，「会計を簿記からはっきり区別すべき一つの規範は会計監査である」（A. C. Littleton. 1933, 259：片野訳 1989, 371）と述べた。したがってそういう意味において，江戸時代の商人（確認されたのは一部伊勢商人であるが）のいわゆる帳合法は，会計のレベルに達していたといってもいいのではないかと思われる。

それからその会計監査の形態であるが，その監査を行なった，「勤番（隠居）」，「後見役」，「老分」，「目代役」等といわれる人達が，その商家の内部の人間であるから内部監査である。しかしながら当主が経営に全くタッチしていなかったらどうであろうか。その点に関しては，もちろん各々の商家，各々の当主によって違ってくるので，個別の観察が必要である。例えば本居宣長の言った伊勢商人の「あるじは，国にのみ居てあそびをり」なわけであるし，『大傳馬町』の中でも「創業當時はそうでもなかったでせうが，ある時代から主人は國許のたな伊勢に住ついてゐて，大伝馬町の店（たな）は萬事手代任せとなつてゐたもの」（紺野 1935，64）であるから，経営にタッチしていない当主が多かったのではないか。武士の世界でも同じことがいえるのではないか。徳川幕府にしても創業者の家康は当然経営にタッチしたが，以後代を経るにつれて制度化が進み，老中といった家来が実質的な経営権を握り，徳川15代の将軍の中で，経営権を行使した将軍は少なかったのではないか。この事は，全国の大名家においても多かれ少なかれ同じであったのではなかろうか。

話を商人の方に戻すなら，もし当主が経営に全く関与していなかったら，それは所有と経営が分離していると見ることができる。つまり番頭を経営者に，当主を不在大株主に例えられるのではないか。そうした場合，「勤番（隠居）」等と称せられる人達が行う監査は，外部監査的色彩を帯びたものであるといえる。もし内部監査を内部統制の一環で，管理に役立つ監査である（河合 1997，13），と考えるなら，「勤番（隠居）」の行なっていた監査は内部監査的な意味を持つ。したがって**「外部監査的内部監査」**とでも称されるものであるということができないだろうか。

これに対して，伊勢商人を数多く輩出した松阪市の「松阪商人を語る会」会長，大喜多甫文は，主人は，「本家に居て江戸店の経営に腐心，実際は遊んでおれなかった重責背負う」（大喜多 2005，7）と述べている。実際，小津家当主，小津清左衛門の日記などを見ても，算用目録が到着し，結果が良ければ，江戸の支配役に「祝書遣ス」（松阪古 2011，72）とか，悪い場合には，「当惑」（松阪古 2006，91）したり，「有之処如何尋申」（松阪古 2006，91）というような記事が出てくる。したがって，全く経営に関わっていないのではなく，大所高所から経営的な判断はしていたと考えられる。もしそうであるなら，目録開きは，内部監査報告ということになろう。

いずれにしても，伊勢商人に於いて，監査は行われていたのであり，どちらの考え方に立っても「内部監査」であることには代わりがないといえる。

さて，本章を終えるにあたりもう少し付け加えておきたい。それはまず伊勢商人の「勤番（隠居）」等という制度に関しては，白木屋においても「詰番役」という名称で置かれていたということが，林玲子の研究で分かっている[27]。したがって，ひとり伊勢商人に限らず，江戸時代の商人はこういう制度が普及していたのではないかということが考えられる。そして，明治時代に商法が制定され，監査役が企業の内部から選任されてきたという事情も，その根源は，案外「勤番（隠居）」等にあるのかもしれない[28]。

また，長井家の支配役と後見役が各々クロスして監査を行うという制度も，よく似たことは他の商家でも行われていたのではなかろうか。住友家の江戸期の家訓・家法・店則を研究した津田秀雄は，住友家においても他店の幹部従業員を相互に立会わせることにより，相互に牽制させる活動がみられると述べている（津田 1993, 15–16）。したがって，この制度も長井家だけに限らないように思われる。

江戸幕府の官僚組織にも内部牽制制度が働いていたと考えられる。例えば，「月番制度」が揚げられる。鈴木浩三によると，これは，同一の職に二人以上のものが就任し一か月交替で勤務する方式で，重要な案件は両者の合議で決した。この制度は，老中，若年寄のほか，寺社，勘定，町奉行に適用された。相（あい）役（やく）はライバルであり，権限の行使にあたってのチェック機能が働くことになっていた（下線引用者，鈴木浩 1995, 58–59）。江戸町奉行所が北町と南町にあったのは，時代劇などでもたびたび登場し，あまりにも有名なことである。このような制度が生まれた背景として，仕事量の多さがあると考えられる。もちろんその通りであろう。しかしながら，監査論の立場からすれば，内部牽制を考えての事であったと思う。鈴木が言うように，「権力分散の仕組みの一つ」（鈴木 1995, 58）である。さらに言うなら，江戸時代の庶民の隣保組織，**「五人組」**に相互監視の機能があった[29]。つまり当時の社会にあって，相互監視によって内部牽制の機能を働かせるという監査の考え方が，すでに根付いていたものと考えられる。

注

1　河合秀敏氏は，監査の必要性のところで次のように述べておられる。「監査は会計の周辺に存在する。“会計あるところには必ず監査あり”といわれているのは，監査の存在意義が会計との関連で認められていることを意味する。したがって，会計なくして監査はありえないし，また監査なくして真の会計はありえないといえるであろう。監査は会計と不可分の関係にある。…」（河合 1979，1）。

2　吉永昭氏は，「『近江泥棒，伊勢乞食』なる諺も近江，伊勢両商人の貧欲さを批判したものであるが，一面では彼等商人の営利追求のたくましいエネルギーと商才の傑出していたことを示すものとして興味深い」（吉永 1962，49）と，述べておられる。

3　後藤隆之氏は伊勢商人を出身地別に，櫛田川グループ，松阪グループ，藤堂城下町グループ，白子港グループの四つに分類されておられる（後藤 1990，6–10)。なお，江戸時代は，松阪のことを松坂といった。また島崎隆夫氏は「約300名ほどの伊勢商人と呼ばれる者の中，3分の1以上110名が射和を含む松阪地区の出身者であります。…から，伊勢商人と言った場合に，その中心が松阪商人であったと考えてよろしいのではないかと思います」（島崎 1989，65）と述べておられる。

4　宣長も伊勢商人の出身である。「本居宣長は享保十五年（1730）5月7日，松阪本町の木綿商小津（おづ）三四右衛門定利の二男として生まれた」（芳賀 1972，12)。また，若い頃には，山田（現在・伊勢市）の紙商今井戸田家の養子となっていたこともある（後藤 1990，244)。したがって，この記述は，伊勢商人のことを知り尽くした宣長ならのものである。実際，宣長自身も，『濟世錄』，『諸用帳』，『金銀入帳』の三種の帳簿を付け，家業の経営に生かしていた。昭和48年（1973）11月に筑摩書房から出版された大野晋編『本居宣長全集』第十九巻には，宣長の帳簿が翻刻されており，その冒頭に北原進氏の「本居宣長の帳簿と家業經營」という論文（北原 1973）が掲載されている。それによると，宣長は，医業収入を『濟世錄』に，学校経営の収入（著述業の収入も含む）を『金銀入帳』に記帳し，それを半年ごとにまとめて『諸用帳』に転記していた。後藤隆之氏は，宣長の帳簿の体系を図で示された後，「江戸時代の知識人でこれだけ詳細でまとまった収支記録は他に例を見ない」（後藤 1990，247）と，述べておられる。

5　西川登氏は，「番頭経営」における当主と現在の一般株主との違いを次のように述べておられる。「『番頭経営』により実質的に無機能化した当主を，株式会社の株主と同様な企業外部者とみて，当主に対する報告を外部報告と解釈することも，場合によっては，可能かもしれない。しかし，当主は，支配権を有する点で，また隠居して後継者に譲るという以外には，自已の持分を処分することができないという点で，株式会社の一般株主とは全く異なる」（西川登 1991，44）と，述べておられる。

6　後藤隆之氏は，『三井文庫論叢』第6号（1972年11月）の「江戸商人名前一覧」（田中康 1972，220–344）に掲載されている彪大な量の屋号，名前を数えられたものと思われる。

7 「みせ」と読まずに「たな」と読む。林玲子氏は，伊勢店には三つの種類の問屋が江戸に多かったと述べておられる。一つは木綿問屋，二つめに多いのは茶問屋，三つめは紙問屋である（林玲 1989，55–56）。また，国会図書館所蔵の株帳のなかから，店名義人が江戸以外の地に居住するものを含む 65 組を抜き出し，店名義人別に軒数を数えてみると，京本店のもの 40 軒，伊勢本店のもの 53 軒，近江本店のもの 32 軒となり，京に本店のある店より伊勢に本店のあるものが多い（林玲 2001，6–7）。

8 なお本章では狭義説に基づくが，三重大学の武藤和夫氏は，広義説を主張される。「いわゆる伊勢商人とは，ひとり『大伝馬町』或いは『日本橋』に限らず連鎖反応的に・江戸の特定の町から全域に及び，また江戸に限らず当時，商都と見られた伊勢の『宇治山田』をはじめ，その他，『京』，『大阪』，『堺』，『長崎』，『横浜』など日本国内の諸国の主要中心地に分散し，活躍していたものではなかろうか。又その出身地も，『宇治山田』，或いは『射和』，『松阪』が発祥地であるとしても，結局は，時代がたつにつれ，伊勢全域から，事実，散発的に無数に輩出している。…」（武藤 1965，4）。さらに武藤氏はこの論文の中で，伊勢神宮の**「御師」**（第 6 章参照）も伊勢商人に含めておられる（武藤 1965，19–25）。なお本章では伊勢商人の発祥の起源について取り扱う余裕はないが，嶋田氏は①「気質説」，②「水銀軽粉説」，③「武家出自説」，④「領主保護説」，⑤「近江商人主導説」を挙げておられる（嶋田 1987，7–11）。

9 ここで，三井家の場合は，松阪出身であることから伊勢商人と呼ぶことはある。しかしながら，創業者の三井高利が晩年京都へ移り住み，以後代々三井家の主人は京都に住んだところから，「江戸店持ち京商人」と呼ぶのが普通である。なお江戸時代の三井家の監査については，津田秀雄氏の研究（津田 1991・1992・1993・2012）がある。

10 川喜田九太夫政令（1878～1963）。生まれて間もなく祖父および父を亡くし，射和の豪商竹川竹斎の妹である祖母政によって育てられる。百五銀行頭取。昭和 8 年（1933）に川喜田商店が開店 300 年を迎えたのを記念し，紺野浦二の筆名で『大伝馬町』を著わし出版。紺野浦二は，「紺の裏地」の洒落。半泥子，無茶法師，部田六郎（下手の轆轤），其飯（そのままの意味），莫加耶盧，鳴穂堂主人など，多くの号があった（千早 2000）。

11 くり―わた〔繰綿〕木綿（きわた）の実を綿繰車（わたくりぐるま）にかけ，核をとったままで精製していない綿（新村 1983，710）。

12 以上長井家の説明は，『三重県史』（三重県 1998，45–46）による。なお，長井家の先祖は長井源三郎と伝えられ，永正 8 年（1511）8 月，大内義興と細川政賢の船岡山の戦いで奮戦し討死にした（南勢 1910，89）。森壷仙が宝暦から文化文政までの約 80 年間の松阪の見聞をまとめた『宝暦咄し』には，「おごりの人」の一人として長井加左衛門を次のように記されている。「長井加（嘉）左衛門は　是は茶を楽しミ小座舗をしつらい　9 尺のひさし丸竹をならへて柱なしにもたせたり　是ハ丸竹の中へ鉄の棒を入れてもたせたりと只人の思ひ付無レ之事此せつはやりたり」（松阪市 1981, 176）。

13　大福帳に使われる帳簿の形状は，「竪帳（たてちょう）」と「横帳（よこちょう）」がある。『三重県史』資料編　近世4（上）の説明には，「竪帳」という言葉が使われている。しかしながら，辞書で，「竪帳」という言葉は，見出しにくい。例えば，『国史大辞典』の「大福帳」の項には，「帳簿は通常西ノ内・美濃紙・半紙を用い，四つ折二十枚前後を一綴し，紙数が不足したときには便宜増綴できる袋帳型のものが多かったから，一名袋帳とも称したが，中小の商家では横二つ折りの長帳型のものも用いられた」（下線・傍点引用者，鶴岡 1987, 862）と述べられている。恐らく，傍線部が，「竪帳」であり，「長帳型のもの」が「横帳」の説明であろう。「横帳」の方は，辞書に見出される。『角川古語大辞典』の「大福帳」の項には，「…紙を二つ折りにしてとじる横長の帳。…」（中村・岡見・阪倉 1994, 47）と，大福帳は，横帳であると説明されている。また，手持ちの『古文書のことば』という辞書を開くと，「横帳〔よこちょう（……チャウ）〕長帳ともいう。料紙を横長に半折して折目を下にし，右側を閉じたもの。村入帳・大福帳などに用いられた」（傍点引用者，秋山 2001, 119）と説明されていが，「竪帳」という項目は見いだせない。横帳の他に，「袋帳」というものもある。小学館の『日本国語大辞典』で，袋帳は，「①袋とじの帳簿類。用紙を横に二つ折りにしたものを一〇～二〇枚重ねて一帖とし，それをそのまま，またはまん中から折り，数帖重ねてとじあわせた帳簿。②『だいふくちょう（大福帳）』の異称」（日本国語 2001d, 799）と，説明されている。以上で，「大福帳」，「横帳（長帳）」，「竪帳」が概ね理解できるのではなかろうか。

14　長井家の古文書を調査した報告書を見ると，例えば享和2年8月分の他に，享和3年1月分，享和四年（1804）2月分にも「古残懸覚」が見える（津市 1998, 104-106）。写真の享和3年8月分と，享和2年2月分などには「古残懸覚」の名称はない。最初からなかったのか，長い年月の間に失われたものか，分からない。

15　長井家の初期の経営，例えば江戸で木綿店を開く以前の延宝三年（1675）の算用目録は複式決算に成っていない（三重県 1998, 96-98）。おそらく複式決算になるのは江戸に出店して以後のことであると思われる。

16　7代九郎左衛門直延（道知）のこと（松阪市 1983, 562）。

17　第1章でも述べたように，近江商人中井家においては「突合せ」とか「帳合せ」といって毎夜全員が集って，記帳事項の突き合わせをおこない，該当する事項にはいちいち照合印を押捺した。この考え方と監査の考え方は，軌を一にしているのではないだろうか。

18　注16と同一人物。

19　三井家の内部監査について研究された津田秀雄氏によると，享保9年（1724）12月の大元方勘定目録が，同苗による監査が初めて示される史料であるとされ，「右勘定立会相改，相違無御座候」と「立会相改」いう文言が入っていることを紹介されている（津田 2012，6-7）。

20 賀川隆行氏によると，「家屋敷の家賃収入の管理は奥田方があたった」（賀川 2007，74）と述べておられる。したがって，正確には後見の役割として奥田方の管理があり，その奥田方の中に貸付部門と，不動産部門が含まれていた，と言えるのかもしれない。

21 田端屋（田中家）の祖先は，藤原鎌足であると伝えられています。その子孫で，1501～1502 年頃大和国に長井正親という豪族がおりました。その正親の子に長井隼人という者があり，足利の末期に三好党に走せ参じ，一部将として活躍しましたが，其後，何かの事情にて，姓を田中と改めました。そして伊勢国安濃津に住み刀の柄巻（つかまき）を業としました。隼人の長男は長井九郎左衛門であり，隼人より四代目の当主田中六良左衛門の弟，次良太夫が江戸に進出しました（田中治 1966，1-2）。江戸に店を出したのは寛永四年（1627）のことであったといいます（梅原・西田 1960，448）。

22 伊勢の本家から江戸店にあてた指示書の中に，「文政十一子三月中旬文兵衛下ス扣」というのがある。これは本節で扱った監査報告書の時期と一致する。そしてこの文書の中に「本店文兵衛義此度治兵衛ニ差添差下し候」という記述が見られる所から，治兵衛は，後見役よりも格上であることが解る（三重県 1998，311-315，314，343）。

23 田端屋（田中家）の「天保四巳年四月中旬　江戸下り諸用扣」にも，具体的な帳簿の名称，商品の在庫についても産地名まで記載されている（三重県 1998，458-463）。

24 田端屋（田中家）の古文書類が所蔵されている麗澤大学図書館の「田端屋古文書目録」を見ても，それらしい帳簿類は見当らない。

25 この試査は，もちろん日下部與市氏が述べるところの「経験的試査」ないしは「経験的テスト」であり，近代統計学の標本調査法を監査に応用した「統計的試査」（日下部 1980，183-186）ではないことは，言うまでもないことである。

26 しかしながら『三重県史』は先の文章に続けて「ここに出てくる諸帳簿が，実際の本家に提出された算用目録の中に収められた全書類の写なのかどうかは不明である」（三重県 1998，426）としている。確かに田端屋（田中家）の史料を所蔵している麗澤大学図書館の目録を見ても見当らない。

27 林玲子氏は，白木屋の「詰番役」の職務について，「…詰番役は本家目代（目付役）としておかれた者で，店中の勤務状況や諸帳簿の監督をおこなった。…五日目ごとに詰番役は諸帳面を調べ検印すること…」（林玲 1982，24）と説明されておられる。

28 監査役は，企業内部から選ばれる。このことを正式に調査した研究があるのかないのか知るところではないのであるが，明治・大正・昭和を通じ，一般的に，我国の会社の監査役は，その会社で長年勤め上げげたもの中から選ばれてきたものと思われる。このことは，「勤番（隠居）」等と似ている。ただし，「勤番（隠居）」等が支配役（いわば現地のトップ）を経験した者に対して，監査役の場合は，例えば代表取締役というような役職に就く前の経理部長や，総務部長を経験したものから選ばれることが多かったのではないかということで違いはあると思われるが。それはともかくとして，明治時代に商法が交付され監査役という制度ができた時，業務監査と会計監査の両方をその職分として規定していた（明治23年商法・明治32年商法共に）ことは，江戸時代の商家の「勤番（隠居）」等の職務と合致していた。このことは，江戸時代の商人が長年守ってきた「勤番（隠居）」等の慣習が，監査役の制度を取り入れていくのに都合の良い事柄ではなかったかと思われる。しかしながら，本文で述べたように，伊勢商人の監査は，あくまで「内部監査」であるので，後世，監査役制度が機能しないという批判を生むことに繋がっていったのではなかろうか。

29「江戸幕府成立後まもなく，キリシタンの禁止や浪人取締りなどの警察的な目的で強制的に施行・制度化された。組織は村方では惣百姓，町方では地主・家主の5戸1組を原則とし，その長を五人組組頭と呼んだ。組の機能は異教徒や犯罪人を相互監察によって防止・告発することにあり，これに対する連帯責任の負担，および貢納確保などに利用された」（傍点引用者・高柳・竹内1995，373）。

第3章　我国中世における荘園会計

1　はじめに

荘園の会計については，あまり知られていないのではないだろうか。それでも西洋のもの，イギリスの荘園会計については，Woolf（1912）をはじめとして，Littleton（1933），Zimmerman（1954），Chafield（1974）等が記述しているし，我国の研究者も小松淑郎（1975），上野正男（1978），鳥羽至英（1994），友岡賛（2005）等が言及している。

しかしながら我国の荘園会計については，会計学の研究者のみならず，経営史や経済史の分野における研究にも見られないように思われる。日本史を専攻する歴史学者の研究成果にもほとんど見当たらない気がする。たまたま，日本史，特に中世史に造詣が深い研究者，網野善彦の著書を読んでいる時に，我国の荘園の会計について触れている箇所に行き当たった。網野は，いまの岡山県，備中国にあった「新見荘」という荘園に関連して，次のように述べている。

「建武元年（1334），建武新政の年の地頭方の代官尊爾（そんじ）が，前年の年貢，雑物の送進状況を報告し，決算したときの文書が東寺に残っています……このように，収入と支出の総額がぴったりと合うような決算書をつくるためには，かなり精密な帳簿が基礎台帳としてつくられなくてはなりません。そうした作業を十四世紀のころの代官はみごとにこなしているわけです」（網野

2005，337−341）。

歴史学の分野では，中世（大ざっぱに言うと鎌倉時代と室町時代）以前の新たな史料が発見された場合には，その史料を紹介するだけでも学問的な意義があるといわれている。ここで網野が指摘する決算書は，会計学の研究史上全く取り上げられたことのない史料である。果たして我国の帳合法に影響を与えたのかどうか。本章ではこうした点について会計の研究者の立場から検討してみたいと思う。

2　荘園会計の史料

最初は，網野が言うところの決算書がどういうものであるのか全く見当がつかなかった。それで，岡山県の歴史を手当たり次第に当たり，また，その作業と平行して，網野の著作を洗い直した。

その結果，網野のいう史料が，京都府立総合史料館所蔵の**東寺百合文書**（ひゃくごうもんじょ）中の「ク函（はこ）二十四」であることが分かった。東寺百合文書というのは，日本一大きな古文書の塊で，2万4千通の史料が一つ一つ麻の袋に入れられ保管されており，国宝にも指定されている。江戸時代に加賀藩の第五代藩主，前田綱紀公が書写のお礼に100個の桐箱（実際は93個）を寄進したことからこう名付けられたものである。函（箱）には，「いろは…」，「イロハ…」，「京」の識別呼称がつけられ，この史料は，ク函の中の24番目の史料という意味である。

史料の形状は，23m以上もある紙の巻物である。端書（はしがき）に『建武元年　備中国新見庄東方地頭御方損亡検見并納帳事』と書かれており，四つの書状（計算書）から構成されている（京都府立1977，279）。

- **備中国新見庄東方地頭方損亡検見并納帳**（以下，**『損亡検見并納帳』**）
- **備中国新見庄東方地頭方年貢米雑穀代等用途結解状**（以下，**『年貢米雑穀代等用途結解状』**）
- **備中国新見庄月宛銭結解状**（以下，**『月宛銭結解状』**）
- **国司入部雑事注文**（以下，**『国司上使入部雑事注文』**）

図表3-1 『建武元年 備中国新見庄東方地頭御方損亡検見并納帳事』の構成

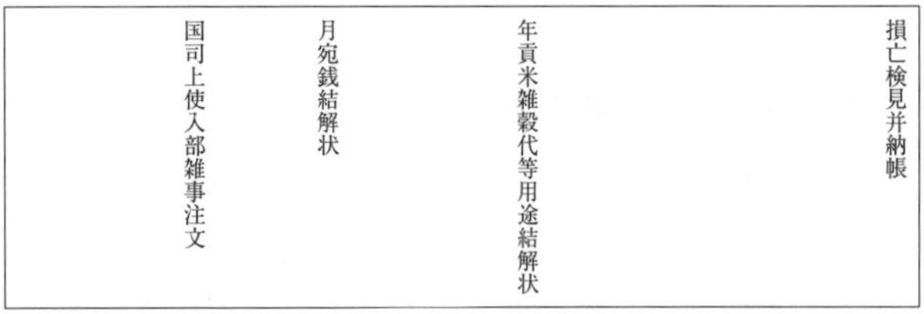

損亡検見并納帳
年貢米雑穀代等用途結解状
月宛銭結解状
国司上使入部雑事注文

(30.4cm × 2,305.5cm)

網野によると，この荘園の地頭職は，元弘3年（1333）9月1日，鎌倉幕府を滅ぼして新政府を樹立した後醍醐天皇によって東寺に寄進された。鎌倉末期，この荘園の地頭が北条氏一門だったので，後醍醐はこれを没収して東寺に与えたものであるという（網野 1998b，135)。当時，新見荘は，西方を領主方，東方を地頭方に下地中分されていた[1]。『損亡検見并納帳』と『年貢米雑穀代等用途結解状』の書き出しには，**「注進」**と書かれている。注進とは，現代でも「ご注進」などと使われることがあるように，「報告」という意味である。また，この史料の最後には，「右 注進大概如件 建武弐年二月九日 御代官尊爾（花押)」(図表3-5参照）とある。つまりこの文書（もんじょ）は，東寺によって代官として新見荘に派遣された「尊爾」という人物が作成し，東寺に送った地頭方の年貢徴収に関する報告書であると考えられる。いわゆる決算書，**「決算報告書」**である。このような史料が長い年月散逸せずに現在まで残ったのは，前田綱紀公が寄進した桐箱に入れられていたおかげであるといえる。本書では，この史料を代官尊爾が作成した決算書であろうということで，便宜上**「代官尊爾の決算報告諸表」**と名づけることとする。なお，史料の解釈は，基本的に網野の解釈（網野 1995a など）を参考とし，以後，特別にことわらない限りこれにより説明していく。

3 「代官尊爾の決算報告諸表」の構造と体系

3.1　代官尊爾の決算報告諸表の構造

(1)　損亡検見并納帳

この報告書は，検注の結果と年貢収入の明細表である。もう少し詳しくいうと，図表3-2のように検注・検見の結果と，そこから得られる年貢収入の記載部分，並びに「高瀬村銭弁并損亡検見帳事」以下，それ以外の年貢収入の部分からなる。これらの年貢（AからJまで）が，後述する年貢の収支決算書，(4) の『年貢米雑穀代等用途結解状』（図表3-6）の「合」（収入の部）へ転記される。ただし，「漆納帳事」と「正月二日百姓等歳玉呑」については，現物納のため転記されない。以下その構造について検討していく。

まず，「宗道名分」以下12名の百姓名分[2]，「時恒名」以下39名の散田百姓分[3]について，検注・検見で定められた定田[4]，里畠，山畠[5]の損田畠，得田畠が記載され[6]，それらから収穫される分米（ぶんまい）[7]，大豆・粟・蕎麦などの分雑穀が記載されている。この部分だけで『損亡検見并納帳』の約6割の紙面を占める。

それらのうち図表3-3が，米年貢の計算A過程の部分だけを抜粋したものである。少し長くなるが順次説明していく。まず百姓名分，散田分の田地について得田の分米の上納分として，①54石4斗2合を確定する。それに斗別7合の交分という一種の付加税[8]②3石8斗8合を加えた③58石2斗1升が延米となる。そこから国本細々下行分｛年貢収納の倉付時の下行米，正月2日に百姓等に下行する清酒，白酒，餅，飯の料米，正月8日の弓の事の神事に当たっての白酒料，途師と轆轤師の食物，ア，国司上使の入

図表3-2　損亡検見并納帳

損亡検見并納帳
検注、検見の結果
A米代・B雑穀代の代表納額
高瀬村銭弁并損亡検見帳事　X
C高瀬御年貢銭
漆（うるし）納帳事　Y
↑現物納
桑代銭事
D桑代銭
百姓等弓事銭事
E百姓等弓銭
正月二日百姓等歳玉呑
↑現物納
市庭在家後地用途事
F市庭後地
同市庭御公事銭事
G市庭御公事等銭
備中新見庄東方地頭御方段別事
H段別銭
J歳男銭
I栗代銭

（AからJまでは，『年貢米雑穀代等用途結解状』（図表3-6）の「合」（収入の部）に転記）

図表 3-3 米年貢の計算（A）過程部分の抜粋

①以上納分
伍拾四石四斗二合
②以上交分
参石八斗八合　壱斗別七合交也
③以上延米
五十八石弐斗壱升
除
弐斗　御年貢収納之時御倉付下行之、
七斗　正月二日百姓等節清酒析下行之、
三斗　同白酒析下行之、
弐斗　同餅析下行之、
三斗　同飯析下行之、
三斗　同八日百姓等弓事白酒析下行之、
伍斗六升二合　六呂師并塗師食物四郎請取之、
ア 六斗六升四合　国司上御使人部之時、雑事下行之、結解状、別帋在之、
＃ 一斗一升五合　宗道井析下行之、ウ寺家上御使四郎相共、出返抄畢、
＃ 弐斗二升　為庄井析、同上御使返抄在之、
＃ 三斗八升五合　横見井析、同上御使下行之、返抄在之、
＃ 三斗四升　井ノマタノ井新、同下行之、
＃ 壱斗　成沢井析、同下行之、
拾石　御代官得分下行之、
④ 以上拾四石弐斗捌升六合　於国本細々下行之
所残
⑤四十参石九斗弐升四合　⑥俵分百九俵弐斗弐升四合　四斗入定
⑦四十九俵二斗二升四合代拾九貫伍百参拾文 十一月廿三日和市分、寺家上御使相共沽之、俵別三百九十五文宛、
⑧六十俵代弐拾四貫弐百四十文 十二月三日和市分、寺家上御使相共沽分、俵別四百四文宛、
A 以上米代肆拾参貫漆百七十文

出典　岡山県 1991，589

部のさいの雑事，さらに百姓たちの井料（#マークを付したもの），そして代官の取分等｝である④ 14 石 2 斗 8 升 6 合を除いた所残が⑤ 43 石 9 斗 2 升 4 合となる。それを 4 斗入りの俵に詰めると，⑥ 109 俵＋2 斗 2 升 4 合となる。それらのうち尊爾は，⑦ 49 俵 2 斗 2 升 4 合を寺家上御使四郎と共に（ウ参照），11 月 23 日，市庭（市場）の和市[9]で一俵 395 文にて売り捌き，代金 19 貫 530 文に換金している。さらに残る⑧ 60 俵を 12 月 3 日の和市において俵別 404 文充で沽却したものが 24 貫 240 文である。⑦と⑧を合せて米代 43 貫 770 文を入手する。これが『年貢米雑穀代等用途結解状』（図表 3-6）の「合」（収入の部）の最初に米代分 A として転記される。

これと同じ要領で，B から順次『年貢米雑穀代等用途結解状』（図表 3-6）の収入の部へ転記される。

里畠，山畠の得畠の大豆，粟，蕎麦についても計算し，売却代金 18 貫 478 文を雑穀代分 B として米代分 A の次に転記する。

これに続いて「高瀬村銭弁并損亡検見帳事」という項目が掲げられている。

高瀬村というのは，かつては吉野と呼ばれた鉄の産地[10]である。10名の百姓の得田1反あたり1貫の割合で，68貫860文Cを年貢として計算し，市庭で売却し銭納している。これも雑穀代分の次に転記される。

次が「漆納帳事」という項である[11]。これは19名の百姓から2斗3升1合の漆を集め，うち3升1合を寺家上使四郎に渡し，残り2斗を現物で寺家へ納めている。網野によると，前者は，四郎が寺の指示で荘の轆轤師（木地屋）と塗師に依頼し漆器を作らせていたためである（網野 1995a，228）としている。これは現物納のため『年貢米雑穀代等用途結解状』への転記は，なされない。

その次が養蚕への賦課である「桑代銭事」で，6名の百姓から1貫305文Dが納められ，これも転記される。

「百姓等弓事銭事」は弓の神事に当たって，10名の百姓から100文ずつ合計1貫文Eを集めており，転記される。

「正月二日百姓等歳玉帋」は，百姓15名から紙[12]を1束ずつ計15束拠出させ，うち1束を八幡宮に渡し，もう1束を歳男に下げ渡し，残り13束は年貢として現物で納めさせているので，転記されない。

「市庭在家後地用途事」は，市庭の商人13名（実際は14名であるが，源三郎入道分名は「大水流」のため免除）に地子銭（地代）[13]として合計2貫26文Fを集めており，転記される。

「同市庭御公事銭事」は，百姓とは別に，市庭の商人から弓事の神事のため1貫400文，駄銭400文，紺借屋并座役銭1貫200文合わせて3貫文G（ただし『損亡検見并帳』では，3貫600文と計算間違いをしている）を徴収したものである。転記される。

最後に「備中新見庄東方地頭御方段別事」[14]として，仏神田分9名，人給分3名，百姓并散田分22名，さらに高瀬村内の仏神田分2名5ヶ所，同銭弁散田分10名から反別に50文，合計23貫434文Hを拠出させている。その他，歳男銭200文J，栗納175文Iを拠出させ，転記している。網野は，「こうした段別銭がどのような源流を持っているのか，確証はないが，恐らく地頭の徴収した反別5升の加徴米に起源があるのではなかろうか」（網野 1996，286）と述べている。

図表 3-4 月宛銭結解状

一 去年所被召月宛銭結解状事
　合
三月拾伍貫参百文内　拾貫京進　伍百文夫賃　四貫捌百文自三月至于十月以上八ヶ月利分也　但貫別六十文宛
五月拾肆貫百文内　拾貫文京進　伍百文夫賃　参貫六百文自五月至于十月以上六ヶ月利分也
七月拾弐貫九百文内　拾貫文京進　五百文夫賃　弐貫四百文自七月至于十月以上四ヶ月利分也
K 以上肆拾弐貫参百文　利分加定　但於夫賃壱貫五百文者不相副　利分者也
建武元年十月　日　御代官尊尒（花押）

出典 岡山県 1991，598

なお，これらの中で少なくとも「高瀬村銭弁并損亡検見帳事」と「漆納帳事」については，「…帳事」と付されているので，他に基礎となる帳簿があり，そこから転記されてきたものと思われる。

(2) 月宛銭結解状

掲載順序からいくと『年貢米雑穀代等用途結解状』であるが，これは他の計算書から最終的に各金額が集まってくる決算書であるので，最後に回すことにする。

図表 3-4 が『月宛銭結解状』である。これは，代官の尊爾が，3 月に 15 貫 300 文，5 月には 14 貫 100 文，そして 7 月には 12 貫 900 文，合計 42 貫 300 文 K を東寺に送金したという報告書である。この合計額 K も，『年貢米雑穀代等用途結解状』（図表 3-6）の「除」（支出の部）へ転記される。

少し説明すると，3 月なら 10 貫を京進（京都に送った）した。それに 500 文の夫賃（送料）が掛かった。3 月から 10 月までの利息が 1 貫当たり，60 文で 4 貫 800 文払った。その合計が 15 貫 300 文である。網野によると，これは尊爾が「来納（らいのう）」といわれる，年貢銭の前納（ぜんのう）で，利銭（りぜに）（利息つきの銭）を商人などから借用して納めたものである。すでにこの荘では，5 月，7 月にも月充銭（つきあてせん）として各 10 貫文を送進する慣例ができていたようだ（網野 1995a，227），と述べている。つまり秋になり，収穫が上がるまで年貢が払えないので，（前述したように，11 月 23 日と 12 月 3 日に収穫物を市で売却している），その年貢を担保に借財し，前納していたと考えられる。それだけ荘園の所有者（東寺）もお金を必要としていたといえる。

また，ここで注目すべき事柄は，この来納が為替で送られていたということである。当時，為替の事を「**割符**（さいふ）」と呼んでいた。新見荘の東方地頭方で尊爾とともに代官をしていた明了[15]が 6 月 25 日に東寺に出した注進状が残されているが，その中に「五月分月宛さいふの事」（岡山県 1991，123）と書かれているからである。また，この割符は，10 貫文の額面のものであった

図表 3-5　国司上司入部雑事注文

一　国司上御使入部之時雑事注文事　元弘三 十二月十九日
合
（ア）一　米六斗六升四合　馬粥加定　人数八十三人内 上廿一人下六十二人 十二月十九日夜中打入云々
（イ）一　豆弐斗参升　馬豆　馬廿三疋内　三疋引馬
（L）一　清酒弐斗五升　朝夕分　酒直五百文　百文別五升宛
一　白酒七斗弐升　朝夕分　同直物四百廿二文
一　菟二　代百九十文
一　鳥二　代弐百十文
一　スルメ一帖　代卌五文
一　大根五把　代廿五文
一　大魚一　代八十文
（M）一　参貫文　国司使引出物　下行之
以上　肆貫四百八十文
此外、細々折敷・瓦気以下雑用事、雖在之、不及注進之、
建武元年三月七日　上御使則宗（花押）
御代官――（花押）
右、注進大概如件、
建武弐年二月九日　御代官尊尓（花押）

出典　岡山県 1991，598

と考えられる。桜井英治は，この割符について，送金の手段として用いられただけでなく，不特定多数の人々の間を流通した有価証券的なものではなかったか，さらにはもっと進んで，一種の紙幣として機能していたのではないか（桜井 1995，1-2），と述べている。

(3) 国司上使入部雑事注文

次に図表 3-5 が，『国司上使入部雑事注文』である。表題にも書かれているように，国司の上御使（使者）一行，人数 83 人（上 21 人，下 62 人），馬 23 匹（うち引き馬 3 匹）が，元弘 3 年（1333）12 月 19 日の夜中にやって来た[16]。この国司上御使の目的は荘園の検注で，作田畑の面積や年貢課役の調査である（新見市 1993，325）。これは，その時掛かった経費の明細票である。最後に書かれているように，その上御師の名前は宗則である。宗則の横に御代官の後傍線が引かれているが，この傍線は，原文書の花押から判断して尊爾に間違いない。上御師則宗と御代官尊爾が，翌建武元年 3 月 7 日付けでこの明細票を作成している。さて，この明細の中身であるが，**ア**の馬粥分「米六斗六升四合」と**イ**の馬豆「豆弐斗参升」は，物量なのでここの計算には入っていていない。しかしながら『損亡検見并納帳』（図表 3-3）の米・雑穀代の計算の時，下行分として控除されている（前述（1）の下線部ア参照）。次に飲食に掛かった経費 **L**（「清酒，五百文」から「大魚一，八十文」）と，**M**「国司使引出物，参貫文」を計算し，『年貢米雑穀代等用途結解状』（図表 3-6）の「除」（支出の部）に転記している（但し，尊爾は，ここで合計額の計算も違いを犯している。**L** の合計は 1 貫 472 文であるのに 1 貫 480 文として転記している）。すなわちこれら国司上御使の入部に掛かった経費は，

図表 3-6　年貢米雑穀代等用途結解状

注進
新見庄東方地頭御方御年貢米雑穀代并色々用途結解散用状事
合
A 一 米代分　肆拾参貫漆百漆拾文
B 一 雑穀代分　拾捌貫肆百漆拾捌文
C 一 高瀬御年貢銭　陸拾捌貫捌佰陸拾文
D 一 桑代銭　壱貫参百五文
E 一 百姓等弓銭　壱貫文
F 一 市庭後地銭　弐貫廿六文
G 一 市庭御公事等銭　参貫文
H 一 段別銭　拾参貫肆佰卅四文
I 一 栗代銭　佰漆拾五文
J 一 歳男銭　弐百文
以上惣都合銭佰伍拾弐貫佰漆拾参文
除
K 肆拾弐貫参百文　月宛利銭方之下行之、結解状、別帋備之、
N 弐拾壱貫弐百文内　弐拾貫文京進、壱貫弐百文夫賃、去年九月廿六日進之、
O 伍拾弐貫伍百文内　五十貫文京進、弐貫五百文夫賃、去年十二月廿八日進之、
P 弐百文　七月廿七日諏〔訪〕方御祭下行之、
Q 百五十文　御年貢御倉付酒直下行之、
R 壱貫四百文　四郎方之請取之、
L 壱貫四百八十文　国司上御使入部之時、細々雑事析下行之、注文、別帋備之、
M 参貫文　国司上御使引出物析下行之、
S 壱貫文　正月二日百姓等魚肴以下細々雑事析下之、
T 弐拾九貫拾五文内　弐拾漆貫陸佰卅九文　京定当進之、壱貫参百漆拾陸文　夫賃、
建武元年十二月　日　　御代官尊尒（花押）

出典　岡山県 1991，597

年貢収入から差し引かれるということである。

なお，この計算書は巻物の最後尾に掲載されている。おそらくこの計算書は，前もって（建武元年3月7日）作られ，巻物の最後に貼り付けられた。そして余白に，「右　注進大概如件　建武弐年二月九日　御代官尊爾（花押）」と，続けて書き込んだものと思われる。

それでは，最後に決算書である『年貢米雑穀代等用途結解状』について検討する。

(4)『年貢米雑穀代等用途結解状』

図表3-6が，『年貢米雑穀代等用途結解状』である。以上見てきたように，『損亡検見并納帳』における**A**から**J**までの年貢収入がこの計算書の「合」（収入の部）に転記されてくる。収入の合計を152貫173文と計算している（計算違い，正しくは152貫248文）。次に「除」（支出の部）には，『月宛銭結解状』から転記されてきた年貢の「来納」（前払い額）**K**と『国司上使入部雑事注文』から転記された，国司上御使の入部に掛かった経費**L**と，引出物**M**が転記されている。それ以外の支出項目はというと，9月に20貫，12月に50貫を，京都へ送

金しているが，それらに夫珍（送料）を含めてN 21貫200文，O 52貫500文が揚げられている。これらは前述したように，10貫文の額面の割符（為替）で送られたと思われる。但し，この頃にはもう年貢収入A〜Jがあったとみえ借金せずに送金している前回とは違うことである。

次に7月27日の諏訪の祭りの費用200文P，年貢の倉付け（収納）の時の酒代150文Q，寺家上使四郎に渡した1貫400文R，正月二日百姓に振舞った魚肴代1貫文Sを書き上げている。そして残高としてT 29貫15文を計算（計算間違い，29貫18文）し，京都へ送るための夫賃1貫376文を差し引き，27貫649文を京都へ送っている[17]。

この『年貢米雑穀代等用途結解状』は，年貢の収支決算書である。しかしながら（1）の『損亡検見并帳』の米代分A，雑穀代分Bで見たように，収入には市庭での売上収益が含まれている。したがって単なる収支決算書ではなく，損益計算書的な意味あいもあるのではなかろうか。また，この計算書と（2）『月宛銭結解状』は，「結解状」[18]という名称が付されている。**「結解」**という意味は，どういうことであろうか。東大寺には「結解料理」という饗応の料理が伝わっている。これは「結解」が無事に終わったあと，荘園の荘官や名主（みょうしゅ）たちをもてなした特別料理といわれている（石井1989，4-44）。したがって，これを会計学的に考えるなら，「結解」とは結算（決算）をして受託責任を解いてもらうことであり，「結解状」とはそのための報告書であるといえる。すなわち，この「代官尊爾の決算報告諸表」は，荘園の代官尊爾が，会計責任の解除のために，荘園の領主である東寺に書き送った報告書であるということができる。

3.2　代官尊爾の決算報告諸表の体系

以上見てきたように四つの計算書は，荘園の所有者である京都の東寺に送付され，報告されることとなる。これらの体系を図示すれば，図表3-7のようになる。各決算書の相互関係がよく理解できる。ここで注目すべきことは，『損亡検見并納帳』を作成するための基礎台帳が存在するであろうということである。確かに字面だけを見ると「高瀬村損亡検見帳事」Xと「漆納帳事」Y

図表3-7　代官尊爾の決算報告諸表の体系

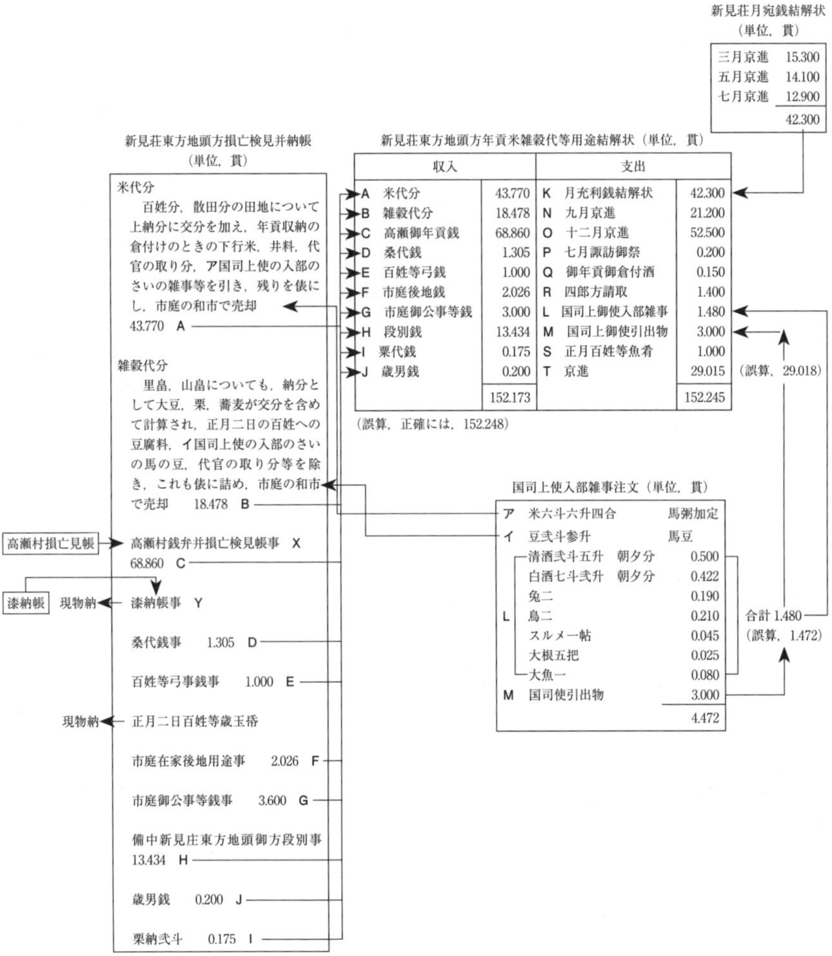
新見荘月宛銭結解状
（単位，貫）
三月京進 15.300
五月京進 14.100
七月京進 12.900
42.300
新見荘東方地頭方損亡検見并納帳
（単位，貫）
米代分
百姓分，散田分の田地について上納分に交分を加え，年貢収納の倉付けのときの下行米，井料，代官の取り分，ア国司上使の入部のさいの雑事等を引き，残りを俵にし，市庭の和市で売却
43.770 A
雑穀代分
里畠，山畠についても，納分として大豆，栗，蕎麦が交分を含めて計算され，正月二日の百姓への豆腐料，イ国司上使の入部のさいの馬の豆，代官の取り分等を除き，これも俵に詰め，市庭の和市で売却 18.478 B
高瀬村損亡見帳
高瀬村銭弁并損亡検見帳事 X
68.860 C
漆納帳
現物納
漆納帳事 Y
桑代銭事 1.305 D
百姓等弓事銭事 1.000 E
現物納
正月二日百姓等歳玉暦
市庭在家後地用途事 2.026 F
市庭御公事等銭事 3.600 G
備中新見庄東方地頭御方段別事
13.434 H
歳男銭 0.200 J
栗納弐斗 0.175 I
新見荘東方地頭方年貢米雑穀代等用途結解状（単位，貫）
収入
支出
A 米代分 43.770
B 雑穀代分 18.478
C 高瀬御年貢銭 68.860
D 桑代銭 1.305
E 百姓等弓銭 1.000
F 市庭後地銭 2.026
G 市庭御公事等銭 3.000
H 段別銭 13.434
I 栗代銭 0.175
J 歳男銭 0.200
152.173
K 月充利銭結解状 42.300
N 九月京進 21.200
O 十二月京進 52.500
P 七月諏訪御祭 0.200
Q 御年貢御倉付酒 0.150
R 四郎方請取 1.400
L 国司上御使入部雑事 1.480
M 国司上御使引出物 3.000
S 正月百姓等魚肴 1.000
T 京進 29.015
152.245
（誤算，正確には，152.248）
（誤算，29.018）
国司上使入部雑事注文（単位，貫）
ア 米六斗六升四合 馬粥加定
イ 豆弐斗参升 馬豆
L
清酒弐斗五升 朝夕分 0.500
白酒七斗弐升 朝夕分 0.422
兔二 0.190
鳥二 0.210
スルメ一帖 0.045
大根五把 0.025
大魚一 0.080
M 国司使引出物 3.000
4.472
合計 1.480
（誤算，1.472）

の二つは「～帳」の存在を確定づけると思う。しかしながら，Dの「桑代銭事」以下も，別の帳簿に記入されていたものを持ってきたのではなかろうか。ここに第1章で考察した江戸時代の多帳簿制の萌芽が感じられるところである。

4 荘園の監査

「代官尊爾の決算報告諸表」について考察をしてきたが，それでは監査についてはどうなっていたのだろうか。行なわれていたのだろうか。『損亡検見并納帳』において，米を寺家上使四郎とともに，市庭（市場）の和市で売却したことが書かれている。つまり代官尊爾は，東寺から送られた上御使の「**立会い**」のもとで米を売却し，そのことをちゃんと報告書に掲載している。このことは雑穀（大豆，粟，蕎麦）売却においても同様に，四郎が立ち合っている。また「一反別半損分下之，上御使相共下之」と書かれているように，旱損，水損などの損亡があり，収穫のなかった土地，つまり年貢の対象から外される畠を確定する場合も四郎と共に行なったことが記されている。さらに百姓たちに井料（用水整備の費用）（図表3-3の#の部分）として若干の米を渡しているが，これも四郎と一緒に行なっている（網野1995a，228）。このような事柄から，四郎は東寺から派遣されたお目付け役的な存在であり，監査人であると考えられる[19]。尊爾は，重要なことはすべて，四郎の「**立会い**」の下で行なっているし，そのことをちゃんと決算書に掲載し，東寺に報告している。

それでは尊爾の立場はどうであるか。尊爾も同じく東寺から派遣されたと考えられる。しかも僧侶である。網野は，尊爾の素性については「いまのところ手がかりがない」（網野1999，337）と述べている。しかしながら網野は，尊爾は請負代官ではないかと推察している（網野1996，284）。鎌倉幕府は，地頭や御家人が，山僧（山門の下級の僧侶）や借上（かしあげ）（高利貸し）から米銭を借り，その代わり年貢の徴収を任せるということを固く禁じていたが，実際はさかんに行なわれていた（網野2001，150-151）。(2)の『月宛銭結解状』のところでみたように，尊爾は借銭をして年貢の来納している。この点から考えても，おそらく尊爾は荘園の請負代官ではないかと思われる。

必ずしもそぐわないが，これらの関係を現代の企業に当てはめて考えるなら，尊爾は，荘園の所有者（又は本社）である東寺に雇われた「雇われ経営者」，または東寺本社に対する「支店長」であり，四郎は本社から派遣された監査人ということになる。もちろん京都の東寺にも監査人がおり，決算報告書を監査するはずである。網野によると，建武3年（1336），後醍醐天皇が没落したために新見荘が没収されてしまったので，この決算書は監査を受けないまま東寺供僧の手もとに保存され，現在まで伝わったが，本来なら決算書を受け取った東寺供僧は，記載の項目の一々についてチェック（合点，懸点を朱筆で入れるのがふつう）し，計算の誤りがあれば修正されたであろうし，市庭での不正などを監査したはずである，（網野 1995a，233）と述べている[20]。

また，『国司上使入部雑事注文』は，建武政権が派遣した使者が滞在した時に掛かった経費である。しかしながらこの使者も，検注に来たのであるから一種の監査人と考えてよいと思われる（もっともこの場合は，本社のさらに上の親会社から派遣された監査人ということになる）。ということはこの経費は，監査費用（モニタリング・コスト）である。したがってこの時点で監査費用を収入（米，雑穀を売却しているので収益ともいえる）から差し引くことが行われていたと考えてよいと考えられる。

以上のことをイギリスの中世の荘園監査と比較すると次のような図式になると思われる。鳥羽至英によると，荘園の経営は依頼人（プリンシパル）たる領主と請負人（受託者，エイジェント）たる奉行（または荘官）との間の委託受託関係（エイジェンシー関係）に基づいて行われていた。監査は君主の任命した監査人による。監査の真の狙いは，奉行が誠実に領主に対する受託責任を遂行していたかどうかを確かめることであった（傍点引用者，鳥羽 1994，508-510）。これを新見荘に当てはめて考えるなら，領主は東寺，請負人は尊爾，監査人は四郎を含む領主（東寺）任命者か君主任命者，君主は建武政権になるのではなかろうか。イギリスの場合と異なるのは，監査人の任命を，君主だけでなく領主も行っているということである[21]。

もちろんこれを現代の監査に当てはめて考えることは難しいと思われる。しかしながら，河合秀敏が言うように「監査とは，信頼性を保証する行為である。…監査そのものは，財務情報の信頼性を確かめることに限られるものではない。人間の行動，集団行動，組織的行動など，ある特定の目的をもって行動するものが，その目的に沿った行動をとっているかどうか批判的に検討することが監査である。合目的的であるはずの人間行動が妥当性を欠くことはないかどうかを検討することも監査の役割である」（河合 1983，4）とするなら，立派な監査であるといえないだろうか。

5 おわりに

以上見てきたように，中世の社会は思った以上に貨幣経済が発達した社会[22]であった。年貢も米ではなく，代銭納という貨幣で収められる形をとっていた。また年貢の前払い（来納）には，割符という為替が使われており，その割符は，一種の有価証券とか，紙幣の役割を果たしていたともいわれている。

ここで取り上げた新見荘の請負代官尊爾[23]の決算報告諸表は，長さが 23m 以上もある紙の巻物であった。しかもその中には，体系だった四つの計算書が記載されていた。また，それらの計算書のうち『損亡検見并納帳』は，他の帳簿から書き上げられた形跡があり，帳簿組織の存在を連想させる。紙というものが中国で発明され，我国に早くから伝わったという事実を割り引いたとしても，14 世紀初頭にこれだけの財務諸表（と，いってもいいと思われるもの）を作成していたことは，世界に誇れることではなかろうか。さらにこれに加え，会計監査も行なわれていたことも注目に価すると思われる。

これらの計算書のうち，二つは「結解状」と言う名称を付されていた。この「結解」という意味は会計責任の解除を表すと考えられる。

第1章や，第2章でみてきたように，江戸時代に入ると，多くの商人は「算用帳」とか「算用目録」という名称の決算書を作成した。中井家や鴻池家，それに三井家など豪商の帳合法には優れたものが多く，多帳簿制複式決算簿記などと呼ばれていたが，この「結解状」とも類似点が多い。

例えば，本章で取り上げた荘園の決算書の正式名称も「新見庄東方地頭御方御年貢米雑穀代并色々用途結解散用状」（本章第2節参照）である。同じ新見荘には，文正元年（1466）の「東寺御領備中国新見庄領家御年貢御算用状」（岡山県 1991，632–634）が残されているし，他の荘園でも「散用状」という名称の年貢状が見られる。**「散用状」**は**「算用状」**とも書く（伊藤・大石・斉藤 1989，416）。この「算用状」が「算用帳」に発展していったと考えられないだろうか。

さらに，名称ばかりでなく書式も右から縦書きで，金額を合計する時には「合」としたり，計算の過程で金額を足したり引いたりする，などの点も江戸時代の帳合法と同様である。豪商の場合，決算書の作成方法の一つとして，他の帳簿の項目と金額を集めて作成する（書き上げる）と考えられるが，本章で検討してきたように『損亡検見并納帳』や『年貢米雑穀代等用途結解状』も他の帳簿から作成された，或は作成されたと推測できる。したがって帳合法のルーツが，既に中世に存在していたといえるのではなかろうか[24]。

さらに，同じことは，監査に関してもいえる。領主である東寺から「四郎」という人物が派遣され監査に当たっている。第2章でみたように，江戸時代の商人は，監査を行っていた。例えば，伊勢商人の場合，「老分」とか「詰合」，「目代」と呼ばれる支配人を退役した監査人が，半年交代で伊勢の本家から江戸に派遣され，詰めていた。このことを考えるなら，江戸時代の監査のルーツも中世に存在していたと考えてもいいのではなかろうか。

これも第1章で述べたことであるが，我国おいて記録上最も古い商業帳簿は，「土倉帳」であると言われている。通常，土倉は「借上（かしあげ）」の進化したものであると考えられる。借上は高利貸しであるが，最初は担保とか抵当を取らなかった。それが担保を取るようになり，それを入れておく倉が必要になり，頑丈な倉（土倉）を作った。それがそのまま呼び名になっていったと言われている。この借上や土倉と寺院や僧侶との関係は深いといわれている。永島福太郎は，「中世寺院の經濟活動には注目すべきものが多い。寺院の多くが銀行乃至は質屋的機能を發揮し，金融から爲替業務まで營んでいた」（永島 1948，47）と述べているし，中島圭一も，山僧出身者に，その他の寺院の下級僧侶・神職や貴族の「下人」から成長したものを加えれば，京都の借上のほとんどを占めるということ，またその借上・土倉が荘園の代官請負業者であったことについて言及している（中島 1992，49）。さらに網野は，寺院・僧侶とかは，金融業だけでなく，商業そのものについても関係が深いと説いている。「仏教・寺院と商業・金融等との深い関係は，それを生業とする人々に，僧侶，あるいは阿弥号を名のる人が非常に多い事実にもはっきりと現れている。…1425 年（応永32）のいわゆる『酒屋名簿』（『北野神社文書』）に記載された 325 軒の酒屋のうち，俗人は 55 名にすぎず，しかもその中で 5 人は女性と見られる。残る 270 軒のほとんどが国名・官名を公名とする僧侶で，1 名が尼，6 名が阿弥号を名のる人だった。…15 世紀ごろの金融業者・商人には僧侶，僧形の人が圧倒的といってよいほどであった（網野 1994，238）と述べている。実際新見荘も，『損亡検見并納帳』に記載されている市庭の住人 12 名の内，入道，道教，道佛，法阿といった僧を表すような名称のものが半数に及ぶ。

我国には古代より，「市空間にもたらされた物は，いったん神の所有物になり，これにより物が浄められる…物はたんなる物として存在したのではなく，その所有者の魂を含んだ物として存在していた。したがって物の交換は，魂を含んだ物を媒介として交換者相互の関係を規定すると考えられていた。そして，この所有者と所有物の関係を絶つためには，いったん神の物にすることが必要とされたのであり，その場が市であった」（勝俣 1989，2-214）という考え方があった。つまり無縁である。だから商人には，僧侶や神官が多かったのではなかろうか。

今谷明は，「東班六知事[25] のように荘園経営や寺院の経理を任され，金策や会計に通暁した僧侶がいて…」（傍点引用者，今谷 1985，39）と述べている。確かに当時のインテリと言えば公家と僧侶である。公家は，和歌など教養的なことに関心があり，僧侶は医学や薬学など実用的な学問にも通じていたと考えられる。そのように考えるなら，当時の僧侶が，帳簿のつけ方に精通していても不思議ではないのではなかろうか[26]。もちろんこれより先，新たな史料の発見などによって検証していかなければならないと思われるが，我国で記録上最も古いといわれる「土倉帳」，ひいては，我国独自の帳合法の成立や発達に，僧侶が深く関わっていたのではないかと推察できる。周知のように世界で最初の簿記書『スンマ』を著したのはルカ・パチョーリである。彼はフランチェスカ派の修道僧であったという[27]。洋の東西を問わず，簿記の発達には僧侶が貢献していたのではなかろうか。

注

1 橋本浩氏によると，「文永7・8年（1270・1271 =引用者）検注をふまえて荘は東西に中分された」（橋本 1986, 34），としている。

2 名(みょう)は，荘園の内部を構成する基本単位（伊藤・大石・斉藤 1989, 447）。百姓名とは，百姓たちが世襲的に請負っている名の田畑（網野 1995a, 231）。

3 毎年，請負人が変わるのが散田畠(さんでんばた)（網野 1995a, 231）である。

4 定田(じょうでん)とは，年貢・公事の賦課される田で，荘園・公領の基幹となる田地である（伊藤・大石・斉藤 1989, 419）。

5 山あいの谷々にひらかれた田地は十四世紀の初めに七十五町五反（一町は約一ヘクタール）余，畠地(はたち)は4百町余もあるが，そのうち麦，胡麻，大豆や粟などのとれる里畠はわずかに十五町ほどで，圧倒的に多くが大豆，粟，蕎麦などを作る山畠と呼ばれた焼畑であった（網野 1995a, 219）。

6 損とは，耕作，田植そのものが行われない不作に対し，旱損，水損などの，田植後の条件によって発生する損亡をいう。検注取帳などでは，前者は不，損は「ｵ」と表記されることが多い。損亡がなく，収穫のあった土地を得または「徳」というが，これは「ｲ」と表記される。内検によって，調査，確定するのが本来であるが，実際には領主と現地の村落との交渉によって決定されることが多い（伊藤・大石・斉藤 1989, 424）。

7 分米とは，荘園・香料の田地に賦課された米の量を表示したもの。定田面積に斗代をかけて算出する。一般には年貢米を指すが，一国平均役やその他の諸賦課の場合も，同様に賦課面積あたりの量を「分米」と表示した（伊藤・大石・斉藤 1989, 441）。

8 交分(きょうぶん)というのは付加税（網野 1995a, 231）。収納の際に目減りを想定して計上した米の総称。また年貢等を収納枡で計量したのち，もう一度領主側の枡で計量しなおすことが広く行なわれていたが，その際の増加分がある場合を延(のび)といい，計量者（預所・下司など）の得分となる場合が多かった。やがて一種の付加税とみなされる例や，年貢銭に交分がついてくる例が見られるようになった（伊藤・大石・斉藤 1989, 403）。

9 和市とは，古代においては強市に対し，「和(まか)い市(か)う」つまり合意の売買を意味したが，次第に単なる売買の意味になる。中世に至ると市場の相場（売買価格）を意味するようになる（伊藤・大石・斉藤 1989，452）。桜井英治氏によると，中世において，価格や相場を意味するもっとも基本的な用語は「和市」であり，「相場」が登場するのは16世紀後半である。「和市」は時価とか実勢価格というより，まさに適正価格そのものの意味で用いられている（傍点引用者，桜井 2004，57），という。さらに桜井氏は，事例を挙げながら，中世の消費者は，季節間価格差と地域間価格差をよく熟知し，適切な消費者行動をとっていたことを紹介している（桜井 2004，65-74）。

10　荘の北部の中国山地に近い吉野（高瀬村）には，もっぱら製鉄に従事し，鉄を年貢としている製鉄民の集団が活動しており，それと結びついて鍛冶の職人集団，また百姓の鋳物師のいたことも分かっている（網野 1995a，219）。

11　百姓たちはみな漆の木を育てて漆を採取しているが，新見荘の漆は京都でも有名な特産品であり，漆を用いて，木器職人としての轆轤師（木地屋）と塗師がさかんにこの荘で漆器，木器を生産していた（網野 1995a，219）。

12　製紙も百姓たちが広く行なっている生業で，この荘の紙も特産として京都に送られているが，現地にも高級紙である檀紙を生産する専門職人のいたことが分かっている（網野 1995a，219-220）。

13　地子とは，田畠・屋地などに対し領主が地代として賦課したもの。田地子・畠地子・屋地子・塩浜地子・山地子などがある。その意味は「地」の生んだ「子」で，生産の場たる土地そのものからの収取物という象徴性がこめられている（伊藤・大石・斉藤 1989，417）。

14　段米とは，田地に対し官物・年貢とは別に段別賦課された米。恒常的なものと臨時に課されたものがある。荘園領主の臨時の用途による段別賦課米も段米と称し，鎌倉時代に入ると，一国平均役を指し段米・段銭と称することも次第に広まるが，いずれも公田段別に米・銭を課したためである（伊藤・大石・斉藤 1989，425）。網野氏は，「こうした段別銭が制度的にどのような源流を持っているのか，確証はないが，恐らく地頭の徴収した反別五升の加徴米に起源があるのではなかろうか」と述べられている（網野 1996，286）。

15　建武2年，東寺に出した起請文が残されている。その最後に「預所　明了（花押）」，「預所　尊尒（花押）」と並んで書かれている（岡山県 1991，614）。また，明了が建武元年12月に作成した「備中国新見地頭方散用状」というものが残されている（岡山県 1991，175，598-613）。網野氏は，そこに掲載されている百姓，散田百姓，商人等の名前が尊爾のそれとは違っているので，地頭方を尊爾と明了が分けて分担して請け負っていたのではないかと思われる（網野 1996，282）と述べられている。

16　網野氏は，「この年に成立した後醍醐天皇の新政府が任命した国司の使いが，騎馬の者二十一人，徒歩の者六十二人を連れて新見荘に打ち入って来た。これを迎えた代官は，食事や馬の粥（馬の食べる，草をまぜた粥）ための米，馬の餌として豆を用意し，清酒，白酒をととのえ，さらに兎，鳥（雉），するめ，大根，大魚などの酒の肴を市庭から買ってきて，この国司の使いの一行を手厚く接待した。そしておそらくは絹か布を三貫文で買いととのえて，引き出物として使いに贈り，無事に送り出した」（網野 1995a，223−224）と述べている。なお，ここで，**「注文」**とは注進状の一種で明細書きにしたもの，例えば人名・人数や物品の数量・種類などを列挙したもの（佐藤 2002，214）。

17 我々は年貢というと，とかく「米」で納めていたと考えがちである。これは江戸時代の印象が強いからである。実は平安時代後期から，貿易などを通じて中国（宋）から大量の宋銭が我国に入り込み，それが我国の貨幣経済を発達させた。だからこの頃，我国には宋銭が溢れており，流通市場では貨幣で取引されていた。年貢を貨幣で納めることを代銭納という。佐々木銀弥氏は，14 世紀までの荘園における代銭納の成立・展開の条件と，メカニズムについて述べ，14 世紀から 15 世紀にかけての代銭納が後退・衰滅＝荘園制解体の段階についても触れている（佐々木 1981，250−362）。

18 結解とは，結ぶことと解くこと，つまりはじめることと終わることの意から転じて収支決算の意となったと考えられる（伊藤・大石・斉藤 1989，416）。

19 『新猿楽記』は，平安時代後期の漢文で書かれた芸能往来ものである（大曾 1992，831）。この中に「四郎君」（山岸・竹内・家永・大曾根 1981，305）が登場する。この四郎は，受領（実際に治める国守）の郎党（家来）であり，算術と文筆に明るく，「勘定文」（公文書を考え調べること）をし，「目代」（国守の不在中の留守所の長官）のような職掌も持っている（藤原・重松 2006，54−55）。いうなれば，実質的に監査人のような仕事をしているということである。「代官尊爾の決算報告諸表」が作成された時代には，「四郎」という名称が，固有名詞ではなく，監査人そのものを表す名称，すなわち代名詞として使用されていた可能性がある。

20 これ以外にも網野は，監査に関する事例として，宣深を揚げている。宣深は，応永 8 年（1408）に新見荘を請け負った山伏の代官であるが，かなり不正を行なっていた。ところが，現地における宣深の実態を示す証拠の文書，種々の帳簿が提出され，宣深の虚偽が暴露された（網野 1995b，499−501）。

21 この相異は，何処からきているのだろうか。荘園の性格の違いから来ているものと思われる。岡野友彦氏は，manor を「荘園」と訳したのは誤訳である。西欧の manor は，「私的大土地所有」そのものであり，我国のものは，皇族・摂関家・大寺社などといった「権門」と呼ばれる人々が，「国土領有権を分割・継承」して成立した国家的領有システムであった（岡野 2013，65−67），と述べている。

22 鈴木公雄氏は，土地取引の決済手段として，1185 年頃は米 81.25 パーセント，絹・布 6.25 パーセント，銭 12,50 パーセントであったが，1320 年頃になると銭，80,20 パーセント，米 19.80 パーセントになり，絹・布は 0% となった。13 世紀半ば以降，中世の経済は米に変わって銭が主役となったと述べている（鈴木公 2002，126−127）。

23 網野氏は，代官尊爾の仕事ぶりを辿って，「これまでの地頭代についての常識的イメージは大きく変わってしまう。武力によって百姓を威嚇して年貢等を収奪する封建領主の代理人としての代官ではなく，帳簿をつけ，台帳と実状とを照合し，正月，神事，倉付などのときの宴会をとおして百姓たちの関係を円滑にしつつ，かなりの損免を認めた上で年貢等を収納する一方，市庭で商人と折衝して利銭を借用し，手形を取り組み，収納した年貢を市庭の相場を見定めてできるだけの高値で売却し，外部からの有力者の来訪に対してはそつなく接待して送り出すなど，尊尒の代官としての活動は，経営者とでも表現するのが適切なほど“合理的”かつ事務的である。そしてこうした仕事の結果を，多少のミスは見られるとはいえ，決算書にまとめて，寺家に送り，監査をうけるのが，平常時の代官の年間業務だったのである」（下線引用者，網野 1995b，499）と述べている。

24　西川登氏から提供された資料を見て，網野氏は次のような予想をしている。「ごく最近，江戸時代の三井家の帳簿を研究された西川登さんの『三井家勘定管見』（白桃書房）という面白い本をいただきました。…西川さんの調べられたところによりますと，ヨーロッパ風の複式簿記そのものではないのですが，少なくとも十七世紀には簿記の体系ができており，それなりに独自な複式簿記を生み出していたのだそうです。西川さんは十七世紀と言っていらっしゃるのですが，私の見たところでは帳簿としての史料は残っていませんけれど，経営帳簿のシステムの原型は恐らく十四，五世紀までさかのぼることができるのではないかと思うのです」（下線引用者，網野 1993，10）。

25　平岡定海氏は，「五山のごとき大禅院になると，禅侶は西班と東班と分れて籍を置いていた。西班衆は，専ら経典読誦，疏偈詩文の作製にあたったのに対し，東班衆は，寺内の経済面を司るものであった」（平岡 1960，20）。高橋隆三氏も，東班衆について「都寺・監寺・副寺・維那・典座・直歳の六つにわかれ，庶務・經濟的方面を主として掌り」（高橋 1935，15）としている。また，玉村竹二氏は，西班衆と東班衆が対立していたことについて触れている（玉村 1962，244-245）。

26　少し時代は下るが，天文 24 年（1555）の越前の江良浦の刀祢の言上状に，「是ハ旅僧ニて御座候，在所ニいろは字ニても候へ，みる者無御座候間，少ゝ家を作置申候処ニ，是もはちをひらき堪忍仕候」（敦賀市，1982，361）と述べられている。柴田純氏は，この史料は，「越前江良浦において，旅僧宗幸なる者が宅地を与えられて定住し，そこで『いろは字』を教えていたことを示している」（柴田 1983，116）と言う解釈をしている。これに関連して勝俣鎮夫氏は，戦国時代の村落における僧の働きについて次のように述べている。「たとえば『菅浦文書』などには，村の種々様々な支出に関する『村の入目日記』などが大量に残されている。この事実は，この時代，村独自の財政が確立したことを明瞭にしめしているのであり，…このような村独自の財政の確立は，当然村の指導者層に，いわゆる『読み・書き・そろばん』の能力を身につける必要性を生じせしめた。領主などからの公的な文書の伝達，上申文書の作成などのほかに，村内部の課役の配分，入目帳の作成が必要になったのであり，その能力を持つ人がいない場合には，村は旅僧に村の寺庵を与えてこれを確保することにつとめた」(下線引用者，勝俣 1985，18)。旅の僧に住むところを与えてまで村に止め，読み書きを教えてもらうという，当時の僧のインテリ振りを示すものといえよう。ことによっては，ただ単に読み書きを教えるだけではなく，勝俣氏の指摘する入目帳など和式簿記に繋がる知識も伝授した可能性も考えられるのではなかろうか。

27 ルカ・パチョーリが，フランチェスカ派の僧団に入団した経緯及び，彼の人物像については，三代川正秀氏編著の「第八章　ルネサンスの影の英雄　ルカ・パチョーリ」(三代川 2012，47−55) に詳しく述べられている。

(本章で取り上げた史料については，京都府立総合史料館へ足を運び，マイクロフィルムの焼き付けを持ち帰り研究した。ただし，ここでは，『岡山県史』第二十巻家わけ史料に翻刻されたものを利用した。)

第4章　我国古代の正税帳と出挙帳

1　は　じ　め　に

前章では，「我国中世における荘園会計」と題して，中世荘園の決算報告書について検討をした。

備中国（今の岡山県）にあった新見荘という荘園の請負代官尊爾が，建武2年（1335）に領主である東寺に書き送った決算報告諸表が現存する。長さが23m以上もある紙の巻物で，監査も行なわれていた。これらの決算書は，近世（江戸時代）の豪商の優れた決算書である「算用帳」と類似点が多く見受けられ，この時点で，その萌芽があったと考えた。また，尊爾は僧侶である。中世において借上や土倉といった金融業は，寺社や山門による経営が多い。我国で記録上最古の商業帳簿は，土倉帳であるといわれている。蓋し，和式簿記や会計制度の発達に，僧侶が関係していたのではなかろうか，と論述した。

それでは，どうしてこの時代にこのような簿記法や会計制度が発達していたのか。可能性は二つ考えられる。一つは海外（中国）から伝わった。鎌倉時代には，南宋（中国）と我国の間で，禅僧の行き来も多かった。特に，13世紀後半には，モンゴル軍に追われた禅宗の高僧の渡来があり，これらの僧侶が伝えたとも考えられる。しかしながら，新見荘以外の地域でも，「散用状」や，「結解状」などの年貢の決算書が残っている[1]。当時の時代の移り変わり（進歩）は，現在では考えられないほどゆっくりとしたものと考えられる。したがって，決算書の作成方法や会計制度が，そんなに早く全国に広まるとは考え難い。むしろ，もっと古い時代から，我国に発達した和式簿記や会計制度が存在したのではないかと考える方が，自然であると思う。

そのようなことを考えながら，我国の古代（おおざっぱに言うと飛鳥・奈良・平安時代）に目を向けると，「**正税帳**（しょうぜいちょう）」という租税の決算報告書があることに気が付く。その成立は和銅元年（708）頃であるともいわれている（岡田利1981，29）。大森研造も「我國在來の商業帳簿」（1921）で，史籍に現れた徳川時代以前の帳簿を紹介している（大森1921，121-124）。その中に正税帳も含まれているが，大森は，「商業帳簿にはあらず」（大森1921，124）として，それ以上の言及はしていない。しかしながら，前述のように中世荘園の年貢決算書が，我国近世商人の決算報告書である「算用帳」に通じるものがあるとすれば，話は違ってくるのではなかろうか。

そこで本章では，この正税帳を手掛かりとして，それが和式簿記ならびに我国の会計制度と如何に関連性をもつかについて検討していきたい[2]。

2　正 税 帳 と は

2.1　正税帳の構造

高名な歴史の研究者である竹内理三は，『寧楽遺文（ならいぶん）』という書物の中で，正税と正税帳について次のように説明している。

「正税とは，租税のことであって主に地方費に充當せられ，調や庸が（主に中央の國費に充てられる）人を對象として課せられるのに対して，田地を對象として課せられる。正税帳は，各國郡の租税の一年間の収納高・現在高及び，その支出用途を記して，毎年地方より中央政府に上申した帳簿で，いはゞ國郡費の決算報告書である」[3]（竹内1943，34）。

正税帳は，天平2年（730）から同11年（739）のものが二十数通，**正倉院文書**の中に残されている。また，平安時代初期の『延喜式』二十七主税下（「式」は，施行細則という意味）に正税帳の書式が掲載されている他，保安元年

(1120) 頃の『摂津国正税帳案』がある[4]。ただし，**正倉院**の正税帳は，写経所（仏教を広めるために，写経は当時の国家的事業）という役所に反古紙として払い下げられたものが，帳簿として再利用され正倉院に偶然残ったもので，すべて断簡で完全なものはない。

これらの史料から，正税帳は図表 4-1 のように，国内の正税を総計した**首部**と，各郡の**集計部**からなっていることが分かる。

図表 4-1　正税帳の構造

某郡部	某郡部	某郡部	某郡部	首部

また，各部の構造は，図表 4-2 のように，**初表示（前年の繰越）**，**中間表示（当年の収支）**，**末表示（次年度への繰越）**から成っている。

図表 4-2　各部の構成
（その 1）

末表示	中間表示	初表示

ここで当年の収入というのは，**出挙**（稲の貸付）から得られる利息と，**田租**（田地に課される税金）[5] である。一方，支出の方は**雑用**という費用である。雑用には，中央への進上物，国の年中行事の費用，国司の部内巡行にかかわる費用，国司俸料，および用度，修理その他の費用がある（村尾 1964，351–392）。

本章では，首部が唯一完存するということ（岡田利 1978，5）と，他の正税帳に比べシンプルという理由で，**「天平二年紀伊国正税帳」**を用いる。図表 4-3（正集 37，大日本古文書① 418–421）が，その首部である。首部は郡部を合計したものなので，首部が分かれば，郡部も似たような形式であると推測できる。

最初に正税帳のタイトル（イ）が書かれる。紀伊国の国司が天平 2 年（730）

図表 4−3　天平二年紀伊国正税帳の首部

イ　紀伊國司解　申天平二年收納大税并神税事
ロ　合七郡天平元年㝎大税稲穀肆萬伍阡貳伯捌拾柒斛貳斗參升伍合
ハ　不動貳萬伍仟貳拾壹斛玖斗玖升柒合捌夕
ニ　動貳萬貳伯陸拾伍斛貳斗參升柒合貳夕
ホ　粟穀參拾斛伍升
ヘ　穎稲柒萬捌阡壹伯肆拾捌束壹把陸分
ト　爲穀古穎柒阡玖伯伍拾束
チ　得穀柒伯玖拾伍斛
リ　振斛量入柒拾貳斛貳斗柒升貳合陸夕
ヌ　㝎柒伯貳拾貳斛柒斗貳升柒合肆夕
ル　出擧壹萬陸阡壹伯捌拾束
ヲ　身死壹伯參人　免税參阡壹拾陸束
ワ　㝎納本壹萬參阡壹伯陸拾肆束
カ　利陸阡伍伯捌拾貳束
ヨ　古穎伍萬肆阡壹拾捌束壹把陸分
タ　合柒萬參阡柒伯陸拾肆束壹把陸分
レ　雜用捌阡陸拾束
ソ　年斬白米參伯柒拾壹斛肆斗斬柒阡肆伯貳拾捌束
ツ　涓米貳拾捌斛陸斗斬伍伯柒拾貳束
ネ　年斬外交易進上小麦陸斛　亘陸拾束（一斛別一十束）
ナ　遺陸萬伍阡柒伯肆束壹把陸分
ラ　輸田租稲穀肆阡肆拾斛玖斗玖升柒合
ム　全給貳哘封主貳伯參拾壹斛參斗貳升壹合
ウ　貳分之壹主給玖拾玖斛壹斗伍合伍夕
ヰ　納官玖拾玖斛壹斗伍合伍夕
ノ　納公參阡柒伯壹拾斛伍斗柒升伍夕
オ　振斛量入參伯參拾柒斛參斗貳升肆合貳夕
ク　㝎參阡參伯柒拾參斛貳斗肆升陸合參夕
ヤ　依民部省天平二年八月廿八日付加添輕税錢直稲參阡柒伯貳拾肆束柒把
マ　都合見㝎稲穀肆萬玖阡參伯捌拾參斛貳斗捌合柒夕
ケ　不動貳萬伍阡貳拾壹斛玖斗玖升柒合捌夕
フ　動貳萬肆阡參伯陸拾壹斛貳斗壹升玖夕
コ　粟穀參拾斛伍升
エ　穎稲陸萬玖阡肆伯貳拾捌束捌把陸分
テ　涓伍斛陸斗（清四斛　滓一斛六斗）
ア　㠯倉玖拾間（空七間　借納郡稲一十一間　借納公用稲一間　借納義倉粟二間　借納官奴婢食析税四間　借納地子一間）
サ　穀倉肆拾間（不動一十九間　動廿一間）
キ　粟穀倉壹間
ユ　穎倉貳拾肆間
メ　鎰壹拾伍勾（不動六勾　動九勾）
ミ　軍團糒
シ　天平元年㝎糒壹伯玖拾壹斛捌斗貳升壹合

出典　東京大學 1968a，418−421

の大税（正税）と神税とについて報告するという意味である。ただし，神税帳の方は全く欠損している（井上 1982，64)。「解(げ)」とは，諸司が太政官やその諸司を管轄している上級の官司に上申する場合の文書の様式である。公式令に規定されている[6]。

（ロ）から（ヌ）までが初表示（前期繰越)，（ル）から（ヤ）までが中間表示（当期増減)，（マ）から（テ）までが末表示（次期繰越）である。（ア）から（ユ）は正倉の数とその内訳，（メ）は鍵の数。さらにこの正税帳の末尾には，軍団の非常食である糒(ほしいい)（ミシ）が掲載されている。

前期繰越は，（ロ）から（ニ）の稲穀と（ホ）粟穀，（ヘ）穎稲からなる。稲穀は籾で石斗升合などの単位で表された。穎稲は穂付きの稲穎で単位は束・把である（栄原 1989，2−200)。まず紀伊国七郡の稲穀の合計（ロ）が記入される。この稲穀は，不動穀（ハ）と動用穀（ニ）に分かれる。不動穀は，国家財源の貯積を目的とした稲穀で，動用穀は，田租を財源として設けられた稲穀で主として賑給に用いられた（林・鈴木 1985, 3）。賑給とは，老人や貧民などへの支給か飢饉のおりの救済である。

収入は，出挙から得られる利息と田租からなり，それぞれから雑用が控除される。まず出挙は穎稲でなされる。（ヘ）の一部（ル）を出挙の元本として貸し付けられる。そこから死亡による免税（ヲ）を指し引いた残り（ワ）に5割の利率（出挙については後述する）をかけたものが利息収入（カ）となる。そこから雑用（レ，ソ～ネは内訳）を指し引いた残り（ナ）は，軽税銭直稲[7]（ヤ）と共に次期に繰り越される。その次期繰越が（エ）である。また，雑用の内（ソ）は年料舂米といって，中央に進上する舂米（栄原 1989, 2-198）である。同様に酒（ツ）小麦（ネ）も進上している。小麦は他国から買って進上している。

一方，田租は稲穀の形を取る。この年の田租は（ラ）である。そこから全給（ム），半給（ウ）が差引かれた残りが公納分（ノ）である。ここで全給，半給とは，封戸制度から来るものである。「封戸（ふこ）とは律令制下に上級貴族の俸禄（ほうろく）である食封（じきふ）や寺社の寺封（じふう）・神封（しんぷう）などに指定された戸のことであり，貴族や寺社の経済基盤の一角を支える制度を意味する」（森 2005, 85）。収穫の全部を差し出す全給と，半分でいい半給が書かれている。封戸の制度は，雑用ではないが中央に進上することを勘案すると一種の雑用と考えていいのではなかろうか。そこから振入量の十一分の一（オ）[8]を差し引いたものが国に残される田租収入（ク）である。この他に稲穀は，穎稲（ヘ）の内，古穎（ト）を穀（チ）にし，振入量（リ）を差し引いたもの（ヌ）も次期に繰り越している[9]。

したがって次期繰越を，単純化した算式で示すと以下のようになる。

（穎稲）　前期繰越（ヘ）＋出挙の利（カ）－雑用（レ）＋軽税銭直稲（ヤ）＝次期繰越（エ）……①

（稲穀）　前期繰越（ロ）＋古穎（ヌ）＋田祖（ラ）－全給・半給（ム）（ウ）＝次期繰越（マ）……②

以上の考察から，図表 4-3 を表計算ソフトで作り変えると，図表 4-4 のようになる。表上の値はどれも計算式を入れて求めているが，図表 4-3 の正税

図表4-4　天平二年紀伊国正税帳の計算構造

				稲穀の計算過程		穎稲の計算過程	
	イ	紀伊国司解　申天平2年収納大税并神税事					
初表示	ロ	合7郡天平元年定大税稲穀	45,287斛2斗3升5合	45287.24	ロ＝ハ＋ニ		
	ハ	不動	25,021斛9斗9升7合8夕	25022			
	ニ	動	20,265斛2斗3升7合2夕	20265.24			
	ホ	粟穀	30斛5升				
	ヘ	穎稲	78,148束1把6分			78,148	
	ト	為穀古穎	7,950束			7,950	
	チ	得穀	795斛	795			
	リ	振斛量入	72斛2斗7升2合6夕	72.27	リ＝チ×1/11		
	ヌ	定	722斛7斗2升7合4夕	722.73	ヌ＝チ－リ		
中間表示	ル	出挙	16,180束			16,180	
	ヲ	身死103人　免税	3,016束			3,016	
	ワ	定納本	13,164束			13,164	ワ＝ル－ヲ
	カ	利	6,582束			6,582	カ＝ワ×0.5
	ヨ	古穎	54,018束1把6分			54,018	ヨ＝ヘ－ト－ル
	タ	合	73,764束1把6分			73,764	タ＝ワ＋カ＋ヨ
	レ	雑用	8,060束			8,060	レ＝ソ＋ツ＋ネ
	ソ	年料白米	7,428束			7,428	
	ツ	酒米	572束			572	
	ネ	年料外交易進上小麦	60束			60	
	ナ	遺	65,704束1把6分			65,704	ナ＝タ－レ
	ラ	輸田租稲穀	4,040斛9斗9升7合	4041			
	ム	全給ニ所封主	231斛3斗2升1合	231.32			
	ウ	二分之一主給	99斛1斗5合5夕	99.11			
	ヰ	納官	99斛1斗5合5夕	99.11			
	ノ	納公	3,710斛5斗7升5夕	3710.57	ノ＝ラ－ム－ウ		
	オ	振斛量入	337斛3斗2升4合2夕	337.32	オ＝ノ×1/11		
	ク	定	3,373斛2斗4升6合3夕	3373.25	ク＝ノ－オ		
	ヤ	付加添軽税銭	3,724束7把			3,725	
末表示	マ	都合見定稲穀	49,383斛2斗8合7夕	49383.21	マ＝ロ＋ヌ＋ク		
	ケ	不動	25,021斛9斗9升7合8夕	25022	ケ＝ハ		
	フ	動	24,361斛2斗1升9夕	24361.21	フ＝ニ＋ヌ＋ク		
	ユ	粟穀	30斛5升				
	エ	穎稲	69,428束8把6分			69,429	エ＝ナ＋ヤ
	テ	酒五斛六斗	5斛6斗				
倉	ア	正倉九十間					
・	サ	穀倉四十間					
鍵	キ	粟穀倉一間					
・	ユ	穎倉二十四間					
糒	メ	鍵一十五勾					
数	ミ	軍団糒　シ　天平元年定糒	191斛8斗2升1合				

帳とぴったり一致している。古代人の計算力には驚かされる[10]。1600年代の前半に20年間我国に在留した長崎出島のオランダ商館長フランソワ・カロンは，日本人は「伊太利流の簿記法を知らないが，勘定は正確で，売買を記帳し，一切が整然として明白である」（フランソワ 1974，188），と述べているが，この時代にその萌芽がみられるといっても過言ではない。

それでは，この正税帳が後世のわが国独自の簿記法に影響を与えているのだろうか。次節では，中世荘園の代官尊爾の決算報告諸表や，江戸時代の算用帳と比較して考えてみたい。

2.2 正税帳と算用帳

正税帳と代官尊爾の決算報告諸表，算用帳を比較した場合，①様式，②計算過程，③種類別計算などで共通性がみられる。

まず①については，用紙の右側から縦書きで，漢数字を使って書いていくことである。また内訳を書く場合，一段下げて書くことも同じである。さらに計算をする場合，「合」，「都合」，「以上」，「除」と書いたりする。これは，西洋式の簿記法にはみられないことである。

②については，計算過程の途中で足したり，引いたりしていることである。つまり先の正税帳でみたように，出挙の利息を加え雑用を引くというようなことは算用帳の中でも行なわれる。代官尊爾の決算報告諸表においても，例えば『損亡検見并納帳』の米年貢の計算過程（図表3-3）をみただけでも，分米の上納分として確定したものから交分という一種の付加税を加え，そこから国本細々下行分等を差引いて納める年貢米の量を計算している（第3章3.1（1））。西洋式の簿記法が，借方，貸方それぞれを合計し，最終的に一方から他方をマイナスするのと明らかな違いがある。

③については，正税帳の中で稲穀，粟穀，穎稲が別々にそれぞれの計算単位で計算されていることである。この点については代官尊爾の決算報告諸表においても，米・雑穀など年貢の種類別に計算している点に受け継がれているのではないか。また，江戸時代には金貨（両・分・朱），銀貨（匁・分・里），銅貨又

は銭（貫・文）の三種類の貨幣と，藩によっては藩札（紙幣）が流通しており，それがそのまま算用帳に表示されていた。最終的には同一通貨に換算されるのであるが，この事柄も正税帳で稲穀，粟穀，穎稲が別々に計算されていることとなんら変わりがないと考えるものである。

以上の三点が共通点である。これらは形式面のことである。それではそれ以外に正税帳を検討して，後世に影響を与えているかを吟味すると，次の二点が浮かび上がってくる。

一つは，前述したように正税帳の様式が「解」ということである。代官尊爾の決算報告諸表の中心的な計算書は，『新見庄東方地頭御方御年貢米雑穀代并色々用途結解散用状事』である。また『去年所被召月宛銭結解状事』という計算書もある。この「結解散用状」とか「結解状」の「結解」の「解」は，正税帳の「解」と同じ上申文書を意味するのではないか[11]ということである。つまり「結解」とは，決算の結果を上申するという意味ではないか。しかしながら従来からの中世史研究では，「結解」を「結ぶことと解くこと，つまりはじめることと終わることの意から転じて収支決算の意となったと考えられる」（伊藤・大石・斉藤 1989，416）と，考えられていたと思われる。筆者も前章において，そのように理解し，さらに「これを会計学的に考えるなら，『結解』とは結算（決算）をして受託責任を解いてもらうことであり，『結解状』とはそのための報告書であるといえる」と，記述した（第3章 3.1（4））。このことは歴史学も他の学問分野と同じように細分化され，古代史研究と中世史研究が分かれているために起こってきたことではなかろうか。正税帳を検討してまず思ったことは，「結解」の「結」は決算を，「解」は正税帳と同じように上申文書，という意味ではないかということである。さらにいうなら，我国には古代より正税帳という優れた決算報告制度が存在し，その制度が中世まで受け継がれていったと考えられる。

もう一つは，前記の正税帳の計算式は，算用帳の計算方式の中に一致するものが見出せる。西川登は，江戸時代の帳合には，純資産（自己資本）を二面的に測定するものと，純利益を二面的に測定する帳合が多い（西川登 1995，199）

と述べている[12]。この二重計算を「複式決算」という呼称で呼ぶ[13]。我国で複式決算が確認できる最古のものは，第1章の「**3.2　鴻池家の算用帳について**」で述べたように，寛文10年（1670），鴻池家両替店の算用帳の計算式である。

（1）**期末資産合計－期末負債合計＝期末正味身代（有銀）**

（2）**期首正味身代＋当期収益－当期費用＝期末正味身代（有銀）**

上記の式のうち（2）式を，前述の正税帳の計算式①②と比較してみる。正税帳の稲穀と穎稲のそれぞれの前期繰越高は期首正味身代，次期繰越高は期末正味身代とみなすことができる。また，①式の軽税銭直稲（ヤ）は，臨時的なものなので考慮の対象外とする。②式の古穎（ヌ）も穎稲（へ）の一部であるので，前期繰越高と同じである。全給（ム），半給（ウ）は，前述したように，雑用ではないが中央に進上することから一種の雑用と考えていいのではないかと思われる。以上のことを考えて①②式を整理すると次のようになる。

前期繰越高＋当期収益（出挙利，田租）－当期費用（雑用，全給・半給）＝次期繰越高

この式は，鴻池両替店の（2）式と同じではなかろうか。筆者が初めて江戸時代の算用帳を勉強したとき，果たしてこの式はどこから来たのか疑問であった。（1）式の方は，いわゆる棚卸法でも計算できる。しかしながら，（2）式は，何処から来たのか。ここにきて，ルーツが明らかになったと確信できる。

以上，正税帳の決算報告書としての特徴を，代官尊爾の決算報告諸表，算用帳と比較して見てきた。そこには一種の共通性がみられ，中世，近世へとその特徴は受け継がれていったことが伺える。

さらに，もう一つ考慮すべきことは，何もないところから，いきなり正税帳が作成できるとは考えられないということである。そこには当然，基となる何らかの帳簿があり，そこから書き上げられる（作成される）と考えるのが自然である。澤田吾一も，「郡部の税帳も其の元素たるべき諸帳簿より集成せるものなるは疑ふべくもあらず」（澤田 1927，698）と述べている。そこで，注目されるのが「出挙」である。次節では正税帳の重要な構成要素たる出挙に注目し，論を進めて行きたいと考える。

3 出　挙　帳

3.1　公出挙と出挙木簡

実は，律令制度の中には，「**出挙帳**（すいこちょう）」なるものも見出すことができる。管見の限り会計学研究史上，筆者が本章の初出論文で取り上げるまで，この出挙帳について言及した研究は，皆無であった。それはともかく，『延喜式』民部下・主税上と，『政事要略』五十七には，出挙帳についての規定がみられる。すなわち，出挙帳は，大帳使に付して京進（京都に送り納入すること＝引用者）され，主税寮に納められ，翌年正月に民部省に送られ，正税帳勘会の資料とされる，と規定されている。また天平6年（734）の『出雲国計会帳』には同5年8月に大帳使に付して「大税出挙帳」「郡稲出挙帳」「公用稲出挙（帳）」「駅起稲出挙帳」が京進されたことが，記されている（石上1987, 11-12）。また，早川庄八によって，それまで『伊予国正税帳』といわれてきたものが，『伊予国正税出挙帳』の断簡であることが判明した（早川1962）。しかしながら，ここでいうところの出挙帳は，国全体の出挙帳であり，中央に進上されるものである。前述したように，正税帳も地方から中央政府に送る税金の決算報告書であり，首部と郡部から成る。郡部を合計したものが首部である。おそらく各郡家（郡役所）から集められた資料を国衙で合計し，正税帳を作成したものと思われる。したがって，その郡家段階において基礎になる台帳（帳簿）があり，そこから書き上げられる（作成される）と考えるのが妥当であろう。その意味での出挙帳である。

そもそも出挙は，我国古来より貸税（いらしのおおちから），貸稲（いらしのいね）などと称され，支配者による稲の収取と，地域の共同体維持の機能として存在していたといわれ（田名網1963, 46）ているが，中国から律令制度を取り入れ，律令国家の正式な財源に組み入れられた[14]。出挙について，養老雑令には次のように規定されている。

出挙は，国家が貸付ける**公出挙**と，私人が貸付ける**私出挙**に分けられる。さらにそれぞれについて貸付ける物すなわち客体によって**財物出挙**と**稲粟出挙**とに分けられる。財物出挙は60日ごとに元本の8分の1の利息を取り，稲粟出挙は，私出挙ならば年に一倍の利，公出挙ならば半倍の利とするが，いずれも利息が元本を超えてはならないし，また利を以って本とすることすなわち複利を用いてはならない。公出挙・私出挙，財物出挙・稲粟出挙いずれの場合も，債務者に弁済能力がないときは，「役身折酬」すなわち債務者を役して負債を酬わせることができる（傍点・太字引用者，早川1987，10）。

前節で正税帳の出挙の利率が5割だったのは，この規定による。複利を用いてはならないことというのは，地域共同体の維持機能を継承しているのではなかろうか。また**財物出挙**は，**銭貨出挙**と，**銭貨出挙以外の財物出挙**（後述するが**酒**が出挙されることが多かったたようである）に分けられる。

近年，稲の貸し出しについて記された**出挙木簡**なるものが，全国各地の遺跡から出土している。例えば図表4-5は，石川県の畝田・寺中遺跡から出土した天平勝宝4年（752）の出挙木簡である。

その木簡には11名分の名前と稲の束数が記されている。石川県埋蔵文化財センターの和田龍介は，「出挙関連の木簡と考えられ，『上領』の語から，出挙稲返納時に作成された記録簡とみなすことができよう。合点は倉への収納の際に付されたものか。記載様式は，籍帳の類から抜き書きしたような規則性のあるもので，総計記載の『合稲二百卌』を境として前半部と後半部に分けられる。前半部『戸主』『妻』の続柄記載が見え，名前の上に鉤型の合点が付されている。後半部はほぼ『合稲二百卌』に書き出しの高さを合わせ，前半部と区別をはかるかのようである。『戸主』『妻』などの続柄記載が見えることから，この木簡の歴名は阿刀足人の戸について記していると思われ，出挙が戸を単位として行なわれていた実態を示している」（和田2000，160-161）と述べている。

平川南は，出挙木簡は貸付・収納などのシステムの中で木簡がその特性を発揮し，一種のカードとして活用され，それらをま

図表4-5　出挙木簡

天平勝宝四年上領
戸主阿刀足人六十
妻答忌寸宅女卌
阿刀三縄卌束
妻館気奈加女
山辺足君卌
□□内麻呂廿
□悪万呂
合稲二百卌
□田秋人卌
答忌寸□□女卌束
刑〔同カ〕マ小当廿束
□姓味知麻呂十

出典　和田2000，160

とめて帳簿として機能させていたのではないか（平川 2003，61-65）と述べている。さらに平川は，文字文化が成熟した都においては紙の文書が広範囲に使用され，木簡は紙を補うとともに，特定の用途に限定されざるをえなかったが，地方社会で木簡がより広範に使用され，紙木併用の様相を呈していたのであろう（平川 2003，6-7）と，述べている。

また三上喜孝も，「出挙にあたっては，少なくとも個人別の出挙記録の作成，クラごとの出挙稲収納の集計簿の作成がいずれも木簡によっておこなわれた。そして最終的には，紙の出挙帳へと結実するのである」（三上 2005，78）と，述べている[15]。

木簡のカード的な利用については，早くから東野治之が平城宮木簡と正倉院文書との関係で主張してきたことである。東野によると木簡は，木片という材質を生かし，紙の文書・記録に対して明らかに補助的（メモ的）役割を持つものが多いという。つまり当座の記録に役立てられたということである（東野 1978，9）。その後木簡の記載は一旦紙に写され，更に整えられて帳簿にまとめられたのであろう（東野 1978，19-20），と東野は述べている。つまるところ木簡は，「記録を整理するメモ乃至カード的役割を果たした」（東野 1978，38），といえる。また寺崎保広は，東野の研究を整理し，木簡→集計木簡→紙の帳簿，という図式を表した（寺崎 2004，292）[16]。寺崎は東野の研究について，「正式な報告は紙で，その前提作業は木簡で，という関係を指摘した点に大きな特徴がある」（寺崎 2004，292-293），と述べている。

3.2　公出挙と漆紙文書

では，紙の出挙帳は，出土していないのか。それには**漆紙文書**（うるしがみもんじょ）の出挙帳というものが発掘されている。漆紙文書とは，古代の人々が漆の状態を良好に保つため，漆を容器に入れ，紙で蓋をした。紙は漆が染み込んでいるために，廃棄されても地下に遺存した。その紙は，計帳や出挙帳などの反古紙を使用していた。図表 4-6 は，茨城県石岡市の鹿の子 C 遺跡から発見された出挙帳であり，「鹿の子 C 遺跡出土 174 号漆紙文書」と称されるものである。

図表 4-6　鹿の子 C 遺跡出土 174 号漆紙文書

174
a
⊔○廿
⊔三月○卌 五月○卌
□マ宗足三月○廿 五月○廿
刑マ子宗万呂三月○卌 五月○卌
刑マ□(綱カ)人三月○廿 五月○廿
占マ羊三月○廿 五月○卌
「刑マ直□□□○○□□」
□□(十カ)□(一カ)□(人カ)□
□(全カ)刑マ□宿奈万呂三月○卌 五月○卌
刑マ千法女三月○廿 五月○廿
刑マ尼女三月○廿 五月○廿
⊔三月○卌 五月○卌
⊔三月○廿 五月○廿
⊔□月○廿 □○□
b
⊔□月○十 □月○十
⊔女三月○□ 五月○□「九月廿八日布・一段」
⊔□□□(人カ)「稲五百五十束」
⊔マ廣足三月○「卌」 五月○廿「九月十二日卅 九月廿九日九□□□
若櫻マ尼□女三月○「廿」 五月○「廿」 九月廿二日卅 九月廿八日一段」
刑マ三成女三月○「十」 五月○十
刑マ直廣足三月○「卌」 五月○□
刑マ廣主三月○「卌」(十カ) 五月○卌
⊔□稲虫女三月 五月 □□
⊔□三□ 五□○□
⊔□

出典　財団法人茨城県教育財団 1983，94-95

公益財団法人茨城県教育財団調査報告によると，赤外線テレビなどで，この漆紙文書の解読をしたとのことである（財団法人茨城県教育財団 1983，5-6）。同報告書によるとa・bは，一枚の表裏に記載され，同一性質の記載内容で同筆。一連の帳簿を表裏にまたがって記載したものらしいとしている。a・b両面を通じ，上段には各行一名あて人名を列記し，その下に各人ごとに小字二行割書で3月と5月の出挙量（出挙は春と夏2回行なわれる＝筆者）を書きあげている。数量はすべて十を単位として端数はない。数字の上には朱筆で圏点が施され，本帳作成後のある段階でこれらの数値が勘検を受けたことが知られるとしている。そして本帳は公出挙の貸付原簿ともいうべき文書と考えられよう。本帳は常陸国で作成され，そのまま同国で廃棄された文書であって，その体裁や書体の自由さからみても，郡などの出挙事務の末端で作成され，中央へ進上する出挙帳の基礎となった文書と考えられる，としている（財団法人茨城県教育財団 1983，95-97）。

平川も，この漆紙文書について，「一連の帳簿を表裏にまたがって記載した例を聞かない。…あまりにも未整理であり，表裏記載というまったく非公式な帳簿とみなさざるをえない。このままの帳簿では，とても国府において中央へ進上する出挙帳の基礎文書として利用することはできないであろう。結局のところ，本帳は郡家における出挙事務用として用いられ，郡家に留め置かれたに違いない」（平川 1995，225），と述べている。

秋田城跡からも第二号漆紙文書と称される出挙帳が発掘されている（秋田市 1983，52-54)。この漆紙文書は，(1) 楷書で，上・下二段に書き連ね，数字は大字である。(2) 冒頭に総計（小計）の人数と稲束量が記されている。その人数は最低でも 170 人を超える。(3) 本文は，「人名＋稲束量」が記載されていて，一切註記等がない。(4) 稲束量は，二束の二例を除いてすべて五束である（平川 1984，10）などの特色がある。平川はこの漆紙文書について，秋田城跡の帳簿は国府に備えおく原簿で，鹿の子C遺跡のような帳簿を整理した段階のものと考えられる。鹿の子C遺跡漆紙文書は，その体裁や書体の自由さから考えて，郡などの出挙事務の末端で作成されたもので，秋田城跡出土帳のさらに前段階に位置する原簿と考えられる（平川 1989，219），と述べている。

さらに最近新たな発見があった。それは宮城県多賀城跡の第 96 号漆紙文書である。この文書は 1973 年に出土し，計帳文様が記載されていることが知られていた。吉野武は，この文書を湿らせた状態で，赤外線テレビカメラで観察することにより，文書の紙背に出挙帳が書かれている事を発見した。吉野によれば，「この文書は，…より集計的な出挙関係文書の前段階に位置する帳簿で，保存起源を過ぎた計帳の紙背を利用して作成・使用されたものとみられる」（吉野 2007，80-83），としている。

以上の例からも分かるように，各郡家段階で，木簡や紙（漆紙文書）の出挙帳が存在し，それが代表的な台帳となって正税帳が作成されるというシステムが出来上っていったと結論づけたい所である。

ところで本節で取り上げた出挙帳は，公出挙で稲粟出挙の出挙帳である。前述したように出挙には私出挙，財物出挙もある。そこで次節ではこの点について考察したい。

4　私出挙と出挙帳

平安時代の初めに，景戒という薬師寺の僧が書いたとされる『日本霊異記』（上・中・下）という仏教説話集にも，出挙の話が多く出てくる。『日本霊異記』は，実話ではないが，史料が少ない古代史の研究において，当時（奈良時代）の生活状況を知る手がかりとして，多くの歴史研究者が引用しているものである。例えば，上巻の第二十三，「育ての母親に孝養しないので，現世の報いに悪い死に方をした悪人の話」では，「出挙」（これを研究者によっては，「稲を貸した証文」（原田・高橋 1975，48）とか，「出挙の貸付証書」（中田 1987，110）という現代語訳している）の語が見える。さらに下巻の第二十六，「無理やりに貸し付けた物を取り立て，たくさん利息を取るというような阿漕な商売をした田中真人広虫女が，その報いで悪死をした話」などは，当時民間でも盛んに出挙が行なわれていたことを伺わせる。

また，中巻の第三十二，「寺の利殖のための酒を借りて帰さないで死に，牛に生まれ変わって使われた物部麻呂の話」は，寺（薬王寺，今の勢多寺）が（酒の）出挙を行なっていた事を表していると思われる。他にも中巻，第二十四「閻魔王から呼ばれた楢磐嶋が，鬼に贈り物を与えて許された話」の主人公，楢磐嶋は大安寺から商売に必要な銭を借りているし，下巻，第三「十一面観音像にたより願った僧弁宗が現世で報いを得た話」の僧弁宗も大安寺の僧で，寺から銭を借り，返さないので寺の事務をとる僧（そう）たちに，銭を返すよう責めたてられている。下巻，第四「方広経を誦した僧が海に沈んで溺れなかった話」の奈良の都の僧も，銭を貸すことによって妻子を養っていた，とある[17]。これらのことは，寺が出挙を行い，寺の僧たちがその事務に当たっていたことの証であると思われる。早くから春山千明（春山 1959）や竹内理三（竹内 1932）も寺院の出挙について述べている。また，水野柳太郎は，大安寺の出挙についての研究成果（水野 1955a〜c）を公表している。水野論文によると，大安寺だけでなく薬師寺，興福寺，法華寺等でも出挙が行なわれていたことが分かる（水野

図表4-7　月借銭解

謹解　申出擧銭請事
　　合請銭四百文
高屋連兄胲　　　質口𠮟田二段
相妻笑原木女　　女稲女　阿波比女
（右カ）
□人生死同心、八箇月内半倍進上、若期月過者、利加進上、謹解、
若年不過者稲女　阿波比女二人身入申
天平勝寶二年五月十五日

出典　東京大學 1968b，395

1955c，2-7)。

このように古代社会において寺院が出挙を行い，僧侶がその事務を行っていたことは，前章との関わりを示すものであろう。「はじめに」でも述べたように，中世の荘園の決算書を作成した尊爾は僧侶である。多くの場合，中世において借上や土倉といった金融業は，山門や寺社と密接な関係をもっていた（豊田 1950，109）。我国で記録上最古の商業帳簿は，土倉帳（質屋の台帳）であるといわれている。蓋し，和式簿記の発達に，僧侶が関係していたのではなかろうか。すなわち，古代において寺社が出挙を行い，僧侶がその事務を行っていたという伝統が，律令制度が衰えた後も中世における借上や，土倉に受け継がれていった。したがって帳簿のつけ方も僧侶に受け継がれていったと考えるのが自然ではなかろうか。

ところで，平城京においては，銭貨出挙も行なわれていた。図表4-7は，正倉院に残されている「申出擧銭請事」（続修25，大日本古文書③　395）という借金の証文である。「解」という語がついていることから上申文書である。□の中には「四」が入ると思われる。この文書は，天平勝宝2年（750）5月15日，「高屋連兄胲」なる人物が，口分田二段と妻，笑原木女と，稲女，阿波比女という2人の娘，3人を質として，出挙銭4百文借り受け，8ヶ月以内なら5割の利息を払い，期限を過ぎればさらに利息を加え支払う。もし年を過ぎるようなことがあれば，娘2人の身を差し出すことを約束した証文である。このような証文は，**「出挙銭解」**とか**「月借銭解」**という名称で呼ばれ[18]，正倉院文書に百通ほど残っている（栄原 1987，233）。また，『続日本後紀』も承和8年（841）に，太政官（中央政府）によって，西市の東北角の空き地に右坊城出擧銭所なるものが設置されたという記述がみえる（傍点引用者，黒坂 1974，117）[19]。

それでは，こうした借金の証文を記録する貸付簿（出挙帳）のようなものは

図表 4-8　天平勝宝二年銭借用録

天平勝寳二年錢借用錄帳
鴨勝万呂用錢合百　十文春日虫万呂料　五十五文智識　卌五文志紀表万呂料
嶋勇万呂用錢十文春日料　又五十文志紀表万呂料
大郎用錢百文志紀表万呂料
好成用錢二文智識
志紀表万呂考料出錢六文便此有用
春山用錢百文山下得万呂料
阿刀史生三百文「又□阿刀」（擦消）又百八十文三努（奥麻呂）主典紙直遣者　又五十文筆直用者
山足廿五文　油直用錢五十文
山足七文（九）十五日　又十月廿二日用廿文　都合上錢五十四文十月廿八日収呰万呂
十月廿二日定万呂具施二百文
十一月五日山足用錢六十文（五文）又用錢九文此者油知識　男䌓（大夫）用錢九文
山下昨万呂坂上建万呂料錢一貫六百五十文　六百廿文他田山足借用　二百卌文正月廿三日南松原在
衆借用　百五十文志紀表万呂借用
定万呂具施錢二百文　十月廿二日

出典　東京大學 1969，419-421

残っていないのだろうか。下記の図表 4-8（続々集 43 帙 2，大日本古文書⑪　419）が，正にその貸付簿であると思われる。題籤軸に「借用銭注帳」と書かれた**「天平勝宝二年借用銭録帳」**である。『日本古代人名事典』（竹内・山田・平野 1979）によると鴨勝万呂，春日虫万呂，嶋勇万呂，志紀衣万呂，山下昨万呂，坂上忌寸建万呂らは，経師として写経所で働いていたようである。三上は，「おそらくは特定の用途に使用する際に必要な銭を貸し付けた際の帳簿であろうと思われる」（三上 2004，173）と述べている。ただ，三上は「ここには収納に関する記載（合点＝引用者）もみられるが，利息についての記録がみえない点には注意をようする必要がある」（三上 2004，173）と疑問点を投げかけている。しかしながら，前述の図表 4-5 の出挙木簡にも利息の記載はなかった。この「借用銭注帳」も同じ出挙帳の一種と見れば，利息の記載がなくてもなんら不思議ではないのではないか。それに，栄原は，写経事業の一部が月借銭の利息によって運営されていた可能性の高いことを指摘している（栄原 1979，158）[20]。写経所がパブリックセクター（役所）であることを考えると純粋な意味での商業帳簿と言いにくい面もあるかもしれないが，利息をとって，それを事業に当てているとしたらりっぱな商業帳簿ではないか。もしそうであるなら，この「天平勝宝二年借用銭録帳」が，**現存する我国最古の商業帳簿**といってよいであろう。

5　お　わ　り　に

本章では，我国古代の正税帳と出挙帳を中心として検討してきたが，その結果，次の諸点が明らかになった。まず正税帳の形式と，中世の荘園の決算書(代官尊爾の決算報告諸表）や近世の商人の算用帳との間に類似点が見出せる。特に我国で複式決算を確認できる鴻池両替店の算用帳の期末資本の計算形式が同じである。また，中世の決算書，「結解状」の「解」は，正税帳の「解」と同じ上申文書という意味するのではないかということである。

二番目に，正税帳が出挙帳などの他の帳簿から書き上げられているということ，そしてさらにその出挙帳も出挙木簡→集合木簡→漆紙文書のような形式で作成されていっただろうことが明らかになった。すなわちこの時代すでに正税帳，すなわち決算報告書を作成するための帳簿システムができあがっていたということである。また正税帳は，毎年，翌年の2月30日（大宰府は5月30日）までに太政官に進上され，民部省の主税寮で，勘会[21]という会計監査を受ける。いみじくもリトルトンは，会計を簿記から明確に区別する要素の一つに会計監査がある（A. C. Littleton. 1933, 259：片野訳 1989，371)，と述べている。蓋し，我国の古代社会には，すでに正税帳制度という会計制度が存在したと言い得る。

三番目に寺社でも盛んに出挙が行われており，おそらく出挙帳もつけられていただろうことが推測でき，僧侶が帳簿をつける技術を持っていてもなんら不思議ではない。中世の代官尊爾も僧侶であった。前章において我国独自の帳合法（簿記）や会計制度の発達に，僧侶が関係していたのではなかろうかという疑問は，出挙によって解けることとなった。

四番目に正倉院文書の中に残されている「天平勝宝二年借用銭録帳」が，現存する我国最古の商業帳簿とみなせることである。第1章で述べたように，我国で記録上一番古い商業帳簿は，室町時代の質屋の台帳である「土倉帳」であり，現存する最古の商業帳簿は伊勢富山家の元和元年（1615）から寛永17年

(1640) までの正味身代（純財産）の増減を，25年間に渡って記録した「足利帳」であるといわれている。このことは，多くの研究者に引用されるようになり，今では定説になっていると考えられる。筆者も，我国で初めての「会計史の教科書」である『近代会計成立史』掲載の拙稿でも述べた（田中孝2005, 122)。しかしながら，もし，この「天平勝宝二年借用銭録帳」がまぎれもなく最古の商業帳簿ということになれば，この定説を覆えすことになる。

最後に結論的にいうならば，和式簿記は，財産の管理と利息の計算に主眼が置かれて発達してきたのではないかということである。正税帳で問題となるのは，次期繰越高と出挙の利であろう。この場合，利は利息ではなく，利束である。蓋し，我国の場合，利息は利束から始まったのではないかという推測が成り立つ[22]。また出挙帳にしても，土倉帳，大福帳（売掛金元帳）にしても債権簿である。そこにはおのずと財産の管理と利息の計算が問題となる。網野は，平安末期以降，借上によってさかんに貸し付けられた上分米（神・仏に捧げられた神物，仏物）は，金融の資本としての機能を果たすようになり，出挙の延長上に理解しなくてはならない（傍点引用者，網野2007, 358-359)，と述べている。したがって我国の金融業は，出挙→借上→土倉→両替商という形で発達してきたといえる。蓋し，和式簿記もそれに伴って発達してきたのでなかろうか。西川登によると，足利帳は，「タシリチョウ」と読むのが正しいという[23]。つまり「利を足す」という意味である。この場合の利は利益ではなく利足である，江戸時代，利息は，利足と呼ばれることが多かった（堀江1940, 1679)。富山家は，足利帳をつけ始めた，「元和の頃には金融業者として大をなし，射和羽書（紙幣）をその名に於いて發行してゐた記録がある」（傍点引用者，史料館1954, 56)。また，現存する最古の複式決算の算用帳は，鴻池家両替店のものであった。井原今朝男は，「平安末から鎌倉初期に銭貨出挙が「挙銭」と呼ばれて鎌倉中でも急激に流行していた。この挙銭で使用された銭はこの時期には事実上宋銭であったと考えられる」（井原2001, 92)。「宋銭が銭貨出挙として広範に流通したことは，日本社会では債務関係が売買関係以上に発達していたことを物語っている」（傍点引用者，井原2001, 86-87）と述べている。また，中世には，定住商人は非常に少なく，商人といえばまず行商人を考えるべきである（石井 1998, 5），という石井進の言葉から想像しても，中世の（商品売買を営む）商人は小規模で，帳簿組織を発達させたとは考えにくい。これに対して豊田武は，土倉の事を，中世の社会に巨大な姿を現した高利貸資本家であると述べている（豊田 1950, 105）。これらのことは，和式簿記は，債権簿と利息の計算から発達してきたことを裏付ける証拠となるのではなかろうか。それ故に江戸時代に帳合法という和式簿記が発達し，金銀出入帳（現金出納帳），売上帳，仕入帳，手形帳など数々の商業帳簿が付けられていたが，その中で大福帳が中心になっていたのも当然といえる。

以上のように考えてくるなら，和式簿記の発達は，ごくおおざっぱに考えて決算報告書と台帳（帳簿）という二つの流れからなり，図表4-9のように発達してきたのではなかろうか。網野善彦は，中世の荘園でも出挙があったとして，観応3年（1352）4月3日の出挙籾借状を掲げている（網野 2000, 43-44）。今のところ中世の出挙帳は見当たらないが，恐らく中世においても出挙帳はつけられていたものと考えられる。

図表4-9　和式簿記の発達の流れ（その1）

	古　代	中　世	近　世
決算書報告書	正　税　帳	荘園の算用状・結解状	算　用　帳
関係	↑（作成）	？	↑（作成）
台帳（原始簿）	出挙帳 →	土倉帳 →	大福帳（売掛金元帳・総勘定元帳）
	銭借用録帳 ↗	（出挙帳？）	

我国の金融業は，**出挙→借上→土倉→両替商**という形で発達してきた。それに合わせ和式簿記も，**古代の正税帳→中世の荘園の算用状・散用状・結解状→江戸時代の算用帳**という決算報告書の流れと，**出挙帳→土倉帳→大福帳**という帳簿の流れ，という二つの流れが互いに相俟って発達してきたものと考えられる。

注

1 日本中世史の研究者は，荘園の決算報告書のことを「散用状」，「算用状」，「結解散用状」などの名称で呼んでいるようである。黒川直則氏は，「散用状は荘官が，その年の年貢や公事の収納状況を報告する目的で作成する文書である。したがって，年貢が完納されれば，きわめて簡単な形式のものとなる性質のものである。しかし，実際には年貢の未進もあれば，荒田も生ずるし，年貢の減免要求がなされることもあれば，種々の経費が差し引かれることもあって複雑な内容となっているのである。ある意味では，散用状は一荘園の一年間の政治史の反映でさえある」（黒川 1981，285）と，述べている。

2 会計学研究史上，正税帳そのものに当たり，真正面から取り上げた研究は，皆無である。正税帳について言及した論考も少数である。管見の限り，大森氏の他は，西川孝治郎氏，岩邊晃三氏，安藤英義氏の3名の方だけである。西川孝治郎氏の研究は，「大日本史の中の帳合の記事」（西川孝 1969，2–3）として，水戸徳川家の『大日本史』の「食貨志」第八章の「簿帳」の項を引用し（瀧本・豊田 1935，229–230），古代の帳簿を紹介されている。その中に正税帳のことも出ている。また，岩邊氏は，1992年8月に京都・都ホテルで開催された第6回会計史世界会議上で，“Bookkeeping and History in Japan”という報告した中で，正税帳（Shozei-cho）を，“Correct Tax Books”と紹介している。また，1996年発刊の“The History of Accounting *An International Encyclopedia*”の‘Japan’の項目で，正税帳を“The earliest surviving accounting books in Japan”（Michael・Richard 1996，351）と説明している。さらに岩邊氏は，会計学の入門書である『基本会計』の中で，正税帳を紹介している（岩邊 1997，11）。これらのことは，前者においては「正税帳」の存在を広く世界に発信したことになるし，後者においては，会計学を志す初学者にも「正税帳」の存在を知らせしめることとなったものと思われる。安藤氏も，雑誌『産業経理』所収の「会計余話　会計の記録手段の今昔」（安藤 1997）の中で，「正税帳」の名を挙げておられる。このことは，広く『産業経理』の読者諸氏に「正税帳」の存在を知らしめることとなったものと思われる。

3 早川庄八氏は，正税帳は，毎年三通作成され，二通は中央（民部省及び主税寮）に進上され，もう一通は国に留め置かれた（早川 1958，2）と述べている。これに対し岡田利文氏は，「八・九世紀を通して税帳は令の原則通り二部作成され，一通が留国，残る一通が京進されるという形こそが基本であり，税帳正文の二部上進制は，天平年間を中心とするある限られた時期におけるむしろ例外的な措置ではなかったか」（岡田利 1980a，10）と述べている。

4 岡田利文氏は，『延喜式』正税帳書式は，『弘仁式』編纂の段階で作成され，以後改訂もされぬまま『延喜式』に載録されたものではないか，と述べている（岡田利 1976，11）。大塚徳郎氏は，『摂津国正税帳案』と『延喜式』正税帳書式の記載事項を比較検

討し，一致する点が多いことを指摘している（大塚 1970）

5 「国家が田地に課し，稲で徴収する収入で，首長への初穂貢納を起源とするとされる」（林・鈴木 1985，222-223）。

6 逆に，管轄下の官司に対して下達する文書の様式は「符」を，八省同士や互いに管轄し合わない横のやり取りには「移」を用いる。

7 「天平2年に民部省符により臨時にその徴収が命ぜられた（本条）が銭が充分に流通していないため稲で徴収されたものか。軽税銭直稲は，月俸などに使用されず，穎稲として蓄積される」（林・鈴木 1985，224）。

8 「振入は倉中の穀が密積しているため生ずる減量。通常は十一分の一が慣行となっている」（林・鈴木 1985，1）。この振入量を減じたものを振定量という（澤田 1927，345）。

9 澤田吾一氏は，このように末表示（次期繰越）において振定量のみで表示する方法を「単記式」，総額から振入量を減ずる前の未振量と，振定量を共に併記する方法を「複記式」と云っている（澤田 1927，357）。そして，末表示が「単記式」から「複記式」に変わったのは，天平3年（731）のことであるとしている（澤田 1927，697）。この「単記式」，「複記式」という用語は，澤田氏が複式簿記からヒントを得て作ったものと思われる。なぜなら，澤田氏は，複式簿記を知っていたからである。澤田氏は，還暦に東京帝国大学の文学部に再入学する前は，理学士で東京高等商業学校（現，一橋大学＝引用者）の数学の教授であった。すでに広く使われていた数学の教科書の著者であり（青木 1973，12），ガイウスの函数表を日本に紹介した名だたる数学者であった（瀧川政 1970，33）。明治時期，簿記は数学や算術の授業で教えられていた（田中孝 2004，76-82）。そしてなにより，澤田氏は，著書の中で，「簿記用語を以てすれば」（澤田 1927，317）と述べていることからも確証される。

10 このことは国衙にも「算師」なるものがおり，正税帳の作成に関わった証拠になるのではなかろうか。算師とは，律令下級官人の一つで，令制によると主計・主税両寮に各2名，大宰府に1名を置き，前者は従八位下，後者は正八位上を官位相当階とし，調庸・租税などの勘計を掌った。のちに造宮省・修理職・土木寮にも算師が置かれている。また奈良・平安時代の荘園文書にも算師がみえる（米田 1995，539-540）。亀田隆之氏は，算師は，令制に定員を示さない諸司にも，実際面においてかなり設けられていたと推測される。こうした算師だけが算術に長じていたわけではなく，一般官人の中にも算術に長じていたものは多かった（亀田 1980，62）と述べている。さらに亀田氏は，算師を税帳使とし，計帳公文も便宜に同使に付して入京させるようなことは，奈良時代からすでに存在していたと思われるし，算師が税帳・計帳等の公文作成に密接に関係した職掌にあったことを推測させる（亀田 1980，64）とも述べている。また，計算には算木が用いられたのではないか。そろばんが我国に伝来したのは，一般的に室町時代であるといわれているが，古代にはそろばんはなかった。算木は，中国の漢の時代にプラス・マイナスを区別して使用した。これが奈良・平安時代に我国に輸入され加減乗除の計算に使われた。しかしこれは棒状であったようだ。中国では宋の時代に算木を算盤の上に並べて方程式を解くようになった（平山 1997, 512–513)。さらに正税帳は，字の上手い者によって書かれている。この点に関して鐘江宏之氏は，正税帳のほとんどの部分は書生が筆記し，在地から採用された書生が能筆であったと述べている（鐘江 2001)。

11 実は先行研究を調べた結果，すでに福島正樹氏も次のような論を展開していた。福島氏も従来からの「結解」についての見解について筆者が本文で引用した部分と同じ部分を引用し，結解については収支計算であり，中世の「算用」と同義として解説されることが多いとしている。しかしながら福島氏は，律令制下の四度公文の「結解」の存在を確認し，「解」とは言うまでもなく公式令の「解」であり，四度公文としての「解」の損益計算を行い，それらの帳簿を一つにまとめて上申することを意味していたと理解することができるとしている（福島 1997b, 216)。この点では筆者と同意見である。しかしながら福島氏は，律令制が衰え始める九世紀になると「移」（文書の横の流れ）としての「未進結解」が登場し，それが中世の「結解」の前提となり，更に福島氏はこの「結解」は，これまで理解されてきた荘園・公領の「結解」とは異なるとしている。本章では詳述は避けるが，筆者は，「結解」の「結」は決算ということであり，その意味では（古代の）損益計算や算用と同義であり，「解」は正税帳の「解」と同じ上申文書という意味の「解」であると考える。本文で展開するように，古代には正税帳という優れた会計報告制度が存在し，それが中世荘園の「結解」に繋がっていったのではなかろうか。

12 西川登氏のこの論は，高寺貞男氏の論文（高寺 1979, 225–227）を参考にして書かれている。

13 西川登氏も述べているが複式決算の名づけ親は，小倉榮一郎氏である。小倉氏は西洋式の複式簿記に対して，中井家帳合法を「多帳簿制複式決算簿記」と呼んだ。その後小倉氏は，他の研究者の研究を吟味し，「多帳簿制複式決算簿記」が我国固有の簿記法の共通性であると結論づけた（小倉 1967, 70–72)。そしてそれが一般呼称となっていると思われる。

14 これに対し水野柳太郎氏は，出挙の起源は大化改新以前にあり，公出挙も 7 世紀の後半，天武期には存在し，その性格は社会政策を目的とするものではなく，国家収入を目的とするものであった，と述べている（水野 1959, 5)。また田名網宏氏は，日唐雑令の出挙条文の比較を行なっている（田名網 1973)。さらに，大津透氏は，シルクロードの探検家として有名なスタインが持ち帰った「出挙帳」の分析をしている。したがって我国にも出挙帳の制度があったとしてもなんら不思議ではない。なお，大津氏によると，出挙は，東アジア農耕社会に普遍的な現象であろうと述べている（大津 1998, 504)。

15　三上氏はこの主張について（三上 1999, 41–50）に詳述している。

16　「新潟県和島村西遺跡出土の第一号木簡」を，マスコミは，「二重帳簿」であると報じたが，岡田登氏は，国単位のものではなく，群ないし郷単位で作成された『正税帳』作成のための基となる控え記録の一部の出挙木簡であると指摘されている（岡田登 1998)。もしそうであるなら，東野氏や，寺崎氏の述べられる「記録を整理するメモ乃至カード的役割を果たした木簡」であるといえる。

17　『日本霊異記』については，（原田・高橋 1975）と（中田 1987）の両書を参考にした。

18　鬼頭清明氏は，「月借銭がその官衙内部での高利貸であるとすれば，出挙銭解は官衙の人々への高利貸ではなかったかと思われる。けれども，両者とも銭を使用する出挙（高利貸）である点では同じで，広義には出挙銭の概念に含まれると思う」（鬼頭 1977, 212）と述べている。この問題については，早くから相田二郎氏が，分析を行なっている（相田 1923ab, 1923)。

19　『続日本後紀』の承和8年2月25日における記事。

20　吉川敏子氏は，月借銭解と後半部を欠いた経師等月借銭収納注文（続々修 40 帙 2–43 裏，大日本古文書㉕　353）と首部を欠いた月借銭請人歴名（続修後集 20 帙 6 表，大日本古文書⑥　314)，を照合し関係を指摘されている（吉川 2005, 107–110)。その経師等月借銭収納注文には，元本と利息の記載がある。

21　勘会については第8章で考察したい。ここでは，梅村喬氏（梅村 1978, 1989）などの優れた先行研究があるいう指摘だけに留める。

22　2007年8月29日，横浜国立大学で開催された日本簿記学会第23回全国大会で安藤英義氏にお会いした折に，即座に安藤氏も利息は「利束」から来たのではないかとの趣旨の事を述べておられた。それでは利息の語源は何か。これを室町時代語辞典で引くと「『子孫修業而息之。子孫ドモガ父祖ノ業ヲ相続テ利息ヲヨクスルホドニ，遂至ニ巨万ニタゾ』（史記抄十八)」が挙げられている（室町 2001, 700)。また語源由来辞典においても「利息は，中国最初の紀伝体の通史『史記』にある『息は利の如し』に由来する。『息は利の如し』の『息』とは，『息子』『男の子』を意味する。つまり，この言葉は男の子の方が女の子よりも利益に繋がるという意味で，そこから現在使われている『利息』の意味になった」（語源由来辞典　http://gogen-allguide.com/ri/risoku.html）と説明している。両方とも利息の語源を中国の『史記』に求めている。しかしながら田名網氏が述べるように，律令国家の官稲出挙制が，律令国家成立以前の古い慣行の継承発展であって，隋唐制の導入ではない（田名網 1973, 1）としたら，我国の場合利息は利束から始まったと考えてもおかしくはないのではなかろうか。但し，漢字がまず中国から我国に入り，その後律令制度も輸入された。したがって，我国には利息は「利息」として入ってきた。それを，当て字として「利束」を使用した可能性はないだろうか。いずれにしても古代の資料の中から「利束」と使われている例を探すことが肝心かと思われる。

23 筆者は，1997年10月19日，専修大学で開催された日本簿記学会第13回全国大会（自由論題）において「江戸商人の帳合法」という報告をした。その報告の後，その会場で筆者は，西川登氏から足利帳は「タシリチョウ」と読むのが正しいという「メモ書き」を頂き，ご親切なご助言をいただいた。筆者はそのメモ書きを今も大切に保管している。

第5章　我国中世と寺院の会計

1 は じ め に

ここで本書のこれまでの流れについて少し整理してみる。先ず第1章は，江戸時代の商人の和式簿記，すなわち「帳合法」がどのようなものであったか，どれだけ優れていたかについて先達の研究史を辿りながら紹介するというガイダンス的な部分である。それは，一般に「算用帳」と呼ばれる決算報告書と，それを作成するための帳簿システムを有する，「多帳簿制複式決算簿記」といわれるものであった。

次に，第2章では，筆者のオリジナルの研究として，伊勢商人を採り上げ，そこでは監査が行われていることも述べた。

第3章においては，新見荘という中世の荘園の決算報告諸表についてたまたま出会い，考察した。それは23m以上もある紙の巻物で，その中には体系だった四つの計算書が記載され，監査も行なわれていた。これらの決算書は，算用帳との類似点が多く見受けられ，既にこの時代に近世の算用帳の萌芽があったのではないかと考えた。また，作成者の尊爾は僧侶であり，和式簿記や会計制度の発達に，僧侶が関係していたのではなかろうか，と推論した。

前章においては，さらに起源を遡り，我国古代の正税帳と出挙帳を中心として検討した。その結果として，まず正税帳の形式と，中世の荘園の決算書（代官尊爾の決算報告諸表）や近世の商人の算用帳との間に類似点が見出せること，特に我国で複式決算を確認できる鴻池両替店の算用帳の期末正味身代（期末資本）の計算形式が同じであることが確認できた。また，正税帳が出挙帳などの他の帳簿から書き上げられているということや，寺社でも盛んに出挙が行われており，僧侶と帳簿の関係性がよりはっきりした。さらに正倉院に残されている「天平勝宝二年借用銭録帳」（750年）は，現存する我国最古の商業帳簿とみなせることではないか，ということも述べた。

我国の金融業は，出挙→借上→土倉→両替商という形で発達してきた。和式簿記もそれに合わせて発達してきたのではないか。すなわち，ごくおおまかに考えて和式簿記は，古代の正税帳→中世の荘園の算用状・散用状・結解状→江戸時代の算用帳という決算報告書の流れと，古代の出挙帳→土倉帳→大福帳という原始簿の流れ，という二つの流れが互いに相俟って発達してきたのではないかという結論に達した。

本章では，以上これまで述べてきた，古代から近世にかけての和式簿記発達の間隙を少しでも埋めるべく，中世の和式簿記に焦点を当てて考察していきたい。これまで何度も述べてきたように，我国の会計学関係の学術論文で，和式簿記研究の嚆矢となったものは，大正10年（1921）5月に京都帝国大学の大森研造が著した「我國在來の商業帳簿」（大森 1921）であると思われる。そこでこの大森論文を足がかりとして，論を進めて行きたいと思う。

2　大森研造による指摘

大森は，この論文の「第二，我國に於ける帳簿の起源」において，「永正十七年（1520＝引用者）の土倉（トクラ）帳を以て史籍に表はれたる我國最古の商業帳簿なりとす」（大森 1921，121）と述べている。

さらに，「第三，徳川時代以前の帳簿」においては，まず我国の古代以来の「神帳」，「大計帳」，「青苗簿」，「戸籍」，「人別帳」等の帳簿を列挙するが、これらは總て商業帳簿にはあらず（大森 1921，121-124）として次のように述べている。

「此時代（徳川時代以前＝引用者）に表はれたる唯一の商業帳簿は，集古文書に載する室町時代の末葉に於ける土倉帳なるべし，即ち永正十七年の掟に『土倉（今の質屋）には土倉帳あり，訴訟には之に依て決すべし』といふ事あり，この土倉帳とは質屋の臺帳なるべし。又之より下りて，天文十六年（1547＝引用者）の規定には『蔵主就二干遂電一者以二日記一相調，至二干錢不足一者，其田地屋鋪可二取上一之，但永代借用狀於二二傳一者，不レ可レ懸レ之，年期地之事者，可レ有二其沙汰一，年貢夫公事等者，當地頭速可レ勤事』とあり，玆に謂ふ「日記」とは入質日記帳卽ち質屋の臺帳なるべし，此二例は唯質屋に關するものなれども，當時に於いて商業帳簿の存在せし證と見るを得べく，尚質屋のみならず他の商人も各自帳簿を有したるなるべし，然れども當時如何なる種類の帳簿が如何なる形式で備へたりしかは明確ならず」（傍点引用者，大森 1921，121−124）。

大森が「永正十七年の掟」と述べているのは，室町幕府が永正 17 年 3 月 8 日付けで発布した徳政令[1]の条文である。ただし史料の原本は，「**集古文書**」ではなく，東京都千代田区にある国立公文書館に所蔵されている「**蜷川家古文書**」の中にある[2]。「蜷川家古文書」とは，室町幕府政所代蜷川氏に伝わった文書である。これに対し「集古文書」の方は，江戸時代に松平定信が各地に伝わった古文書を書写させ編纂させたものだからである。

「　　　徳政法條々

一　質物札なしの事

札ありに同前，但有相論之儀者，可被打置之，又者，於有相論者，被召出土倉帳，可有糺決之，　　　　　」（傍点引用者）。

この条文の意味するところは，訴訟になり，質札がない場合は，土倉帳を提出し，紛争を解決するように室町幕府が命じているということである。奥野高廣もこの条文に関連して，「土倉は，質契約及び質物處分に關する事項を記載した帳簿を備付けて居たのである。…土倉帳の備付は，法規に依り命じたものか否かは明らかではないけれども…質草に關して相論の生じた場合，土倉帳を呈出せしめ，政所に於て之を糺決すると命じたのであるから[3]，少なくとも之を備付くべき不文法の存した事は推定される」（傍点引用者，奥野 1933，八ノ五九）と述べている。さらに「土倉帳は，地方に於ても實施されたと考へられるが，未だ其の例證は検出されないのである」（奥野 1933，八ノ五九）と，土倉帳の地方での存在性を否定している。

大森が次に挙げている「天文十六年の規定」の方は，信玄家法上巻[4]の中にある条文である。蔵主（土倉）については，債務者が遂電した（逃げ出した）場合には，日記（土倉帳）を相調べ，銭が不足する場合は，田地・屋敷等を取上げるべし，という意味になると思われる。

この二つの例から，大森は，土倉帳が一番古い帳簿であるという証拠であり，他の商人にも商業帳簿は存在したはずであると述べている。しかし二例とも法規上の条文として謳われているだけであり，残念ながら現物は存在しないので，どういう形式であったか分からない。また，他の商人が，商業帳簿をつけていたということについては考えにくい面もある。それは，当時（中世）の社会では債務関係が売買関係以上に発達していたことが挙げられる。また，商人といえば行商人あり，定住商人は非常に少なく小規模であった。それに対して，土倉は，現代風に言えば大企業である。したがって，土倉に比べ，一般の売買商人が商業帳簿をつけていた可能性は少ないのではないかと考えられる。これは前章でも述べた。

いずれにしても大森は，我国の記録上最古の商業帳簿は，土倉帳であるということを宣言している。しかしながら，大森や奥野が，論稿を発表してから相当長い歳月が流れている。それにも拘わらず，現在においても当時と事情は変わらず，土倉帳なるものは，未だもって見当たらない[5]。恐らく，中世から続く土倉がないということ，また応仁の乱で灰塵に帰したからではなかったかと考えられる。

ところで室町幕府の法令を調べると，土倉帳の他にも「祠堂方帳」というのが見える。果たしてこの祠堂方帳というのは，どういう性格の帳簿なのか。はたまたそれは現存するのか。次節ではこの祠堂方帳について検討してみたいと思う。

3 祠 堂 方 帳

「祠堂方帳」については，前述した「蜷川家古文書」の中に記されている室町幕府の嘉吉元年（1441）の徳政法條々に規定が見出すことができる。次の2番目の条文に「祠堂方帳」について規定されているが，2番目だけだとよく分からないので，1番目の条文も掲載すると次のようになる。

「　　　徳政條々　　嘉吉元

一　諸社神物付，神明，熊野講要脚事

　不可有改動之儀，但不載其社名者，難被信用歟，

一　祠堂錢事　限貳文字

　子細同前，但不載祠堂方帳者，難被許容歟，　」（傍点引用者）。

この2番目の条文で，祠堂錢が徳政の適用を受けるためには，①月利が100文につき2文であること，②祠堂方帳に記載されているという二つの条件を揚げている。

ここで「祠堂」について『広辞苑』を引くと，「①（家の中の）祖先の霊をまつる所。寺院で俗家の位牌をまとめて安置する位牌堂。持仏堂。たまや。②神仏をまつる小さい建物。ほこら」のことであると記されている（新村 1983, 1080）。また『日本歴史大事典』には、祠堂銭とは，「死者の供養のために寺院に寄進された銭で，寺院ではこれを資金に金融を営み，利子収入を供養の費用などにあてた[6]。当初，祠堂銭の蓄積・貸付は禅宗寺院が行っていたが，室町時代に二文子（もんし）（月利2%）という低利率（当時の標準は4〜6文子）を背景に急成長を遂げ，また幕府から徳政免除特権を獲得したことから，他の宗派の寺院金融もしばしば祠堂銭と称するようになった」（中島 2000, 386）と説明されている[7]。ここで「祠堂方」とは，その貸付を行なう専門機関のことである（中島 1993, 4）。

以上のことから，ここでいうところの「祠堂方帳」を，祠堂銭の貸付簿であると見做して間違いがないと思われる。寳月圭吾も「祠堂方帳」を，「寺院に

図表5-1　祠堂銭と土倉

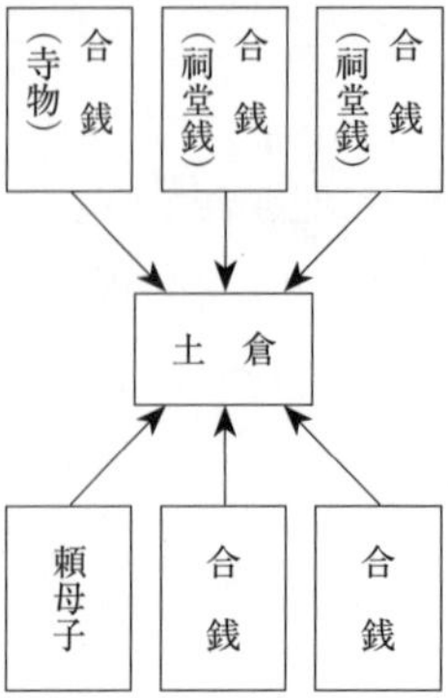

（室町後期）

出典　下坂1978, 228

常備してある貸付台帳」（寶月1999, 324）であるという解釈をしている。ただし，小葉田淳などは，祠堂銭の出納を記載する帳簿を「祠堂帳」と言っている（小葉田1932, 22）。

いずれにしても，この「祠堂方帳」，「祠堂帳」を商業帳簿と呼べるかどうかが問題となる。これについては祠堂銭が土倉に貸し付けられていた（寶月1999, 328-330），という事実を考慮すれば，間接的ではあるが一種の商業帳簿と考えてよいのではないかと考えられる。土倉などの金融業者は，金利の安い祠堂銭を借りて，それを運用資金として利鞘を稼いでいた。前述したように祠堂銭の公定利率が二文字であったのに対して，普通金利は五文字であったからである（寶月1999, 330）。下坂守は，祠堂銭と土倉の関係を図表5-1のように図示している。室町時代も後期になると，土倉も金利の安い祠堂銭を合銭として借り，それを金融のための資本金に充てていたと考えられる。

それでは，祠堂銭の貸付簿としての「祠堂方帳」，「祠堂帳」は，現存するのであろうか。まず，京都臨済宗大徳寺の真珠庵に残る祠堂銭に関する帳簿について見ていきたい。真珠庵は，TVアニメでも有名な『一休さん』こと一休宗純の塔庵（たっちゅう）[8]である。この真珠庵には，「真珠庵祠堂方納下帳」[9]（または「真珠庵祠堂銭納下帳」と書かれている年もあり，呼び方は一定しない）が残存する。図表5-2が，永正9年（1512）12月の日付を持つ「祠堂方納下帳」である。一番目に掲載されており，シンプルなので採り上げる。

ここで「納」とは，収入のことである。これに対して，「下行」は，支出である。そこで，この「祠堂方納下帳」の構造は，以下の計算式であらわされる。

収入（納）－支出（下行）＝(残)　……①

である。「納」の内容を見て行くと，まず「先勘残」が含まれる。これは，年

図表 5-2　祠堂方納下帳

祠堂方納下帳
納
拾柒貫佰八文　先勘残
伍貫文　盆一枚沽却代（三條公敦）龍翔院殿御寄附　七月廿九日
貳貫百六十七文　性嶽宗観上坐　竹処
伍貫六百廿二文　材木釘代
已上貳拾玖貫九百文
下行
拾別貫貳佰卅文　柚木坪本役買代　下用舛貳石五斗　但此内貳貫文ハ定使礼也、貳百卅文小使
四百文　龍翔院殿盆修理
已上拾捌貫六百卅文
永正九年壬申十二月　日
残拾壹貫貳佰六十七文

出典　東京大學 1995，78−79

によっては「去年残」と書かれていたりするが，いわゆる前期繰越である。昨年度の（残）が今年度の「先勘残」になる。また，表の最後の（残）が，次期繰越となる。図表 5−2 の（残），11 貫 267 文は，永正 9 年（1512）度の次期繰越であり，それは同時に永正 10 年（1513）度の前期繰越となる。

したがって，上記の式を書き直すと次のようになる。

前期繰越＋当期収入－当期支出＝次期繰越……②

すなわちこの「祠堂方納下帳」の構造を図示すると，図表 5−3 のようになる。

「祠堂方納下帳」の中身に戻る。中世の寺院については、分かりにくいことが多いが，次のような解釈になると思われる。まず，「盆一枚沽却代」は，盆の売却収入，「性嶽宗観上坐」は，性嶽宗観という人物の寄進を，「材木釘代」は，修理の釘代をどこからか戴いたか，釘の売却収入であろう。一方「下行」の方は，「柚木坪本役買代」は，柚木坪本役という役職を買った支出か，そういう役職についたためかかった費用かと思われる。「龍翔院殿盆

図表 5−3　祠堂方納下帳の構造

		下行			納			
残（次期繰越）	已上（合計）	龍翔院殿盆修理	柚木坪本役買代	已上（合計）	材木釘代	性嶽宗観上坐	盆一枚沽却代	先勘残（前期繰越）
一一・二六七	十八・六三〇	〇・四〇〇	十八・二三〇	二九・九〇〇	五・六二二	二・一六七	五・〇〇	十七・一〇八

修理」は，龍翔院殿の盆を修理するためにかかった支出であろう。

東京大學史料編纂所編『大日本古文書』 家わけ第十七　大徳寺文書別集　眞珠庵文書之三に掲載されている「祠堂方納下帳」を分析した田中浩司によると，収入項目は，概ね，(a) モノ（米・釘など）の売却代金，(b) 祠堂料・入牌料・逆修料・回向料などの寄進，(c) 貢納や所領の売却代金，(d) 金の売却代金，(e) その他の五つに分類でき，支出項目は，(f) 所領・所職の買得代，(g) 金の購入代[10]，(h) モノの購入代（金を除く），(i) 庵内常住への貸付，(j) その他の五つに分類できる（田中浩 2003, 308–314）と，述べている。

もう少し会計的な見地から見ていくと，収入項目の中に，(b) のような祠堂銭の寄進額と，(c) や (d) 金の売却代金が共に含まれる。しかしながら，(b) は，いわば元手の拠出であり資本取引であるのに対し，(c) や (d) は，損益取引である。したがって，未だ資本取引と損益取引が，未分離なのがよく分かる。この他，収入項目の中に，「田地代」とか「田能田地代」すなわち，「受取地代」も見られる（但し，この「田地代」とか「田能田地代」は，田地売却代という可能性もある）。

また，田中浩司は，貸付については，真珠庵の「常住」[11]へのみで，庵外の個人などへの貸付けはみえず，祠堂銭の貸付台帳という性格は薄い（田中浩 2003, 307）と，述べている。なお，この「祠堂方納下帳」の末尾に僧侶と思われる「宗恩」，「宗普」という署名と花押が記載されたものもある。この表の作成者であると思われる。ということは，この「祠堂方納下帳」は，報告書と考えられる。おそらく，祠堂銭の管理・運用を任された祠堂方が，その結果を報告するために作成した決算書であろう。

ここでもう一つ言っておきたいことは，②の計算式や図表5–3を見ても分かるように，この「祠堂方納下帳」の構造は，前章で述べた正税帳や，鴻池両替店の算用帳の計算形式と，一致するということである。すなわち古代の正税帳の報告書としての様式が，中世まで引き継がれ生きていることになる。蓋し，この様式が，近世（江戸時代）の算用帳に引き継がれていったのではあるまいか。

なお，この真珠庵には上記史料とは別に，作成年月日不明の「真珠庵祠堂錢納帳」（東京大學 1995，75－78）が存在する。こちらは祠堂錢の寄進額，寄進者を記載した帳簿であると思われる。いわゆる「過去帳」である。したがって，真珠庵一つを取っても「祠堂方納下帳」だけではなく，他にも帳簿が付けられていた事実は確認できる。

こうした祠堂錢の寄進額を記入した「祠堂帳」は，他にも見出せる。地方[12]にも見出せる。例えば，愛知県岡崎市にある曹洞宗の龍渓院には，天文16年（1547）から元亀2年（1571）年までの「新古祠堂施入簿」の残簡が残されている（仲 1976，149－153）。遠藤廣昭によれば，この祠堂帳に記載されているのは，寄進された祠堂錢の金額の他に，寄進者（在地小領主），寄進の取次僧，取次年月日などであるという（遠藤 1988，157－161）。この龍渓院には，近世（江戸時代）のものであるが，祠堂錢の貸付証文が残されている。仲彰一も「幕藩時代を通じ寺院の経済が，祠堂金等の融資による金利収入に依存したことは隠れもない事実で，当山もその例に漏れない」と述べている（仲 1976，158）。こうした融資は，おそらく中世から続いていたのではないかと思われる。

しかしながら，祠堂錢の貸付簿は残されていないようである。蓋し，前述したように祠堂錢の借用状が，資金が返済されたら破棄されるように，貸付簿も廃棄されたのではなかろうか。江戸時代でさえ，紙は貴重であった。そのため，一度使われた帳簿が，解体後裏返しにされて再生帳簿として利用され，更に反古紙が襖の下貼りや紙縒りの材料などに用いられたと，西川登は述べている（西川登 2004，3）。今でいうリサイクルである。岩邊晃三は，昭和57年（1982）に改修中の桂離宮の襖の下張りから，『大福帳』が発見されたことを紹介している（岩邊 1988）[13]が，これが何よりの証拠である。したがって，決算書や報告書の類は残っても，土倉帳や祠堂帳のように，台帳となる原始帳簿は残りにくかったのではなかろうか。

ところで，中世の寺院が祠堂錢の貸付が出来たり，土倉に出資できたりするは，まず，寺院にお金が集まるからである。伊藤正敏は，中世において寺社勢力の世界は，経済規模では幕府・朝廷より明らかに大きい，と述べている（伊藤 2008, 135)。また，伊藤は，寺院の貸出について次のように述べている。「俗人の金融にくらべて寺社のそれが有利だったのは，仏神のものを借りたのに返済を怠ったりしたら仏罰・神罰が当たるという恐怖があったためで，遅滞なく取立てができた」(伊藤 2008, 115)。さらに，伊藤は，「中世寺院は学問や技術に優れた僧侶を多く輩出した。鎌倉時代，漢字を書ける武士は少ない。武士の文書は多く平仮名で書かれている。対して学侶で漢字をかけないものなど一人もいない。文化度は段違いである。…寺院は先進文明・先進文化を生産しつづける場であった。最高の先生が集まっている教育の場であり，多数の人材を輩出した…ルイス・フロイスは，叡山を『日本最高の大学』とみた」(伊藤 2008, 86) とも述べている。これだけの条件が整えば，中世の寺院において会計制度が発達していてもおかしくないと思われる。実際，中世の寺院の史料として，「年貢算用状」であるとか，「米納下帳」，無尽（頼母子講）の帳簿決算書類，それに年忌仏事の決算書が多く残されている。そこで，もう少し中世の寺院の会計について考察してみたいと思う。

4　米銭納下帳

最も早く寺院の会計について論及したのは，東京帝国大学の平泉澄ではないかと思われる。平泉は，大正 15 年（1926）初版の『中世に於ける社寺と社會との關係』の中で，寺院経済法の最もよく発達したのは花園の妙心寺であろうとして，妙心寺の会計法について紹介している（平泉 1926, 188)。その平泉が参考としたのが，大正時代の中頃に発刊された『妙心寺史』（川上 1917・1921）である。これによれば，「妙心寺の經濟法は文明九年（1477＝引用者)，雪江[14]が，妙心寺再興の勅命を受けし以來制定された，其第一要件としては，先づ『金錢米穀出納帳』の作製であった，これは文明十八年（1486＝引用者）より明治十八年（1885＝引用者）迄一年決算の帳簿が一冊宛調整されて今現に全部法山庫前の藏に保存されて居る」(川上 1921, 19）と書かれている[15]。この『金錢米穀出納帳』は，今日では『正法山妙心禅寺米銭納下帳』（以下，単に「妙心寺納下帳」と称す）として知られている。前節でも採り上げたのでお分かりかと思うが，「納下帳」とは，納（収入）と下行（支出）の決算書のことである[16]。図表5-4が，「妙心寺納下帳」の様式である。

図表5-4　妙心寺納下帳の構造

正法山妙心禅寺米銭納下帳
八月
米　納（収入）
米下行（支出）
差額計算
銭　納（収入）
銭下行（支出）
差額計算
九月
米　納（収入）
米下行（支出）
差額計算
……
……
（以下省略）

荻須純道は，この「妙心寺納下帳」の会計年度は8月朔日に始まり，翌年7月16日までで，盆の施餓鬼が終わるのを以て一ヶ年とした，と述べている（荻須1979，9）。ただし，納と下行の差額の計算，すなわち収支計算は，一ヶ月ごとに行なっている。さらに，米による収入と支出，銭による収入と支出というふうに明確に区別され，それぞれについて収支計算が行なわれる，という構造になっている。それでは，収入と支出にはどういう種類のものからなっているのか。収入の内，納銭は禅僧の官銭[17]の納付がおもで，納米も官銭の代米と所領からの貢租米が中心となっている（京都大学1962，9）。一方，支出の方はどうか。東京大学史料編纂所所蔵影写本に掲載されている納下帳を分析した浦長瀬隆によると，「購入されている商品は，各種の紙，油，炭，破木，塩，味噌，酒，灯心，抹香，菓子，餅，筆などの日常必需品がその大半であり，紙，油，炭，破木などは，一ヶ月分の必要量をまとめて購入しているようである。その他，建物修理の場合に購入した材木，釘なども記載されている」という（浦長瀬1985，3）。

図表5-5が，天正12年（1584）の8月から始まる会計年度の一部（8月分）である。前述したように，「妙心寺納下帳」は「米納」，「米下行」，「銭納」，「銭下行」の順で記載されるのであるが，この月は，「米納」がなかったらしく記載がない。そのため「米下行」の合計4斛5升8合8夕がそのまま過上（不足）となっている。銭の方は，「銭納」500文，「銭下行」1貫500文差引1貫文の過上となっている。

最後に署名がなされている。署名の仕方は，庵名または役名の下に僧侶の名前，それに花押のあるものもある。ここで，聖澤・靈雲・東海・龍泉は，妙心

図表 5-5　正法山妙心禅寺米銭納下帳

（表紙）「正法山妙心禪寺米錢納下帳 天正拾貳年 八月朔日始焉」
八月分納
同下行
五升五合
貳斗七升五合
参斗三升
壹斗八升七合
壹斗七升五合
貳斗七升五合
貳升五合
貳升
壹升
伍合
壹斗六升五合
四斗伍升
壹斗壹升
壹石参斗三升
貳斗九升六合八夕 但見于先帳、
壹斗五升 使★樹首座、（★安）安上司、但當使者故也、
五升
壹斗五升
已上四斛五升八合八夕　過上、
錢納
伍百文
同下行
壹貫文
三百文
貳百文
已上壹貫五百文
引残壹貫文　過上、
八月晦日
聖澤 玄功（花押）

年中日單帳紙　⇧A
引合、年中轉位用之、
杉原同前、
炭同前、
菊紙同前、
油同前、
酒、蔓草蒔時、
佛殿油錢
抹香
硫黄、灯心
雑叓依不足買之、
鹽壹ヶ月分
藁筵米打之用、
柴壹ヶ月分
先納所惟天座元過上渡之、
指樽仁衛、入庵江音信、
豆腐卅丁、同前之用、
饅頭五拾、同前野用、
先納所自惟天座元請取、
玄以江八朔禮
勝右衛門尉奏者、
源七同、
納所 宗満
維那 宗安
侍眞 宗樹（花押）
靈雲 宗樹
東海 宗眠（花押）
龍泉 祖恩（花押）
大心
龍安 壽珊

出典　東京大學 1961，333–336

寺の四つの庵である。庵とは，禅宗では，大寺に付属する小僧房，いおりをいう（石田 1997，18）。また，納所とは，寺院で施物・金銭・年貢などの出納事務を執る所であり（石田 1997，821），維那は，寺務を統率し，僧衆の雑務をつかさどり，また，法会に衆僧を引導する役名である（石田 1997，54）。さらに，侍眞とは，禅宗で，開祖の塔，または，像（画）に給仕する役の僧のことである（石田 1997，439）。このことに関して，荻須純道は，次のように述べている。「龍泉・東海・霊雲・聖沢の四本庵が年番で，これを掌り，帳簿には四本庵を始め大心・龍安・衡梅の三ヶ寺が連判し，前住・当住・納所・維那・侍真・侍衣の六人も連署し，誤りのなきことを証かさなければならなかった。もしも出納に誤りがあれば当事者は罰せられ，その誤りを発見したものは賞せられた。…このようにして蓄積された経済の裏付けを以て，妙心寺発展の基礎を築いたのが雪江であった」（荻須 1979，9）。つまるところこの荻須の言葉は，これらの署名が「妙心寺納下帳」の作成責任者の署名であるとともに，監査人の署名であるという指摘である。

例えば「四本庵が年番で，これを掌り」という件一つをとっても，**内部統制**が働いていた事を伺わせる。なぜなら，帳簿を作成するという雑務の分担であ

るとともに，交代で雑務を行なうことによって，不正を発見するのにも役立つからである。いわゆる**内部牽制システム**である。田中浩司は，納下帳のなかには，会計監査ともいうべきものがなされ，その年月日，**監査者署判**と「**勘了**」「**勘定了**」などといった朱字の別筆の記載が，本来の年月日の傍らにあったり，監査者の「**勘定訖**」という記載とその年月日と署判が見えているものがある（傍点引用者，田中浩 2002，66）と，述べている。したがって，中世寺院の会計においても監査が行なわれていたと考えて差し支えないといえる。

さて，以上見たように「妙心寺納下帳」は，妙心寺の決算報告書である。真珠庵の「祠堂方納下帳」のような，前期繰越に当期収入を加え，そこから当期支出をマイナスすることによって次期繰越を求めるというような計算構造にはなっていない。しかしながら，一つの特徴として，銭と米を明確に区別し，それぞれ別々に収支計算が行なわれていることが挙げられる。このような特徴は，他の寺院の決算報告書でも見られる。例えば，元亀３年（1572）の大徳寺の「大徳寺并諸塔頭金銀米銭出米納下帳」(以下，単に「大徳寺納下帳」と称す)がある。これを分析した田中浩司の研究を見ると，「米納」，「金納」，「銀納」，「金下行」，「銀下行」，「米下行」の順に記載されており，計算単位の違う三種類の収入と支出を別々に計算している（田中浩 2004，196−204）。田中によると，元亀三年の段階で，金・銀・米[18]・銭が，貨幣として並存していたとのことである（田中浩 2004，206）[19]。このような特質は，近世（江戸時代）の算用帳において，金・銀・銭が別々に計算されていたことと同様であり，元を辿れば，前章でも述べたように古代の正税帳が，稲穀，粟穀，穎稲が別々に計算されていたことに辿り着く。すなわち，古代の正税帳→中世の荘園の算用状・散用状・結解状→江戸時代の算用帳という仮説の図式における中世の部分をより強固なものにするといえる。

「妙心寺納下帳」で，注目すべきことがもう一点ある。それは，図表5−5のＡという標をつけた上の部分である。「五升五合　　年中日單帳紙」と書かれている。つまり，「**日單帳**」に使用する紙，一年分を米，五升五合を支払い購入したということである。それでは，この「日單帳」とは何か。『妙心寺史』

には，「…特記すべきは，文明八年以降雪江は弟子宗圓を擧げて妙心寺の出納を司らしめて日單簿なるものを作らした事である」（傍点引用者，川上 1917, 99）と書かれている。この文章は，『妙心寺史』が発刊された大正年間に書かれたものと思われるので，詳しいことは分からないが[20]，この「日單簿」なるものが，「妙心寺納下帳」を作成するための台帳，すなわち原始簿ではなかろうか。すなわち，妙心寺では，「妙心寺納下帳」とい決算報告書を作成するために，日々の取引を「日單簿」に記入していたと考えられる[21]。

5 お わ り に

以上，大森論文の土倉帳から始まり，中世の会計の一端を見てきた。大森の掲げた土倉帳については，室町幕府の徳政令の条文に規定されているものであった。残念ながら，その土倉帳も大森の主張の通り現存しないようである。

ただ，室町幕府の徳政令の条文を見ていくと，「祠堂方帳」というものも見出せる。この「祠堂方帳」というのは，寺院が祠堂錢を貸付けた貸付簿と考えられる。祠堂錢が，京都の土倉に貸付けられていたということを考慮するなら，「祠堂方帳」は一種の商業帳簿と考えられる。果たして，この「祠堂方帳」というものが，現存するかどうか探ってみた。そこで，まず，京都の「真珠庵祠堂方納下帳」を考察した。この「真珠庵祠堂方納下帳」は，祠堂銭の管理・運用を任された祠堂方が，その結果を報告するために作成した決算書で，貸付簿ではなかった。しかしながら，この納下帳の構造が，

前期繰越＋当期収入－当期支出＝次期繰越

となっている。この構造は，古代の正税帳の計算様式と一致するものであり，この様式が，近世（江戸時代）の算用帳に引き継がれていく。鴻池両替店の算用帳は，期末正味身代（期末資本），すなわち次期繰越を計算することに主眼が於かれていた。後述するように「足利帳」も正味身代を計算していく構造になっている。このように考えるなら，我国の決算報告書は，次期繰越を計算して示す様式が取られ発達していったということができるのではなかろうか。す

なわち，財産の管理である。

真珠庵には他にも「真珠庵祠堂銭納帳」というものが残されている。しかしながら，こちらも祠堂錢の寄進額，寄進者を記載した帳簿，いわゆる過去帳であった。このような，祠堂錢の寄進額を記載した帳簿は，全国的に見出せるようである。

真珠庵一つを取っても「祠堂方納下帳」だけではなく，他にも帳簿が付けられていた事実は確認できる。本論でも述べたように，中世における寺院の経済規模は，幕府・朝廷を上回り，金融業も盛んに行なわれていた[22]。一方，寺院は学問の上でも最先端を行っており，ルイス・フロイスなどは，比叡山を『日本最高の大学』とまで賞賛した。これらのことを考慮するなら，寺院において会計が発達したとしてもなんら不思議なことではないといえる。

さらに，文明18年から明治18年まで二百数十冊残されているという妙心寺の『正法山妙心禅寺米銭納下帳』について検討をした。この「妙心寺納下帳」は，まず銭と米が明確に区別され収支計算が行われていた。さらに，大徳寺の「大徳寺并諸塔頭金銀米銭出米納下帳」などは，米，金，銀の収支が明確に区別されていることが分かった。このことも算用帳において，金・銀・銭が別々に計算されていたことと同様であり，本を辿れば正税帳が，稲穀，粟穀，頴稲が別々に計算されていたことに辿り着く。

また，「妙心寺納下帳」において監査が行なわれていたことが伺われ，中世寺院の会計においても監査が行なわれていたと考えて差し支えないといえる。そして最後には，「妙心寺納下帳」は，「日單簿」という原始簿から作成されていたのではないかということも分かってきた。

さて，大森論文を足がかりとして考察してきた本章もいよいよ終わりに近づいた。何度も述べてきたことであるが，現存する最古の商業帳簿は，伊勢富山家の「足利帳」（現在，国文学研究資料館史料館に所蔵）である。大森は，「第四，徳川時代并に其以後の商業帳簿」の中で「現存する最古のものとして…予の聞く所に依れば伊勢國松阪の古長者富山家の用ひし元和頃の帳簿（現伊勢國射和（イザワ）村伊馥寺藏）を以て現存せる我國最古の帳簿となす」（大森 1921，125）と述

図表 5-6　（左）足利帳二頁・三頁の写真

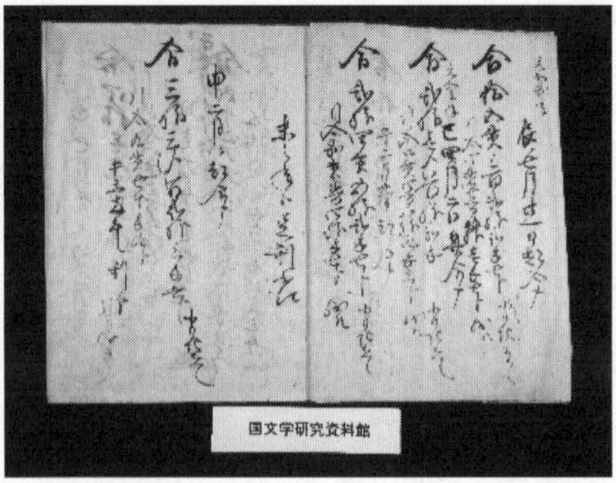

（国文学研究資料館所蔵）

元和弐年
辰ノ七月廿一日都合〆
合拾五貫三百弐拾弐匁七分　小日記有之　A
引合四貫七百八拾壱匁七分残ル
元和三年巳四月二日算合〆
合弐拾壱貫八百拾弐匁　小日記在之　B
引合一貫四百八拾九匁三分残ル
午二月六日都合〆
合弐拾四貫五拾弐匁七分　小日記在之　B
引合弐貫弐百四拾匁七分残ル

未之年ハ足利不仕
申二月ニ都合〆
合三拾三貫百拾弐三匁六分　小日記在之　B
引合九貫七十匁九分残ル
午未両年之利分

翻刻（出典　三重県 1998，85）

べている。この記述が，後に西川孝治郎，河原一夫らの努力により「足利帳」であることが判明したことについては，第1章で述べた。「足利帳」は，富山家の正味身代（純財産）の増減を，元和元年（1615）から寛永17年（1640）までの25年間記録した大福帳である。前年の正味身代（自己資本）に「利息」（純利益）を「足利ノ引合」（加算）して，当年の正味身代を算出し，欠損の年は「ふ足」（純損失）を前年の正味身代から「引合去」（減算）する（河原 1977，8–10），構造になっている。図表5-6が「足利帳」の一部である。ここで，**A**，**B**という標をつけた上の部分を見ていただきたい。「**小日記有之**」，「**小日記在之**」と書かれている[23]。これは，「足利帳」を書きあげるための台帳として，「**小日記**」が存在したということではないか。富山家には，他にも古帳簿として「大福帳」（羽書仕入帳）というものが現存している（国文学研究資料館史料館所蔵）。これは「羽書（ハガキ）」という紙幣の発行高と回収高を，元和元年（1624）から明暦元年（1655）までの32年間記録したものである（河原 1977，13）。この「大福帳」の一頁目の初めに「**羽書極之日記**」と書かれている。これらのことは，先に見た「妙心寺納下帳」が，「日單簿」から作成されたことと軌を一とするものではないかと思われる。

そこでもう少し「日記」というものの存在を探してみた。そうしたところ，たまたま伊勢大湊の永禄3年（1560）「**前々の古日記写之也**」という帳簿（伊勢市大湊町振興会所蔵，翻刻　三重県 2005，579−586）を見つけることができた[24]。これは，古い日記を後から書き写したものと思われるが，その中に「利分付」とか，「借用」という語が記されている。中田四朗によると，大湊の公界が，問屋衆から「利分付」の銭を借用し，北畠氏に用立てたものである，という（中田 1963，16）。この帳簿について，郷土史家の大西民一も，大湊町振興会に残された前々からの日記の写しで，恐らく貸借関係の続きであろう（大西 2006，29），と述べている。

図表 5−7
「船々取日記」の表紙と書き出し

（表紙）
「是入道日記ニ候へ共先〻おき候　紙数廿五枚有　此おく取
船〻取日記　天正弐年
八月吉日　大湊公界（花押印）」

十月廿日
（花押印、以下同じ）
※百文　ひた七百文出　いしか舟　浦半三舟　長一大夫殿より出也
同日
※百文　もんめん壱たん　ひた二百文出　うつミ舟　同出候　あふら屋与九郎舟
十月四日　四郎左殿会合ノ時
※五斗　麦　又今者五斗可取　ほそくミ二郎四郎舟　はま口　蔵人殿ニ有
又一番之衆
十一月七日
一石五斗　此内壱石出　残五斗みしん　善五郎殿預ヶ申候　善五郎殿かつてん　あふら屋新八殿舟
同日
一石五斗　同壱石出同預ヶ申候　残五斗みしん同　同新二郎殿舟

出典　三重県 2005，601−603

また，大湊町振興会には，他にも図表 5−7 のような「**船々取日記**」という冊子が残されている。綿貫友子は，これを「天正二年（1574），大湊への入港船に対する津料徴収を目的に，大湊の自治組織である大湊公界によって作成された請取記入帳である」（綿貫 1998，164），と述べている。

綿貫の分析によると，「この帳簿には，まず，入津料・入港船の船籍と船主名が登録されており，入津料（舟迎銭）徴収の責任者である番衆によって徴収がなされた段階で，その日付や支払方法（銭あるいは現物）・その船と関わりをもった小宿や問の名が追記されている」（綿貫 1998，166）としている。

これら二つの帳簿は，大湊の公界，即ち自治組織のものと思われるので，純粋な意味での商人の商業帳簿ではないが，金銭の貸借や，手数料の記帳など，金銭の出納のための帳簿も「日記」という名称で呼ばれていたのではないかという事を意味する。ここで思い起こされるのが，大森が引用していた信玄家法のこと（第2節）である。大森は，その条文の「日記」のことを土倉帳と記していた。本章は最初，土倉帳の存在を探索することから出発した。残念ながらその土倉帳なるものは発見できなかった。しかし次のことは言えるのではないか。それは，土倉帳というものは，「土倉帳」という名称ではなく「日記」或は，「日記帳」などいう名称で呼ばれていたのではないか，ということである。

以上のことを整理すると，「日記帳」には，債権簿ないしは商業帳簿という意味と，決算書の台帳という意味と二種類あると考えられる。恐らく前者から始まり，後者に変化していったのだろう。今まで何度も述べてきたように，我国の金融（業）は，出挙　→　借上[25]　→　土倉　→　両替商　と発達していったと見ることが出来る。それと並行して和式の帳簿も，古代の出挙帳から始まったと考えられる。そしてその出挙帳もそれは金融業の発達に伴って，借上や土倉などの金融業者でも付けられるようになり，何時しか「日記帳」と呼ばれるようになっていったのではなかろうか。金銭の取引を日々書き留めていくということから，「日記」または「日記帳」などと呼ばれ，我々が普通に考える「日記」と同じように備忘のために付けておくものだった[26]。金融業者も，貸付金の備忘のために「日記」を付けた。最初は債権だけを書き留めていた。財産管理簿である。その「日記帳」という単一帳簿が，近世（江戸時代）頃になると，経済も複雑になり，取引量も増えてくると，「大福帳」という美称で呼ばれる「人名勘定元帳」，「売掛金元帳」だけではなく，「金銀出入帳」，「売帳」，「仕入帳」，「買帳」などと機能別に分化して複数の帳簿を持つようになっていった。そして，それらの諸帳簿を原始簿として，算用帳という決算報告書が作成されるようになった。竹内一男によると，鴻池両替店の算用帳は，「大福帳」，「差引帳」，「買置品元帳」，「留帳」，「現金有高帳」，「道具帳面」の外，種々の「別帳」，「小払帳」を転記することによって作成された（竹内 1998, 21），と述べている。

しかしその中でも，売掛金の明細を記した「大福帳」が一番重要だったことは言うまでもないことである[27]。その大福帳の中で，中井家（小倉 1962，113）や三井家（西川登 1993，306）のように総勘定元帳としての機能を持つように変化していったものもある。もともと大福帳には，得意先ごとの口座が設けられているので，他の口座を設けることが考え出され総勘定元帳のようになって行ったという図式は十分成り立つことである。

以上のようなことは，世界的にみても共通していると思われる。洋の東西を問わず，金融業は宗教機関から始まったらしい。豊田武は，「クーリッシャーはその著歐洲中世經濟史において，中世信用取引の發展を三つの段階に分け，第一の段階，10世紀より11世紀には，教會と修道院が銀行業者として活躍し，…」（下線引用者，豊田武1950，109-110）と述べている。宮崎道三郎も「支那の質屋は，僧寺より起りたりと云ふ」（下線引用者，宮崎1929，11）と述べ，そして，「我邦の質屋は，多分僧徒が支那より輸入したるものならん」（宮崎1929，43）と結論付けている。また，西洋でも商業帳簿は，債権簿という単一帳簿制から始まったと言われているからである。木村和三郎は，「帳簿組織の生成発展において最初単一帳簿から発展したることは一般に承認された事実である」（木村1975，31）と述べ，「会計帳簿の最初のものは，記録が混雑してゐるにしても，人との貸借関係を記録せる人名勘定の帳簿であったことは伊太利においても独逸においても同様であった。それ故，これを独逸においては債権帳（Schuldbuch）と称した」（木村1975，32）と述べている。

泉谷勝美もイタリアの会計帳簿・勘定の生成・発展について次のように述べている。「13世紀初頭，銀行家の会計帳簿のなかで生成した勘定は，13世紀後半以降，商人の会計実務にも広く導入されるようになった。今や勘定は銀行家の単なる金銭貸借記録だけでなく，商品の売買から発生する債権債務，使用人に対する賃金の前貸金や未払金の計上等にも援用された。…かくて，13世紀後半から14世紀前半にかけて記帳された現存帳簿の大部分はこうした人名勘定記録で，この顧客勘定を集大成した一冊の帳簿を債権債務帳 libro dei debitori e dei cretori と名付けられた」（泉谷1997，67）。

ところで，「大福帳式」というと，なにか旧態依然としていて，未発達，未整理で，「ごちゃ混ぜ」というマイナスイメージが付きまとうのは，最初は債権だけを記入していた「日記帳」に，発達の段階で債権以外の取引も順次書き加えていったためではないか。いわゆる「どんぶり勘定」である。だから，「大福帳式」などというと見下げた言われ方をされるのではなかろうか。

前述したように「日記帳」は，あくまで備忘のために付けられていたと考えられる[28]。木村和三郎が，徳川時代の日本固有の帳簿の一つに「『日加恵（ヒカエ）』などと称して縁起をかついだ日記帳」（木村 1950, 5）を掲げているが，「日記帳」は，それ以前（中世）から「控え」ではなかったのかと思われる。財産の管理が目的で，計算は二の次である。それに対して，決算報告書の方はどうかというと，どうしても財産や正味身代（資本），それに利益の計算（算用）をするということで「算用帳」という名称が付けられていったものと思われる。

本章で取り上げた「真珠庵祠堂銭納帳」や「妙心寺納下帳」は決算報告書である。これらは，おそらくご本尊（ご本山）に対して決算の報告をするために作成されたものである[29]。その決算報告書の方は，古代の正税帳から始まり，中世の荘園の算用状・散用状・結解状，近世の算用帳と発達していく。その発達段階の中に，寺院の納下帳も位置づけられると考えられる。

最後にもう一言付け加えるなら，今回本章で取り上げた寺院の史料は全て禅宗寺院のものであった。妙心寺も，大徳寺の真珠庵も，さらに長福寺も禅宗である。現存する中世寺院の会計史料を管見すると，禅宗寺院のものが多い。前章において，我国会計の発達について，13世紀，モンゴル軍に追われ宋（中国）から高僧等の渡来があり，これらの僧侶が伝えたと可能性についても指摘した。実際には，正税帳と出挙帳を起源であるという結論に達した。しかしながら，梅原猛のいうように，「禅は鎌倉時代に中国から輸入され，室町時代に大きく発展した」（梅原 2009, 292）と考えるのなら，我国会計の発達に中国の影響はあった可能性は大である[30]。

注

1 「中世に行なわれた債権・債務の破棄令。…室町時代にはいると，貨幣経済の発達と金融業者の勢力増大に苦しんだ畿内周辺の地侍・農民らは徳政一揆を起こして幕府に徳政を要求したため，8代将軍足利義政の代だけでも前後13回もの徳政令が出された。守護大名でも領内に発布したり，土一揆みずからが実力で質物奪取，借用証の破棄などをする私徳政も行なわれ，債権者は，徳政があっても適用を免れるために，徳政文言を請文に書かせるようになった」（高柳・竹内 1995, 686）。

2 「集古文書」は，松平定信が命じて編纂させたものである。東京大学史料編纂所 中世史料部の山家浩樹氏の話によると，「該当資料は『蜷川家文書』中にあります。室町幕府政所執事伊勢氏の被官で，政所代という職を務めた蜷川氏に伝来した史料群で，原題は『古文書』であるため，古い文献では『古文書』と表記されるのが普通です。大森氏が誤った可能性が高いと思われます」という事であった。しかしながら以後訂正されることなく伝わることになった。この大森論文だけでなく，昭和9年(1933) に発表された小早川欣吾氏の論考でも，「集古文書」からの引用になっている(小早川 1933, 10ノ51)。そのため，後の経済史，商業史の世界に影響を与えた宮本又次氏の論稿（宮本 1940, 796・1942, 63・1957, 87）でもそのまま「集古文書」が使われることとなった。

3 これに対し，小早川欣吾氏は，「質札無き場合は，當事者双方に於いて，爭論を決定すと定めし條文であり」（傍点引用者，小早川 1933, 10ノ48）という解釈をしている。

4 この家法は，晴信（信玄）が，父信虎を遂うて自ら甲斐の国主となった天文10年(1541) より6年後に制定した五十五條の内51番目の条文に当たる（塙・川俣 1977, 19, 439)。

5 土倉は酒屋が兼業している場合も多く，土倉・酒屋などと一括りにして述べられことが多い。小野晃輔氏も，「酒屋が酒屋營業により幾何の利潤を獲得しえたかに關しては，之を算出すべく商業帳簿の現存せざる爲，不可能の事に屬するのである」（小野晃輔 1941, 235）と述べている。それに通常，中世史料については，どういう史料が現存するかはだいたい知られている。いろいろな日本歴史の専門の研究者に聞いてみたが，土倉帳の存在については皆知らないという回答であった。先行研究を調べてみたが，筆者の調べた限り土倉帳を使用した研究は皆無であった。誰も土倉帳を使った研究をしていないということは，土倉帳が現存しないと見て間違いないと思われる。

6 長福寺には8通の祠堂錢の寄進状と，5通の借用状が残されていることを中島圭一氏は明らかにし，以下のように述べている。まず前者に比べ後者が少ないのは，借用状は，無事返済されれば通常は廃棄されてしまうからである。また，祠堂錢は貸出しを前提にした寄進であり，その利息を供養料に充てるよう依頼したものであることを，寄進状から読み取っている。さらに，借用状の返済期日が2月に設定されていることから，祠堂錢の決算が2月晦日に行われていたことが伺える，としている（中島 1993, 4-11)。

7 中島氏は，長福寺に現存する祠堂錢の寄進状の分析から，祠堂錢が貸付を前提とした寄進であること，また，その貸付の利息から年忌やその他の供養を求めていることなどを指摘している（中島 1993, 4-5)。なお，この祠堂銭については1603年に，日本イエズス会によって刊行された我国初の本格的な外国語の辞書である『日葡辞書』にも記述が見られる。「シダゥセン，または，シダゥ（祠堂銭，または，祠堂） その利息を寺（Tera）の用にあてるために坊主（Bonzos）に喜捨する銭や金子，その金子を預かった運用者は，一定の時期ごとに，それらから生ずる利息を寺に納める」（土井・森田・長南 1995, 763）とある。

8　塔庵（たっちゅう）とは，「①禅宗で大寺の高僧が死んだ後，その弟子が師徳を慕って塔の頭（ほとり）に構えた房舎。②転じて，一山内にある小寺院。大寺に所属する別坊。寺中（じちゅう）。子院。わきでら」（新村 1983, 1495）。

9　東京大學史料編纂所編『大日本古文書』家わけ第十七　大徳寺文書別集　眞珠庵文書之1〜5には，三冊の「祠堂方納下帳」が掲載されている。1冊目（3-180）は，永正9年（1512）から永正17年（1520）まで，2冊目（3-181）は，永正15年（1518）から大永4年（1524）の途中まで，3冊目（3-182）は，永正15年（1518）から天文6年（1537）の途中まで書かれている（田中浩 2003, 305），と述べている。

10　田中浩司氏は，真珠庵は，祠堂錢で，1512年から1530年まで断続的に所領を買得しており，1530年前後からは所領に変わって金の買得を進めた。このことは，真珠庵が金の持つ財産保全・価値貯蔵の手段としての優位性を認識すると同時に，財産の形態を多様化してリスクの分散を意図したものと考えられると，述べている（田中浩 2003, 319）。

11　田中浩司氏によると，『常住』は，仏事費用の調達などの寺内の中核部分の運営にあたっており，すべての会計等の事務を統括していたのではないかと考えられる，という（田中浩 1990, 6）。また，財源は公帖銭・年貢・祠堂錢とその金融などである（田中浩 1990, 18），としている。

12　例えば『三重県史』資料編　中世2を見ても，『永禄五申霜月　祠堂納　川上』『当寺年中行事并祠堂』（三重県 2005, 141-152）が，掲載されており，これらの祠堂帳も寄進に関するものと思われる。

13　江戸時代には，大福帳などの帳簿類以外にも，手紙などの反故紙が襖の下張に用いられていた。理由は，墨に虫食いの予防効果があると考えられていたからである。

14　雪江宗深。「雪江は字（あざな）で諱（いみな）を宗深といった。その生誕は応永十五年（1408）で没したのは文明十八年（1486）であり79歳であった」（萩須 1979, 1）。妙心寺中興の祖。妙心寺在任期間は，寛正2年（1461）から文明18年（1486）まで（川上 1917, 91-102）。

15　京都大学近世物価史研究会によると，妙心寺には，二百数十冊の帳簿を蔵するとしている（京都大学 1962, 9）。

16　田中浩司氏によると，「納下帳」とは，禅宗寺院の収支帳簿のことである（田中浩 2002, 63）という。田中氏の他にも，井原今朝雄氏が，東国年貢の京上システムに関連し，禅宗寺院東福寺の納下状や，石清水八幡宮の算用状の検討をされている（井原 2003）。

17　滝沢武雄氏によると「室町時代に室町幕府から五山・十刹・諸山などの官寺の前住の

待遇を与える，名義だけの公帖を受けたものが，幕府に納入する銭貨。官銭の額は，寺格により，また時代によって異なったが，十五世紀中期には，幕府の官銭収入は年間千貫文を超えその重要な財源の一つになった」（滝沢 1983，868）。また，公帖とは，「中世・近世の官寺禅院住持の辞令」（今泉 1985，385）のことである。

18 米が貨幣であることに関して，赤坂憲雄氏は次のように述べている。「稲作とは一体何か。古代律令制の成立以来，稲＝コメは国家の租税体系の中心につねに置かれてきた。コメは国家の欲望の対象であり，また，長いあいだにわたり，唯一の貨幣でもあった。最上地方では，戦後のある時期まで，コメがなければ物が買えなかったという話を聞いたことがある」（傍点引用者　赤坂 2009，26）。

19 そもそも浦長瀬氏や田中浩司氏の研究のねらいは，貨幣としての銭から米・金・銀への変遷を追うことにあると思われる。

20 荻須純道氏（荻須 1979，9）や，竹貫元勝氏（竹貫 1994）も川上孤山氏の『妙心寺史』（但し初版）を参考にしていると思われる。荻須氏は，『妙心寺史』を参考にしていると明記しているし，竹貫氏の記述も内容的に見て，『妙心寺史』からの引用であると思われる。おそらく第一級の禅宗の研究者が，『妙心寺史』を参考にしているので，宗教，禅宗の素人である筆者としては，出典を突き止めることは至難の業である。ただし，廣田宗玄氏は，妙心寺の開山禅師である無相大師・関山栄慧玄を研究する場合，「雪江宗深撰述となる『正法山六祖伝』関山章が基本となり，それに加え，草山祖芳『樹下散稿』四巻，『六祖伝考』二巻，此山玄淵『正法山六祖伝考彙』一巻，『六祖伝』とは別系統の関山伝となる応禅普善『関山国師別伝』や，覚印義諦『天沢東胤録』一巻，高泉性潡『扶桑禅林僧宝伝』，卍元師蠻『延宝伝灯録』『本朝高僧伝』や無著道忠撰『正法山誌』等が参考資料になる。さらに第一級史料として印状や文書類が存する」（廣田 2006，36）と述べ，これらを元に近代以降，川上孤山氏が，『妙心寺史』を著したと述べているので，上記史料の中に「日單簿」の記述も存在する可能性はある。

21 ただし，現存するのは「妙心寺納下帳」だけなので，「妙心寺納下帳」を「日單簿」とみなす考え方も否定できない。『妙心寺史』で先に本文で引用した文章「先ず『金錢米穀出納帳』の作成であった，これは文明十八年（1486＝引用者）より明治十八年（1885＝引用者）迄一年決算の帳簿が一冊宛調整されて今現に全部法山庫前の藏に保存されて居る」（川上 1921，19）に続いて，「今遡って其日單法を取扱ふ納所（今の副事）の沿革を述べねばならぬ。…」（傍点引用者，川上 1921，19–20）と書かれているので，「妙心寺納下帳」＝「日單簿」と読めなくもない。実際，竹貫元勝氏も「『正法山妙心禅寺米銭納下帳』（日単簿）」（竹貫 1994，134）と両者を同じものとして書かれている。これは，竹貫氏が会計の専門家でないので両者を区別されていないのではないかということと，専門書ではないということで，違いにこだわられていないためかもしれない。筆者は，次の二つの理由から，両者を別の物，つまり決算書と台帳，或は，「日單帳紙」で，「妙心寺納下帳」と「日單簿」の両方を作成するのではないかと考える。一つは，「妙心寺納下帳」の表題が「正法山妙心禅寺米銭納下帳」となっているのに，本文の出だしで，「日單帳」と書いている。両者が同じものなら，こういう書き方をするだろうか。それともう一つの理由は，購入している紙の量である。本論でも述べたように，図表5-5の「妙心寺納下帳」は，天正12年（1584）の8月にはじまる会計年度のものである。当時の物価はどうであったのか。『讀史總覽』によると，月により変動があるが，天正12年6月と天正13年1月の米1石の値段は，共に銭1,000文である（小葉田・豊田・寶月・森1966，749）。これに対して，紙の値段はどうであろうか。天正12年に美濃紙1束は，215～400文。天正13年，杉原一束300文である（小葉田・豊田・寶月・森1966，755）。杉原紙とは，中世を通じ，公家・武門・僧侶の諸階層に，公文書その他最も幅広く用いられた紙の名前である（寿岳1983，564）。また，美濃紙の名は南北朝の頃から出てくる。京都にも室町の頃たびたび美濃紙が送られ，京都五山の禅僧らの間に珍重されていた（豊田1982，558）。この値段をもとに米，五升五合は550文であるので，約二束の紙が購入できることとなる。「妙心寺納下帳」を作成するだけにしては，少し多い気がする。「日單帳紙」で，「日單簿」を付けていたのではなかろうか。

22 商業帳簿の証拠能力について，世界最古の法規がどうであったかを語ることは，筆者の力の及ぶところではない。商法制度会計制度の歴史を研究した安藤英義著『商法会計制度論』の中で，安藤氏は1974年プロシア普通国法の紹介をされている。その中に詳細な商業帳簿の証拠能力を規定した条文を見出すことができる（傍点引用者，安藤1985，17），と述べておられる。したがって，もっと早くから証拠能力に関する規定が我国には存在したと考えられる。

23 実際，多くの寺院が金融業を営んでいた。特に禅宗寺院がさかんだったようである。妙心寺などは，世間から「十露盤面（ソロバンツラ）」（川上1921，23）などと称さていたようである。禅宗寺院を中心として多くの会計史料が残されている。本章で取り上げた寺院は全て禅宗の寺院である。なお付け加えるなら，寺院だけでなく神社関係でも金融業をいとなんでいた。伊勢の御師も金融業を営んでいたという記録もある（野田1952，34）。<u>お金の集まるところに，金融業は発生するのではなかろうか。神社関係でも会計は発達していたものと思われる</u>。

24 稲本紀昭氏は，大湊古文書について，「中世の伊勢海・太平洋水運・港湾都市研究における一級の史料であり，全国的にも類のない史料である」と述べている（三重県2005，1203）。ただし，本文に引用した史料は，『湊惣中』という大湊の自治組織（大西2006，22）のものなので，一概には商業帳簿とはいえない。

25 豊田武氏は，借上は出挙の和訳であり，「借」は出（かし），「上」は挙であるとする説が妥当である，としている（豊田1982，127）。

26 「日記」そのものが，備忘録であった。鈴木日出男氏は，古代，「男子官僚たちは，備忘録としての日記を記していた。最初の日記文学であるこの『土佐日記』は，日常的な日記から文学的な日記へと脱皮した記念碑的な意義をもっている」（鈴木 2005, 181）と述べている。

27 第2章で紹介したように，伊勢の豪商，長井家などは売掛金の明細を抜書きしたものを「戌盆前残貸書抜」という名称で，主要な決算報告書と位置づけているほどである。

28 この点については，宮本又次氏が次のように指摘していた。「商業帳簿は今日に於いてこそ，主として計算的使命を担うものであるが，元来は備忘的記録をその起源とするものであつたと思われる。恐らく帳簿の原始状態は債権記録を主とせる単一の帳簿であつたろう。蓋し資本の発展が充分でなく，資本循環把握のための損益計算の必要とされなかった過去に於いては，既に決済完了した取引は記録されるに及ばず，未決済の取引即ち債権債務の取引が重要な記載事項となつたからであり，その中で債務は相手方の帳簿に債権として必ず記録されるもの故，その帳簿にはこの方面の記録が軽んぜられ，専らその債権のみが記帳されたのであろうと思われる。わが国の記録に現れた最初の商業帳簿たる質屋の土倉帳は，債権関係を記録した元帳であつたに相違ない」（宮本 1957, 87-88）。

29 三代川正秀氏によると，中世ヨロッパの修道院においても，祭司が会計報告を定期的に本山や檀家にする慣習が早くから芽生えていた（三代川 2013, 317）と，述べておられる。さらに三代川氏は，それに続き，「1494年に出版された複式簿記に関する最古の印刷文献が，ルカ・パチョーリというイタリア人僧侶によるものであったことは偶然ではなく，必然的なことであったのかもしれません」（三代川 2013, 317）と，述べておられる。

30 ただし，一つの疑問がある。禅宗は，室町幕府によって保護され，そのためもあってか京都には禅宗の寺院が多い。したがって，本章で取り上げた史料が禅宗寺院のものであるのは，当然かもしれないし，その点を割り引いて考えなければならない。しかしながら，禅宗の寺院で会計制度が発達していたことはまぎれもない事実であるので，影響はあったと考えてよいのではなかろうか。

第6章　日記と和式簿記

1 は じ め に

我国で，記録上，最古の商業帳簿は，大森研造が指摘して以来，土倉帳（土倉という質屋の債権簿）であるといわれてきた。前章の試みは，その土倉帳を探索することにあった。残念ながら土倉帳を発見することはできず，その試みは潰えたように思われた。しかしながら，以下の結論に到達した。それは土倉帳という名称の帳簿を探そうとしたからみつからなかったわけで，土倉帳は，「土倉帳」という名称ではなく，「日記」または「日記帳」という名称で付けられていたのではないか，ということである。そして，日記帳は，近世に入り「大福帳」（売掛帳）や「金銀出入帳」，「売帳」などに分化し，算用帳を作成するための原始簿になっていったのではないかということであった。実は，このことを裏付ける研究が，日本中世史の分野でなされていることが分かった。それは，榎原雅治の「日記とよばれた文書　—荘園文書と惣有文書の接点—」（榎原 1996）である[1]。本章は，その榎原論文を手懸りとして，「日記」というものが，和式簿記において，どのような位置づけを担い，どのように発達してきたかについて検討をするものである。

2　荘園の年貢算用状と日記

まず榎原は，先行研究（瀧川 1967b，米田 1970）なども斟酌しながら平安期以後の日記について検討した後，特に，日記が注進状[2]として機能していることに着目し，次のように述べている。

「そもそも日記とは，特定のある日におこった事実，調査した事実を書き記した覚書に過ぎないのである。まさに字義どおり『ある日の記録』なのである。…そして重要なのは，日記は他の文書をつくる原材料，ないし他の文書の付帯文書として機能したという点である。つまり日記はそれ単独で完結するのではなく，他の文書に加工されたり，他の文書と組み合わされることを前提とした文書であったといえよう」（下線引用者，榎原 1996，22）。

つまり，日記とは，覚書であり，ある日の記録であり，それは単独で完結するようなものではなく，他の文書を作るための原材料である。このような前提に立った上で，榎原は荘園の結解状とか年貢散用状（年貢算用状）と呼ばれる決算報告書と，日記との関係に目をつけ次のように述べている。

「荘園現地から権門に多数の注進上形式の文書が送られていたことは，よく知られている。そのうちの最も重要な文書は，年貢散用状とか結解状と呼ばれる注進状であろう。これは，荘園でその年に収納された年貢高や，現地で支出した経費などを記した，荘園経営の１年間の決算報告書である」（傍点引用者，榎原 1996，23）。

そして，榎原は年貢散用状を作成する素材として日記が使われていたことを示す格好の史料（榎原 1996，23）として，岐阜県にあった大井という荘園の「大井御庄　注進貞和五丑歳石包・別相傳色々結解散用状事」（図表 6–1）という文書を掲げている。

これは貞和６年（1350）３月に大井荘の下司代である僧堯円が作成し，荘園領主である東大寺に送った貞和５年（1349）分の年貢散用状である[3]。この散用状は，年貢総額 486 貫 30 文から，かなり複雑な計算過程を通じ，実際の納入

図表6-1　大井御庄　注進貞和五丑歳石包・別相傳色々結解算散用状事

（端裏書）
「大井御庄貞和五丑オ石包・別相傳色々結解散用目安日記」
大井御庄
注進貞和五丑歳石包・別相傳色々結解散用状事
合
（この間、年貢総額・除田・損亡等一〇七行省略）
A　一御使下向草手下用日記事
合
三月七日
三百九十文　キヨウチ（エレウ）　キヨイエ　サネキヨ
同十一日
百三十文　ヒコ二郎（クハウ）
三月十七日
三百九十文　（華厳會）ケコムエレウ　カウソム　ユキナカ　クニナカ
四月廿八日
二百六十文　せイ八（クハウ）　レウシム
（この間、一五行省略）
十一月五日
五十文　カミノ代
十二月八日
百文　チヤウカミノ代
已上六貫五百六十七文
并拾壹貫貳佰八十文引之、
尙残錢貳佰陸貫參佰肆拾文内、
（この間、一二行省略）
右、大概注進如斯、（異筆1）「當進貳拾貫文六月十五日
尙残拾貫陸佰六十七文」
貞和六年刁オ三月日所置注之也、
（異筆1）「僧堯円（花押107）」

出典　岐阜県 1983，930-935

額を計算するようになっているが，活字史料で確認する限り計算違い（或いは，翻刻者の読み違い）なども まま見受けられるので，ここでは全体構造を掲げることは避ける。注目すべきことは，途中に<u>A「一　御使下向草手下用日記事」</u>（傍点・下線引用者）と書かれているところである。このことについて榎原は，「その中（散用状＝引用者）に大井庄現地で作成された日記がそのまま転載されている。内容的には，荘園現地で支出した経費[4]を詳細に記した日記である。これはこの散用状を作成するための素材として在地で日記が利用されていたことを明示している」（榎原 1996，24）と述べている。これ以外にも，運上[5]についても同じような書き方がなされている。「運上分」という見出しのもとに，例えば，まず「二百文」と書かれ，その下に割注2行で，「五月九日」，「御請取在之」と記載され，合点まで付されている。このことからも，これらも日記からの転載であることが窺われる。しかしながら，すべての散用状がこういった形式になっているわけではない。堯円の作成した散用状は不完全なものを含めて，正中2年（1325），嘉暦3年（1328），康永元年（1342），同3年

(1344)，貞和5年（1349)，延文4年（1359）の6年分が残っている（岐阜県1969，392)。そのうち，正中2年分の年貢散用状の該当する部分には，それぞれ「下用参拾肆貫伍佰伍拾五文目」，「運上佰玖貫捌百廿一文度〻御返抄在之」（岐阜県1983，857）と総額だけの一行書きである（榎原1996，25)。逆に，康永3年分になると「一　色〻下用」，「運上分」（岐阜県1983，921-922）と，日記という文字こそ入っていないものの，貞和5年分と同じような形式で日付と金額，摘要などの明細が記載されている（但し，合点はなし)。さらに，延文4年分に至っては，本文では，下用分も運上分も一行の総額記載のみであるが，年貢算用状の後に，下用分の日記が付けられている（岐阜県1983，962-963)。運上分については，活字史料だけでは確認できないが，おそらくその後に付けられていたか，別紙の注進状（報告書）の形で上申されていたのではなかろうか。このように堯円が作成した年貢散用状は，年を経るごとに詳細になっていくことが見て取れる。蓋し，これは，監査を受けるために，明細を示す必要性が生じたためではなかろうか。

そしてもう一つ注目すべき事柄は，この文書の端裏書には，「大井御庄貞和五丑才石包・別相傳色々結解散用目安日記」（傍点引用者，岐阜県1983，930）と，「日記」という文字も使われていることである。この点については，第5節で後述する。

さらに榎原は，和歌山県にあった賀太荘の嘉吉元年（1441）8月1日付けの「注進　紀伊国海部郡賀太御庄本庄御年貢色〻目録」（和歌山県1983，134-138）を例として揚げている。これは，賀太荘（かだのしょう）の刀禰公文（とねくもん）であった向井家[6]（伊藤1991，3）に残る年貢散用状である。そこには，(A)「領家方」，(B)「引物之色々日記」[7]，(C)「領家御公事銭色々日記」[8]，(D)「地頭御方御年貢色々日記」，(E)（地頭方の）「引物之色々之日記」，(F)「地頭御方公事銭之色々日記」，(G)「刀禰公文方之沙汰申候公事銭色々日記」（傍点引用者）という見出しのもとに，領家方，地頭方，刀禰公文の収支の理由と金額が書かれている。ここでは詳しい日付，適用などは書かれていない。榎原によると，既述のように，まず原日記が作られ，第二段階としてそれらがまとめられ年貢注進状が作られたと考えられる（榎原1996，34)，としている。以上のようなことから，榎原は，日記とは，最終的に散用状などの荘園文書に結実するための準備段階の文書であったというまとめを述べている（榎原 1996，34）。

榎原が掲げた以外にも，次の史料に日記と散用状の関係をみることができる。

「…

一　去年去々年分御年貢米算用之事

一　去年諸事入目打物之事

一　右之算用共，小日記を以慥各々年寄衆として万相究申上者，…」（下線引用者，高槻市 1979，305）。

柴田純によると，この史料は，「慶長 13（1608）年摂津柱本村で年貢・諸事入用を巡って争論が起こった際，年寄衆が今後年貢算用等については共同して対処する旨を誓いあった年寄衆起請文」（柴田 1983，117–118）であるという。ここで，重要なことは，算用（それには，当然，算（散）用状作成が付き纏う）は，小日記を以て慥に相究とあるのは，小日記から算（散）用状が作成されているということの裏付けではなかろうかと思われる。

いずれにしても，以上の史料並びに研究から年貢散用状という決算報告書を作成する材料として日記が使われているということが明らかとなった。

3　貸付簿としての日記

榎原は論考の最後に，もう一つ和式簿記に関係した事柄を記述している。「さらに時代が進み戦国末期になると，村が主体となった貸付台帳のような村独自の財政に関する文書，すなわち村内で完結する文書も日記と呼ばれるようになる」（傍点引用者，榎原 1996，37）。榎原が貸付台帳というのは，滋賀県東近江市の旧今堀郷の鎮守，日吉神社に伝わる「永禄元年十二月四日　萬日記改之」（仲村 1981，381–392，以下単に『萬日記』）のことであり，仲村研が研究論文（仲村 1989）を発表している。この『萬日記』については，翻刻し論考を発表した仲村をもってしてもその解釈が難しかったらしく，「万日記の記事について全体像が必ずしも明確になったわけではない」（仲村 1989，9）と述べていることもあり，詳細な紹介は避けるが，仲村は次のように結論づけている。

「万日記の記事を少し検討してきたが，そこから引き出されたひとつの結論は，今掘惣[9]が村人に惣有銭を貸与して増殖し，貸与された村人は，貸与銭の中から他の村人に融通したり，惣の事業に支出したりしていることが判明した」（傍点引用者，仲村 1989，9）。

この文章から，旧今堀郷に伝わる『萬日記』は，惣村の貸付簿であることが，はっきりしたと思われる。

それでは，これ以外に「貸付簿としての日記」を見出すことはできないのであろうか。筆者は，地元の史料を探索している時に，伊勢神宮の御師（おんし）[10]，宮後三頭大夫の『国々御道者日記』（図表 6-2）という冊子に行き当たった。表紙には，「国ゝ御道者日記…」とあり，裏表紙には，「大福帳」と書かれている。ここで「道者」というのは，檀家，旦那のことである。以上の情報だけでも，この日記は，宮後三頭大夫が，永禄 9 年（1566）4 月から自己の道者に関することを記載したものであるということが分かる。図表 6-3 をご覧戴きたい。この冊子は，頁数に換算すると総頁数は 40 頁であるが，その構成は，18 頁までの「**（ア）越前国の道者に対する記入部分**」の前半と，19 頁以降の「**（イ）肥前国の道者に対する記入部分**」の後半に大きく二つに分かれる[11]。

まず，前半部の（ア）から順次検討していくこととする。A の部分の直ぐ下を見ると，「壱貫二百文　御供　越前つるか　二郎衛門尉殿　正月一日」とある。ここで「御供（おそなえ）」とあるので，「初穂料」の受け取りのことではないかと思われる。「正月一日に，越前敦賀の二郎衛門尉殿から，初穂料として 1 貫 200 文受け取った」というような意味になる。但

図表 6-2　国々御道者日記の表紙（左）と裏表紙（右）の写真

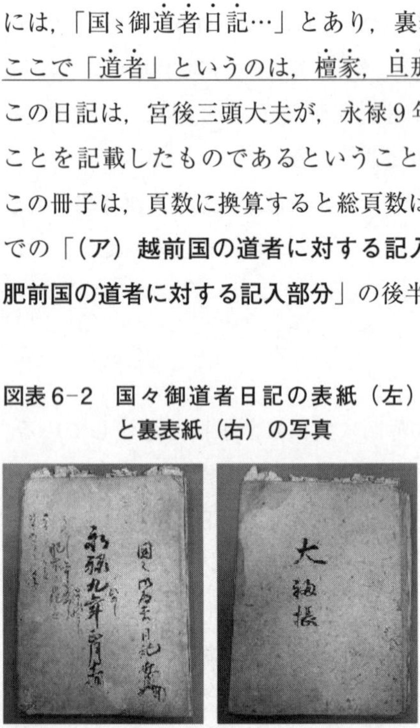

（野田耕一郎氏所蔵，松阪市郷土資料室寄託）

図表 6-3　国々御道者日記の構造

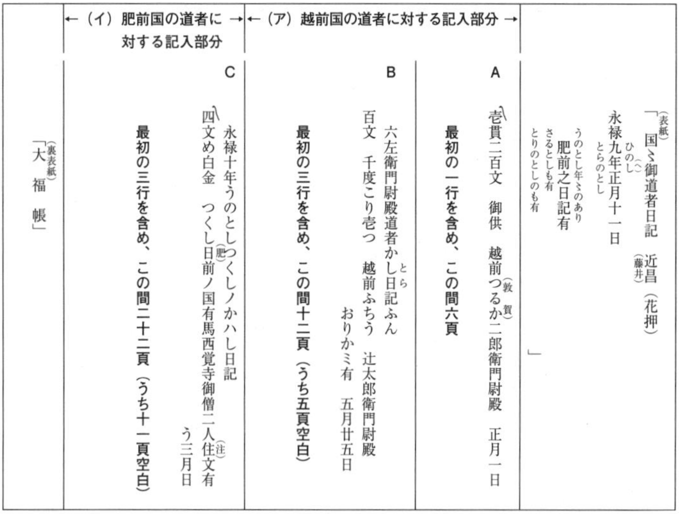
←（ア）越前国の道者に対する記入部分→
←（イ）肥前国の道者に対する記入部分→
（表紙）「国〻御道者日記　近昌（藤井）（花押）
永禄九年正月十一日　ひのへ（ひのし）とらのとし
肥前之日記有　うのとし年〻のあり　さるとしも有　とりのとしのも有」
A
壱貫二百文　御供　越前つるか（敦賀）二郎衛門尉殿　正月一日
最初の一行を含め、この間六頁
B
六左衛門尉殿道者かし日記ふん（とら）
百文　千度こり壱つ　越前ふちう　辻太郎衛門尉殿
おりかミ有　五月廿五日
最初の三行を含め、この間十二頁（うち五頁空白）
C
永禄十年うのとしつくしノかハし日記
四文め白金　つくし日（肥）前ノ国有馬西覚寺御僧二人住（注）文有
う三月日
最初の三行を含め、この間二十二頁（うち十一頁空白）
（裏表紙）「大　福　帳」

上記翻刻文の出典　三重県 2005，364-371

し，「⌒＝合点」印が付いているので，正月一日には，貸し付けとして記入しておき，後に回収した時（例えば，手代・代官といった御師の家来が現地に回収に行った時）に「⌒」を付けた可能性もある。A の部分には，この行を含め全部で 31 件の（簿記上の）取引が記されているが，そのうち 10 件には，「御供」，「半御供」という語が見え，三件には，「坊布施」という語が見えるので，「初穂料」の受け取りか，貸し付けを記入した部分ではないかと思われる。なお，「初穂料」は，御師の祈祷料に対する見返りという意味合いがある[12]ので，会計的に考えると，受取手数料（受取収益）的な性格のものであるとも考えられる。

さらに B の部分の直ぐ下を見ると，「六左衛門尉殿道者かし日記ふん（とら）」と書かれている。まず右側に「とら」と書かれていのは，寅年，つまり永禄 9 年のことであるという意味である。次に「かし日記ふん」とは，「貸し日記分」ということではないかと考えられる。この点について，内容を解釈しながら考えてみたい。まず，次の 2 行を解釈してみる。3 行目の下方に「おりかミ有」と記されている。ここで「おりかミ」とは，「折紙」のことで，室町時代には，約束手形として機能していたもの（日本国語 2001a，41）のことであると推察できる。この「おりかミ」は，Bの部分の全取引42件のうち，6回出てくる。また，「千度こり」とは，御祓大麻（お札）[13]のことではないかと思われる。したがって，この2行は，「5月25日に，越前府中に住む辻太郎衛門尉殿に，千度こり一つを売渡し，代金の百文は，手形（この場合，受取手形＝「貸し」ということになる）で受け取った」というふうに解釈できるのではないかと思う。この「千度こり」は，Bの中に，13回登場するが，うち9回は，「おりかミ有」とは書かれていない。ということは，この時代にすでに，掛売上（売掛金）が行なわれていたということである。なお，この「おりかミ有」の記載のあるもので，回収がなされたと思われる取引については，合点マーク「⌝」が付されている。また，この他にも「御わたし候」，「御渡候」という記載も3回あるし，後述する「かハし」も登場する。さらに，「参」という字も使われている。この「参」は，「まいる」と読み，「用意申し上げる」（日本国語 2001e，306）という意味で使われているのではないか。例えば，「百五十文　すや三郎二郎殿代官参」（三重県 2005，367）と書かれているのは，「すや三郎二郎殿に，代官が百五十文用立てた」というように解釈できる。このように解釈していくと，Bの部分を，すべて正確に解釈できたわけではないが，その記載内容からも貸付簿といっていいのではないかと思われる。おそらく「六左衛門尉殿」というのは，宮後三頭大夫の代官もしくは手代であり，越前の道者を回った時に貸し付けたものを記帳したものではなかろうか。

次に，後半部分（(イ）の部分）を見ていくこととする。後半部分については，久田松和則の詳細な研究（久田松 2004，序章・第二部第二章）がある。以下後半部分については，久田松の研究を斟酌しながら考察を進めることとする。まず19頁目の1行目には，C「永禄十年うのとしノかハし日記」と書かれている。ここで，「かハし」とは，為替[14]のことである。久田松は，この行以下の後半部分を「為替日記」と仮称し，これを裏付ける史料として，同じ宮後三頭大夫の『御旦那証文』（図表6-4）[15]という冊子を揚げている。この『御旦那証文』は41丁（枚）あり，肥前国から道者が持参した為替切手（以下，単に

図表6-4　御旦那証文の表紙の写真

（神宮文庫所蔵）

「切手」と称す）と，道者の書いた「一札」（請取証書，領収書）が，貼り込まれている。西川順土は，この「切手」は，為替に必要な身分証明書に相当し，払込証のような役割をもった（西川 1975，21）ものである，と述べている。久田松によると，「切手」，「一札」，「為替日記」への記帳の三点が揃っているのは，全体の10例に過ぎず，他は，何らかの事情で，一つか二つかに史料の紛失，遺漏が生じているということである（久田松 2004，247）。したがって，記帳はされていないが，「一札」や，「切手」が残っている場合もあるということである。

もう少し具体的に見ていく。久田松によると，「為替日記」には，43件の金銭出納に関わる記述があり，そのうち35件の記帳は，必ず「銭（銀）額　替本名　かハし　人数（名前）日付」の記録体裁をとっているという（久田松 2004，241）。ここで，替本とは，為替の仲介役（振込み場所）のことである（久田松 2004，244）。斯くみると，「切手」，「一札」，「記帳」の三つがどういう関係になるか，という疑念が生じる。そこで，図表6-5（翻刻文は，三重県史より引用）を例に揚げ，さらに考察してみたい。

まず，①7月10日に肥前国から，伊勢に参宮に来た四名の道者（一札や切手にも名前がある与七郎など）が各々持参した「切手」（一枚弐文）を，宮後三頭大夫に渡す。②宮後三頭大夫は，それと引き換えに「切手」に書かれた金額八文（＝弐文×四名）を道者に渡し，「為替日記」に記帳する。③道者は，お金と引き換えに「一札」を渡す（一札は，翌日の日付のものも見られる），という仕組みになっている。

為替日記②の記載形式は，前記の通り，

「八文め　肥前大むらとミ松山円満寺かハし　七月十日
　同道四人　」（三重県 2005，370）

である。

図表6-5　取引・一札・為替切手，三者の関係（上が写真，下が翻刻文）

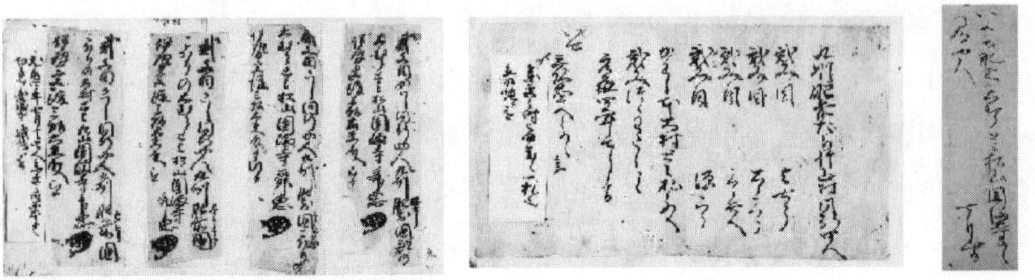

(付箋)「十三三有」「よ一札切手有」
八文め　肥前大むらとミ松山円満寺かハし　七月十日
同道四人

②国々御道者日記，26頁の3件目の取引
三重県 2005，370
（野田耕一郎氏所蔵，松阪市郷土資料室寄託）

九州肥前たら竹山村同行四人
(付箋)「二十三」　二文目　与七郎
二文目　太郎三郎
(付箋)「よ彼杵郡 大村元亀四年 参宮帳ニ有 切手四枚」　弐文目　三郎兵へ
弐文目　源三郎
かわし本大村とミ松とのへ弐文つ(目脱カ)、わたし申候
元亀四年七月十日
いせ三頭大夫とのへ　参
〔参宮之時被書置候一札也、参帳ニ有〕

③一札（御旦那証文，22丁目）
三重県 1999，280
（神宮文庫所蔵）

弐文目かハし、同行四人　九州肥前国郡の大むらとミ「源七郎」(ママ)
松山円満寺　舜恵（花押）
伊勢宮後三頭大夫殿　まいる

弐文目かハし、同行四人　九州肥前国こほりの大むら「三郎兵衛」
とミ松山円満寺　舜恵（花押）
伊勢宮後三頭大夫殿　まいる

弐文目かハし、同行四人　九州肥前国こほりの大むら「太郎三郎」
とミ松山円満寺　舜恵（花押）
伊勢宮後三頭大夫殿　まいる

弐文目かハし、同行四人　九州肥前国こほりの大村と「与七郎」
ミ松山円満寺　舜恵（花押）
伊勢宮後三頭大夫殿　まいる

〔元亀四年七月十日、四人参宮之時、国本合之切手也、円満寺、賦帳ニ有〕

①四枚の為替切手（御旦那証文，23丁目）
三重県 1999，280-281
（神宮文庫所蔵）

ここで，「肥前大村富松山円満寺」が，替本である。この場合，四名の道者は，国元（肥前国）で，替本に為替の代金を支払い，旅に出ている。すなわち為替の「前払い」である。なぜ，そのことが分かるのか。久田松によると，それは「一札」に，「かわし大むらとミ松とのへ弐文つゝわたし申候」（三重県 1999，280）と「わたし申候」と書かれているからだそうである。これに対して，例えば，切手に「於国元銀三文目渡可申候也」（三重県 1999，274）と「可く」が挿入されているのは，現金の振込みが未だ行なわれていないことを意味しているとして，この場合は「後払い」であるとしている（久田松 2004，274-

275)。久田松は，こうした一札や，切手の文言から国元での前払い「前納」，伊勢での前借り「後納」を分類し，為替利用者全38件・112人中，10件の26人が前納，11件の25人が後納，残り17件・61人は不詳であると述べている（久田松2004，277)。この「前納」，「後納」を西洋式の複式簿記的に考えるなら，前者は，預り金の返還，後者は，貸付金の取引となると思われる。

それでは，最後に「為替日記」中，為替取引ではない残りの8件は，どういう取引か。久田松は，「かハし」の記述がない記帳項目は，「御初尾」・「神楽料」と受入金の内容が記されている受取金記帳と思われる（久田松2004，242）としている。ただ，これらの取引について会計的に考えるなら，「御初尾」の記帳には，「乀」印が付いているし，「神楽料」には，「折紙有」と付されている。前述したように，「乀」は，返済を表し，「折紙」は，支払手形と考えられるので，これらの取引は最初に記帳された段階では，未収であったのではなかろうか。したがって，貸付金や売掛金取引と同じ債権取引，と考えられる[16]。

以上，『国々御道者日記』について考察してきた。史料の不足と，筆者の浅学ゆえ，全文を十分に解釈できたわけではない。しかしながら，この「日記」が，「初穂料」の受け取り・貸し付け・為替の受払いの記帳など，種々雑多な取引を記帳する金銭出納簿（金銀出入帳）であるということが理解できる。そしてもう一つ重要な事柄は，近世の帳合法（和式簿記）の代名詞となる「大福帳」という言葉が使われているということである。すなわちこの時期にすでに日記＝大福帳という図式ができあがっていたということであり，日記から和式簿記が発達していった何よりの証拠となるのではないかと筆者は推論する。近代に入り西洋式の複式簿記が導入されて以降，和式簿記は，「どんぶり勘定」，「ごちゃ混ぜ」で，「非合理的」というありがたくないイメージができあがってきた背景には，こんなところにあったのかもしれない。しかしながら，これまで述べてきたのように，和式簿記は近世に入り飛躍的に進歩するわけであるが，それに関連したことは次節で取り上げる。

さて，御師を商人と見るならば，この『国々御道者日記』は我国で現存する最古の商業帳簿ということになる。確かに，御師が行っていた宿泊や貸し付けなどの業務は，実質的には商業活動としての面を有し，御師の権利も株化し，売買の対象になっていった。また，三重大学の武藤和夫も御師を伊勢商人としている（武藤 1965, 19–25）[17]。しかしながら，御師は，元来，権禰宜（ごんねぎ）という神職であるので，一概に商人といっていいかは問題であると思われる。したがって，商業帳簿であると言い切るには，難しい面もある。

4　日記の発展過程

それでは，以上考察してきた日記が，中世末期から近世にかけての移行期にどのように発展していったかについて見ていきたいと思う。そのために以下，三種類の日記のパターンを紹介する。

まず，慶光院文書（神宮徴古館所蔵）の中にある伊勢神宮の式年遷宮[18]に関係した二つの日記，図表6-6の「遷宮料の請取日記」と，図表6-7の「内宮遷宮料の萬渡日記」がある。両方とも慶長九年（1604）のものであり，前者は，伊勢神宮の式年遷宮のための収入を（一部支出もあり）記したものであり，後者は，式年遷宮のための費用を大工，鍛冶などに支払ったことを記入したものである。前者は，金子で書かれ（ただし内宮のためのものか，外宮のためのも

図表6-6　遷宮料の請取日記

（表紙）
「慶長九年八月吉日　〇（黒印）
御せんくうの日記　うけ取ひかへ有」
うけ取申御せんくうのかね之事
合金子五拾枚也、但此内弐枚者
山口まつりにさいしゅ殿江御渡シ候
慶長九年八月廿一日　内宮 慶光院
長野蔵丞殿　まいる
請取申御せん宮のかね之事
金判金五拾枚也
慶長九年九月廿一日　いせ 慶光いん
ひなた半ひやうへとの
なかのくらのせうとの

出典　三重県 1999, 922–923

図表6-7　内宮御遷宮料の萬渡日記

（表紙）
「慶長九年
内宮御せんくうよろつわたし日記
壬八月吉日
慶光院　〇（黒印）」
壬八月五日
一、弐拾石　（荒木国氏昇）作所八祢宜
同五日
一、八拾石　大工頭たくミ
同八日
一、廿弐石五斗　同作所へ
同八日
一、四十弐石五斗　鍛冶衆大炊盤（たいや）
同八日
一、百廿石　大工頭たくミ衆
同八日
一、拾三石　又此内壱石六斗うんぎやうれう 同此内五石 土やへ渡申候　神の御柱

出典　三重県 1999, 924

のか，両者のためのものであるか不明)，後者は，石高で書かれているが，このような日記から，伊原今朝雄が結解状であると主張する諏訪大社の「上諏訪造営帳」（井原 2006，122)[19] のような収支決算書が，作られていた可能性もある。それはともかくとして，同じ式年遷宮のことを記入した日記でも，「○○日記」というふうに，目的別に，日記が分かれていることに注意する必要がある。前節で考察した『国々御道者日記』は，為替の受払い，「初穂料」の受け取り，貸し付けなどの関わる取引をすべて記入していた。すなわち，この時点で，日記の分化が進んだということである。

一方，慶光院文書の中には，上記の他にも同じ時期（慶長 9 年，10 年）の「内宮御遷宮金子渡帳」（三重県 1999，921)，「内宮正遷宮金銀米の渡帳」（三重県 1999，921–922)，「内宮御遷宮ニ付判金五拾枚請取申候はらいくち之帳」（三重県 1999，923）というような古文書も含まれている。これらは，図表 6–7 と同じような様式で書かれ，式年遷宮の費用の支払いに関する，いわゆる和式簿記の支出帳簿であるという点で共通し，東京大学史料編纂所所蔵影写本で確認する限りでも大差がないように見える。これはどういうことであろうか。同じような和式簿記の帳簿でも，片方は「○○日記」であり，もう片方は「○○帳」というタイトルが付されている。このことを考える上で，次の史料をご覧戴きたい。それは伊勢市の大湊町振興会が所蔵する天正 2 年（1574）の「船々取日記」（図表 6–8）と，永禄 8 年（1565）の「船々聚銭帳」（図表 6–9）である。前者については，前章で考察した。見た通り両方とも冊子状である。これらの帳簿を研究した綿貫友子は，まず「船々取日記」について，「この帳簿には，まず，入津料[20]・入港船の船籍と船主名が登録されており，入津料（舟迎銭）徴収の責任者である番衆によって徴収が

図表 6–8
船々取日記の写真

図表 6–9
船々聚銭帳の写真

（大湊町振興会所蔵　写真提供，三重県）

なされた段階で，その日付や支払い方法（銭あるいは現物）・その船と関わりをもった小宿や問の名が追記されている。入津料は概ね百文」（綿貫 1998，166）であり，「船々聚銭帳」もほぼ同様の書式である（傍点引用者，綿貫 1998，168）と，述べている。すなわち，同じ冊子状のもので，同じ内容が書き込まれ，しかも作成されたのが僅か9年しか違わないものが，一方のタイトルは，「○○日記」であり，もう一方は「○○帳」と付されている。

上記のことを考える上で，もう一つの例を掲げたい。これが，三種類の日記のパターン第3である。それは，伊勢の御師，橋村大夫の25冊の『御参宮人帳』（天理大学付属天理図書館所蔵）である。これについても久田松が調査研究しており，参宮者からの宿料・初穂料収入を克明にした金銭帳簿であることを明らかにしている（久田松 2004，336）。久田松は，これらのうち大永5年（1525）の『御参宮人帳』について，小字の注記による補足説明で，次のような非常に興味深い記述をしている。

> 「表紙には『大永五年乙酉正月御参宮人帳』とあり，中表紙には『御道者之日記也　大永五年乙酉正月吉日』ともある。橋村家文書の三冊の『御参宮人帳』の末尾に『元禄五壬申年裏打』とあるので，この文書群は<u>元禄期に裏打ち補修</u>が行なわれている。その際に外表紙が新たに付けられ，もともとの表紙は中表紙となった。従ってこの大永五年参宮人帳の本来の記録名は，中表紙の『御道者之日記也』であった。同様に慶長十二年（1607）の参宮人帳の中表紙にも『御道者之日記也』とある」（傍点・下線引用者，久田松 2004，6）。

もちろん久田松は，会計学の研究者ではないので，日本史の研究者の良心からこの帳簿の形状について補足したものと思われる。しかしながら，蓋し，これは，和式簿記発達の解明に繋がる重大な記述ではなかろうか。ここで元禄期に裏打ちと書かれている三冊の橋村家文書とは，天正17年（1589）の『筑後国・肥前国・肥後国御祓帳』，慶長14年（1609）の『肥前国・肥後国御祓配帳』と，天正15年（1587）の『筑後国・肥前国・肥後国郡之帳』である。このうち図表6−12は，天正17年のものの裏表紙である。「元禄五壬申年裏打」

とある。久田松の指摘によれば，これは，元禄5年（1692）に橋村大夫の文書が一斉に，補修されたことを意味するものである。もしそうであるとするなら，次のような結論が導かれると考えられる。すなわち，大永5年（1525）の『御参宮人帳』の外表紙（図表6-10）には，「大永五年乙酉正月御参宮人帳」というタイトルが付けられているのに対して，中表紙（図表6-11）は，「御道者之日記也」と付されている。この（外）表紙は，元禄5年に新たに付けられたものだという。ということは，大永5年の時点に，「日記」と呼ばれていた金銭帳簿が，元禄5年には，「○○帳」と呼ばれるようになっていたという何よりの証となる。

ここで図表6-13をご覧戴きたい。本節の考察から分かることは，和式簿記の帳簿は，古代の出挙帳の流れを汲みながらも，中世には「日記」という呼び名で記帳されていた。それは，おそらく最初は『国々御道者日記』のように貸付を含む種々雑多な取引を記帳した単一のものであった。それが時代を経るに従い目的別に「○○日記」というふうに分割され，複数作られるようになっていった。さらに，16世紀の半ばには，同じような和式簿記の冊子が，あるものは「○○日記」，またあるものは，「○○帳」という標題で作られるようにな

図表6-10
御参宮人帳の表紙の写真

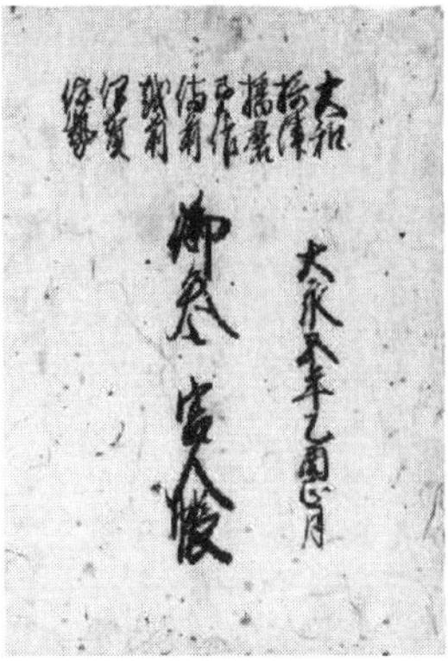

図表6-11
御参宮人帳の中表紙の写真

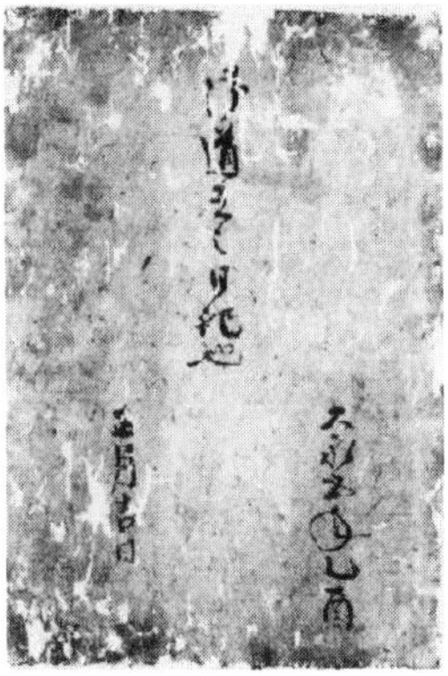

図表6-12
御祓帳の裏表紙の写真

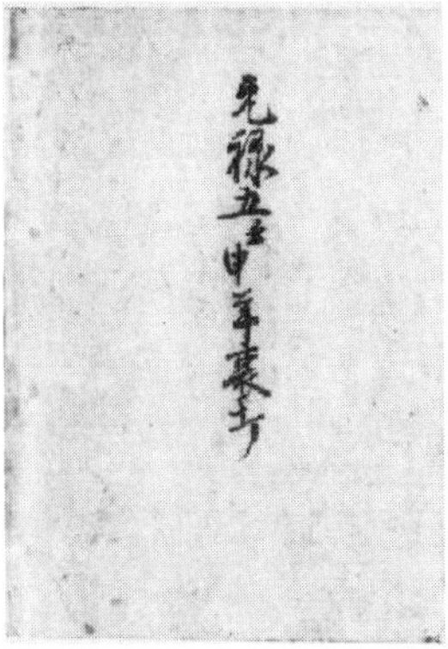

（天理大学付属天理図書館所蔵）

図表6-13　日記発展のイメージ図

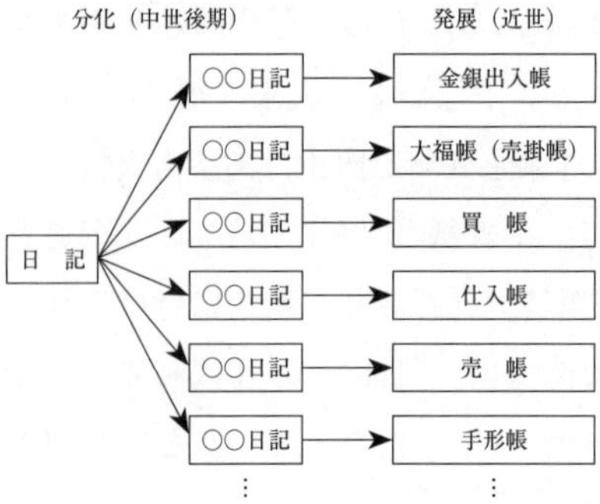

っていた。そして，近世（江戸時代）に商品経済や貨幣経済が発達し，（「日記帳」は「日記帳」のまま残ったものもあるかもしれないが），目的別（機能別）に分割されていた「○○日記」が，「金銀出入帳」であるとか，「大福帳（売掛帳）」，「仕入帳」，「売帳」，「買帳」などの諸帳簿に発展していったのではないかと考えられる[21]。

5　お　わ　り　に

以上，本章において，日記と和式簿記の関係について考察してきた。その結果，第2節では，荘園年貢の決算報告書制度において，日記が原始簿として機能している事例を検討した。また，第3節では，日記が，「貸付簿」ないし，「貸し付けを含む金銭出納簿」として機能していることをみてきた。そして，第4節では，その日記が，中世から近世に移行する中で分化し，和式簿記の諸帳簿に発展していったのではないかという結論に到達した。このことを考慮に入れ和式簿記の発達の流れを図示すると，図表6-14のようになる。今回の考察で明らかになったことは，中世における決算報告書と台帳（原始簿）との関係である。前回までの考察では，それ（網掛けの部分）が，今一つはっきりしなかったように思われる。今回，大井庄の結解散用状などの考察により，日記を基として荘園の年貢の決算報告書が作成されていること（網掛け部分）がはっきりした。第4章で，この図を表した時には，「？」マークを付けていた箇所である。

室町時代語研究の第一等史料といわれ，永禄6年（1563）成立の玉塵[22]には，「ケツケ筭用ノ日記帳ヲ簿ト云ソ」（傍点引用者，中田1971，504）と書かれている。この場合の「ノ」は，結解状・算用状と日記帳が，イコールである

図表 6–14　和式簿記の発達の流れ（その 2）

	古　代	中　世	近　世
決算書報告書	正　税　帳	荘園の散（算）用状・結解状，寺院の納下帳	算　用　帳
関係	↑（作成）	↑（作成）	↑（作成）
商業帳簿，台帳（原始簿）	出挙帳	日　記（帳）→ 分化	現金出入帳・大福帳（売掛金元帳・総勘定元帳）・売上帳・仕入帳等
	銭借用録帳	土倉帳，荘園・寺院の日記，御師の日記など	

か，または，日記帳から結解状・算用状が作成されると解してよいのではないかと思われる。いずれにしても，その「日記帳」が，帳簿の「簿」とイコールであることを指摘している。すなわち，和式簿記の起源の一つと考えられる年貢の決算報告書に関係する「日記帳」を，特に「簿」といっているのである。ここに，和式簿記と日記帳の関係をみることができる。実際，第 2 節で考察した「大井御庄　注進貞和五丑歳石包・別相傳色々結解散用状事」は，ある項目については日記から転載されていることが確認できた。

また，1603 年に，日本イエズス会によって刊行され，実質的には，中世末期の用語を集めた，我国初の本格的な外国語の辞書である『日葡辞書』によると，「Nicqi. ニッキ（日記)」とは，「毎日記入する帳簿」，「Nicqini noru.（日記に載る)」は，「ある帳簿に記載される」（共に，土井・森田・長南 1995，462）と説明されている。ここにおいて初めて，公式に帳簿という語が見出され，和式簿記と日記[23]との関係性を指摘できる。

ここで確認しておかなければならないことは，「日記」と，「日記帳」の区別である。現代人の感覚からすると「日記」=「日記帳」である。しかしながら，「日記」は，あくまで記録の内容であり，「帳」は物質の名称である。そもそも「帳」とは，「帷（とばり）のこと。…部屋の上から垂れ下げて隔とするのに用いる布帛」（遠藤武 1988，562）のことである。それから転じて，一枚の紙なども帳というようになったのではないかと思われる。したがって，古代の正税帳や出挙帳といっても，冊子ではなく（たとえそれが貼り継がれたものであっても）

一枚の紙である。おそらく日記も，一枚ないし貼り継がれた紙に書かれたのであろう[24]。また，暦にも書かれていたようである。筆者も斎宮歴史博物館の特別展で，実物を見る幸運に恵まれたことがあるが，藤原道長の有名な「御堂関白記」は，具注暦に書かれていた（荻野 1985，505）。また，大井庄の結解散用状に転載された日記は，当時，紙は貴重だったことを考えると，おそらく反故紙か何かに書かれたものではなかろうか。

ところで，平安後期の貴族社会では，何事にも先例が重視されるようになり，先例を多く知っている者が有識として評価される時代であった（松薗 2011，5）。そのため，「平安・鎌倉時代の公卿は，儀式・典礼などのことを詳細に記し，それがためには他人の日記まで借りて脱漏のないようにした人もあった。<u>これは自己の子孫がこれを典拠として，処世のためさらには出世のために資するのが目的</u>であった」（傍点・下線引用者，荻野 1985，505）。先の「御堂関白記」もこの類であると思われる。すなわち，日記に書かれていることは，その貴族の子々孫々の安定と発展をもたらすものであり，元手である。経済学の用語でいえば資本であり，会計学の用語でいえば**「無形固定資産」**である。そういう意味において，昔から日記に記入される事柄は，資産（又は，その変動）であったといえるのではなかろうか。

さて，日記についてもう一つ次のような事がいえる。すなわち，東洋の古書の古い装丁は，巻子本（かんすぼん）という巻き物の形をしたものである（長澤 1983，856）。しかしながら，その巻子本は，閲覧に不便なので，冊子の装丁に変化していった（福井 1985，378）と考えられる。時代が下り，その冊子状のものも「帳」と呼ぶようになっていったのではなかろうか。少なくとも16世紀の中ごろには，日記も冊子に書かれ，「日記帳」と呼ばれるようになった。その「日記帳」で，貸し付けなど商業と関係したものは，大きな福（富とか利益）をもたらすという意味で「大福帳」と呼ばれるようになっていたのではなかろうか。そしてそれは，近世（江戸時代）になると，特に商人たちの手によって飛躍的に進歩した。最初は，単に金銭の出入りを書留でおくだけのものを「日記」と称したのではないか。商人の中には『国々御道者日記』のように種々雑多な取引を記帳していたものもあったであろう。それが次第に「〇〇日記」と目的別に分化し，近世には「金銀出入帳」，「大福帳（売掛帳）」などの名称で呼ばれる諸帳簿になった。そして豪商の中には複雑な帳簿組織[25]を持つものも現れ，「算用帳」と呼ばれる決算報告書作成のための原始簿にまで発展していった。その頃になって，「帳簿」とか，「帳面」などの呼称が登場したと思われる[26]。

さらに，日記そのものが決算報告書になったとも考えられる面がある。「大井御庄　注進貞和五丑歳石包・別相傳色々結解散用状事」の端裏書には，「大井御庄貞和五丑才石包・別相傳色々結解散用目安日記」と「日記」と書かれていた。中世室町期において「日記」には，「品物などを記した目録」（傍点引用者，室町 2000，472）という意味もあった。また，『日葡辞書』の原本には，「Nicqi」の第一の意味として，「Rol」と出ている（亀井孝 1978）。この意味をポルトガル語辞典で引くと，「表，名簿，目録」（池上・金七・高橋・富野 1996，1076）とある。こうしたことからも，「日記」=「目録」であるとも考えられる。そこで思い起こされるのが，「算用目録」という言葉である。第2章でみたように，特に伊勢商人などは，決算報告書のことを「算用目録」と呼んだ。このことは，原始簿ばかりでなく，決算（報告）書までもが「日記」と関係があるという証拠ではなかろうか。おそらく，決算（報告）書が日記から作られるので，決算（報告）書そのものも「日記」とか，「目録」という名称が付されるようになっていったのではなかろうか[27]。

最後に，今回の考察を通しての筆者の感慨は，和式簿記の発達と宗教は関係性があるという点である。前章において，和式簿記は古代の律令制度に始まり，それと関係して仏教，特に禅宗の影響が強いのではないかということを主張した。本章で取り上げた史料は，伊勢神宮に関係があるので，仏教だけでなく広く宗教全体と言い換えることができると思われる[28]。我国には，伝統的に**神仏習合という思想**がある[29]。お金の集まるところに「簿記」というものは発達するものではなかろうか[30]。荘園の領主も宗教勢力である。奈良の都を中心として萌芽した和式簿記は，宗教勢力のもとに全国へ伝播していった。また「お伊勢さん」，伊勢神宮は古来より都と行き来もあったし，全国からの参拝者も多かった。そのような状況から，和式簿記が全国へ伝播していったのではなかろうか。また，中世という時代は，仏教などの宗教が民衆に広まった時代であると考えられる[31]。それと共に，和式簿記も民衆に広まっていった。そして，江戸時代の帳合法として飛躍的に発展する土壌ができていったと考えることは十分可能である。

現存する我国最古の商業帳簿である伊勢富山家の「足利帳」と「羽書仕入帳」の表紙には，「伊勢太神宮」と「五大力菩薩」と書かれている[32]。こうした事を，自らの帳簿の表紙に書くということは，当時（近世初期）の商人には，神仏にご利益を求めるようになってきていたからだと思われる。

注

1　この榎原論文については，東京大学史料編纂所中世史料部の山家浩樹氏から，筆者の研究と関係があるのではないかということで紹介を受けた。内容をみると，まさに前章の研究を裏付け，強化するものであると確信し，研究を開始した。山家氏には，心より感謝申し上げる。

2　「注文とも勘録状ともいう。古文書の一形式。事物の明細を注記し上部機関に提出する書状」（高柳・竹内 1995，627）。

3　岐阜県史には，「中世荘園の年貢の散用状（決算書）は大体のきまりはあっても，通例それぞれ荘官が自由に作成していて，当事者以外は意味の読みとりにくい部分が多い。大井荘の場合も例外ではないが，40年以上の長期にわたり在任した下司代堯円の作成した石包名・別相伝の散用状はその形式が一貫しており，その間の数値の変動を追うことにより大井荘の変遷をうかがうことができる」（岐阜県 1969，392）と説明されている。なお，下司とは，「荘園の現地にあって，実際に荘務を行なう荘官。在京の役人である上司に対していう。在地の地主が所領を寄進し領主から任じられたものが多いが，領主から派遣されたものもある」（高柳・竹内 1995，314）。大井荘の場合も，正応2年（1289）以後から，下司職が東大寺の僧に継承されていくようになった（岐阜県 1969，374-375）。

4　この貞和5年分の散用状の経費はカタカナで書かれているものが多いので分かりにくいが，他の年度分は，漢字で書かれているものが多いのでそれらを参考に経費の内訳を見ると，まず見出しに「御使下向」とあるので，監査か視察などのために領主から派遣された使いに対する接待費用と考えられる。次に「草手」は，雑草刈りの費用か何かだと思われる。それ以外にも，「帋代」（紙代），「子アソヒ」（子守の費用か），「百姓中節饗ノ代」，「布施」，「酒肴代」等の他，結解（決算報告）のための旅費・宿泊代も挙げられている。

5 「荘園制化で運上とは，年貢を中央領主などに，運送して貢納することをいう。納入者と受領者の間にある程度の空間距離の存在を前提としており，したがって地頭などの現地領主への納入などには，あまり使用しない。」(新城 1980, 203)。

6 「向氏は，賀太荘の刀禰公文の家柄であり，年貢・公事徴収の実務に携わっていた」(伊藤 1991, 65)。

7 「引物之色々」とは，荘園運営に必要な公的費用。賀太荘では，「御倉付」,「夷祭」,「網祭」,「池立用」,「寺社湯屋橋修理料」,「文料(ふりょう)」,「御神楽」や祇園祭りの祭礼費用，神事用途，薬師講の費用などである（伊藤 1991, 50–51)。

8 「古代・中世において人間を客体とする賦課を公事，土地を客体とするものを年貢といった」(高柳・竹内 1995, 285)。賀太荘の領家の徴収する公事は，「網銭(あみぜに)」,「夏木代」,「花代」,「浦永京上銭」,「塩銭」,「冬木代」で，地頭の公事としては，「公事代」,「網銭」,「花代」,「塩代」などが見られ，領家は地頭に比べて年貢高はずっと多いが，公事銭額は少ない。刀禰公文は「月別」2 貫 500 文を徴収した。これは，守護に納入する段銭であったらしい（伊藤 1991, 50)。

9 惣とは,「南北朝時代から室町時代にかけて現れた農村の自治組織」(高柳・竹内 1995, 554）のことである。

10 御師とは，神職の名である。御祈禱師より轉じた名稱であろうともいい，伊勢神宮を始め，熊野・白山などの諸社に御師があつた（ただ，伊勢神宮の場合のみ「おんし」と発音し，他は「おし」=引用者)。御師の發生はおそらく王朝時代であろうが，文書に最も多く見えるのは中世であって，此頃には，祈禱(きとう)よりも旅宿業が重要視せられた觀がある。また，經濟的利益が附随するところから，一種の株となった（堀江 1940, 173)。ルイス・フロイスは，本国に送った報告書で「同所（伊勢神宮=引用者）に行かざる者は人間の数に加へられぬと思ってゐるやうである」(村上訳・柳谷編 1969, 46）と，述べている。中世末の戦国時代にこのような状況になった背後には，御師の活動があったと考えられる。西川順土氏も,「一般庶民が天照大神についての知識を持つにいたったのは，平安末から鎌倉時代にかけての御師の活動を中心にして漸次知られるようになっていったと考えられている」(傍点引用者，西川 1975, 15–16)，と述べている。近世に入ると御師の数も大幅に増加していった。小林計一郎氏によると，享保 9 年（1724）には，外宮だけでも 615 軒（小林 1977, 48）に達していたそうである。また，藤本利治氏によると，天明 6 年（1786）頃には，日本全国のほとんどの家が御師と師壇関係を結んでいたことになるほど，御師の組織率は高かったそうである（藤本 1988, 150–151)。明治 4 年（1871）に明治政府によって御師の制度が廃止された時，伊勢の全戸数の半ばが失業者となる（矢野 2002, 13）ぐらいに，御師は経済力を蓄えていた。

11 前半と後半では，記入されている道者の居住地域が「越前国」と,「肥前国」とそれぞれ異なるし，前半の最後の行が書かれた次の頁から5頁ほどが空白の頁になっており，後半は，新しく左側の頁から始まっている。三重県史編さん班の小林秀氏は，別々の文書を後に合わせたのではないかと述べておられる。

12 千枝大志氏も，「御師は，檀家に御祓や土産（伊勢暦など＝引用者）を贈答することでその見返りとしてのいわば対価として初穂料等を金銭で受け取るのが通例となっていた」（千枝 2011，197）と述べている。

13 「こり」は，「水ごり」などのいう時に使う「垢離」，「神仏に参拝するに際し，水浴して心身を清めること」（福田・新谷・湯川・福田・中込・渡邊 1999，654）からきているのではないかと思われる。近世に，御師が配布していた御祓の御札を「御祓大麻」といい，祈りの回数に応じて，剣先祓，千度祓，五千度祓，万度祓といい，多いものは箱に入れられていた。「こり」とは，「御祓大麻」のことではないかと考えられる。

14 我国では，かなり早い時期，南北朝時代から為替が利用されていたことについては，第3章で述べた。伊勢の参宮に，為替が利用されたことについては，かなり早い時期に平泉澄氏が指摘している（平泉 1926，198-206）。また，小西瑞恵氏は，橋村大夫の「越後からの布施料はすべて為替によって伊勢に送られたものである」（小西 2000，207）と，述べている。

15 この『御旦那証文』の切手については，これまでも西川順土氏（西川 1976）や，横山智代氏（横山 2000）等によって，詳細な分析が行なわれている。しかしながら，『国々御道者日記』を紹介し，「為替日記」との関係性を指摘したのは，久田松氏が初めてのことで，氏の業績であると思われる。

16 この他にも，「田三段永代御きしん候，国にてさいそく可申候」（三重県 2005，368）という記帳が見られるが，「さいそく可申」と，完全には所有したことにはなっていないように感じる。

17 神人や僧侶が商業活動を行っていたことについては，平泉澄氏が早くから指適していた（平泉 1926，173-174）。三重大学の武藤和夫氏は，御師を伊勢商人の一つとして揚げられた（武藤 1965，19-25）。また，西山克氏も，御師には，旅籠屋・祈禱師・商人・金融業者など多彩な面貌を持つ（西山 1987，6-7）と，述べられている。新城常三氏も，「永年御師として蓄積した富と伊勢の立地条件を利用して，商業資本に投下して商人化した。…祈禱料・宿泊料等により蓄積された富は，商業資本化，高利貸資本化されて，御師はますます富強化する」（新城 1982，180）と，その商人性を強調される。確かに，久保倉大夫，三日市大夫など，商人を連想する名称の御師が多い（大夫は五位の通称であり，権禰宜が五位であったことから，御師を○○大夫と呼ばれるようになった）。窪寺恭秀氏も，幸福大夫の出自について，「或るとき『コフク』という下女が質屋を営み富貴になったので，諸国の道者を買い集めて次第に御師になっていった」と述べておられる（傍点引用者，窪寺 1999，21）。さらに近年，宮本常一氏の弟子の民俗学者で，現在，旅の文化研究所所長の神崎宣武氏も，「御師を元祖総合旅行業」と仮定しておられる（神崎・門・中牧・兼田・櫻井 2010，39）。

18 伊勢神宮においては古来20年を式年と定めて，社殿を造替し，遷宮の儀礼をあげられてきた。持統天皇4年（690）に第1回遷宮が行なわれ（小島 1985，314），平成25年（2013）には，第62回式年遷宮が行なわれた。「式年遷宮には，それに先だつ殿舎の造営と神宝・御装束の調進とに，巨大な経費を要する。古代には専ら国家によって営まれた。中世に入ると，役夫工米という全国的な荘園の課役によって調達されたが，戦国動乱の世にはそれが不如意となり，ついに両宮ともに120余年にわたって中断を余儀なくされた。やがて近世初頭，慶光院清順・同周養の献身的な勧進と織田・豊臣両氏の造営費献進によってその復興を見，江戸幕府もこれを承けて幕府がその経費を支弁した」（下線引用者，小島 1985，316）。図表9，図表10は，その慶光院が慶長14年（1609）の式年遷宮のための金銭の出し入れを記入した日記であると思われる。上野秀治氏は，「作所要例控」や「両宮御造営御下行并諸入用積書」から，費用の分析を行われている（上野秀 2012，182-191）。なお上野氏によると，江戸幕府は，神社の中でも伊勢神宮は特別な神社であるということで全面的にバックアップした。式年遷宮に際しては，三万石程度の米金を拠出し，紀州藩・尾張藩から，材木の提供をしていた（上野秀 2012，198）とのことである。

19 「上諏訪造営帳」については，『信濃史料』第十四巻（信濃史料刊行會 1968，272-300）に翻刻されている。造営帳の構造は，造営箇所ごとの，収入項目，支出項目，残額（「引殘」・「余錢」・「不足」）が記載されている。この中で，「前宮四之御柱」の合計収入の後には，「是ハ天文五年丙申之取日記如此」（傍点引用者，信濃史料刊行會 1968，278）とか，また，「上諏訪方西方大鳥居」では，「前〻者廿九貫三百文請取日記有之」（傍点引用者，信濃史料刊行會 1968，280）などと，日記が作成の基となったような記載が見られる。

20 中世関税の一つ。津＝港において徴収される関税。港や河川の利用料にその起源を発すると看られるので，その名称は，比較的早くから現われる。升米，関銭などともいわれる（新城 1988，820-821）。

21 明治初期，政府が商法編纂の参考にするために，全国に命じて江戸時代の商業帳簿を調査させ作成した『商事慣例類集』第一篇（明治16年（1883）7月印刷）を見ると，東京，大阪，京都，神戸の諸都市の商人の帳簿は，大体7～9種の帳簿を基本としている。大阪を例に取ると，大福帳，買帳，賣帳，注文帳，仕切帳，金銀出入帳，荷物渡帳，7種を「商業上欠クヘカラサルノ帳簿」（58-63頁）とし，「賣買帳ノ兩帳及ヒ金銀出入帳ノ三種ヲ以テ緊要トシ之ヲ大福帳ニ於テ惣括スル」（64頁）としている。つまり売上帳，仕入帳，現金出納帳が重要であり，最も重要なものが，それらの帳簿を統括する売掛帳（大福帳）であるということである。大福帳が，最も重要であることは，これまでもさんざん述べてきた。しかしながら，取引を時系列的に把握するため本来の「日記帳」も残ったのではないかと思われる。例えば，東京などでは，「當坐帳」と称した日記帳が在り，「此帳簿ハ西洋諸國ニ行ハル丶單式記簿法ノ所謂日記帳ナルモノト全ク其用ヲ同フスト云フ」(33頁）と述べられている。安藤英義氏は，イギリスの簿記書では，仕訳帳（journal）が副次的であることを紹介されている（安藤2001，27-28)。この“journal”の一般的な意味は「日記」(岩崎・小稲1971，830）である。ある意味，和式簿記もイギリスの簿記の帳簿組織と同じように発達したのかもしれない。

22　室町時代の抄物の一つ。惟高妙安著。55巻。元の陰時夫が編んだ韻書「韻府群玉」の冒頭から第六の巻七まで全体の三分の一弱について注釈・講述を加えたもの。口語的な言葉遣いで書かれており，室町時代の日本語資料としての価値が高い（日本国語2001a，523)。出雲朝子氏によると，「数多い抄物の中でも，その量は群を抜いて大きく，言語資料としての価値も高く，室町時代語研究の第一等資料といっても過言ではないと思われる」(出雲1982，9）と述べておられる。

23　和式簿記と関係のある日記は，日々の出来事を記録していく，いわゆる「日次記（ひなみき）」と呼ばれる日記である。この日次記以外の例として榎原氏は，瀧川政次郎氏（瀧川政1967b）や，米田雄介氏（米田1970）の研究を参考にしながら，日次記でない日記として，火事や紛失の事実を記した事発日記，刑事事件の犯人を勘問した記録である問注状（勘問日記)，掟としての日記などについて紹介している（榎原1996，2-11)。

24　郭道揚氏は，中国において会計記録に，「帳」という字が使われるようになった経緯を次のように述べておられる。中国の原始社会では，獣骨，竹，木などの上に記録され，「書契」と称された。商代（中国では殷のことを商という＝引用者)，西周から春秋時代になると，竹片，木片などに記録され，「冊」,「簡冊」,「籍」,「籍書」などと称された。戦国時代中期から，三国・両晋時代になると，「簿」,「簿書」という名称が使用されるようになる。しかし，この時期，「帳」の字と，会計はまったく無関係であったとして，「帳」の源を（1)「供帳」計算した事，(2）民間の「帳簾」とした二つの説を挙げておられる。前者は，古代の皇帝や高位の官吏が視察巡遊する時の，テント・垂れ幕を「供帳」といった。「供帳」の所要費用は，巨大なものであり，一般にこれ専門の計算を必要とした。巡遊の時は，「供帳」に関する全ての収支を会計記録・計算した。これを「記帳」といい，この掲載事項を記録した簿冊を「帳」あるいは，「帳簿」と称した。一方後者は，古代の商人が店を構えて商いする時に，店頭では売買し，奥で会計帳簿に記録した。会計を秘密にするため，「帳簾」と呼ばれる布のカーテンで遮断した。この「帳簾」が後に「帳房」になり，「記帳」になった。唐代になると，紙が会計計算に用いられるようになり，「帳」・「簿帳」と称されるようになった（郭著1984，149-153：津谷訳（上）1988，136-142)。いずれにしても，「帳」の語源は，「帷（とばり)」で間違いないと思われる。おそらく，正税帳や出挙帳の「帳」も中国唐代の「帳」からきているのであろう。

25 滋賀県大津市の堅田という所の元和2年（1616）の船頭（船長）の掟である「近江堅田船頭中掟」の中に，「他所にて小遣之儀，いか様の物をかい候共，其色をよく小日記ニ付，つかひ所，又ハかに遣候使いをもよくつけ，罷帰次第，内ニ居相候侍衆よひ越し，大帳へ付，其小日記にさはき之衆の判を付，…」（傍点引用者，笠松・佐藤・百瀬 1981，230–231）という一節のがある。して，「色」は「品目」，「小日記」は「小帳簿」，「さはき之衆」は「管理する人」という校注者の注が欄外に付されている。つまり，諸支出・諸費用があれば，その買った品目，買った場所（つかひ所），使いに行った者の名前（かに遣候使い）を「小日記」（小帳簿）に付け，それに管理人の判を貰い，「大帳」というものに転記する，という意味に解せる。帳簿組織の萌芽と考えられないであろうか。

26 江戸時代の中期に刊行され，我国で初めての図説百科辞書といわれる『和漢三才事圖會』の「帳簿」の項にも，「…紙レ数綴レ結テ毎日用テ記スレ事ヲ故ニ又名クニ日記トー」（数紙を綴じ，事を記すのに毎日用いる故に，また，日記とも名付けられる）（和漢 1990，255）と記されている。このことは当時，冊子状の帳簿を「日記」と称していた証といえる。

27 江戸時代の豪商の算用帳（決算報告書）には，目録と付くものが見受けられる。三井家では，「大元方勘定目録」，中井家「店卸目録」，小野家「勘定目録」（河原 1977，351–353）など，探せばいくらでも出てくるのではないかと思われる。これらは日記が和式簿記における決算報告書と関係していたことを証明するものであると思われる。また，これも第2章で考察したように伊勢商人の場合，一年に一・二回，江戸店の決算書を，伊勢の本家の主人並びに幹部等の前で披露する「目録開き」（紺野 1935，75）という儀式（一種の決算報告会）が行なわれていた。

28 網野善彦氏によると，中世，「神様に初穂として捧げられたものが，金融の資本になっており，これは，出挙（すいこ）と同じ原理で，神様のものを借りるのですから，利息は絶対に返さなくてはならないわけです。日吉（ひえ）神社への初穂，日吉上分米（じょうぶんまい）と熊野山のお初穂物は，この時代の金融の資本に非常に広く利用されている…」（網野 2009，274）とのことである。したがって，これら神社の貸付のために，当然，帳簿は付けられていたと思われる。

29 仏教を非常に嫌った伊勢神宮でさえ，12世紀に成立した『東大寺要録』には，伊勢のアマテラスが，自ら大日如来の化身であると告げたという話が書かれている伊勢神宮禰宜の延平の日記が載っている（義江 2008，171）。また禅宗に於いても，多田實道氏は，曹洞宗（禅宗）に伝えられている「住吉明神五箇託宣」切紙の研究をされ，神仏習合の思想を明らかにされている（多田 2008）。

30 今回紹介した以外にも，例えば，井原今朝雄氏は，東福寺関係の「納下帳」・「算用状」についての考察を行なっているし（井原 2003，105–114），桜井英治氏も，東寺鎮守八幡宮の「算用状」について言及している（桜井 2004，68–74）。

31 「能」は，室町時代の初めに観阿弥・世阿弥の親子によって完成されたと云われている。これは中学校の社会の教科書にも載っていることである。筆者が調べた8社の教科書のうち，4社は両名を1社は世阿弥の名を掲載していた。それはともかく，筆者は，能楽に造詣が深いとは決して言えない。しかし，そんな筆者から見ても，能や狂言の演目の中に登場する僧や山伏，それに神主が多いことか。このことは，中世の庶民にとってそれだけ宗教が身近なものになっていた証拠ではないかと思う。

32 「五大力菩薩」は，中世，その図像を除災の守札として門戸に貼る風習があった（村下 1993，335)。それにしても，我国最古の商業帳簿にこうした宗教に関係した文字が書かれていたことは，全く偶然のなせる技であるが，何か和式簿記と宗教の関係性を暗示しているような事柄である。

第7章　和式簿記の源流

—東アジアにその源流を求めて—

1 はじめに

第4章において，和式簿記の起源が我国の古代律令社会における「正税帳」と「出挙帳」にあるという結論に達した。すなわち，和式簿記は，「正税帳」という決算報告書と，「出挙帳」（貸付簿）という原始簿が，その始まりであると説いた。しかしながら，「正税帳」と「出挙帳」は，我国にオリジナルのものであろうか。もし，その源流を探るとしたら大陸，すなわち中国と朝鮮半島に目を向けざるを得ない。なぜなら，漢字は中国の発明品であるし，紙も中国からもたらされた。そして何よりも，「正税帳」と「出挙帳」が，律令社会で用いられたからである。周知のように律令制度は，中国から輸入されたものである。律令をはじめ我国の法制史の研究者，瀧川政次郎は，「然し大陸の法律制度が，大河の決するやうな素晴らしい勢いで，我が国に雪崩込んできたのは，大化の改新と史上で呼ばれる孝徳天皇の御代の出來事以後である…大化の改新の際に輸入せられた律令なる法律は，其の母法國なる支那に於いて長き發達の歴史を有するものであって，わが國の律令の本となったものは，主として隋唐の律令である」（瀧川政 1941b，85–86）と述べている。もちろん大森研造も，90年も前に，「我國在來の帳簿が支那より傳來せしものなることは疑ひなかるべく，…」（大森 1921，120）と指摘している。

そこで，本章では中国と朝鮮半島に和式簿記の源流を求め，論を進めていきたいと思う。そこでその手掛りとして，第4章の注14でも触れたことのある，イギリスの探検家，オーレル・スタインが西域探検により持ち帰った「出挙帳」の検討から入ることとする。

2　古代中国における出挙帳

2.1　トルファンの出挙帳

そのスタインが持ち帰った出挙帳について紹介したのは東京大学の大津透である（大津 1998）[1]。大津によると，その出挙帳は，吐魯番（トルファン）出土文書の内，アスターナ三区三号と番号が与えられた墓から出土した文書の中にある。出挙帳は，十数片の紙の断片からなり，大津によると，副葬用の紙靴を形作っていたものであろう（大津 1998，484−485）[2]，ということである。また，紙の質は，西州での官庁文書に一般的な楮紙とみられるそうである（傍点引用者，大津 1998，483）。図表7−1[3]が，大津が翻刻した出挙帳の書き出しである。大津はこの文書について，「多くの人々に粟を支給し，貸与した帳簿であることは一見してわかる」（傍点引用者，大津 1998，488）と述べている。

図表7−1　大津翻刻の出挙帳

（前　欠）
1　衛後善　付［　　］　　衛後善、陳作張従善
2　［王樹立　付粟参㪷［　　］
3　［龍小憙?付粟参㪷身領陰礼　　憙?、陳作姜
4　［翟通礼付粟参㪷身領「陰礼」、、　　翟、陳作管
5　［　］□付粟参㪷身領「里正陰礼」、、、
（縫背「忠　八」）
6　［　］粟参㪷妻曽慈眼領「陰礼」
7　［　］参㪷身領「陰礼」、、、
（後　欠）

出典　大津 1998，478−479

完全に行が残っている4行目について考える。まず，「翟通礼」なる人物に「粟三斗」を「付す」。「付」には，「交付する」，「渡す」，「与える」という意味がある（愛知大学 2010，541）。次に「身領」であるが，これは本人が受取ったという意味であると思われる。「身」には，「自身」（愛知大学 2010，1523）という意味があり，「領」には，「受け取る」（愛知大学 2010，1086）という意味があるからである。ただし，受領に

ついては，必ずしも本人ばかりではないようである。例えば，6行目に目をやると，「妻曽慈眼領」という記載がある。妻が代理で受領したものと思われる。大津は，実際には当人が受領しない場合があり，母・男・兄弟・表兄・継父・妻などの親族が代理受領している場合も多く，里正[4]に支給した例が数例ある（大津 1998，488）と，述べている。

次に「陰礼」であるが，大津によると，別筆だそうである。5行目に「里正陰礼」とあるところから，「陰礼」は，「里正」であり，「里正」が出挙に立会い署名しているとのことである。

また，最後の「、、」は，「翟通礼」自信が，受領の署名代わりにした画指[5]だそうである（大津 1998，488）。また，¬型の標は，我国の古代や中世の文書にも見受けられる。例えば，第4章で考察した**3.1**の「図表4–5　出挙木簡」や4の「図表4–8　天平勝宝二年（750）借用銭録帳」にも，同じような¬型が付けられていた。また，第5章5の「図表5–7　船々取日記」で見たような，「⌐\」のような標がつけられている。他にも大湊文書の「古日記」（三重県 2005，580–585）や瑞光寺文書の「万松山永明禅寺懺法僧衆帳」（三重県 2005，136–141），それに「道者日記」（三重県 2005，364–366）など例を掲げれば限がないように思われる。さらにこれは，近世にも繋がる標であると考えられる。第2章**4.2**の「図表2–9　田端屋（田中家）覚」で見た「合点」にそっくりである。

大津は，「支給したあるいは返納されたことを支給者側が確認したチェックであろう」（大津 1998，488）と述べているし，池田温も「勾の意味する所は必ずしも明瞭ではないが，借穀の返済に際し還穀還流のチェックとして勾される場合が少なくなかった点は推察に難くない」（池田 1987，385）と述べている。当文書を見ると，¬型が付いているものと付いていないものがある。蓋し，この標は，現金などを確かに受領したとか，貸したものの返済を受けたことを表すものではなかろうか。これらの史料からだけでは，¬型が，受領を表すものであるか，返済を表す記号であるのか。前章の我国の「道者日記」では返済を表わすと結論付けた。しかし，ここ（中国）では，早々に結論づけることはできないように考えられるので，第4節の「唐代の質屋の帳簿について」で，述べる。

ここで，再度4行目を通して解釈するなら，「翟通礼に粟三斗を（出挙粟として）渡し，本人が受取った。その時，里正の陰礼が，立ち会った」というような意味になるものと思われる。

大津の復原した文書には，このような形式で不完全なものも入れて49名分の記載がなされている。

なお，この他，当文書で気になる所は，5行目と6行目の間の点線部分の下に，縫背に「忠　八」と書かれている。大津は，「忠」は，倉督の署名で，紙の繋ぎ目に，支給する側の州（郡）の倉督がチェックしたのであろう（大津1998，488-489），と述べている。したがって，「八」は，8枚目と9枚目のつなぎ目という意味であろう。

それでは，この文書は，一体いつの時代のものであろうか。大津は。この文書に記載されている人名と，他の吐魯番出土文書中にみえる人名を検討することによって，本文書群の年代を，開元27，28年[6]など開元末年を中心とする前後と推定している（大津1998，486-488）。

以上の考察から大津は，「本文書群は，西州の州倉における倉督が管理した文書で，西州おそらく高昌県の百姓に，所属里正立ち会いのもとに粟を貸与した帳簿で，公的な官文書であると考えることができる。紙縫背に『忠　十四』とあることから，最低でも十五紙に及ぶ長大な帳簿であったことがわかる。最初に百姓の人名のみが列挙された帳を里正などが作っておき，倉督など州倉など州倉担当者が支給額を書いていき，受領者が当人なら『身領』，代理人（親族か里正）の場合には『付○○領』などと書き，そこに受領者が画指（時に署名）し，さらに里正が確認して署し，さらに里正などに付した場合には担当官が『忠』『従』など署名して文書が作成されたと推測できる。最後に倉督または倉史が帳の紙縫に『忠』と継目の数を『一』から順に付して整理し，州倉が管理したものと考えられる」（大津1998，489）と述べている。そして，本文書を**「開元年末前後西州高昌県粟出挙帳」**（以後，**「開元年末粟出挙帳」**と称す）と名づけている（大津 1998, 493）。

2.2　敦煌文書にみる出挙帳

また，前節の出挙帳と密接に関連するものとして，大津は，敦煌文書中に多く存在する，敦煌の寺院ないし教団が農民に貸付けた帳簿，すなわち「**便穀歴**」と呼ばれるものについて，池田温の研究（池田 1987）を参考に紹介している。ここで便穀歴の「便」は，負借を意味する語として盛んに用いられた語[7]で（日野 1987, 24），「歴」或は「暦」は，日本語の帳・簿・帳簿等に相当する（池田 1987, 379）。したがって，便穀歴とは，出挙帳のことである。池田は，論文の中で 20 に及ぶ便穀歴を紹介している。池田によると，便穀歴に見える穀物は，麦・粟・黄麻・豆・麺の五種類であり，頻度から粟と麦が双璧をなしているという（池田 1987, 383）。大津は，池田が掲げた便穀歴のうち図表 7−2 の 2 つを取り上げている。池田は，これらの文書の年代を，右が 928 年，左が 958 年と推定している。

図表 7−2　敦煌便穀暦

1　**戊子年（928）六月五日公廨麦粟出便与人抄録（P三三七〇）**
1　戊子年六月五、日公廨麦粟出便与人、抄録如後。
2　應戒、便粟友慶、洪福、員徳四人、各粟壹㪷、至秋陸斗。
3　赤心安富通便粟両碩、至秋参碩「押」見人杜寺主。
4　兵馬使曹智盈便粟肆㪷、至秋陸㪷、口承外生他略。「押」
（以下、二十三行省略）

10　**戊午年（958）九月九日以降靈圖寺倉出便斛㪷歴（S五八七三背・S八六五七）**
1　戊午年靈圖寺倉小有斛㪷、出便与人名目、謹具如後。
2　九月九日、當寺僧談會便粟兩碩、至秋参碩、「押」□承永徳。『朱』?
3　同日、洪潤馬定奴（生）便麦肆（碩）、至秋陸碩。「押」又便粟両碩伍㪷、至秋参碩柒㪷伍升。「押」
（以下、八行省略）

出典　池田 1987, 359, 371−372

まず，右側の便穀歴は，概ね，人名（借り手）・便粟（または麦）・貸付量・借り手の略押（サイン）・回収時期と量・口承人または見人・略押の順で書かれている。ちなみに 2 は，「應戒，友慶，洪福，員徳の四名に，粟を一人当たり一斗貸し与えた。秋になり，六斗回収した」という意味である。ここでは，借り手が 4 人いるので，借り手の代表かと思われる「應戒」の名前がきて，次に「便粟」の文字，そして残り 3 名の名前が来ている。また，この 2 にはないが，3，4 には，略押（「押」）が見られる。大津によると，「十字のごときサイン」（大津 1998, 490−491）だそうである。さらに 4 には「口承人」，3 には

「見人」という記述が見られる。池田によると，「口承は保証人の役割を負わされていたとみられ，略押を以てサインしている場合が多い。…見人は立会人」（池田 1987，385）であるという。続いて，左側の便穀歴についてみてみると，右側のものとほぼ同様の形式をしている。例えば2は，「9月9日，当寺（靈圖寺）の僧，談會に秋に三石返してもらう契約で，粟二石を貸付けた。」というような意味になる。ここでも，¬型がつけられているが，先程も書いたように後述する。大津は，これらの便穀歴は，先に見たスタインの「開元年末粟出挙帳」に著しく類似している（大津 1998，491），と述べている。

ただし，便穀歴が「開元年末粟出挙帳」と相違する点は，利息の記載にある。右側の2では，4人に一斗ずつ合計四斗貸付け，秋に六斗回収することになっているし，左側の2でも二石貸付け，三石回収するというふうに記載されている。つまり五割の利息で，粟を貸付けているということである。他の貸付を見ても同様である。すでに第4章でも述べたように，五割の利息を取るというのは，我国古代の律令における出挙の規定と全く一致する。

池田は，20の便穀暦を標題に明記された名称などからその所属機関を調べ，全てが敦煌の寺院とかかわりがあることを突き止めた。池田によると，「もっともこのことは，敦煌文書[8]が石窟寺院の一洞に封蔵されていた仏寺関係資料に由来する事情の当然の結果である」（池田 1987，382），としている。そしてこのことに関連して，「八世紀末に吐蕃（チベットのこと＝引用者）の占領下に陥って以後，敦煌では仏寺と僧尼の数が増加する傾向を示し，仏教々団の勢力も強盛となった。我々の目にする敦煌文書はかように強大となった仏寺を背景とするものであり，盛唐時代まで州県官衙の担っていた貸穀にかかわる諸事業の相当部分が，仏教々団により行なわれるようになった実情を示している。便穀歴の借り手の中に兵馬使・都衙等が含まれているのをみても敦煌の地域社会の経済生活において，寺倉の果たした役割の相当大きかったことが印象付けられる」（池田 1987，387）と述べている。

以上本節では，中国の唐代における2種類の出挙帳を検討した。その結果，次の2点が指摘できる。

1. 考察した古代中国における出挙帳が，我国古代の律令社会における出挙帳と類似しているということ。
2. 考察した出挙帳は，一方（**2.1**）が官庁乃至地方行政と結びつくものであり，もう一方（**2.2**）が仏教寺院に結びつくものであるということである。このことは，筆者がこれまで主張してきた，和式簿記の源流が中国と寺院に関係するという裏付けになる。

問題は，これらの文書の年代が，唐後期から五代十国，我国でいうなら，前者が奈良時代中期，後者にいたっては平安時代中期のものである。しかしながら，これらの文書が，長安（西安）より遥かに離れた所のものであるということ，また，第4節で取上げる唐代の質屋の帳簿は，我国の天平時代よりも約100年も前のものなので，これらの出挙帳がかなり早くから作成され，我国に影響を与えたと考えることは，無理ではないと思われる。

3　古代朝鮮半島，百済における出挙木簡

近年の考古学的な発掘も相次ぎ，我国と朝鮮半島との交流の深さが明らかになりつつある[9]。そうした中，「律令制度『朝鮮流』の証拠？　百済の都で木簡発見」という見出し，小見出しで，次のような記事が掲載された。「古代の日本が中国をモデルに律令制度を整備する際に，朝鮮の百済（4世紀半ば～660年）が窓口を果たした可能性を示す木簡が韓国で発見された。奈良～平安時代の律令国家を支えた財政制度『出挙（すいこ）』と同様の仕組みが百済に存在し，記録の方法も日本と同じであることが分かった。百済の都だった扶余で，今年4月に木簡6点が発見された。木簡の1点に税の収納を担当した役所の『外椋部』の名があった。木簡は長さ30センチで『貸食記』と表題があり，618年のもの。…」（2008年11月25日，朝日新聞朝刊22面）。この木簡こそ2008年4月に，かつて百済の都がおかれていた韓国中西部の町，扶餘の雙北里の農耕地で発見され，**「戊寅年六月中　佐官貸食記」**（以下，**「佐官貸食記」**と称す）と記された木簡のことである。この文書を研究した李鎔賢[10]によると，この木簡の年代は

618年が有力で,「貸食記」の「貸食」は食を貸したという意味,「記」は記録・帳簿の意味で使われた用語と思われる(李鎔賢2009, 99), としている。三上喜孝によると木簡の「上端は原形をとどめているが, 下端が欠損しており, 記述が下に続いていたと考えられる。ただ, 欠損部はさほど長くはなく, ほぼ完成に近いと思われる。上部には穿孔が確認される」(三上2009, 267)とのことである。

下記が「佐官貸食記」の写真と, 李鎔賢の翻刻文を参考にして作成した木簡の翻刻文(図表7-3)である。

図表7-3

佐官貸食記の翻刻文

戊寅年六月中　固淳夢三石　佃麻那二石
○　止夫三石上四石 [ ]　比至二石上一石未二石
佐官貸食記　佃目之二石上□□未一石　習利一石五斗上一石未 [ ] ×

素麻一石五斗上一石五斗未七斗半　佃首行一石三斗半上石未石甲　并十九石×
○
今沽一石三斗半上一石未一石甲　刀々邑佐　三石　得十一石×

佐官貸食記の写真

出典　李鎔賢2008, 63

李鎔賢は, 木簡の翻刻文を次のような横書きの書式に整理している。

「　戊寅年六月中　佐官貸食記

固淳夢　　三石

止夫　　三石　　上四石　　[]

佃目之	二石	上□□	未一石	
佃麻那	二石			
比至	二石	上一石	未二石	
習利	一石五斗	上一石	未［］×	
素麻	一石五斗	上一石五斗	未七斗半	
今沽	一石三斗半	上一石	未一石	甲
佃首行	一石三斗半	上石	未石	甲
刀々邑佐	三石			与
	并十九石×	得十一石×	」（李鎔賢 2009，99）	

李鎔賢の解釈を斟酌しながら，この木簡の解説をする。まず，記載様式は，「人名　(a) 貸付数量　(b) 回収数量　(c) 未回収数量」の書式で列記されていると思われる。平川も指摘するように「上」とは，「上納」を，「未」は，「未納」を意味する（平川 2009，19）ものと思われる。例えば，記載が完全な「比至」についてみると，二石貸し付け，そのうち一石回収し，二石は未回収である。また，「素麻」という人物に，一石五斗貸し付け，そのうち一石五斗回収でき，七斗半が未回収である，という意味である。したがって，利息が五割という計算になる。五割の利息を取るというのは，前述した「便穀歴」と一致し，我国古代の律令における出挙の規定と全く一致する利息である。また，「固淳夢」と「佃麻那」2名の，(b) 回収数量と (c) 未回収数量の記載がないのは，償還が全くなかったため記載がないのであろう。「刀々邑佐」の「与」は，元金・利子を受けず，無償で与えるという意味で捉えられる。「刀々」は人名か地名，「邑」は都城内所在の行政単位と推定される。「邑佐」は邑の行政補佐，すなわち長である可能性がある。さらに，「佃首行」の「上石」，「未石」は，「上一石」，「未一石」の略記で，木簡という狭い空間で列を合わせるための工夫であったと見られる（李鎔賢 2009，100-101）。

以上のような解釈と，五割の利息が分かれば，見えない部分も復元できる。復元すると図表 7-4 のようになる（復元した部分は網掛けした。）。

まず，この表を見て分かることは，「半」は，1/2 斗，「甲」は 1/4 斗である

図表 7-4　佐官貸食記

単位，石

人名	(a) 貸付数量	(b) 回収数量	(c) 未回収数量
固淳夢	3.000		
止夫	3.000	4.000	0.500
佃目之	2.000	2.000	1.000
佃麻那	2.000		
比至	2.000	1.000	2.000
習利	1.500	1.000	1.250
素麻	1.500	1.500	0.750
今沽	1.350	1.000	1.025
佃首行	1.350	1.000	1.025
刀々邑佐	3.000		
合計	20.700	11.500	7.550
	↓	↓	
	并 19 石＋17 斗	得 11 石＋5 斗	

ことがわかる。それでは，末尾の「并十九石×得十一石×」はどういうことか。図表 7-4 を見ても明らかなように (a) 貸付数量の合計は，20 石 7 斗であり，(b) 回収数量のそれは，11 石 5 斗である。李鎔賢は，見えない部分を復元すると「并十九石×」は 19 石＋17 斗であり，「得十一石×」は，11 石＋5 斗であるという（李鎔賢 2009, 100）。すなわち貸付け数量の石は石，斗は斗で，それぞれ合計すると，19 石＋17 斗になる。同じように回収数量も合計すると，11 石 5 斗となる。したがって「并」は，貸付合計を，「得」は，回収合計を指す。李鎔賢は，文書の記載において初めから未償還額は無視されており，貸した金額と回収した金額のチェックだけが重視された。恐らく貸した数量と，回収した数量が重要だったからであろう，と述べている（李鎔賢 2009, 100-101）。

そして李鎔賢は，「同種の木簡が時期別・官庁別にいくつか存在し，これらが編綴され，かつ類型別に計算されていたことを示唆する。ある種の簿記帳なのである。…日本書紀孝徳 2 年（646 年）3 月 19 日条に，『貸稲』という用語が見える。これに対してその信憑性に懐疑的な見解もあるが，日本の出挙制度の前身とされている。『貸食』『貸稲』という用語の類似性から，同時代の両国間の制度や用語の相互交流を考え得る個所である。ひいては日本の出挙を通じて，百済のそれを推察することもできる」（傍点引用者，李鎔賢 2009, 101），とまとめている。

李成市は，「韓国出土の木簡の中には，日本と異なり中国的要素を色濃くもつものが多く含まれている。しかし，それと同時に日本木簡との共通性，類似性の明らかなものが少なくない。そのような関係を図式化すると，中国大陸（A）→朝鮮半島（A′→B）→日本列島（B′→C）というようになるのではないかと考えている」（李成市 2002，15）と述べている。

平川南も，木簡の書き方や，材質から，「おそらく古代日本における初期段階（7世紀）の木簡使用には古代朝鮮の影響を，その古代朝鮮木簡は古代中国の魏晋簡の影響をそれぞれ強く受けていたのではないかと考えられる」（平川 2009，13）と述べている[11]。

三上喜孝は，「佐官貸食記」と古代日本の出挙木簡とを比較し，その記載様式等の類似性を指摘し，「双里木簡の発見は，まさに出挙の実施方法や記録技術が一体となって，朝鮮半島から日本列島に受容されたことを示しているのではなかろうか」（傍点引用者，三上 2009，273-274）という試論を述べている。そして日本と朝鮮半島の出挙の独自性を次のように強調している。「雑令に規定されるような穀類の公出挙は，七世紀前半の時点ですでに百済で行われており，おそらく同時期の日本列島でも行われていた可能性は高い。法体系としての律令法の継受以前に，律令法に規定されるようなシステムが朝鮮半島や日本列島で広く行われていたことは何を意味するのだろうか。東アジア世界における律令法継受の問題についても，再検討の必要がでてくるとはいえないだろうか」（三上 2009，281-282）。

これまでも出挙については，田名網宏や榎英一らにより「日本独自説」[12]が主張されてきたと思われる。ことの真偽については，専門家ではないので分からない。しかし，こと出挙帳については，中国を起源と考えてよいのではなかろうか。それは中国から直接に伝わった場合もあるだろうし，この「佐官貸食記」木簡のように，朝鮮半島を経由して伝わったケースも考えられるのではなかろうか。

4 中国唐代の質屋の帳簿

これまで何度も述べてきたように，記録上，我国で最古の商業帳簿は「土倉帳」という質屋の台帳であるということが大森研三によって提唱され，それが定説となってきた。

それでは中国においても歴史的に古い質屋の帳簿というのは確認できるのであろうか。現在，中国シルク博物館中国美術学院に，**「唐質庫帳歴（?）」**（以下，**唐質庫帳**）と称される帳簿が所蔵されている[13]。この帳簿を分析研究した陳國燦は，次のように述べている。

「1973年，新疆博物館と西北大学との共同チームが中国新疆ウイグル自治区トルファンのアスターナ墓を発掘し出土した唐代の帳簿が，唐代の質屋の理解と，唐代の質屋制度を認識するための原始材料を提供するものであるという確信をますます深めた。

この帳簿は，アスターナ206号墓と名づけられた高唱国の将軍，張雄君夫妻の墓に埋葬されていたものだった。筋状に引裂かれ，ねじられた状態で，絹の衣装を着た舞楽俑の肘の部分を形作っていた（「俑」は，始皇帝陵の兵馬俑を見ても分かるように埋葬する人形＝引用者）。それらは全部で33片あり，整理し接合すると，某年の正月18日から30日までの30人の質貸付状況が同じような形式で書かれた帳簿であった。夫の張雄君が死んだのが633年であり，夫人がなくなったのは688年，埋葬が689年である。したがつてこの帳簿は，まさに689年以前の唐代の文書である」（陳 1983，316-317）。

図表7-5は，「唐質庫帳」の33片のうちの第1片の写真である[14]。この片が，一番分かりやすいと思われる。下は，上記写真の最初の5行の翻刻文である。まず，1行目に①の質物として「絹一丈四尺」と記入され，2行目には，②質入人（債務者名），「衛通」，③借りた日付，「正月十八日」，④借りた金額，「取壹伯貳拾文」（120文受取る）。但し，ここでは「文」の字は3行目の先頭に来ている。その下に別筆で⑤「衛通」と書かれている。これは質入人自ら署名

図表 7-5　唐質庫帳　第 1 片の写真

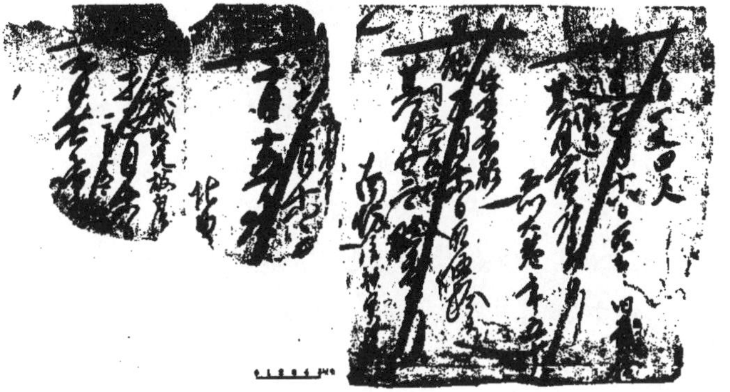

出典　唐長孺主編 1994，328

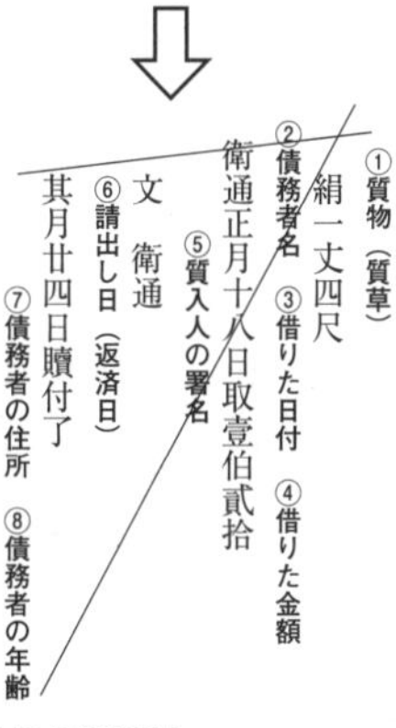

1 件目の翻刻文

(自署）したものと思われる。但し，井上泰也の分析によると署名が書かれているのは 30 名のうち 4 名のみである（井上 2006，79）。そして 4 行目には⑥請出し日，「其月廿四日」が書かれている。「贖付了」の「贖」という字には，「財物と引き換えに抵当を解消する，質草を請け出す」（愛知大学 2010，1582）という意味がある。この「贖付了」とある質には，必ずアルファベット筆記体の「T」の字，或は，アラビア数字の「7」に似た線が，上から書かれている。これは「請出された」，或は「決済」を表す記号ではないかと思われる。第 2

節では，出挙帳や便穀歴に¬型がつけられており，それが，受領を表すものであるか，返済を表す記号が早急には，結論づけられないと述べた。しかしながら，このT字型に似た標から，¬型も「返還」があったことを意味すると結論づけられるのではなかろうか。この点について北原薫も，敦煌寺院の便穀歴に付けられた¬型を取り上げ，約定通り元利支払が完了したことをチェックした印であるらしいと述べている（北原 1980，391）。

最後の5行目には，⑦債務者の住所と，⑧年齢が書かれる。この債務者は，「西門大巷」という場所に住み，年齢は，50歳である。

以上のような8項目が，ほぼ同じ形式で，5行ないし4行で書かれている。蓋し，最初に，質物がくるのは，それだけ担保が重要であり，次に債務者，貸付金額の順で重要だからではなかろうか。

陳によると，この帳簿は，まさに長安の「新昌防」内か，その近隣一帯にあった質屋の帳簿であると考えられる（陳 1983，331），としている。また，この「唐質庫帳」を分析した井上泰也は，質草には，零細な品目が並び，貸付金額も20文からせいぜい200文といった程度である。長安の片隅で庶民相手にささやかに営まれていた質屋の帳簿が，やがて反故として人形の腕を形作り，遥か西方のトルファンの墓域に埋葬されたものである（井上 2006，79）[15]，と説明している。

ここで重要なことは，零細な民間の質屋がこのような帳簿を付けられた背景には，紙の普及があったことである。津谷原弘は，紙は，民間の商人には高価でとても利用できる状態ではなかった。一般商人が紙を使用するようになるのは唐代になってからである（津谷 1998，62）と述べている。

浅田泰三によると，中国における質業の起源は古く，南朝（420～589年）初期に遡り，仏教寺院の寺庫が嚆矢であるということが，今日では学界の定説となっている（傍点引用者，浅田 1997，3，9−10）とのことである。

また，道端良秀も，「中国の寺院が仏教思想本来の目的により庶民救済の一助として無尽質庫を設置しそれが寺産を融通して以て社会事業に資し，一方これによって寺産の膨張を計った。…かくして無尽は寺田についで，寺院経済の有力な収入面を占むるものであった」(道端，1985，460)，と述べている。浅田によると，中国では，質屋のことを一般的に**「当舗」**(タンプウ)または**「典当」**(ティエンタン)と称するが，唐宋元代では**「質庫」**，**「寺庫」**，**「長生庫」**，「解庫」等と称し，明清代以降は「当舗」，「典舗」，「質店」，「押店」，「按店」等の呼称が用いられた（傍点・太字引用者，浅田 1997，5，21)。「唐宋元代の質屋業は，経営主体の面から見て，寺院経営，民営，官営の三つに分けられ，唐代には寺院付属の寺庫のほかに独立した民営の質庫が出現し，宋，元代には官営も加わり，三種の質屋業が鼎立し繁栄を競った」(浅田 1997，20)，としている。「唐質庫帳」に見る質屋経営は零細なものであったが，唐代の質庫商人の営業額は，当時の政府の年間歳入の半ばにも相当する数字であったらしい（浅田 1997，27)。

それでは，我国の質屋制度の起源は，どうなっているのだろうか。中国と関係があるのだろうか。また，寺院とも関係があるのだろうか。

宮崎道三郎は，「我邦の質屋は，多分僧徒が支那より輸入したるものならん。蓋し，僧徒等は率ね支那の事情に精通せるのみならず，僧徒中には，多年支那に留學せる者甚だ多く，彼國に於て，無盡藏（長生庫）を目撃した人も鮮からざるべし」(宮崎 1929，43-44）と述べている。

藤野恵は，大宝元年（701）に制定された「大寳令の中に質制度に關する定めが見えて居る。これを以て成文上に表れたる質制度の最初のものと爲すべきであろう。然しながら大寳令は　天智天皇元年の近江令を修補したものとされて居るから，…天智天皇以前に既に行はれて居たものであらう」(傍点引用者，藤野 1927，21-22）と述べている。確かに，「律令」の雑令の中に，出挙の規定と並んで，次のような質に関するもの見出すことが出来る。

「凡そ家長(けちやう)在つて，子孫弟姪(しそんだいてちら)等，輙く奴婢(ぬひ)，雑畜(ざふきう)，田宅(でんだく)，及び余(よ)の財物(ざいもち)を以て，<u>私に自ら(みづか)質(しち)にし</u>，挙(いら)ひ，及び売ること得ず。若し相ひ本(もと)づけ問はずして，違(たが)ひて輙く与(あた)え，及び買へらむ者(ひと)は，律に依りて罪科(つみおほ)せよ」(下線引用者，井上・関・土田・青木 1976，479)

上記は，家長の許可なく，家人が質や出挙，売却などによって財産を処分することを禁止する規定である。

また藤野は，質に関連して寺院出擧を取り上げ，その由来を，奈良時代から平安時代に留學僧が中国から「無盡藏」,「長生庫」という質屋の制度を持ち帰り，我国に伝えたのが始まりであろう，と述べている[16]（藤野1927，27)。そして質は，鎌倉時代に於いて營業として最も著しい發達を遂げ（傍点引用者，藤野1927，28)，鎌倉時代には質の控えに対する法令が存在したことを，次のように言及している

「御深草天皇の朝，建長7年（1255＝引用者）8月には，典物を受くるに當たりては必ず質置主の氏名住所を聞知するを要することを令し，異日爭訟の際之が明示を拒み，手續を經ざること露見する場合は盜罪に處する事が定められて居る」（藤野1927，28)。

藤野のいう所の法令とは，鎌倉幕府の**御成敗式目の追加法**の中に見出すことが出来る。

「鎌倉中の挙銭（こせん），近年無尽銭（むじんせん）と号し，質物を入れ置かざるのほか，借用を許さざるにより，甲乙人等衣裳物具（もののぐ）をもつてその質に置く。盗人また贓物（ぞうぶつ）を売買せしめば，所犯たちまち露顕せしむべきの間，ひそかに贓物（ぞうぶつ）をもつて質に入れ，借用せしむるの処，盗まるるの主，質物を見つくるの時，銭主（せんしゅ）等世間の通例と称して，その仁ならびに在所を知らざるの由申すと云々。所存の旨，はなはだもつて不当。自今以後に於いては，質物に入れ置く日，負人の交名・在所を尋ね知らしむべし。もし沙汰出来の時，手次（てつぎ）を引かざるに至つては，盗人に処せられるべきなり。この旨をもつて面々奉行を保（ほう）の内に相触るべきの状，仰せによつて執達件のごとし。

建長七年八月十二日　　　　　　　　　　相模守　判

　　　　　　　　　　　　　　　　　　　陸奥守　判

伊勢前司殿　　　　　　　　　　　　　　　　　　　」

（傍点引用者，石井・石母田・笠松・勝俣・佐藤1981，114)

当時，盗品が質に入れられてもその盗人が分からないという不当な事柄が横行していたので，質入れの日，質入者の住所・氏名を聞き明らかにしておけ。もし訴訟があり，それが出来ていない場合は盗人として処罰される，という規

定である。質入日，質入者の氏名・住所を聞いただけでは忘れてしまうので，当然それを紙に記録しておかなければいけないということになる。また，そこには担保となる質物の名前や，返済期日なども記入されるものと考えられる。先に見た中国アスターナ墓から発掘された「唐質庫帳」と同じような形式になると考えられる。つまるところこの規定は，貸付台帳の記帳を義務付けていることになるのではなかろうか。第5章において，永正17年（1520）の室町幕府の徳政令における土倉帳の規定が，我国最古の会計規定であると述べたが，こちらの方が最古の規定ということになる。蓋し，この規定が存在するということは，現存はしないが鎌倉時代にはすでに，質屋は台帳をつけていたと考えて，よいのではなかろうか。そして，その台帳は，「唐質庫帳」と同じような様式の帳簿であった可能性が高いと思われる。

5　中国寺院の決算報告書

前節までで，我国の出挙帳ならびに土倉帳の源流が東アジアにあることが分かったと思う。しかしながら，正税帳，すなわち決算報告書の方はどうか。残念ながら，管見の限り東アジアにおいて，正税帳は，確認できなかった。それでは，寺院の決算報告書はどうであろうか。

堀敏一によると，敦煌寺院の会計文書のうち，「ペリオ漢文文書2049号紙背は，浄土寺直歳保護による同光（924）年度の収支会計決算報告書と，浄土寺直歳願達による長興（930）年度の決算報告書とをほとんど完全な形でふくんでいる」（堀1975，346−347）と，指摘している[17]。

後者の決算報告書は，全体で，474行から成り，図表7−6に掲げるのが，その冒頭部分（起首部分）である。池田温は，**「後唐長興二年（931年）正月沙州淨土寺直歳願達手下諸色入破歴算會」**（以下，単に**「長興二年諸色入破歴」**）として紹介している（池田1979，630−644）。唐耕耦も，この決算書が最も形が整っており，最も典型的であると述べている（唐耕耦1997，33）。「曆」（歴）は，**2.2**でも述べたように，帳・簿・帳簿という意味である。「入曆」は収入帳（唐

図表 7-6　長興二年諸色入破歴の起首部分

後唐長興二年（931）正月沙州浄土寺直歳願達手下諸色入破歴計會
浄　土　寺　直　歳　願　達
右願達従庚寅年正月一日已後、至辛卯年正月一日已前、衆
僧就北院筭會、願達手下丞(承)前帳廻残及一年中間
田収・園税・梁課・散施・利潤所得麦・粟・油・蘇・米・麹(麺)・黄
麻・麩・滓・豆・布・緤・絺等
『惣』壹阡捌伯参碩半抄。
伍伯貳拾柒碩伍㪷肆勝
麦。伍伯玖拾捌碩貳㪷
玖勝粟。陸碩捌㪷伍勝
半抄油。貳勝蘇。壹㪷
玖勝米。壹伯貳碩肆㪷
壹勝麹。玖碩参㪷伍
勝半連麩麹。壹㪷伍
勝穀麹。捌拾玖碩貳
㪷半勝黄麻。伍拾陸碩
肆㪷麩。壹伯参拾参
餅滓。貳伯捌拾柒碩
玖勝豆。捌伯捌拾壹尺
布。貳伯貳拾壹尺緤。
貳伯張絺。

出典　池田 1979，630-631

耕耦 1997，9)，「破暦」は支出帳（唐耕耦 1997，15）である。また、「諸色」は「各種の，さまざまの」（愛知大学 2010，2179）という意味なので，<u>各種収入支出帳</u>というような意味合いになると思われる。

唐耕耦によると長興二年諸色入破歴は，**起首部分**，**第一柱部分（承前帳舊）**，**第二柱部分（自年新附入）**，**第三柱部分（自年破用）**，**第四柱部分（應及見在）**，**結尾部分**の六つの部分からなり（唐耕耦 1997，33），起首と結尾の両部分を除く，四柱が核心であると述べている（唐耕耦 1997，39）。これを**四柱決算法**[18]と呼ぶ。

まずは，起首部分から見ていくこととする。図表 7-6 を見て分かることは，次のような事柄である。

1. この長興二年諸色入破歴は，浄土寺という寺の直歳（しっすい）（年番の寺院会計係（北原 1980，393）のこと）[19]の願達という僧侶が「手下」，つまり作成したことが記されている[20]。
2. 会計期間が長興元年（930）1月1日から長興二年（931）の正月1日已前（すなわち，930年1月1日から同年12月31日でいいと考えられる）であるということも分かる。
3. 承前帳廻殘及び1年間の「田収」，「園税」，「梁課」，「散施」，「利潤所得」

が書かれている。承前帳迴殘の「承前」は，前文をうけつぐこと，つづき（新村 1983，1189）であり，すなわち前年度繰越額（前期繰越）を表す。「田収」以下の項目は，収入または収益の内容である。「田収」と「園税」は，寺が所有する荘園を貸与した賃貸料（堀 1975，352）であり，「梁課」[21] は，油しぼり設備から挙がる上納油査（北原 1980，434）であり，「散施」は，寄進であり，「利潤所得」は，高利貸収入である（堀 1975，347）。その次に，具体的な物品名が「麦」，「粟」，「油」，「蘇」，「米」，「麵」，「黄麻」，「麩」，「滓」，「豆」，「布」，「緤」，「紙」等と列挙されている[22]。

4. 1,803 石 5 升とあり，その内訳が中段から，527 石 5 斗 4 升の麦・598 石 2 斗 9 升の粟…と記されている。これは，3 と関係するが，承前帳迴殘及び 1 年間の収入（収益）の合計，すなわち第一柱部分と第二柱部分の合計額である。なぜこのような数値を最初に掲げるかということは分からないが，会計係として今年一年で処分できる額（数量）を示す必要があったのかもしれない。

図表 7–7 が，結尾部分である。まず，「右通前件…」と書かれているのは，「右の通り，前件につきましては収入支出につき一々ありのまま申し上げます。決済お願い申し上げます」というような意味になる。これは報告の常套語であろう。次に報告年月日，作成者である「願達」の名前，22 名の徒衆（僧），高い地位（或いは役職）にあると思われる 2 名の僧の法号ならびに署名が書かれている。また，各徒衆のうち 15 名の下に自署または略押がなされている。那波によると，「各徒衆が立會承認の印として各自に署名したるものである」（那波 1977，285）としている。また，徒衆の中に同光年度の入破歴の直歳，保護の名が見える。逆に同光年度の入破歴の徒衆の中に願達の名が見える。このことからも直歳（会計

図表 7–7
長興二年諸色入破歴の結尾部分

448 右通前件筭會出見破除、一一訪實
449 如前、伏請　處分。
450 長興二年辛卯歳正月　日淨土寺願達
451 徒衆「(略押)」
452 徒衆「(略押)」
(この間、徒衆二十名省略)
453 釋門法律「願済」
454 釋門賜紫僧政「紹宗」

出典　池田 1979，642–644

係）が徒衆の中から交替で行なわれていたことが分かる。このような形式から，これが単なる寺院の決算書ではなく，上部の団体（沙州教団機関），或いは官衙（地方の役所）に上申される性格のものであったことが分かる。

それでは，いよいよ四柱決算法の説明に入る。第一柱の承前帳舊とは，前年度繰越（前期繰越）を，第二柱の自年新附入とは，本年度の収入または収益を，第三柱の自年破用とは，本年度の支出・費用を，第四柱の應及見在とは，本年度期末残高（次期繰越）をそれぞれ表す。

図表7-8は，第一柱・第二柱部分で，図表7-9は，第三柱・第四柱部分である。どの部も基本的には同じような書き方がなされている。詳しい数字の検討は後述することにして，第二柱部分を例に挙げ説明することとする。

まず，253石2斗4升という額（数量）が書かれている。これは収入（収益）の合計額である。その下に物品名が「麦」，「粟」…「等」と続く。これは収入

図表7-8　長興二年諸色入破歴の第一・第二柱部

第一柱部分

20 壹阡伍伯肆拾玖碩柒㪷陸勝半抄、麦粟油䕽米麪黄麻麩查豆布緤紙等丞(承)前帳『舊。』
21 肆伯伍拾参碩柒㪷壹勝
22 麦。伍伯参拾伍碩貳㪷
23 玖勝粟。参碩捌㪷壹
24 勝半抄油。壹㪷肆勝米。
25 伍拾貳碩捌㪷壹勝麪。
26 伍碩肆㪷伍勝半連麩麪。
27 壹㪷伍勝穀麪。捌拾柒
28 碩伍㪷伍勝半黄麻。肆
29 拾肆碩肆㪷麩。壹伯陸
30 餠滓。貳伯柒拾陸碩肆
31 勝豆。陸伯捌拾壹尺布。
32 玖拾柒尺緤。貳伯張紙。

第二柱部分

33 貳伯伍拾参碩貳㪷肆勝、麦粟油䕽米麪黄麻麩查(滓)豆布緤等、自(茲)年新附入。
34 柒拾参碩捌㪷参勝麦。
35 陸拾参碩粟。参碩肆勝
36 油。貳勝䕽。伍勝米。肆拾
37 玖碩陸㪷麪。参碩玖㪷
38 連麩麪。壹碩陸㪷伍勝
39 黄麻。壹拾貳碩麩。貳
40 拾柒餠滓。壹拾壹碩伍
41 勝豆。貳伯尺布。壹伯貳
42 拾肆尺緤。
43 『麦』肆㪷伍勝、宅内富恩念誦入。麦参㪷、

（この間、明細一〇八行省略）

出典　池田1979，631

（収益）がどういう形で入ってきたかという具体的な名称である。そしてこれらが「自年新附入」，すなわち今年度の収入（収益）であることが明記されている。次の行の中ほどから，73 石 8 斗 3 升の麦…と，物品名別の額（数量）が書かれている。基本的に，四柱すべてこのスタイルで書かれている。但し，第二柱（収入・収益）と第三柱（支出・費用）については，図表 7–8 の 43 行のような具体的な明細（適用）が続く。収入・収益で最大のものは，貸付利潤である[23]。支出の内容は，祭式の費用，寺院の修理など多岐にわたっている（北原 1980，433）[24]。第一柱，第四柱には明細がない。というより，これは両者とも「残高」なので明細をつけようがないのであろう。

以上の事柄を踏まえた上で，この長興二年諸色入破歴の構造を図示すると，図表 7–10 のようになる。

図表 7–9　長興二年諸色入破歴の第三・第四柱部

第三柱部分

153 参伯貳拾肆碩柒㪷壹勝半抄、麦粟油麪黄麻麩査（滓）豆布緤等沿寺修造破用。
154 　壹伯肆拾陸碩参㪷
155 麦。陸拾伍碩壹㪷壹
156 勝粟。参碩参㪷肆勝
157 半抄油。肆拾柒碩伍
158 㪷参勝麪。参碩貳㪷
159 参勝連麩麪。玖碩黄
160 麻。玖碩貳㪷麩。壹
161 拾壹餅査。玖碩豆。
162 貳伯捌拾参尺布。貳
163 拾陸尺緤。
164 「麦」壹碩、正月与園子用。麦壹碩伍㪷、買

（この間、明細二六七行省略）

第四柱部分

433 壹阡肆伯柒拾捌碩貳㪷玖勝、麦粟油蘇米麪黄麻麩査豆布緤紙等、沿寺破除外應及見在。
434 参伯捌拾壹碩貳㪷肆
435 勝麦。伍伯参拾参碩
436 壹㪷捌勝粟。参碩伍
437 㪷壹勝油。貳勝蘇。壹
438 㪷玖勝米。伍拾肆碩捌
439 㪷別勝麪。陸碩壹㪷貳
440 勝半連麩麪。壹㪷伍勝
441 穀麪。捌拾碩貳㪷半
442 勝黄麻。肆拾柒碩
443 貳㪷麩。壹伯貳拾貳
444 餅滓。貳伯柒拾捌碩
445 玖勝豆。伍伯玖拾捌尺
446 布。壹伯玖拾尺緤。
447 貳伯張絺。

出典　池田 1979，634–642

図表 7-10　各部の構成要素と計算構造

起首	第一柱（承前帳舊）	＋	第二柱（自年新附入）	－	第三柱（自年破用）	＝	第四柱（應及見在）	結尾

この長興二年諸色入破歴の四柱決算の計算が正しいかどうかを検証してみたいと思う。図表 7-11 は，第一柱から第四柱の内容を表計算ソフトにより再計算したものである。

まず，この表を横に見て行ってほしい。記載総和，各物品「麦」,「粟」…について第一柱から第四柱の長興二年諸色入破歴の数字である。**（計算値）** は，この第四柱決算の数字を表計算ソフトで計算した値である。もし，第四柱部分の数字と **（計算値）** を比べ，同じならば「**一致**」の列に「＊」を付した。例えば,「麦」の行（網掛けの入った段）を見てみよう。記載されている額は，第一

図表 7-11　長興二年諸色入破歴の再計算

物品名	第一柱部分（承前帳舊）	＋	第二柱部分（自年新附入）	－	第三柱部分（自年破用）	＝	第四柱部分（應及見在）	（計算値）単位，石	一致
記載総和	1549.77 石		253.24 石		324.72 石		1478.29 石	1478.29	*
麦	453.71 石		73.83 石		146.3 石		381.24 石	381.24	*
粟	535.29 石		63 石		65.11 石		533.18 石	533.18	*
油	3.82 石		3.04 石		3.35 石		3.51 石	3.51	*
蘇			0.02 石				0.02 石	0.02	*
米	0.14 石		0.05 石				0.19 石	0.19	*
麺	52.81 石		49.6 石		47.53 石		54.88 石	54.88	*
連麸麺	5.46 石		3.9 石		3.23 石		6.13 石	6.13	*
穀麺	0.15 石						0.15 石	0.15	*
黄麻	87.56 石		1.65 石		9 石		80.21 石	80.21	*
麸	44.4 石		12 石		9.2 石		47.2 石	47.2	*
餅滓	106 個		27 個		11 個		122 個	122	*
豆	276.04 石		11.05 石		9 石		278.09 石	278.09	*
布	681 尺		200 尺		283 尺		598 尺	598	*
緤	97 尺		124 尺		26 尺		195 尺	195	*
紙	200 張						200 石	200	*

柱 453.71 石，第二柱 73.83 石，第三柱 146.3 石，第四柱 381.24 石である。これを計算すると次のようになる。

453.71 石 + 73.83 石 − 146.3 石 = **381.24 石**

つまり，長興二年諸色入破歴の「麦」の第四柱（次期繰越）に記載されている額は 381.24 石，**計算値**も同じく **381.24 石**であり，「＊」が付されている。というか全てに付されている。当時の計算の正確性が分かる。

しかしながら，一つの問題点がある。それは記載総和の数字である。例えば，第一柱の総和は 1549.765 石であるが，「餅滓」の単位は「**個**」である。また，「布」と「緤」は「**尺**」，「紙」は「**張**」である。つまり単位が違うのである。したがって単純に合計はできないはずである。それにも拘らず「石」に統一した額が書かれている。唐耕耦によると，餅滓 1 個を 1 斗（0.1 石）に，布・緤 1 尺を 1 斗（0.1 石）に，そして紙 1 張を 1 升（0.01 石）にそれぞれ換算されているという（唐耕耦 1997, 34）。唐耕耦のいうように石高に換算，作成したものが図表 7−12 である。太字の部分が換算値である。今度は，表を縦に見ていってほしい。詳しい説明は省略するが，ここでも**記載総和**（下から 2 段目）と **(計算値)**（下から 3 段目）がぴたりと一致している。これまた，当時の計算の正確性を証明するものといえる。

それではなぜ，石高に統一した数値を挙るのであろうか。蓋し，このことは，長興二年諸色入破歴の報告書としての機能と関係あるのではなかろうか。この入破歴が，上部の団体（沙州教団機関），或いは官衙（地

図表 7−12 石高に換算後の長興二年諸色入破歴

	第一柱部分	+	第二柱部分	−	第三柱部分	=	第四柱部分
麦	453.71 石		73.83 石		146.3 石		381.24 石
粟	535.29 石		63 石		65.11 石		533.18 石
油	3.815 石		3.04 石		3.3451 石		3.51 石
蘇			0.02 石				0.02 石
米	0.14 石		0.05 石				0.19 石
麺	52.81 石		49.6 石		47.53 石		54.88 石
連麩麺	5.455 石		3.9 石		3.23 石		6.125 石
穀麺	0.15 石						0.15 石
黄麻	87.555 石		1.65 石		9 石		80.205 石
麩	44.4 石		12 石		9.2 石		47.2 石
餅滓	10.6 石		2.7 石		1.1 石		12.2 石
豆	276.04 石		11.05 石		9 石		278.09 石
布	68.1 石		20 石		28.3 石		59.8 石
緤	9.7 石		12.4 石		2.6 石		19.5 石
紙	2 石						2 石
(計算値)	**1549.765 石**		**253.24 石**		**324.715 石**		**1478.29 石**
記載総和	1549.765 石		253.24 石		324.715 石		1478.29 石
一致	＊		＊		＊		＊

方の役所）に上申される性格のものであったことは，図表7-7のところで述べた。北原もこの入破歴は，唐代官文書の会計報告と記載形式が同一であるばかりではなく，紙面上半分を使用せず，下半分にたっぷり行間を取って記入する字配りまで官文書と同一であって，教団機関へ提出されただけではなく，さらに州府へまで上呈されたことを示唆している（北原1980，418-419）。各寺は，節度使官衙に対して決算書を提出する義務があった（北原1980，381），と述べている。したがって官庁に決算書を提出する場合，その寺院の収益力（経済規模）を統一した尺度で示す必要があったのではないかと思う。

ここで改めて，四柱決算法の計算式を示すと次のようになる。

第一柱（承前帳舊＝前期繰越）＋第二柱（自年新附入＝収入・収益）
－第三柱（自年破用＝支出・費用）＝第四柱（應及見在＝次期繰越）

この四柱決算法の計算式は，どこかで見たことはないだろうか。実は，この計算式は我国古代の正税帳の計算式と一致し，また，我国中世寺院の収支報告書の計算式，さらには，我国近世の鴻池家の算用帳の計算式とも一致する。

第4章の**2.2**で正税帳の計算式を次のように表した。

前期繰越高＋当期収益（出挙利，田租）－当期費用（雑用，全給・半給）＝
次期繰越高

この式と，長興二年諸色入破歴の四柱と比べてみると，第一柱・第四柱の前期繰越・次期繰越は同じ意味である。また，第二柱（収入・収益）の内容，「1年中間田収，園税，梁課，散施，利潤所得」も性格的には，田租と出挙の利息と同じと考えてよいのではないかとも思われる。さらに，第三柱（支出・費用）も寺院と地方政府の違いはあるにせよ，同じと見て差し支えないのではないかと思われる。

第5章の3で示した我国中世寺院の「祠堂方納下帳」も次のような計算構造であった。

前期繰越＋当期収入－当期支出＝次期繰越

さらに，第1章の**3.2**で述べた我国で複式決算が確認できる最古のものである寛文10年（1670），鴻池家両替店の算用帳の計算構造の一方とも同じと見て差し支えない。

(1) 期末資産合計－期末負債合計＝期末正味身代（有銀）←次期繰越

(2) 期首正味身代＋当期収益－当期費用＝期末正味身代（有銀）←次期繰越

筆者が初めて江戸時代の算用帳を勉強したとき，果たしてこの式は何処から来たのか不思議であった。(1) 式の方は，いわゆる棚卸法でも計算できる。しかしながら，(2) 式は，何処から来たのか。ここにきて，四柱決算法がルーツであると確信できる[25]。

但し，一つ疑問が残る。それは我国に現存する正税帳は，天平2年（730）から天平11年（739）までのものである。それに対しこの入破歴は，晩唐の長興2年（931年）のものである。しかしながら，長興二年諸色入破歴が発見されたのは，都の長安を遠く離れた敦煌であることを考えれば，ある程度の説明がつくのではなかろうか。

唐耕耦は，四柱決算法について次のように述べている。「以前，四柱決算法は，宋代に創られたという一種の意見が認められていた。しかしながら，敦煌文書を看るに，唐末・五代・宋初には，敦煌の寺院では普遍的に四柱決算法が採用されていたし，さらには官庁においても広く運用されていた。このことは，唐代後期よりもっと早い時期に四柱決算法が創立していたということである」(唐耕耦 1997，63)。

また，郭道揚は，唐代早・中期が，「三柱決算法」[26]から「四柱決算法」使用の過渡期であったとしているし（郭著 1984，236：津谷訳（上）1988，218)[27]，津谷原弘も「多分，唐代中期頃から，『前期繰越』の概念を加えて，決算の公式は，『前期繰越』+『当期収入』－『当期支出』=『当期末残高』となったであろう」(津谷 1998，57)[28]と述べている。

前述したように，残されている正税帳は730年代のものである。ということは，我国において少なくとも730年には，毎年地方より中央政府に正税帳が上申されるという仕組みが整っていた，つまり制度化されていたと考えて間違いないということである。蓋し，我国の正税帳から考えて，中国における四柱決算法の決算報告書の成立は，唐代の初期，7世紀の中頃より以前と考えてよいのではなかろうか。

ところで，このような入破歴（収支決算報告書）を作成するための帳簿システムはどうなっていたのであろうか。どういった原始簿が付けられていたのだろうか。あまりはっきりしないのが現状ではないかと思われる。しかしながら，944年前後の沙州浄土寺において紙背文書を分析した北原は，各種の収入支出台帳の断簡があることを示唆している（北原 1980，393）。さらに，まず貸付け台帳を作り，秋に元本・利子を取り立てると，台帳を抹消してから利子分だけを収入簿に計上し，年度末に直歳が貸付け出納係から報告される収支決算を点検・集計し会計報告を作成したのであろう（北原 1980，393-394），と興味深い記述を北原はしている。これは，当時の帳簿組織の一端を示すものであるといえる。このことから考えて，便穀歴などの貸付簿が入破歴作成のための基礎台帳になったことは，間違いのないことと思われる。蓋し，このことは，出挙帳が正税帳作成のための台帳の一つであったことと同じではなかろうか。

6　おわりに

以上，和式簿記の源流を東アジアに求め考察を行なった。ここで，最初に断っておくことは，本章は，中国の会計[29]の歴史を探求することを目的とするものではないし，筆者の力が及ぶところでもない。中国の会計の歴史は本章の史料よりも遥かに古く[30]，それが我国に影響を与えていることは確実であると思われる。しかしながら，本章は，あくまで，和式簿記の起源が，我国古代の律令社会で制度化されていた債権簿の「出挙帳」と，決算報告書の「正税帳」であるとの前提に立ち，その源流を東アジアに求め論を進めてきたものである。その結果として，まず，**2.1** でトルファン出土の出挙帳（開元年末粟出挙帳）(A)，**2.2** で敦煌出土の「便穀歴」(B)，第3節で百済の出挙木簡（「佐官貸食記」）(C)，第4節で長安の質屋の帳簿（「唐質庫帳」）(D) という4種類の債権簿と，第5節で入破歴という寺院の決算収支報告書 (E) について順次検討をしていった。(A)，(B)，(C) は，いわゆる出挙帳であり，(D) は，質屋の帳簿，(E) は，いわゆる財務諸表であるので，同じようには比較できないが，次のようなことがいえるであろう。

1. (A) と (C) は，官庁文書・行政文書，(B) と (E) は寺院文書，(D) は，民間文書である。しかしながら，(B) の寺院文書については，(E) が，唐代官文書の会計報告と記載形式が同一で，州府へまで上呈されたことを示唆していることを考えに入れると，官庁文書と考えていいのではなかろうか。我国の出挙帳も正税帳も律令制度の文書であり，官庁文書である。
2. これらの史料の年代は，(A) 739～740 年，(B)，928 年，958 年，(C) 646 年，(D) 689 年以前，(E) 931 年という具合である。(A)，(B)，(E) については，正倉院文書の年代から考えて年代が合わなくなる。日本から中国に影響を与えるということは，当時の状況からまず考えられない。しかしながら，これらの文書（特に B・E）の年代が，正倉院文書よりも新しいからといって行われていなかったことにはならない。中国では清以前の古文書の残存がきわめて少ない（岡崎 1991，745)。したがって，敦煌，トルファン出土の文書は非常に貴重な史料といえる。これらの文書が出土したのが，都の長安から遠く離れた地域であるといっても，それは史料の制約という呪縛から逃れ得ないからである。(C) や (D) が，正倉院文書より半世紀以上古い。重要なのは，これらの史料が我国の古代に当たる年代に，すでに中国大陸で行われていたということを証明するものである，ということである。

古代の中国大陸で生まれた帳簿技術が，古代日本に伝播した。それは，稲が日本に入ってきたのと同じように中国から直接もたらされた場合もあろうし，朝鮮半島経由で入ってきた場合もあるだろう。仏教も，朝鮮半島の百済から伝わった。仏教と共に，大陸の優れた文明が入ってきた[31]。

前者の場合は，もちろん遣隋使や遣唐使によるものである。遣隋使船や遣唐使船に乗った我国のエリートである留学生や学問僧は，世界一の文化や制度を懸命に勉強した。もちろんその中に律令などの法律や仏教も含まれるのであり，その過程で帳簿の技術も我国に伝播したのではなかろうか。

後者による場合は，例えば朝鮮半島からの渡来人が考えられる。遠藤慶太は，「渡来系の書記官たちはいわば技術系の官僚であって，国家の帰趨を左右するような影響力を有したとは考えがたい。…ただ専門技能が発揮される分野—記録や学術の伝承・外交実務といった局面においては，書記官らの裁量が大きかったであろうことが予想される」（傍点引用者，遠藤慶 2012，173）と述べている。その中に，当然，和式簿記の基となる帳簿技術も含まれるのではないだろうか。

「ヨーロッパにおけるローマ・ギリシャ文化にあたるのは，日本の古代文化ではなく，まず日本にとっての文明の中心である中国の古代文明ではないだろうか」（大津 2009，6）という大津透の主張の通りであろう。

ところで，大陸から帳簿技術がもたらされる時期が，もう一度あるのではないかと思われる。それは，鎌倉・室町時代である。第4節でも述べたように，鎌倉時代に質の制度がもっとも発達を遂げ，質屋の帳簿を義務付けるといってもいいような法令もできている。第5章でも述べたように，寺院の中でも特に禅宗の寺院で会計制度が発達していた。蓋し，これは，この時期に禅宗が我国に広まったことと関係があるのではなかろうか。曹洞宗の道元も，臨済宗の栄西も平安末期に中国に渡っている。第5章では，世間から「十露盤面（ソロバンツラ）」（川上 1921，23）などと称されていた妙心寺は，文明8年（1476）以降，雪江は，弟子宗圓を挙げて出納を司らしめて日單簿なるものを作らせた（川上 1917，99）ことも述べた。これと同じような事を，中国の唐代に見出すことができる。唐代中期に百丈懐海が制定したと言われる禅宗の集団規則『百丈清規』によれば，毎日の収支決算を作って提出せしめる。これを「日単」といい，10日目毎のものを「旬単」といい，一年間の決算を「黄総簿」といった（傍点引用者，道端 1985，264）。まさにこれが，妙心寺の日單簿の源流であったのではなかろうか。

第3章で新見荘という荘園が，建武2年（1335）に領主である東寺に書き送った年貢の決算報告書を考察した時に，どうしてこの時代にこのような簿記法や会計制度が発達していたのかということで，二つの可能性を考えた。一つは海外（中国）から伝わった。もう一つは，我国古代にその起源を求めるものである。前者は，13 世紀，モンゴル軍に追われ宋（中国）から高僧等の渡来があり，これらの僧侶が伝えたものではないかというものである。だが，他の地域でも当時作成されていたと考えられる年貢の決算書が現存している。したがって，当時の時代的な背景として，作成方法や会計制度が，それ程早く全国に広まるとは考え難い。むしろ，もっと古い時代から我国に発達した和式簿記や会計制度が存在したのではないかと考え，それが「出挙帳」と，「正税帳」であるとの結論に達した。しかしながら，その先を考えると中国説が再浮上してくる。まず古代に和式簿記の源流なるものが大陸から伝播し，官庁や寺院で用いられた。そして，ちょうど我国において貨幣経済が発展する中世に，禅宗などの仏教を通じて，再度我国に伝わり，質屋などを通して民間にも広がっていったのではないかということを本章では考察してきた。

さて，さらに考察を進めるならば，その先の源流に遡ることができるかもしれない。よく知られていることであるが，我国に伝わった律令は，隋唐の律令である[32]。しかしながら，その隋唐の律令は，北魏の律令の影響を受けてできたものである[33]。我国の公地公民制のもととなった隋唐の均田制も，本を辿ればば北魏の土地制度である。これに関連すると思われるのが，北魏の「僧祇(そうぎ)粟(ぞく)」[34]である。道端良秀は，我国の出挙の前身を，この北魏の「僧祇粟」であるとしている（道端 1933, 105–106）。北魏において僧祇粟は，僧曹という仏教の事を掌る役所で納入管理された。北魏は，官制として中央に監福曹，地方にその分署ともいうべき僧曹を置き，その首脳部に僧侶を就かせた。「僧祇粟」は，政府に納入されるのであって，制度上は官物であって寺有物でもなく僧徒の収入でもない。しかし，これを管理運用するものが僧侶である（塚本 1942, 191–192）。この官庁（律令）と寺院（仏教）の結びつきが，和式簿記の源流であると推断させるところである。

また，道端によると寺産の利用法として，質物を入れて利息付の貸出しを行い，利子を得て寺院経営の一助となしたることは，遠く印度の仏教教団で行なわれて居た（道端 1985, 433），ということである。さらに，禅もインドに端を発し，中国・日本に伝わった。もし，そうであるとするなら，我国の和式簿記の源流は，中国から，さらに遠くインドまで辿ることができるのかもしれない[35]。鎌田茂雄は，『仏教の来た道』の中で，「シルクロードは絹の道であると同時に，仏の道でもあった」と述べている（鎌田茂 2003, 15）。

最後に，「出挙帳」や「正税帳」が，和式簿記の起源であり，本章で考察した中国や朝鮮半島出土の文書や木簡が，その源流であるといえるかについて再度確認しておきたい。それは，貨幣経済が発達していない時期においては，「米」が貨幣であり，「麦」，「粟」が貨幣であったということである。民俗学者の赤坂憲雄は，我国の「古代律令制の成立以来，稲＝コメは国家の租税体系の中心につねに置かれてきた。コメは国家の欲望の対象であり，また，長いあいだにわたり，唯一の貨幣でもあった。最上地方では，戦後のある時期まで，コメがなければ物が買えなかった」（傍点引用者　赤坂 2009, 26）と述べている。さらに，「長興二年諸色入破歴」を分析した那波利貞は，「中晩唐時代の燉煌地方は貨幣經濟にまで發達し居らざる故，此等の支出の粟・麥・油・麪類が悉く食用に供せられたるものと觀察せむは謬にして，中には全く酒などを購入する爲の經費として支出されて居る例もある」（那波 1939, 45-46），と述べている。また，「便穀歴」や「入破歴」が物品の種類ごとに計算がなされていたことは，我国の古代においては，「正税帳」が，稲穀，粟穀，穎稲と，中世では，大徳寺の「金銀米銭出米納下帳」のように米，金，銀と，近世の算用帳において，金・銀・銭が別々に計算されていたこと，と同様である。蓋し，我国律令社会における「出挙帳」や「正税帳」が，算用帳など和式簿記といわれるものの起源であり，中国出土の「開元年末粟出挙帳」，「便穀歴」，「唐質庫帳」，「入破歴」，それに百済の「佐官貸食記」が，その源流であるといって差し支えないということができるのではなかろうか。

さらに，もう一つ付け加えるとしたら，蓋し，簿記というものは，官庁や寺院などという，お金の集まるところで，発生し，発達するものではなかろう

図表 7-13 和式簿記の伝播と発展の流れ

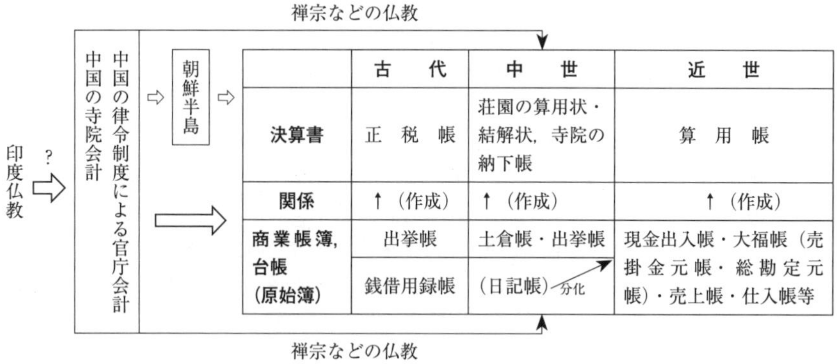
禅宗などの仏教
印度仏教
?
中国の律令制度による官庁会計
中国の寺院会計
朝鮮半島
古代
中世
近世
決算書
正税帳
荘園の算用状・結解状，寺院の納下帳
算用帳
関係
↑（作成）
↑（作成）
↑（作成）
商業帳簿，台帳（原始簿）
出挙帳
土倉帳・出挙帳
現金出入帳・大福帳（売掛金元帳・総勘定元帳）・売上帳・仕入帳等
銭借用録帳
（日記帳）
分化
禅宗などの仏教

か。

以上の所論を分かりやすく図表にしたものが，図表 7-13 である。

注

1 本文書（出挙帳）の解釈等については，大津透氏の論文に負うところが大きい。大津氏は，文部省の在外研究員として 1993 年 12 月より翌年の 1 月までロンドンに滞在し，1 カ月間，大英図書館で，本文書の調査を行った。その時のメモを元にして論文を執筆されている。本文書の断片は，3 から 5 点ずつ，大型の 2 枚のガラス板にはさんで密閉する形で保管され，文書原本には触れることはできなかったそうである。また，大津氏は，写真が示せないのが残念であるとも，述べておられる。（大津 1998，477-483）。

2 陳國燦氏も，アスターナ墓で出土した文書の中，12 片の断片を「九，唐付粟収領帳」と題して掲載されている（陳 1995，222-233）。こちらも参考にさせていただいた。

3 図表については，大津氏翻刻のものを利用させていただいた。ただ，大津氏が陳氏（陳 1995，222-233）と字句の釈読についての異同を注記されているが，読者への説明の都合上，削除させていただいた。

4 里正とは，古代中国における行政組織の末端である村落を支えた長のようである。大津氏によると，県の下にある郷の単位，そして郷に官人は置かれなかったので，管下の里の里正こそが，徴税や出挙の実際を支えていたのであり，州県は郷単位で把握し，里正が責任を負い，ある場合には実質的に請負的性格をもっていた。中国の隋唐帝国といえば，民衆を個別に籍帳で把握し，強力に租庸調などの徴税を行なったと考えられている。それは誤りではないが，実際には，郷単位の里正による裁量や請負があって，文書行政や計数処理が行なわれていた（大津 1998，502），と里正の役割を述べている。何か，我国近世の名主・庄屋と共通するように思われる。名主・庄屋は，役人ではあるが，その任務は，村方の全般に関する事務で，特に年貢の納入，戸籍事務，道橋の普請，村民の願書・契約書などの奥書などは重要なものであった（児玉 1989，721）。

5 「画指」とは，文字を書けない者が自己の署名のかわりに左手（女は右手）の食指を文書面に置き，指の末端と各関節の位置に黒点を打って，本人の指の特徴を示したもの。令（りょう）に規定（新村 1983，419）。

6 開元は，開元元年（713）から開元二十九年（741）までの 29 年間。

7 日野開三郎氏によると，財貨の負借を意味する便の語義は，「便宜事に従う」「便利をはかる」の意味より転化せしものと解せられる。また便には「融通する」の意味を示す用法もあり，これより転じて借財をも意味するに至った，と述べておられる（日野 1987，26）。

8 敦煌文書とは，西暦 1900 年 5 月，莫高窟に住み着いていた王圓籙という道士が発見した，数万点に及ぶ古文書のことである（NHK 2005，178）。

9 最近，日韓で共同研究が盛んに行われており，日本独自のものといわれていた前方後円墳が朝鮮半島で発見されたり，百済の王によって建てられた王興寺の発掘調査により伽藍配置が飛鳥寺に似ていることが分るなど，いろいろな発見があった。また，福岡県古賀市船原古墳から出土した 6 世紀から 7 世紀初頭の金銅製の馬具一式が，倭と対立していた新羅製であるとして，テレビや新聞で報道され話題を呼んだことは記憶に新しい。

10 この木簡の解釈等については，李鎔賢氏の研究に負うところが大きい。

11 平川南氏は，「佐官貸食記」という帳簿のタイトルは“官を佐（たす）くる食米を貸すの記”すなわち役人に援助を名目として食米を出挙するという意味であろう（平川 2009，19），と述べておられる。

12 田名網宏氏は，日唐両令の出挙条文の比較検定を行い，律令国家のもとで広汎におこなわれた官稲出挙が隋唐制の模倣によるものではないことを明らかにしているし（田名網 1973），また榎英一氏も中国や朝鮮半島との関係も引合に出しているが，基本的に出挙を我国独自の起源を有するものとして考えておられる（榎 1979）。

13 本文書の解釈等については，井上泰也氏の論考はもとより，井上氏が参考に使われている文献を利用させて頂いた。文書自体については，唐長孺主編・中国文物研究室・新疆維吾爾自治区博物館・武漢大學歴史系編．1994．『吐魯番出土文書』〔貳〕文物出版社と，国家文物局古文献研究室・新疆維吾爾自治区博物館・武漢大學歴史系編．1983．「唐質庫帳歴（？）」『吐魯番出土文書（第五冊）』文物出版社：314–340 を参考にした。また解釈については，（陳 1983），（井上 2006），（妹尾 1990），（刘 1995），（王 2001），（羅 2005）を参考にした。

14 本文中掲載の写真については，井上氏と同様に第1片を利用した。第6片の使用も考えたが，この第1片が一番解釈しやすく，読者にも分かりやすいと思い利用した。

15 井上氏は「唐質庫帳」の内容を分析し，質草や質入人の氏名等，30名の一覧表を作成されている（井上2006，78）。また，井上氏以外に「唐質庫帳」に係わったものとして，妹尾氏は，長安の店舗立地の関係（妹尾1990）を，刘氏は，質屋の質草と利率（刘1995）を，また王氏は，唐の「新昌防」の地理的分析（王2001）を，そして羅氏は，質の期限並びに質草の種類等（羅2005）を，それぞれ研究されている。

16 藤野氏は，「出擧は何時頃より行はれたるか，精確に之を知り難いが，孝徳天皇（位，645～654＝引用者）以前に既に行はれたものと思はれる。…桓武天皇の朝，延暦14年（795＝引用者）に行はれた七大寺出擧は殊に其の利極めて大なりしものありしことが傳へられて居る（藤野1927，22-26），と述べている。確かに，『類聚國史』の延暦14年11月22日には，次のような記事が見られる。

「諸国挙七大寺稲。施入以来経レ代懸遠。毎レ年出挙其利極多」（黒坂2000，279）

『質屋史の研究』の著者，齋藤博氏は，中国の寺院出挙の影響は認めるものの，質屋の起源を我国の南北朝時代としている。齋藤氏は，まず，幸田成友氏が，大正13年（1924）に発表した論文を引用されている。幸田氏もその論文の中で，奈良朝から平安時代に支那へ留学した僧侶が無尽蔵，長生庫を持ち帰ったことについては容易に考えられるとしながらも，「支那の影響を受けたことは確かに之を認めるが，無盡藏長生庫の仕法の輸入を以て，直ちに我邦の質屋の起源とする說には左袒しかねる。質物を取って金穀を貸付けることは自然の經濟的現象で，その仕法に於て力強き支那の影響を受けたといふ方が穩當であらう」（傍点引用者，幸田1972，137）と述べている。この見解に対し齋藤氏は，「妥当な所を示されている」（齋藤1989，20）と賛意を示し，野田只夫氏（野田1952）や奥野高廣氏（奥野1933）の見解を斟酌しながら，「南北朝時代から，各地で『質専業者を質屋と称したのである』と理解して差し支えないであろう」（齋藤1989，21）と述べられている。しかしながら，両者とも中国の影響を否定したものではないと考えられる。

17 これらの文書については，堀氏の他，那波利貞氏（那波1977），北原薫氏（北原1980），唐耕耦氏（唐耕耦1997）らの研究がある。これらの論文を参考に考察を進める。

18 また，郭道揚氏は唐代の寺院について次のように述べておられる。「当時の寺院の会計計算は，『四柱』帳形式を採用した。毎期年末決算前夜，寺主は全寺院の決算会議を主宰し，僧が決算報告書を朗読した。庄園収入・園税収入・檀家収入・貸金収入・交易収入および賽銭収入などの項目別に報告し，必要に応じて追加説明した。寺院が作成した決算報告は典型的な『四柱』式報告で，報告はまず，前帳回残高（旧管），次に本年の附入額（新収）を並べ続いて当期の破用学（開除）を列記して，最後に『四柱決算法』で計算した各種財物の見在（現在）額を示す」（郭著1984，240-242：

郭・津谷訳（上）1988，221-222)。ところで，安藤英義氏は，国際会計基準に代表される財務報告の趨勢は，「資本」に代えて「純資産」や「持分」とする簿記離れを危惧されている（安藤 2010，13)。「四柱決算法」は，いわば「期末資本」の計算を目的とするものである。

19　郭氏は，「唐代の寺院経済は相当発達しており，寺院会計の中に会計主管―『歳計』―があり，会計を主管し寺院の帳簿と計算に責任を負った。寺院会計の進歩は，当時の櫃房・質庫と併せて論じられるべきものである」(郭著 1984，137：郭著・津谷訳（上）1988，125）と述べておられる。

20　中国語の辞書で「手下」を引くと，①統率下，管轄下とか，⑤着手する時，手を下す際，⑥自ら等の意味がある（愛知大学 2010，1570)。従って，「手下」とは，この決算書を願達が統轄して作成したか，自ら作成したかの違いはあるにせよ，願達が作成したと解釈して差し支えないと思われる。

21　那波利貞氏は，「中唐晩唐五代初期の支那寺院の中の相當大なるものには，恐くば其の寺院所屬の梁戸なるものが寺院所有農耕地の小作人の家とか，寺戸の家に存し，梁子を設置せしめて何物かを生產し，それより梁課をその所屬の佛寺に納入せしめて寺院維持經營上の一の財源とし莊園收入，碾磑收入，散施收入と並べて之を重要視したのではあるまいかと考察するのである」(那波 1977，299)，と述べておられる。

22　これらのうち「蘇」は，我国の奈良時代でも食されていた乳製品であると思われる。「黄麻」は，ツナソ（綱麻）の別称で，紙の原料になったものである（新村 1983，294)。「麩」は，ふすま，小麦のひきがら（愛知大学 2010，531）で，「滓」は，「餅滓」，「餅査」という表現が出てくる。北原氏は，査を「しぼりかす，飼畜に用いる」（北原 1980，434）としている。中国語の辞書で「餅」を引くと，①小麦粉をこねて，平たい円盤状にして焼くか蒸したもの。北方人のよく常食とする主食。“もち”とは異なる。②一般に円盤状のもの（愛知大学 2010，122)。また「滓」は，①液体の底に沈殿する物。おり。かす（愛知大学 2010，2210）となっているので，食料の一種かもしれない。「緤」は，木綿（北原 1980，376）といったところである。但し，「緤」も辞書には，「(家畜を引く）綱・縄」(愛知大学 2010，1862）という意味がある。物品名の中に「布」というのがあるので，「木綿」ではなく，「綱か縄」かもしれない。どちらにしても本論には影響はない。

23　那波氏は，「斯して中晩唐時代の寺院が寺院所有の麥粟豆麻乃至生絹綾錢などを大體年利五割の利率を以て民間に貸附け以て寺院收入の財源の一としたることは啻に燉煌地方に於てのみ存した現象に非ずして當時の支那全土に遍く慣行せられたること蝶々絮説するを須ひぬ」(那波 1941，171）と述べておられる。

24　那波氏は，いくつかの入破歴を分析し，「而して中晩唐時代の燉煌地方は貨幣經濟にまで發達し居らざる故，此等の支出の粟・麥・油・麪類が悉く食用に供せられたるものと觀察せむは謬にして，中には全く酒などを購入する爲の經費として支出されて居る例もあり，…此等の寺院經濟支出は費用のもの，食用のもの混合せることを知つて置かねばならぬ」として，支出の中でも「諸種の法會其の他の接待饗應」について言及されている（那波 1939，45–46）。

25 筆者の愚稿を読まれた西川登氏から，我国の正税帳などの計算式が，中国の帳簿の影響があるのではないかという便りをいただいた。筆者はその当時すでに中国や朝鮮半島の出挙についての研究を終え，中国寺院会計の中国語の書物を読み始めていた。その時は，西川氏のご助言から，自分の研究の方向は間違いないという自心を深め，研究を続けた。そうしたところ「四柱決算法」に行き当たり，これは「正税帳」と同じ様式ではないかと驚き，改めて西川氏の便りを確認すると「四柱決算法」と書かれており，西川氏の見識に感服した次第である。

26 古代中国において，四柱決算法の普及以前には，三柱決算法が行なわれていた。郭氏は，三柱決算法の使用時期は，西周から中唐であるとして，次のように説明されている。「『三柱』決算法は，当期収入・支出・残高の3者の間から『入－出＝残［あるいは収－付（支）＝(余)］の公式によって，財産・物資の増減変化の過程とこの結果を決算する1つの方法』である。入－出＝残［あるいは収－付（支）＝(余)］の公式は中国式会計の基本となる決算公式であり，この公式は『収入』・『支出』・『残高』の3大要素を包含している。それゆえ，『三柱決算法』と名づけられた」（傍点引用者，郭著 1984，232–233：津谷訳（上）1988，215）。

27 郭氏は，唐代早・中期が，「四柱決算法」使用の過渡期であったとして，次のように説明している。「我国（＝中国，引用者）古代の『四柱』とは，『旧管』（前期繰越）・『新収』（当期収入）・『開除』（当期支出）・『実在』（期末残高）のこの4大要素を指す。…『四柱決算法』の基本公式は『旧管＋新収－開除＝実在』」であるとし，「『四柱清冊』は，『四柱決算法』の具体的運用の基礎の上に生成した一種の会計報告書の形式である」と述べている（郭著 1984，236–237：津谷訳（上）1988，218–219）。また，郭氏は，「唐代後期作成の『四柱式』会計報告書は，世界的に見て先進の地位にあった」（下線引用者，郭著 1984，300：津谷訳（上）1988，274）とも述べておられる。

28 津谷原弘氏は，中国も西周時代の官庁会計は，「収入」「支出」「残高」という三つの計算の柱をもっていた。それが，唐代の古文書の中に『旧管』（前期繰越の意味）なる文字が散見されるので，唐代の中期には，上の三つの概念のほか，「前期繰越」の概念が加わることになる（津谷 1998，56–67）と述べている。

29 津谷氏は，「中国には『簿記』という語はなく，日本において簿記といわれている内容は，『会計』の中の記帳法といっている」（津谷 1998，15）と述べておられる。

30 中国の会計史については，郭氏（郭 1982–1988）（郭著 1984：津谷訳 1988–1990）や津谷氏（津谷 1998），さらには唐耕耦氏（唐耕耦 1997）などのご業績が単行本化されている。郭，津谷，両氏とも，中国の会計の起源を西周時代の官庁会計にあるとしている（郭著 1984，44–60：津谷訳（上）1988，40–55），（津谷 1998，56–67）。その意味ではもちろん，西周時代からの会計が我国に影響を与えているとも考えられる。郭氏は，西漢時代の官庁の会計帳簿組織の紹介をされている（郭 1982，205）。また，そのうちの①谷出入簿と，②銭出入簿も紹介をしているが，前者の方は「糜」，「粟」，「麦」に分け記述されている（郭 1982，214−216）。収入項目の頭には，「入」の字が，支出には「出」の字が付けられている。郭氏は，西晋の官庁の会計帳簿も紹介しているが，それにも「入」・「出」の文字が付けられている（郭 1982，260）。これらの帳簿は，簡片（竹簡か木簡）に書かれ，それらが綴り合わされて作られている。収支に「入」・「出」の文字を付けることは，我国近世（江戸時代）の和式帳簿にも見られるところである。なお，中国の場合は，「入」・「出」の代わりに，「入」・「付」，「受」・「用」と表示する場合も見られる（郭 1982，208−210）。さらに中国の最初の帳簿は，「流水帳」と呼ばれる日記帳から始まっているという（郭著 1984，155−156：津谷訳（上）1988，144−145）。このことは，我国の帳簿が「日記」，「日記帳」から分化していったのではないかという筆者の説と軌を一にするものがある。さらに郭氏は，西漢時代の民間会計の帳簿の紹介も行なっている（郭 1982，236）。一方，唐耕耦氏も次のように中国会計の歴史を述べられている。中国の会計制度の源流は長く，『周禮』という戦国時代の書物によると，日計，月計，年計が比較的明確に分けられた財計機構が設計され，完備されていた。漢代の初めには，全国的な会計制度が建立され，各郡国では，3年ごとに会計簿書を編成し，朝廷に財政収支の決算状況を報告するようになっていた。唐宋代に至り，会計制度はさらに発展完備され，世界的にも先端的な地位に立った（唐耕耦 1997，63）。なお，中国の会計史については，Chatfield 氏が *A History Accounting Thought* で，古代中国社会の会計を取り上げた（Chatfield 1974，7−9：津田・加藤訳 1979，9−11）ものが最も早期のものだと思われる。他にも，高橋厳氏（高橋 1992），濱田弘作氏（濱田 1988），（濱田 2003）の論稿もある。また，朝鮮半島の会計史については，杉本徳栄氏の研究（杉本 1998）がある。

31　現在，宮中や神宮で行われている雅楽も，中国・インドから伝わったとされる「左方」（「唐楽」）と，朝鮮に由来する「右方」（「高麗楽」）がある。

32　荊木美行氏は，「七世紀後半から八世紀の前半にかけて，わが国では，いくたびか律令とよばれる法典の編纂が行われた。これらは，いずれも，隋唐の律令に範をとったもので，わが国では，これを日本の国情にあうようなかたちにあらため，そうした法典の整備を背景に，強固な中央集権国家の形成を推進しようとした」（荊木 1995，1）と，述べておられる。

33　このことについて，曾我部静雄氏は，律令について数々の新機軸を生んだ晋は，匈奴族が建てた漢のために滅ぼされ，やがて南北朝が相対立する時代に入っていく。その後中国は，北朝から出た隋の統一するところとなった。北朝は，異人種の建てた新しい国家で，中国の諸前代の律令を摂取し参考にして律令を編さんしたが，矢張り北朝としての特色もそれに加味するところがあったのであり，これをやがて隋が継承して唐に影響を及ぼし，遂に律令の主流をなすに至ったのである。従って律令の発達史から見れば，北朝の律令の方が重要なのである。北朝を興した北魏は，塞外民族の鮮卑族の拓跋氏が建てた国家である（曾我部 1971，14–15），と述べておられる。我国の律令に影響を与えたのはその律令である。また，布目潮渢氏も，「東アジアの母法といわれ，他民族にも通用する世界法としての隋唐律令が完成するのは，北朝胡族政権下においてであると見るのが至当であろう」（布目・栗原 1974，158）と述べられている。

34 塚本善隆氏は，北魏において，年々六十斛の粟（僧祇粟）を僧曹に納める義務を負う特定の戸を僧祇戸といい，僧曹は，これを管理運用して凶年には賑給し，或は出資し，また平時餘剰あるものは，佛教事業の爲にも使用する（塚本 1942，168），と述べておられる。また，大郁西崖氏によると，沙門統曇曜が雲岡の靈巌な窟龕大造像を造る貲を，僧祇粟に取った（大郁 1915，179），と述べておられる。

35 嘗て，高寺貞男氏は，「収支簿記法」という，筆者が辿り着いたのとは全く別の観点から「アジア的共通慣行」について注目されていた。高寺氏は，イタリア式簿記法から独立して開発された，インド式，中国・台湾式，朝鮮・韓国式，日本式全て一様に収支簿記法であったという歴史的事実に注目しなくてはならない（高寺 1995，85–86），と述べておられる。

第8章　我国監査の起源

1 は じ め に

我国の近世，すなわち江戸時代においては，「帳合法」と呼ばれる和式簿記が発達し，損益計算も財産計算も行なわれていた。もちろんそこでは監査も行なわれていたものと思われる。第2章では，伊勢商人が監査を行なっていたことの一端を紹介した。さらに，この監査については中世にまで遡ることができる。第3章では，中世の荘園で，第5章では，中世の寺院において監査が行なわれていたことを見てきた。それでは，我国監査のルーツは何か。筆者はかねてから，和式簿記の起源は，我国古代の正税帳と出挙帳にあると，主張してきた。果たして我国の古代社会において監査は存在したのか。管見の限り，この問題に答えることができる会計学の研究は，皆無に等しいように思われる[1]。「会計あるところには必ず監査あり」(河合 1979，1) といわれる。筆者は，第5章の「5　おわりに」において，民部省の主税寮で「勘会」という会計監査のあることを述べた。ただしその注書の中で，「勘会については第8章で考察したい」ということのみにとどまり，詳しい考察はいっさい行なわなかった。そこで，本章ではこの「勘会」を手掛かりにして，我国古代の監査について考察し，それが後世にどのような影響を与えたかについて論じてみたいと思う。但し，この場合には日本古代史の分野に深く入り込むことになるので，歴史研究者の文献を参考にして論を進めていきたいと思う。

2 税帳勘会

日本古代史の分野で，我国古代律令制度における「勘会」についての先行研究には，虎尾（1958），喜田（1960abc），梅村（1975, 1978, 1989），岡田利（1980b），山里（1991），堀部（2002），玉井（2008）等がある。また，林・鈴木（1985），虎尾（2007）にも，勘会についての解説，注書きがなされている。研究者によって，主張が異なる部分があるが，本章はこれらの研究に負うところが多い。

まず，国史大辞典で「勘会」という項目を引いてみると，次のように説明されている。

> 「律令制下，中央政府による地方行政の監査は，主として諸国司が毎年進上する公文書を介して行なわれたが，それらの公文書の正不を調査することを勘会といった」（下線引用者，早川 1983, 776）。

ここで，「諸国司が毎年進上する公文書」とは何か。我国の律令社会は，文書社会である。中央集権国家の最高行政官庁たる**太政官**は，全国の政治，財政を統制するために，毎年諸国から**「四度公文（よどのくもん）」**というものを提出させた。上記でいうところの公文書とは，この四度公文のことである。四度公文には，**大帳（計帳）**，**正税帳**，**調庸帳**，**朝集帳**があり，これらを太政官に送る使者のことを**「四度使（よどのつかい）」**といった。すなわち，計帳使が計帳，税帳使が正税帳，貢調使が調庸帳，朝集使が朝集帳を太政官に持参した（下線引用者，喜田 1960a, 87-88）。吉村茂樹は，「中央政府としては國司が果してその職務に忠實なりや否やを知り，またその能否を見ん事は最も重大な事であった。この意味に於いて設けられた一つの制度が四度使」（吉村 1934, 10-11）である，と述べている。喜田新六によると，「四度使の任務は，四度の公文を太政官に提出するだけで，完了するのではなく，それから先の任務が，四度使の四度使たる任務であると思われる」（喜田 1960a, 87）とし，その任務について次のように述べている。すなわち，「四度使は，かなりの期間，寮（主計寮と主税寮＝引用者），その他に出頭して，検査官の質問に，答弁しなければならなかった。若し帳簿に不備や錯誤があり，答弁宜しきを得ないと，官物の追徴を命ぜられ，或いは検査未了として，帳簿を更新して再提出すべく，帳簿を返却される場合もあって，公文の検査を受けることは，国司にとって，重大な任務であった」（喜田 1960a，89）。つまるところ，この検査が，「勘会」である。

本章は，四度公文うち特に，「正税帳」の「勘会」に焦点を当て考察をする。正税帳は，2月30日以前に，その前年の帳を太政官に申送する。但し，西海道諸国島の正税帳は，2月30日以前に大宰府に送り，府が覆勘を加えて，5月30日以前に官に申すことになっている（喜田 1960a，88）。その後，民部省の下部組織である**主税寮**で勘会を受けることになる。実は，その勘会のための基準というものが弘仁11年（820）完成奏上（坂上 2009，201）の『弘仁式』と，延長5年（927）奏進（岡崎・平野 1971，312）の『延喜式』の中に存在する。年代順に前者の方から検討していく。

『政治要略』[2] 巻五十七　交替雜事（雜公文）には，次のような弘仁式の逸文が見られる。これを**弘仁主税式勘税帳条**という（岡田利 1980b，332）。

「凡勘二税帳一者。先據二去年帳一勘二會今年帳一。次[計]二會出擧。租地子。驛馬等帳一。訖待二神祇。治部。主計等移一。乃造二損益帳二通一。申二官省各一通一。然後返抄送レ省。若當年勘出。大國滿二一万束一。上國八千束。中國六千束。下國四千束。卽返帳。但造二損益[帳]一通一留レ寮。仍錄二返由一申レ省。其未納幷交替欠及去年勘出物未塡者。雖二是束把一。亦猶返[帳]。唯當年勘出。不レ滿二差數一。及除二年中出擧雜用一之外。所レ殘穎不糙之類。並顯勘出。不レ須二返帳一者。」（黑坂 1964，431）。

現代風に書き下せば次のようになると思われる。

「およそ正税帳の監査は，先ず去年帳[3]（前年度正税帳）と今年度の正税帳を比較対照することから始める。次に，出擧帳，租地子帳，驛馬帳と照合し，神祇省，治部省，主計寮からの移（知らせの文書＝引用者）を待って監査（計會）[4] せよ。そこで損益帳を二通造り，一通は太政官に，もう一通は民部省に送れ。然る後，民部省へ返抄（受領書＝引用者）を出すように伝達せよ。もし，当年の不当な不足量（勘出）が，大国は，一万束，上国なら，八千束，中国，六千束，下国，四千束に，それぞれ満たした場合は，即，正税帳を返却せよ。ただしその場合は，損益帳を一通作り主税寮に留めよ。そのうえで，返却の理由を民部省に伝えよ。未納[5]や，（前任国司の＝引用者）交替欠，昨年度の不足量の未補填の場合は，たとえ数量が分かっていても，また，なお返帳せよ。但し，当年の不足量については，数量が不足で，年内の出挙・雑用を除いた，残る所の穎が確かでなくとも，勘出量を明らかに示せば，返帳すべからず」。

ここで若干の解釈を試みる。現代の監査の用語で言うなら，最初の1行目は，**監査対象の範囲**[6]の明示である。すなわち，監査範囲は，①2年分の正税帳，②出挙帳以下三つの帳簿，そして③神祇省以下三省寮の移となる。①は，いうなれば**財務諸表**，②は**関係帳簿**，③は**関係証憑**に当たるといえる。また，「移」というのは，同列の官省からの伝達の文書である。勘会で必要な情報を他官省から得るわけであるので，③は**確認状**ともいえる。虎尾俊哉も「税帳を勘査するためには，前項の諸帳簿のみでは不完全であって，各関係官省寮の移を必要とすることは想像に難くない」（虎尾 1958，5-6），と述べている。

いずれにしても，①②③が揃って，そこではじめて（乃）[7]，「損益帳」を作成することとなる。しかしながら，この損益帳なるものは現存せず，どういう様式のものであるのかは不明である[8]。ただ正税帳の「損益帳」ではないが「戸口損益帳」[9]の断簡というものが現存する。これは，戸籍の変動の収支（損益）を記載したものである。移動のあった人たちを書きあげ，その一人ひとりについて，「死」，「嫁出」，「移」，「移来」などと記されている（犬飼 2005，54-55）。村尾次郎は，前部に損分，後部に益分が一括してまとめられているように見受けられるとして，会計帳簿と同じように人員の損益，差引定員の順になるのが，基本的記載様式である（村尾 1956，18），と述べている。このことから推測すると，「正税帳の損益帳」というものも，前年度と今年度の正税帳を比較し，前半部に，正税帳各項目の増加分とその理由，後半部に減少分と理由が記載され，最後に差し引き量が記載されるようなものではなかったのであろうか。

もし，勘会が合格なら，然る後に，**返抄**[10]が発給される。但し，この返抄は，太政官において税帳使に下付されるものであるので，ここでは返抄の発給を可とする報告を民部省にするという意味である。民部省は，さらに太政官に上申することになる（虎尾 1958，6–7）。

それでは，もし勘会にパスしなければどうなるのか。それに関わることが，後半部分に規定されている。後半部分は，勘会の合否の基準が書かれている。その基準とは以下の三つである。

① 当年の勘出が，大国は，一万束，上国なら，八千束，中国，六千束，下国，四千束に達した場合（ここで，「勘出」とは，勘査の結果，非違[11]や，誤失と認めて摘出する事（虎尾 1958，8））。

② たとえ数量が分かっていても，未納や，（前任国司の＝引用者）交替欠，昨年度の不足量の未補填（去年勘出物未填）の場合は，提出した国に正税帳を返却（返帳）せよ。但し，その場合には，損益帳を作成し主税寮で保管せよ。そのうえで（仍），その理由書を作成して民部省に報告せよ。ここでの理由書[12]とは，**「正税返却帳」**と呼ばれるもので，民部省を経て太政官に上申され，これが官から税帳使に下される（堀部 2002，68）。返帳された国では，返却帳をもとに善処した上，再度提出し勘会を受けるのであるが，返抄を与えられるまで国司は釐務に預かることを禁じられ，その間の公廨を奪われることになっていた（山里 1991，109）。

③ 今年度の勘出分については，不足量を明示してあれば返帳しなくてもよしとする。

以上が，弘仁主税式勘税帳条の解釈になると思う。

前述したように『延喜式』巻第廿六　主税上にも，「勘会」の規定が存する。これを**延喜主税式勘税帳条**と呼ぶ（虎尾 1958）。

「凡勘二税帳一者，先據二去年帳一，勘二會今年帳一，次計二會出擧，租，地子，驛傳馬，池溝，救急，公廨，夷俘，在路飢病，及倉附等帳一，次亦侍二神祇，兵部，主計，玄蕃，左右馬等官省寮移₋，然後返抄送ㇾ省，若當年勘出物，大國滿₌一萬束，上國八千束，中國六千束，下國四千束₋，卽返帳，但造₌損益帳一通留ㇾ寮，仍錄₌返由₋申ㇾ省，其未納幷交替闕，及去年勘出物未ㇾ塡者，雖ㇾ見₌束把₋，亦猶返帳，唯當年勘出，不ㇾ滿₌差數₋，卽顯₌勘出₋，不須₌返帳₋，」（下線引用者，虎尾2007，954）。

この中で，下線〰〰を引いた箇所が，前述の弘仁主税式勘税帳条にない部分である。まず，傳馬帳以下の関係帳簿である。虎尾俊哉によると，「之は，叙述の精粗によるものではなく，修理池溝料，救急量などの雑稲が弘仁式後に設定された事によるものである」[13]（虎尾1958，5）と述べている。ここでは改めて，虎尾の解説（虎尾2007，1464）を斟酌しながら，関係帳簿についてみていくこととする。

（出舉帳） 国が行なった出挙の貸出し年次報告書。

（租帳） **輸租帳**ともいう。国内の田について，その不輸租田・輸租田・輸地子田および不堪佃田・堪佃田の別や輸租額などの年次報告書。

（地子帳） 田品の上・中・下や田積の増減を録して，税帳使に付して申送する帳簿。

（驛傳馬帳） 驛馬・傳馬の死闕や購入，現在数等の明細を記した年次報告書。

（池溝帳） 池や溝の造成や修理に要した支出の明細を記した帳簿。

（救急帳） 貧窮の民を助けてその生業を続けさせるための支出について，対象の戸ごとにその明細を記した帳簿。

（公廨帳） 公廨稲の出挙によって得られた利息を，国司らの等級に応じ俸禄として配分した際の明細帳。

（夷俘帳） 俘囚に生活の資として支給した公浪の明細帳。

（在路飢病帳） 飢えや病に倒れた行路者の救護のために用いた正税の報告書。

（倉附帳） 国の保有する官倉や民間からの借倉について，倉ごとに収納物の出納を記した帳簿。

以上は，各国が正税帳と一緒に税帳使につける「**枝文**」[14]といわれるものである。虎尾も指摘するように，これらの多くは，官稲を支出した費目についての独立した公文（虎尾 1958, 5）であり，正税帳作成のための台帳となるものであると考えられる[15]。

次に，移で追加されたのが兵部省以下の＿＿線部分である。この移については，山里純一の説明（山里 1991, 104–105）を斟酌することとする。

（神祇官移） 幣帛料などの神祇関係費に充てられた正税の支出分を勘会するための資料。

（兵部省移） 兵器修造等に関する正税帳の費目を勘会するための資料。

（主計寮移） 主計寮から主税寮に対しての正税交易物の納否状況を記した移文。

（玄蕃寮移） 法事の際の布施供養料支出，僧尼の食料費など勘会するために必要な資料。

（左右馬寮移） 課欠駒直[16]としての収入を勘会するための資料。

なお，これ以外にも修理職移や，備中・長門・豊前三国の税帳勘会の際には，鋳銭司返抄が必要であったと，山里は述べている。

これらに対して，弘仁主税式勘税帳条にはあり，延喜主税式勘税帳条にない部分もある。すなわち，弘仁主税式勘税帳条で＿＿を引いた部分が，削られた部分である。

まず，治部省移である。山里によると，これは賻物に充てられる正税支出分を勘会するために必要なもので，『弘仁式』以後も，外国官人に対して正税から支出することになっており，「延喜正税帳式」にもその項目はみえており，山里は，除いた理由が今一つ判然としない（山里 1991, 105），としている。

削られた部分の中で大きなことは，「損益帳を二通造り，太政官と民部省に送付する」，という部分である。したがって，延喜主税式勘税帳条において，損益帳は，正税帳を返帳する場合にのみ作成され，主税寮に保管されることとなる。この点について，虎尾は，承和 14 年（847）7 月 9 日の太政官符を斟酌し，「返抄を与える場合も返帳する場合も一々損益帳を作り，その上で返抄を発給していたが，之は徒らに税帳使の滞在を長びかせるのみである。返抄を与える際には税帳は，寮に残るのであるから，先に返抄を与えておいて，あとで収支の対照表を計算することは可能である。従って返抄を与える際に損益帳を作る手続きを廃止し，返帳した国の分についてのみ損益帳を作り，これと手許に残った勘会済みの税帳とによって全国の損益の總計を出し[17]，之を明年の正月までに省を経て官に報告することに変更したのが承和十四年の事である」（虎尾 1958，16−17）と述べている。

さらに，「及除二年中出擧雜用一之外。所レ残穎不糙之類」も削られている。これについても，「その理由を示すものは寛平三年（891 年＝引用者）八月三日の官符で，それによると，年中出挙雑用の外は皆，糙とすべきである。所がこれを守らない国が多い。しかるに式（弘仁式）によると勘出はされるが返帳はされなくてもすむ。そこでいくら勘出しても国司は改悛しないから，今後，税帳返却の処置を取ることにする，というのである。この寛平三年の符が延喜格にのせられたので，右の弘仁式の如き，税帳返却の除外例は本條から省かれたのである」（虎尾 1958，19）と，述べている。

また，『政治要略』には，次のような勘会の方法（以下，**「税帳勘二合相折」**[18]）が掲載されている。

「　　税帳勘二合相折置二當年輪一取二雜用一

置二中部合數一。取二先部合數一殘。此年輪數也。　……あ

置二後部合數一。除二先部合數一殘尓加二見用穀穎數一。即可レ見二一年輪穀一。　……い

置二後定見納穀一。加二見用穀穎一。取二年輪穀穎一。可レ見二先部合定見納穀穎數一。　……う

置二後定見納動用穀數一。加二見用穀一。除二年輪租穀一。可レ見二先部合定見納動用穀數一。　……え

置二後定見納動用穎數一。加二見用穎一。除二年輪穎一。可レ見二先部合定見納動用穎數一。　……お」

（あ〜お，下線引用者，黒坂 1964，438）。

これについても，解釈は難しい。虎尾は，＿＿線部分を『延喜式』収載の正税帳書式に当てはめている。①中部合は，正税帳書式の 56〜65 行，②先部合

は，2～14行，③年輸（収入部）15～55行，④見用（支出部）66～183行，⑤後部合184～197行，⑥（正倉部）198～212行（虎尾2007，1476），としている。すなわち，②先部合は，前期繰越，①中部合は，前期繰越プラス収入部，（②＋③）となる。⑤後部合は，次期繰越である。これらのことを踏まえたうえで，上記「税帳勘二合相折」を解釈すると，次のような等式で表されるのではないかと考えられる。

あ…　中部合数（前期繰越＋収入部）－先部合数（前期繰越）＝年輸（収入部）

い…　後部合数（次期繰越）－先部合数＋見用（支出部）＝年輸

う…　後定見納穀数＋見用穀穎－年輸穀穎＝先部合定見納穀穎数

え…　後定見納動用穀数＋見用穀－年輸租穀＝先部合定見納動用穀数

お…　後定見納動用穎数＋見用穎－年輸穎＝先部合定見納動用穎数

上記の式で不明な部分がある。一つは，う式の「後定見納穀数」は，「後定見納穀穎数」の誤りではないかということと，もう一つは，「見納」は，「未納」のことではないか，ということである。いずれにしても，このような計算式が，勘会手続きの一方法として用いられていたということである。そして，そのような計算を行ったのは，「算師」[19]といわれる人たちであったのだろう。勘会は，「算師」によって行われていたものと思われる。

もう一つ加えるのなら，現存はしないが，この「税帳勘二合相折」のような，勘会の具体的な方法は，他にもあったのだろうということである。後述するように，「損益帳」作成もその一方法であったのであろうと思われる。

以上が，古文書に見られる正税帳勘会基準の簡単な説明である。これらを概観して，次のことがいえると思う。まず我国では，弘仁年間，すなわち9世紀の初めに監査の基準が，すでに成文化していたということである。岡田利文によると，その成立はさらに古く，8世紀の半ば頃まで遡れるという（下線引用者，岡田利1980b，342，352）。

次に，それではなぜ，「損益帳」を作成する必要があったのか。前述したように，一つには全国の統計を出す必要があったからであると思われる。しかしながら，もう一つには（勘税帳条の後半部分と関係してくるが），監査の判断基準になったからではないかと思われる。損益帳を見れば，項目の増減が一目で分かる。極端な増減があった場合には，その理由の説明が必要である。もしもその説明がなされない場合には，不正を疑うことになるだろう。確かに延喜主税式勘税帳条には見られないが，上申されるような正式なものではないにしても，おそらく監査のツールとして，損益表は作成されていたのではなかろうか。そう考えないと，基準となる勘出量（「大國滿二一万束一…」）も算出できない[20]。

さらにこれらの勘税帳条から導かれることは，「出挙帳」以外に，正税帳の台帳が存在したという事実である。すなわち，傳馬帳以下の関係帳簿が，監査の範囲に含められるということは，見方を変えれば，これらの帳簿から，正税帳が作成されているということである。筆者はこれまで，正税帳の台帳として，「出挙帳」のみに目を向けてきた。確かに，出挙帳は，後世，土倉帳や大福帳（売掛帳）として，和式簿記の中心的な帳簿のルーツであることは，間違いない。今回の考察で，それ以外にも多くの帳簿があったことが明らかになった。ただ残念なことには，岡田利文も「諸々の地方行政公文の残存例が僅少ないし皆無である」，（岡田利 1980b，329）と指摘するように，これらの帳簿類もほとんど現存しないものと思われる。しかしながら，これらの帳簿は，その後，「日記」という名称で，存続していったのではないか，と考えることができる。第6章でも述べたように，荘園年貢の決算報告書制度において，日記が原始簿として機能している事例を検討した。正税帳の関係帳簿と同じ性格のように思われる費用の明細であった。また，日記が，「貸付簿」ないし，「貸し付けを含む金銭出納簿」として機能していることもみてきたが，そのルーツは，正に「出挙帳」であろう。したがって，律令制度の中で正税帳の枝文として作成されていた諸帳簿は，中世になって，「日記」として存続し，近世に入り帳合法の帳簿として再び機別に分化し，発達していったものと考えられる。

ところで，律令社会では，勘会をする以外にも，「検税使」をはじめ，実際に現地に赴いて各国の財政状況などを調査し，監督する地方行政監督機関[21]が置かれていたことが分かっている。次節では，そのことについて考察する。

3　地方行政監督機関

3.1　検　税　使

この「検税使」については，村尾次郎（1964），瀧川政次郎（1967a，1970），亀田隆之（2001）らの研究がある。まず，村尾は，「税司」を検税使の前身としている。すなわち，「屯倉では，穀倉の鎰の保管をきわめて重視してその取扱いを慎重にし，貯蔵の確実を期したから，鎰を現地に置かず，中央にひきあげて置いた。そして，開倉の必要が起こったときには，使者に持たせて現地にやり，使者の手で直接開倉させるようにしたらしい。その役が税司（主鎰）にほかならない。勿論すべての穀倉がそういう取扱いだったわけではない。常用米の倉庫もあったろうから，それは現地の官吏に出納権をまかせたのであろう。しかし，大部分は貯蔵穀倉であったから，それほど頻繁に開扉する必要はなかったのである。せいぜい年に一回か，二年に一回，定期の在庫検査をする，そのようなときが，主として開倉の機会である。税司（主鎰）は，その検税官であった。大宝律令の制定，施行によって，この屯倉管理の方式は廃止されたが，まもなく復活して不動倉制度ができ，検税使が派遣されるようになったのである」（村尾 1964，231–232）。

その検税使について瀧川は，「撿税使は，官倉に蓄へられたる穀物の有り高，及び其の保存の良費（ママ）等を検査する為めに，中央より派遣せらるる使いをいふなり」（瀧川政 1967a，435）と定義している。さらに別稿で，「検税使は，律令国家の地方財政監督官であって，太政官から道を分かって発遣せられる巡察使の一種である。律令国家が中央集権の実を挙げる為には，中央の官吏を地方に派遣して地方行政を監督せしめることは，不可欠の要務であって，…特に重点を置いて監督をしなければならないものは，その財務即ち会計の監督であって，地方行政の紊乱・腐敗は，多くその乱脈より出ずる。…中央官庁である主税寮の監査は，**書面監査**に終始せざるを得ない。令制においては，地方官庁である職国において正税帳なる会計報告書を作成せしめ，税帳使が京に齎す正税帳を主税寮が監査することになっている。…正税帳の帳尻が合っておれば，主税寮は，国司の姧僞を発見することができない。正税帳の帳尻すなわち諸国財政の収支の差引残高は，正税帳に記載されている国衙正倉の税すなわち貯穀の量である。故に太政官は臨時に巡察使を諸国に派遣して正倉を開かしめ，その貯穀すなわち税の量が，正税帳の記載と一致するや否やを検せしめたのである」（下線・太字引用者，瀧川政 1970，18-19）と，説明している。

瀧川によると，この検税使の初出は，万葉集・巻九に見える「検税使大伴卿」であり，養老2年（718）の春に任じられた大伴旅人である[22]（瀧川政 1970，19），としている。また，奈良時代には，五位以上の人々が任命された（瀧川政 1970，23）。検税使は，国司よりも，一階でも位が高く，一歳でも年長である方がよい（瀧川政 1970，25），と述べている。

『延暦交替式』には，「天平六年七道検税使算計法」というのが掲載されている。

「　天平六年七道撿税使筭計法

東海道以㆓二千七百寸㆒爲㆓斛法㆒。

東山道以㆓二千八百寸㆒爲㆓斛法㆒。

北陸道以㆓二千八百寸㆒爲㆓斛法㆒。

山陰道以㆓三千二百寸㆒爲㆓斛法㆒。

山陽道以㆓二千七百寸㆒爲㆓斛法㆒。

西海道以㆓三千二百寸㆒爲㆓斛法㆒。

南海道以㆓二千八百寸㆒爲㆓斛法㆒。

寳亀七年機内并七道撿税使筭計法

委穀經㆓十年已上㆒者。以㆓二千七百寸㆒爲㆓斛法㆒。稃并新委不㆑經㆑年者。以㆓二千八百寸㆒爲㆓斛法㆒。粟穀者。以㆓二千九百寸㆒爲㆓斛法㆒。」（黒坂 1965a，7-8）。

すなわち，天平6年（734）には，東海道，山陽道の諸国では，2700寸を一斛とし，東山道，北陸道，南海道は，2800寸，山陰道，西海道は，3200寸と，道別に検税使の一斛の換算法が三種類あった。しかしながら，宝亀7年（776）

には，七道を均一にし，10 年以上の委穀は，2700 寸，糒と新委の年を経ないものは，2800 寸，粟穀は，2900 寸を以て一斛とすると，改正した[23]。

実際の検税使の活動を示す証拠が，天平 9 年（737）の「長門国正税帳」に見出すことができる。

「天平七年検税使検校腐穀壱拾壱斛五斗弐升伍合　不動倉四斛五斗二升五合　動倉七斛」（下線・傍点引用者，瀧川政 1970，34）。

瀧川によると，「検校」したというのは，検税使が処分したということで，検税使は，太政官の処分を待たず，自ら裁して腐穀を帳より除く権限を賦与されていたと思われる（瀧川政 1970，34），としている。

しかしながら，検税使の報告にもとづいて国司が処罰された例が見つからないとして，瀧川は，制度的に見て検税使には，二つの欠陥があるとしている（瀧川政 1970，41−42）。

① 非常置の官であって，時々にしか任命・派遣されることがない。

② 国司を弾劾する権はあっても，これを処罰する権がない。

西岡虎之助は，寛平 8 年（896），菅原道真が検税使の派遣に反対したことが菅家文草に載っている。こうした事情から，こののち検税使の派遣は，自然消滅になったのであろう（西岡 1974，270），と述べている。

3.2　検税使以外の地方行政監督機関

前節では，検税使について述べた。しかしながら，ここで注意を要する点がある。それは，瀧川が，検税使を，「巡察使」の一種である，と言っていることである。また，天平 2 年（730）の「尾張国正税帳」や天平 10 年（738）の「駿河国正税帳」には，「按擦使」が検税をしたという記載も見られる。亀田は，検税は国司から検税使そして按擦使へとその管理者に変遷がみられたが，天平 7 年にふたたび中央より検税使が派遣されるに至った（亀田 2001，136−138），と述べている。村尾によると，この他にも，「勘解由使」や「観察使」も検税に関わった（村尾 1964，238−239）と述べ，図表 8−1 のような「検税制度の変遷」なる図を提示している。ここで，地方行政監督機関について触れ

図表8-1　検税制度の変遷

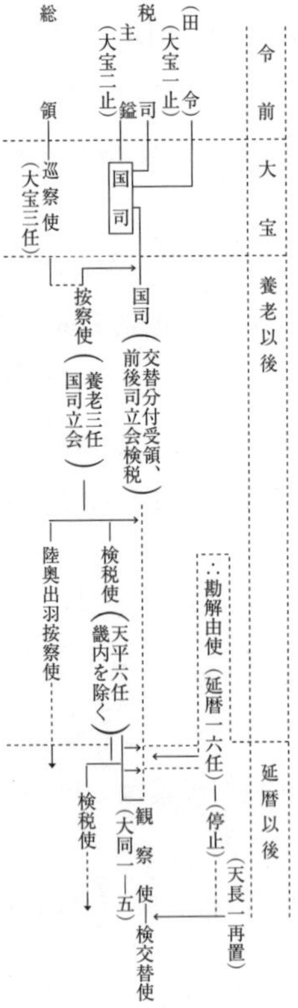

出典　村尾 1964, 239

る。これらの機関は，研究者により諸説あり，その一つをとっても何本もの研究成果を著せるものであるが，ここではごく簡単に説明する。

(1) 巡　察　使

巡察使の初見は，天武天皇14年（685）である（林 1969, 71）。諸国を巡察して国司の政績を監察して，太政官に復命報告するものであって，太政官ではその報告に基づいて賞罰・黜陟のことを行うのであり，令では常置の官とはせず，条例や人員も臨時の定量にまかされていた（下線引用者，林 1969, 106-107）。但し，倉庫令によれば，巡察使は，諸国の倉庫の貯蔵が正税帳の記載と一致するかどうかを検すべきことが見えている（吉村 1962, 56）。瀧川は，巡察の事条が検税に限られているものは検税使であり，百姓の疾苦するところを問えとあった場合には，問民苦使であるとしている（瀧川政 1970, 19-20）。

(2) 問　民　苦　使

特に問題があるときに派遣される臨時的な使い。文字通り「民の苦を問う」という性質がある。天平宝字2年（758），延暦16年（797），寛平8年（896）と，三度派遣されている（下線引用者，阿部 1990, 116-129）。瀧川は，唐の「観風俗使」に倣ったものである（瀧川政 1941a, 285），としている[24]。林陸朗も，この問民苦使も実質的には巡察使と相違ないのであって名称を変えただけのものであろうとしている（林 1969, 90）。

(3) 按　擦　使

養老3年（719）7月13日，令外の官として設置された（高橋 1955, 66）。続日本紀養老3年7月13日庚子条には，按擦使は，所管国司の政情を調査し，罪あれば徒罪以下は断決し，流罪以上は奏上し，善政あるときはその善政を報告することを任としていると規定され，さらに類聚三代格養老3年7月19日官符は「按察使訪察事条事」を記し，その職能をより具体的に示している（坂元1966，5)。坂元義種は，「按察使は，本来国郡司の官僚的側面を監察し，中央財政を支える調庸増益につとめ，その民政の安定を主要な任務としていた」（坂元1966，7)，と述べている。按察使は，特定の国の国守を以て任じ，隣接三四箇国の国政を統轄せしめる純然たる地方官であり，辺要の将軍に兼任せられることもある（下線引用者，菊池1956，14)。この点が，他の地方行政監督機関と特に異なる点である。

(4) 勘　解　由　使

これらの地方行政監督機関の中で最も有名，かつ研究成果が多いのがこの勘解由使であると思われる。

林陸朗は，「勘解由使は，地方政治の粛清と律令財政の再建を行うのに，解由制度の強化という方法で創立された制度であり，従来の地方行政の監察機関とは異なる性格をもつものであった」（林1982，2）と述べている。すなわち，国司などの諸司の交替に際し，後司（後任者）から前司（前任者）に与えられる不与解由状などの書類を勾勘・監察する役職である。「解由」とは交替事務を意味する。勘解由使が上手くできていると思うのは，後司と，前司の利害の対立を利用しているという点である。すなわち，両者は互いに牽制し合う。監査論でいうところの**内部統制組織**（河合1983，91）を採用しているということである。

勘解由使は，延暦16年（797）に設置されたことが確認できる。大同元年（806）の観察使の新設にともないいったん廃止されるが，再び監察制が停滞したため天長元年（824）に再設され，以後常置の職となる。勘解由使の具体的な活動を知る史料に『政治要略』所有の『勘解由使勘伴抄』[25]（勘伴＝監察の先例集）がある（川島1993，283-284)。この勘解由使の監査の基準法令は，勘解由使自身が編纂した『交替式』[26]に他ならない（梅村1975，266)。

(5) 観　察　使

観察使の名が史上にあらわれるのは，大同元年（806）5月24日の創置から，

図表8-2　地方行政監督機関の設置および廃絶の年次

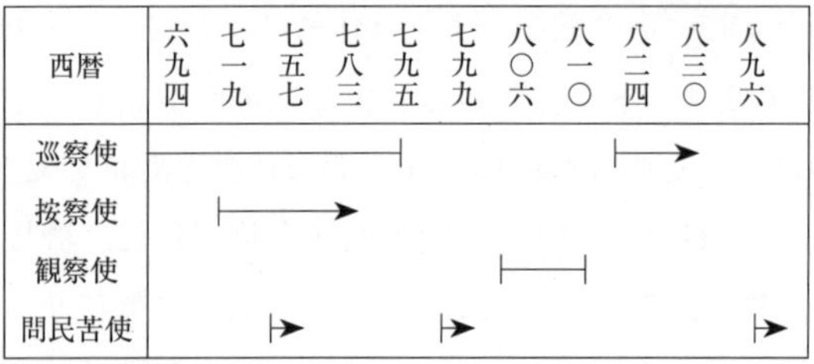

西暦
六九四
七一九
七五七
七八三
七九五
七九九
八〇六
八一〇
八二四
八三〇
八九六
巡察使
按察使
観察使
問民苦使

出典　阿部1990，126

同5年（810）6月28日の廃止までの僅か四年余りにすぎない（笠井1967，1）。笠井純一は，この観察使について，参議が兼任した常設の官で，巡察使・按擦使の再生版であり，奈良朝以来の監察制度の最も完成された形のものとして，新政府の期待をになって誕生したものである（笠井1967，8）としている。これに対して福井俊彦は，観察使を巡察，検税，勘解由の三使を道別に参議に兼任させたものであり（福井1964，12），その設置のもっとも大きな目的は，国郡司監察による庸調物確保にあった（福井1964，18），と述べている。観察使の制度はその最初においては，平城天皇の意図によって置かれ，相当の効果を治めたが，平城の政治が弛緩すると，創置の意義はうすれ，嵯峨天皇の即位以後は，平城の勢力回復の基盤となった（大塚1962，16）。

以上が，主な地方行政監督機関である。阿部猛は，地方行政監督機関の設置及び廃絶の年次を，図表8-2のように図示している。これら以外にも，管轄範囲が宮城及び左右両京である「弾正台」（渡部1967，20）や，覆囚使，惣管，鎮撫使などの監察機関が存在した。笠井純一は，「幾多の地方行政監察機関の改廃・新設がきわだっているのは，いかにして地方官の監督をするかという問題が，律令制を維持する上での要件であると認識されていたからに他ならない」（笠井1976，1）と，述べている。

3.3　勘会と地方行政監督機関

以上，地方行政監督機関についてみてきた。それらの機関は，勘会と関係がないのであろうか。「勘会」については，瀧川が述べたように，一般には「書面のみの監査である」，と考えられているものと思われる。しかしながら，実際にそうであったのであろうか。もしもそうであるのなら，監査の実を挙げることができたのであろうか。確かに，勘税帳条に揚げられている正税帳や関係帳簿，それに他官省から得られる「移」によって，**突合**（**帳簿突合・証憑突合・計算突合**）や**照合**，さらに**確認**などの監査の手法もとることができるであろう。また，税帳使に**質問**もできる。しかしながら，現代の監査の常識から考えて，これらの監査技術だけでは，適正な監査は絶対できない。**複式簿記**を用い，**内部統制組織**が整備されている現代企業にあっても，実際に現地（現場）に行き，**実査**や**立会**をする。現地の状態が分からなければ，国司や郡司，さらには百姓らによって，いくらでも**偽装**や**粉飾**[27]・**逆粉飾**が可能である。書類だけでは，正確な勘出はできないし，国司の非違や怠慢も見抜けないと思われる。正税帳に記載されている費用が本当に現地で発生しているのか，額は水増しされていないのか。これらのことは，現地に行き調査しなければ分からないことである。

福井俊彦によれば，勘解由使は，民部省勘会に代わって行われたものではなく，両者あいまって国司を監察・監督していくものであった（福井 1978, 203），と述べている。蓋し，勘解由使だけでなく，地方行政監督機関はすべて，勘会と関係があったのではなかろうか。門脇禎二は，「中央で勘会できない点については，諸国に巡察使を派遣して勘会した」（門脇 1974，267）と述べている。この点をもっと大きく取り上げても良いのではなかろうか。虎尾俊哉も，天平宝字4年（760）10月6日の勅を挙げ，巡察使が隠田を勘出したことを述べている（虎尾 1958，8）。また，林陸朗は，『続日本紀』天平2年（730）4月10日の記事に，国司らが正税帳の虚偽記載で太政官処分されたことを取り上げているし（林 1969，84），阿部は，国司が，正税帳をごまかすために「神火」と偽り，正倉に放火した（阿部 1990，15）[28] ことについて述べている。これらの不祥事が，明るみに出たということは，ひとえに地方行政監督機関が，現地に行き調査をしたから判明したものと思われる[29]。

また，大同5年（810）3月28日付太政官付によれば，諸国の税帳使等の多くが，病と称して事（勘会＝引用者）を避け，或いは，私情を肆ね，民部省に参内せず，いたずらに雑掌を煩わせ，衆務が闕怠している（黒坂 1965b，369）

ことが指摘されている。このことについて山里は，勘出を恐れてのことであると思われる（山里 1991，110），と述べている。これは，主税寮での質問を恐れるからであり，虚偽の記載の発覚を恐れてのことではなかろうか。現地から，不正を証拠付けるような何らかの情報が入っている恐れがあるので，登寮しないのではなかろうか。

かつて吉村は，巡察使，按擦使，観察使，検税使等について，「その監察機關であると同時にまた中央と地方との連絡機關として重大な役割をなしたものである」（吉村 1934，11）と述べている。蓋し，勘会と，地方行政監督機関とは，全く独立した存在ではなく，地方行政監督機関からもたらされる情報が，勘会を支えていたのではなかろうか。もし，そうでないとしたら「勘会」は，全くの**「絵に描いた餅」**であり，正しい監査などとてもできないといえる。繰り返しになるが，勘会と，地方行政監督機関は有機的な関係があったと考えられる[30]。

4　勘会の変質

平安時代も中期に入ると，律令制度が衰えてくる。当然，勘会にも変化が生じてくる。寺内浩は，十世紀後期になると税帳勘会は行われなくなり，大帳・正税帳制度は解体する（寺内 2004，58-59）と，述べている。また，福島正樹は，一連の研究（福島 1981，1983，1984，1986a，1986b，1986c，1988，1992，1997a，1997b，1999，2004 など）の中で，**「家産制的勘会」**と，**「重層的勘会」**という概念を採り上げ，「律令制的勘会制の動揺は，9世紀末～10世紀初頭における国家的再編によって克服された」（福島 1986b，67）と，述べている。福島の研究は，注目に値し示唆に富むものと考えられる。

図表8-3は，福島が描いた重層的勘会のイメージ図である。前述したように，勘会とは，国司が正税帳などの四度公文を作成・送付し，それが中央政府（民部省の主計寮・主税寮）で勘会され，パスなら太政官が返抄を発行する仕組みになっていた。これに対し，9世紀後半から10世紀前半になると，勘会は，

図表 8-3 重層的勘会

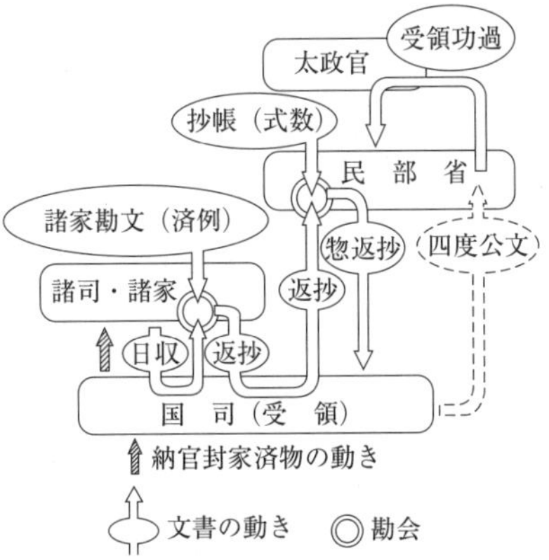

出典 福島 1986b，67

諸司・諸家の段階と，中央政府の段階との二段階で行われる構造になる。福島は，これを重層的勘会と名付けている。

福島は，家産制的勘会について，本来民部省（二寮）の機能であった返抄の発給という行為を，諸司・諸家がになうようになったことを意味する（福島 1986b，69）と，定義している。ここで，「諸司」とは，国司の中央官衙，「諸家」とは，諸権門（摂関家などの上級貴族や，東大寺などの大寺院）のことである（福島 1981，5）。福島は，この家産制的勘会について，東大寺の文書を丹念に調べ，（特に**寺家勘会**と称し）説明している（福島 1992）。律令制度における租税は，郡司が徴収し，国司が正税帳などの四度公文を作成する仕組みであった。それが9世紀後半になると戸籍・計帳制度が形骸化し，租税制度の中心をなしていた，租・庸・調という人的な賦課は廃れ，土地に賦課するという形態に変化してくる。そのような中，租税を徴収していた郡司は衰退し，代わって受領（国司）が抬頭する。中央政府はこの受領に租税の納入を請け負わすことになる。これを**「受領の一国請負制」**[31]という。受領は，徴収した租税を，受給者である諸司・諸家に直接納入する。諸司・諸家は，納入のたびごとに正しく納入されたか調べ仮受領証である**日収**を発行する（福島 1986b，67）。諸司・諸家は，最終的にそれらをとりまとめ勘会（家産制的勘会）し，返抄を発給する[32]。返抄を受け取った受領は，受領功過にも関わりがあるので，それを中央政府に送る。中央政府は，それを勘会し，（惣）返抄を発給する。福島は，これを重層的勘会と名付けている。福島はこのことについて，「中央政府は，家産制的勘会の結果，諸家から国司宛てに出された返抄をチェックするという形になったのであり，ここに政府は，諸家に国家徴税権を完全に委任し，家産的勘会の確立がなされたのである。このことは同時に，重層的勘会構造の完成を意味している」（福島 1986b，71）と説明している[33]。

家産的勘会・重層的勘会については批判[34]もあるようであるが，その発想は，以下のことを想起する。すなわち古代律令制度の下で行われていた会計制度が，諸権門に移植されたということは充分考えられるということである。前述したように，諸権門とは，荘園領主である上級貴族や，巨大寺院である。筆者は，これまで我国古代の律令制度下における正税帳・出挙帳が，中世の荘園や寺院の帳簿・決算報告書に継承され，近世江戸商人の帳合法を発達させたということを論じてきた。しかしそれは，あくまで推測の部分があった。すなわち，この仮説は，寺院の方は，すんなりと実証できる。それは正税帳と，中世寺院の決算報告書に同じ様式で作成されているもの（第5章の3，「真珠庵祠堂方納下帳」）がみられ，その様式が，我国で複式決算が確認できる最古のものである鴻池家両替店の算用帳（寛文10年（1670））の様式に取り入れられているからである。後に，それは古代中国で用いられていた「四柱決算法」であるということが分かり，ここに和式簿記が，古代中国　→　我国古代　→　我国中世　→　我国近世　という経路で伝播し，発達してきたという説明がつく。しかしながら，荘園の年貢の決算報告書（年貢散用状）というものは複雑で，様式の上から正税帳との共通性を見つけにくいという難点があった。この福島の提唱は，新たにその仮説を裏付けてくれるものといえる[35]。

ここに至り，和式簿記の伝播の連続性に関する新らしい事柄を二つ思い付く。一つは，**「損益帳」**と備中国の新見荘の請負代官尊爾が作成した荘園の決算報告書の中の「年貢米雑穀代等用途結解状」（第3章）である。この二つの帳簿は，各帳簿から集められた増加分と，減少分を差引するというものであり，伊勢商人長谷川家の「大黒」（利益差引覚）（北島 1962，189）なども同様である。西川登は，江戸時代の簿記実務の決算形式には，純資産を二面的に測定するものと，純利益を二面的に測定するものに大別できるとし，後者の方式として（収益－費用＝当期純利益）を掲げている（西川登 1995，199）。蓋し，これらは損益帳にその起源を求めることができるのではなかろうか。もう一つは，

第1節で考察したように正税帳の枝文の一つ，「**租帳**（輸租帳）」[36]である。前述したように，国内の田に関する年次報告書である。その様式は，最初に国内の耕作可能な田の総面積を書き，そこから納入する義務のない不輸租田（神田・寺田など）などを差し引き，国衙に年貢の納入義務のある「定田」を算出し，さらに災害などで収穫量が減少した「損田」を差し引き，実際に収穫のあった「得田」を計算していく様式である。こうした得田を計算する様式は，第6章で取り上げた「大井御庄　注進貞和五丑歳石包・別相傳色々結解散用状事」（岐阜県 1983, 930-935）の前半部と原理的には同じである。また，新見荘の『損亡検見并納帳』の前半部や，和歌山県の賀太荘の「注進　紀伊国海部郡賀太御庄本庄御年貢色々目録」（和歌山県 1983, 134-138）の前半部も同じ原理であると思われる。おそらく荘園の年貢散用状といわれるものの前半部は，**租帳の様式を継承**していると考えてよいであろう。また，荘園の「**検注帳**」[37]も年貢散用状と似た様式である。とすれば，**検田使**と勘会の関係性も出てくると推察する。したがって，これらの問題は，今後，正税帳・出挙帳だけでなく四度公文の制度全体と，荘園の決算報告制度について照合・検討し，その関係性を明らかにしていく必要があると思われる。しかしながら，正税帳に比べ，他の四度公文は殆ど残存しないのが現状であるし[38]，また，荘園の年貢散用状の様式も様々である。これらの問題については，今後の研究課題としたいと思う。

いずれにしても，家産的勘会・重層的勘会が行われることによって，古代律令制の下，中央政府で行われていた正税帳を中心とした会計制度[39]が，上級貴族の家や，巨大寺院でも行われるようになり，それが中世荘園や寺院の会計制度へと繋がっていったことは確実であるといえる。

5 おわりに

以上，我国古代における監査（The Audit in the Ancient Japan）について検討してきた。その結果以下のことが分かった。

まず第2節では，我国の古代において監査が行われていた。しかも9世紀の初めには，監査基準（弘仁主税式勘税帳条）が成文化していた。岡田利文によると，それは8世紀の中頃まで遡れるという。すなわち，我国の律令制の社会において，奈良時代の半ば頃には，監査制度を備え，地方財政をも掌握した中央政府の会計制度が確立していたということである。また，『政治要略』には，「税帳勘二合相折」という具体的な監査手法が掲載されていた。恐らく当時には，これ以外の監査手法もあったのではなかろうか。「損益帳」の作成も監査手法の一つではなかったかということも述べた。

また，正税帳が枝文と呼ばれる多くの台帳から作成されていることも分かった。当時，中国の唐の時代，会計事項を記録したものを「帳」あるいは，「帳簿」と称した。恐らく律令制度が唐から入ってきたので，「正税帳」とか，「出挙帳」とかいうように「○○帳」と称したものと思われる。これらの枝文は，第6章で述べたように，中世に入り荘園や，寺院などの非政府部門で用いられるようになった時，多くの場合，一様に「日記」とか，「日記帳」と称されるようになり，それが近世に至って機能別に再び「○○帳」として分化していったものと考えられる。

第3節では，検税使などの地方行政監督機関についても考察を行った。それらは，実際に諸国に下り国司の政績や地方の実情を監察して，中央に報告する機関であった。「天平六年七道検税使計算法」というものが，『延暦交替式』に掲載され残っていることも分かった。この地方行政監督機関については，勘会との有機的な結合関係があったのではないか，ということを筆者は強調したい。元来，勘会については，「書面のみによる監査」であると考えられてきた[40]。しかしながら，本章でも述べたように，地方行政監督機関からもたらされる現地の情報がないとしたら，勘会は「絵に描いた餅」であり，正しい監査などとてもできないといえる。したがって，勘会と地方行政監督機関の関係が連携している間は，勘会の機能が有効に働いたと考えられる。

それともう一ついえる事は，この地方行政監督機関も，もちろん我国流に改良されていると思われるが，中国からの輸入であるということである。曽我部静雄は，唐の太宗頃から行われていた地方行政の監察制度（巡察使，按擦使，採訪処置使，観察使）は，我国に将来されて，我国もこれを実施した（曽我部 1970, 307），と述べている。おそらく遣唐使が持ち帰るとかしたものであろう[41]。

第4節の勘会の変質では，福島の提唱する家産的勘会・重層的勘会という概念について検討した。ここでは，古代から中世への和式会計の継承を裏付けるという思わぬ発見があった。すなわち，この考え方に基づくと，古代律令制の下で中央政府が行っていた会計制度が，上級貴族や巨大寺院に移植されたことを意味する。中央政府の会計制度が，荘園や寺院の会計制度として用いられるようになったということである。筆者はこれまで，正税帳や出挙帳が，荘園や寺院の会計帳簿に変化したと主張してきた。それはあくまで中世と古代の二時点を比べての仮説であった。奇しくも，この福島の主張が，それを裏付けてくれこととなった。第3章で見たように，備中国新見荘の決算報告書は，23m以上もある紙の巻物に，体系だった四つの計算書が記載され，監査も行なわれていた。建武元年（1334）に作成されたものである。鎌倉幕府が滅亡した混乱した時に，そのようなものが一朝一夕にできるとは考えられない。おそらく時代の流れというものは，おそろしくスローなものであったであろう。そのように考えるなら，荘園の会計のルーツは，我国古代にあり，時間をかけて進歩してきたと考えるのが妥当ではなかろうか。

最後に，一つだけ付け加えるなら，古代に「損益帳」なるものが存在したとは驚きである。損益帳の「損益」を国語辞典で引くと，まず①「へらすこととますこと。増加と減少。」，②に「損失と利得。損得。」（日本国語 2001b, 544）と出てくる。しかも①の出典は，古代，②になると室町時代以後である。したがって『日葡辞書』にも，「ソンエキ（損益）すなわち，Son, Tocu.（損，得）損失と利得と」（土井・森田・長南 1995, 574）と出ている。筆者は，初めて「(複式) 簿記」というものを学習した時，「純損益」というのは，「純利益」と「純損失」の合成語であると思ってきた。明治初期に，西洋式の複式簿記の紹介した翻訳者は，おそらく「損益帳」の存在は知らなかったと思われる。しかしながら，なぜ，“profit and loss”を「益損」と訳さず，「損益」としたか。蓋し，それは，我国には古代から「損益」という言葉が存在したからではなかろうか。

注

1　会計学の研究でこの問題に触れたのは，管見の限り2点だけである。一つは，中瀬勝太郎氏（中瀬 1990，17-29，200-202）のものである。中瀬氏の研究のねらいは，徳川幕府の会計検査制度であるが，それ以前の会計検査として王朝時代の会計検査制度に触れられ，巡察使，検税使，勘解由使について説明されている。もう一つは，君塚芳郎氏・村井秀樹氏共稿（Murai・Kimizuka 2006, 158）である。この論文で，両氏は，吉川弘文館出版の『国史大辞典』の「勘解由使」という項目の要約を次のように英文で紹介されている。As we can find in other countries, the first bookkeeping was concerned with the government or national finance. In Japan also the first audit was put into practice by the governmental bureau, called "Kageyushi-cho". It was established in 797 or so and the auditors attached to the bureau had to check the inventory records of the local government when the governor was transferred (GDNH, 1997, Vol. 3, p. 223). ここで「勘解由使」を"Kageyushi-cho"というように，役所を示す"cho"（庁）を付けられたのは分かりやすいと思われる，「勘解由使」と「使」で終っていると人を指す印象を与える。中瀬氏も「勘解由使庁」（中瀬 1990，24）とされている。なお，梅村喬氏は，「勘解由使局」（梅村 1989，128）と表現されているので"kageyushi-kyoku"もいいのではなかろうか。いずれにしても勘解由使を海外に紹介したことは，両氏の功績であると思われる。

2　虎尾俊哉氏によると，著者は，明法博士充亮であり，その編纂年代について太田昌二氏の見解を斟酌しながら，一条天皇の時代であり，長保4年（1002）11月5日にその編纂を終了している（虎尾 1982，216-220），とされている。

3　虎尾氏，山里氏によると，去年帳（前年度の正税帳）は，返抄を与えられたものであることが前提である（虎尾 1958，4，山里 1991，99）。

4　虎尾氏は，「勘会と計會は一応用語としては使い分けることはあるが，それ程厳密な使用区分があったとは思われない」と述べておられる（虎尾 1958，3-4）。

5　「未納」については，梅村氏の「雑米の未進」（梅村 1989，118）であるという説と，虎尾氏（虎尾 1958，15），岡田利文氏（岡田利 1980b，339）の「出挙稲本利の未納」という説に分かれる。

6　岡田利文氏は，ここまでの前半を，概ね勘会手続き，後半部分を勘会基準と呼ばれている（岡田利 1980b，335）。一般の用語としては，こちらの表現の方が分かりやすいと思われる。

7　中国語の辞書で「乃」を引くと，「そこで，はじめて」という意味がある（愛知大学 2010，1220）。

8 後に述べる「延喜主税式勘税帳条」の「損益表」についてであるが，虎尾氏も「内容も形式も不明であるが，おそらく前年度の正税帳との比較対照表で，返帳された国が再提出する際の勘査に備えるものであろう」（虎尾 2007，955）と述べておられる。

9 「戸口損益帳」については，岸俊男氏（岸 1956），村尾次郎氏（村尾 1956），吉田晶氏（吉田 1979），犬飼隆氏（犬飼 2005）により研究がなされている。本文での言及は，これらの研究を参考にしている。

10 管見の限り，正税帳勘会の返抄は，現存しないと思われる。また，坂内三彦氏によると，「返抄の文書様式は公式令のなかには規定されていない。…返抄とは特定の文書様式を持たず，返抄を発給する律令官司が，公式令の規定する文書発給原則にしたがって，それぞれ返抄という文書を発給するということである。返抄を発給する律令官司は，返抄を公文書として発給するわけであるから，その文書様式は職員令の規定する官司の統属関係と公式令に規定された文書様式によって確定されるのである。換言すれば，返抄の様式というものは必要なかったのである」（坂内 1997，239）という。したがって，この返抄が，どういう内容が書かれていたかは，不明である。

11 「非違」とは，法に違反すること。違法。違法行為。（日本国語 2001d，121）。

12 もちろん虎尾氏も，この理由書を「正税返却帳」であるとし，「勘会の結果，税帳を返却することになった場合，その理由を明記して民部省に解し，省は更に官に解し，官より税帳使に下附されるものである」（虎尾 1958，17）と説明された後，実例として，「出雲国正税返却帳」の説明をされている。本章では，説明を省略するが，出雲国正税返却帳については，高橋崇氏（高橋 1962）や大日方克己氏（大日方 2007）などの研究がある。

13 山里純一氏は，「しかしそれだけの説明では必ずしも十分とはいえない。例えば公廨帳は，公廨と関わる公文であるが，その公廨は『弘仁式』成立以前の天平 17 年（745）に設置された官稲だからである。これらの公文については，やはり税帳記載の事項との関係で説明がなされねばならない」（山里 1991，101）として，その理由を個別に説明されておられるが，本章では省略させていただく。

14 『政治要略』には，次のような税帳の枝文が挙げられている。ただし，ここでは差異は問わない。

「目録帳　公廨處分帳　文殊會帳治部　神封租帳神祇　救急帳　倉付帳　燈分帳治部　三賓布施稲帳治部國分寺雜稲帳治部　修理國分二寺料稲帳治部　國分二寺造物帳治部　四度使帳　神税帳神祇」（黑坂 1964，430）

15 枝文が，正税帳の台帳であることを実証する例は皆無であるといってよい。『平安遺文』第 10 巻に保安元年（1120）の「攝津國正税帳案」と「攝津國租帳」が収録されている（竹内 1965，66–96）。このことについて，米田雄介氏は，「本租帳の定納官稲額が正税帳案の当年田租穀頴に合致するのは，これらの帳の作成が同一年次，恐らく保安元年か，おくれてそれより一・二年のちの頃であった，と考えて間違いないのではあるまいか」（米田 1972，45）と，述べている。このことが，租帳が正税帳の台帳であることを示す史料となるのではなかろうか。

16　子馬を生むべき基準数をみたせなかった場合の罰則。延喜式では，駒一疋にかえて稲70束を徴収することになっていた（虎尾 2007，1020）。

17　福島正樹氏（福島 1997b，216）と，堀部氏（堀部 2002，71），両氏は，この「全国の損益の總計」した損益帳のことを「結解帳」であるとしている。

18　『日本国語大辞典』で「相折」を引くと，「そう―せち　【相折・相節】①分割して，支払うこと。荘園領主などが，収納した年貢を個人の給与・食費その他として支払ったり，特定の荘園からの年貢を仏事費用として指定配分すること。また，支払われる料金・料米」（日本国語 2001b，280）とある。したがって，「相折」とは，正税帳の各部の構成と解してよいと思われる。したがって，「税帳勘二合相折」とは，「正税帳の各部を考え合わせて監査する」というぐらいの意味に解せないだろうか。

19　亀田隆之氏は，主税寮には，二人の算師がおり，租税の額を計算していたことを指摘しておられる（亀田 1980，64）。大隅亜希子氏によると，8世紀の算師は，技術官人に位置づけられていたが，平安期以降，着実に中央官制の中に進出していった，としている（大隅 2010，277）。

20　安藤英義氏は，会計と統計の区別を，簿記，報告，監査，承認および責任の要素を揚げておられる（安藤 2001，227）。確かに損益帳は，全国の統計を算出するものである。しかしながら，安藤氏の掲げる諸要素を持っていると考えられるので，会計帳簿と考えてよいのではなかろうか。

21　「国司監察機関」などともいわれるが，本章では，瀧川氏（瀧川政 1970，42-43）の用語を使用することとする。

22　これについては，従来から，大伴旅人，大伴道足，大伴牛養，などの諸説があり，近年，桐生貴明氏は，大伴山守ではないかという説を掲げられている（桐生 2006）。

23　これについて，亀田氏は，「道別に異なる積寸を明示したのは，各道における穀の蓄積年数に相違があったためであり，その相違は天平四年の節度使の設置およびそれに基づく防衛態勢による糒穀の蓄積と密接な関係を持つ」（亀田 2001，139）と，述べている。

24　この見解については，阿部氏（阿部 1990，122），亀田氏共に肯定的である。

25　『勘解由使勘伴抄』については，佐竹氏（佐竹 1980），増渕氏（増渕 1986a）らの研究がある。

26　『交替式』には，延暦，貞観，延喜の三つの『交替式』がある。この『交替式』の研究には，大著としては，福井俊彦氏（福井 1978）があり，その他にも植木直一郎氏（植木 1906 復刻 1977），早川庄八氏（早川 1971），宮城栄昌氏（宮城 1975），菊地礼子氏（菊地 1972）らの研究がある。

27　瀧川氏によると，**虚帳**というのだそうである。氏は，「当代の詔勅官符は，国司の虚帳を誡めているが，虚帳というのは，実在しない穀を実存せる如く記載した正税帳のことである」(瀧川政 1970, 32) と述べておられる。

28 この事件について阿部氏は，大内田貞郎氏（大内田 1960)，塩沢君夫氏（塩沢 1965）の研究を参考にされている。なお，新野直吉氏も，「国司も亦郡司ら譜第土豪層と共に，神火事件の放火に関係のあったことは否定し難く」(新野 1960, 11) と述べている。

29 筆者は，勘解由使も判官以下を直接現地に派遣していたのではないかと考える。特に観察使廃止後に再置された勘解由使については，観察使が判官以下を派遣していたように，勘解由使も派遣していたとは考えられないだろうか。

30 増渕徹氏も「福井氏（俊彦＝引用者）も指摘されているが，交替制も含め，国司監察制の展開の全体像を結実させることである。…監察制について別個に論じていたのでは像は結実しない。主に勘会制の研究から行われてきたこの試みを発展させ，様々な国司監察制の相互関連とその総合化する試みが必要であると思われる」(増渕 1986b, 90) と論じている。福井・増渕両氏ともに日本古代史の研究者であり，監査については全くの素人であると思われるが，早くから勘会と地方行政監督機関との関係性について感じていたのではないかと思われる。

31 「受領の一国請負制」については，福島氏の論稿（福島 1986a）で説明がなされている。受領については，多田實道氏の説明が分かりやすい。多田氏は，国司の長官のことを「守(かみ)」といい，これには二つの選択肢が用意されている。一つは，自ら任国へ赴くことなく，代官を派遣する方法で，これを遙任(ようにん)という。もう一つは，自ら任国へ赴任することで，彼らのことを受領と呼んだ。中流貴族が熱望した官職こそ，「受領(ずりょう)」であった（多田 2009, 10）と，述べておられる。なお，国司遙任制の下で，国守（受領）に代わり国務を支配した代官のことを**目代**という（五味 1992, 814)。本郷恵子氏は，12 世紀前半成立の『朝野群載』には，「国務条々のこと」として，「公文(くもん)（公文書）作成に優れた者を目代に任命すること」という一条がみえるそうである。また，そこには，「諸国の目代には，貴賤を問題にせず，公文書作成に通じた者を任命すべきである。文筆能力に欠ける者を起用してしまうと公文の勘済(かんさい)（国司任期中の財務の決算書を作成すること。これを朝議の場に提出して審査を受ける）や後任国司への引継ぎ（文書分附(もんじょぶんぷ)）の際に不都合が生じる。あとで後悔することがないよう適切な人選を行わなければいけない」と説かれている（本郷 2012, 55-56）とのことである。また，第 2 章の **2.2** でみたように，江戸時代の伊勢商人は，江戸店を監督し，帳簿の監査を行うものを，伊勢の本家から派遣している。小津家ではこの役柄を，**「目代」**と呼んでいる。このようなところにも中世の名残が，近世に生きているといえる。

32 福島氏は，10 世紀初めに「租催牒」「調庸雑物返抄」が，11 世紀半ばには「租調庸雑物返抄」が登場すると述べている（福島 1981, 4)。

33 福島氏は，家産的勘会，重層的勘会の概念を裏付ける，国司の受領化や平安前期徴税機構の変化について，北条秀樹氏の論稿（北条 1974, 1978）を参考にされている。

34 福島氏の見解については，佐々木宗雄氏の「家産制的勘会」と呼ばれるような実体は存在しない，というような批判がある。佐々木氏は，「諸家諸司は主計寮管轄であるが，これらですら，諸司諸家と受領，さらには主計寮の間で公文勘会は完結せず，陣での審議や官奏を経て，公文が勘済されていたことは，本文で述べたとおりである。まして主税寮関係は，公事の用途物又はその為にプールされているものを監査の対象にするという性質上，諸司諸家との関係は薄かった。従って，主計，主税関係が中央政府内で統合されて公文勘会の体系を構成している10～11世紀段階には，『家産制的勘会』と呼ばれるような実体は存在しない。…」（佐々木 1987，27）と，述べられている。この問題については日本古代・中世史研究の場で議論されるものと思われる。

35　福島氏自身も，この時期の帳簿は二重帳簿（中央—国司は律令的帳簿，国司—在地は新たな帳簿）であったと考えられる（福島 1988，21）と述べ，「抄帳」，「結解」（福島 1997b，220）などの存在についても言及している。

36　現存する租帳は，注15で述べた『平安遺文』の「攝津国租帳」と，正倉院文書の中にある「天平十二年遠江国浜名郡輸租帳」の二つであり，それ以外には『延喜式』主税下に規定されている「租帳」の書式のみである。これらについては，（虎尾 2007）で解説されている他，（虎尾 1961，虎尾 1987），（宮本 1960），（大塚 1970），（米田 1972），（新井 1987），（大山 1973，1999），（河野 1983），（坂本 1991），（中村 1955），（中野 1972），（原 1997），（新居町 1986），（静岡県 1994），（三谷 2006）などの研究成果が発表されている。なお，この租帳についても『延喜式』に「勘会」の基準が規定されており，梅村氏により研究がなされている（梅村 1989）。また，租帳に似た様式の帳簿に，「青苗簿」がある。これについては（阿部 1966），（林 1971），（小市 1984），（俣野 1987），（筧 1988）などの研究がある。

37　荘園制下における検注の結果を記載した帳簿（宮川 1985，199）。

38　例えば，調帳についても，鎌田元一氏が指摘されるように，保安元年（1120）ごろのものと推定され，全く形骸化した様相を示す摂津国調帳案（九条家本『中右記』裏文書）と，茨城県石岡市の鹿の子C遺跡から，延暦ごろのものとみられる常陸国調帳の一部が漆紙文書として出土している（鎌田元 1988，631-632）もののみである。（前者については，〈竹内 1965，103-113〉に収載され，また，後者については，〈財団法人茨城県 1983，118-123〉に収録，解説されている）。

39　橋倉雄二氏も，“四度公文”のうち，税帳が代表的な重要公文であることは動かせないだろう（橋倉 1997，38），と述べられている。

40　瀧川氏は，本文で引用した以外の箇所でも，「主税寮の審査は，書面審査である」（瀧川政 1970，32）と記されている。

41　郭道揚氏は，中国の古代隋・唐時代に「比部」，「御史台」なる監査組織があったことを論じておられる（郭著 1984，468-471：津谷訳（下）1990，443-446)。おそらく我国監査にも影響を与えたと思われるので，今後の研究課題としたい。

補　論　明治以後の帳合法（和式簿記）

―神戸商業講習所と『中小企業簿記要領』―

1　は　じ　め　に

本書では，我国近世（江戸時代）の商人たちは，優れた帳合法（和式簿記）を持ち，監査も行ってきたこと，そしてそのルーツを探求してきた。結果として，その源流は少なくとも中国の隋唐時代まで遡れるという結論に到達した。

それでは，逆に，帳合法は明治期以降どういう運命を辿ったのであろうか。西洋式の簿記法が導入され，即消えていったのであろうか。当時，出納頭（現在の主計局長）の任にあり，舊式（帳合法＝引用者）に熟練した得能良介（後に，初代印刷局長）が，紙幣頭（現在の印刷局長）の渋沢栄一を突き飛ばす事件があった（池田敬 1921，97−98）ことでも分かるように，新法（西洋式簿記法）の導入には，かなり抵抗があったものと思われる。それどころか帳合法は，第二次大戦後に青色申告制度が導入されるまで命脈を保ち，『中小企業簿記要領』にまで影響を与える結果となったものと考えられる。

ところで，明治 8 年（1875）に，我国初の商業教育機関として設立された東京の商法講習所（現，一橋大学）は，外国人教師によって，英語の原書を使い，英語で行なわれ，最初から西洋式簿記法の導入に力を注いだ[1]。

これに対し，明治 11 年（1878），我国で第二番目に設立された神戸商業講習所（以下，講習所）では，当時の我国の状況を考え，日本人の教師が日本語の教科書を使い教育した。しかも簿記の教育においては，「和式帳合法」といわれるような科目をカリキュラムに取り入れていた。和式から入り，洋式の単式，洋式の複式へと進んでいくものであった。この教育方法は，全国の商業学校に広まって行った。調べてみると，明治10年代に設立されたほとんどの商業学校では，西洋式簿記を教育する前に，「和式帳合法」といわれるような科目をカリキュラムに取り入れていた[2]。筆者は，このことについて平成12年(2000)の日本会計研究学会第59回全国大会で報告した。そして，そのことを雑誌『會計』に投稿し，「『和式帳合法』は，近世と近代の商人教育を結びつける『連結帯』である」(田中孝，2001a，83)と，結んだ。実は，この拙稿が，教育史学会の機関誌に紹介された。筆者の愚稿の価値は別として，とにかく事の成り行きに驚いたものだった[3]。

それはともかく，本章では，この講習所と商人との関係をもう少し掘り下げて考えてみたい。なぜなら，和式帳合法は兵庫の商人のそれに範をとったものと考えられるからである。そもそも講習所の教育方法は，福沢諭吉の影響を受け，慶応義塾から派遣された三人の教師，すなわち甲斐織衛，藤井清，飯田平作らが，神戸の商人と接する中から創意工夫することによって生まれたものである（田中孝2000，98–99)，と拙稿で述べた。講習所の初代支配人甲斐は，「けれ共商法學校と云うものは何を教へて宜いか殆ど我々も當惑（とうわく）したのです，何と云ふ仕組にして宜いかと云ふことを段々考へて漸く仕組を拵へて教へました，夫れが初めて兵庫神戸の商人と顔を合はせて商法の門にまで這入ッた手始め，…其商人と段々話しの出来たと云ふ緒口（いとくち）は外ではない，私は明治十年から明治十三年まで兵庫縣に居ッたです，…」という回顧談が残っている（商業學會1978，147)。したがって兵庫の商人の帳合法を調べることによって，講習所の簿記教育にどのような影響があったのか分かるのではないかと思われる。

そこでまず，明治政府が商法編纂の参考にするために，全国に命じて明治時代以前の我国の商業慣習を調査させ作成した，『商事慣例類集』（第1章参照）を手懸りに検討してみたいと思う。

2 『商事慣例類集』と兵庫の帳合法

第1章でも紹介したように，『商事慣例類集』には，商業帳簿の取調べに対する各地商法会議所の答申が掲載されていた。兵庫の答申も，東京，大阪，京都，横浜など主要都市と共に収容されている。どの地域も最大公約数的な回答をしている。兵庫の答申も同様に，「萬賣帳」，「大福帳」，「仕切帳」，「水揚簿」，「金銀出入帳」，「荷物出入帳」，「勘定帳」，「荷物判取帳」，「金錢判取帳」の九種の帳簿を挙げ，それぞれの概略を説明している（74-84頁）。

しかしながら，兵庫のものだけは最後に，〔記事〕として**会頭**（**鹿島**）以下各委員の議論が併せて掲載されている点が，他の地域と異なる。その議論の主要な部分は以下の通りである。

「〔同記事〕（第一節第二節）五番（井上）大福帳當坐帳金銀出入帳ノ三種最モ必要ナリ大福帳トハ即チ…

十九番（船井）本員ハ質商ナリ我商業ニ用フル帳面ノ種類ヲ言ハンニ最モ要用ナル…

十四番（船井）問屋仲買小賣商ノ三種ニ區別シ最モ重立チタル商品（米干鰯酒）ヲ扱フモノニ就ヒテ諸帳簿ノ種類用方等ヲ取調フルトキハ繁雑ノ憂ヒナクシテ大ニ簡便ナラン

六番（濵田）十四番ニ賛成ス…

三十二番（岡島）貿易商ニ用フル帳簿…

四番（貴志）元來此商事ハ兵庫ト神戸トハ大ニ其慣習ヲ異ニス神戸ノ如キハ近年商業ノ大ニ進歩セシモ舊來商業ヲ營ムモノ甚ダ尠ク集合スル商人多クハ國ヲ異ニスルヲ以テ商事上自ラ一体セス隨テ用フル所ノ帳簿モ亦區々ニシテ同一ナラス之レニ反シテ兵庫ノ如キハ從來ノ舊家及古來商業ヲ營ムモノ頗ル多シ且ツ其商人中多クハ分家別家等或ハ緣因アルモノナルヲ以テ商業上大ナル差違ナク帳面モ亦タ大同小異アルノミ决シテ大差ナカルヘシト信ス故ニ兵神ヲ分別シテ十四番説ノ如ク問屋仲買小賣ノ三商ニ就キテ調査アランコトヲ

望ム

十九番（船井）兵神一体ニシテ調査セン

三十二番（岡島）三種ノ商業ニ就テ取調ブル委員ヲ投票アリタシ

二十七番（有馬）三種ノ商業同一同等ト雖トモ兵神其慣習ヲ異ニス依テ四番ヲ賛成ス

會頭（鹿島）兵神區別ヲ爲サス三種ノ商業帳簿取調委員ヲ指名協議アランコトヲ乞フ

十四番（船井）本員書取リヲ以テ會頭ニ呈セン乞フ各員ニ謀ラレタリ

…中略…

會頭（鹿島）曰ク然ラバ問屋ハ北風有馬仲買ハ有馬貴志小賣商ハ丹波大森ノ六氏ヲ取調委員トシ本條第一第二節ノ調査ヲ乞ヒ他日再ヒ各員ニ謀ラン

（第三節）十一番（堀内）追々盛ンニ行ハル丶ノ景況ナリ

二番（丹波）本港ノ商人西洋記簿法ヲ用ユル者他ノ地方ニ比スレハ大ニ多シ数年ヲ出テスシテ盛ンニ行ハル丶ナラン

十九番（船井）西洋記簿法ヲ用ユルモノ未タ寥々雨夜ノ星ノ如シ該記簿法ノ難キ容易ニ學ヒ得ル能ハスト雖トモ商業學術ノ進歩スルニ隨ヒ盛ンニ行ハル丶ノ見込ナリ

會頭（鹿島）各員ノ見込同一ナレハ追々盛ンニ行ハル丶ノ景況ナリト答申セン」（傍点引用者，84-91頁）。

以上のように兵庫の商人には，業種別に分けて商業帳簿を調査するという意見が見られる。中には貴志委員のように，兵庫区と神戸区の商人に分けて調査するべきであるという意見も見られた。その意見については鹿島会頭によって退けられたが，最終的に問屋，仲買，小売商の三業種に分けて調査することが決まり，巻末に付録として北風委員，有馬委員，丹波委員の帳簿が付けられている。特に前二者については図表1のような帳簿転記連絡の図まで付けられている。第一篇の他の地域の答申が，最大公約数的な帳簿の調査に留まっているのに比べたら誠に画期的な答申であると言える。

右側は，「〔兵庫〕廿三番〔花風〕 ○問屋帳簿ノ事」（傍点引用者＝「花風」は

図表1 『商事慣例類集』掲載の問屋と仲買商の帳簿転記連絡図

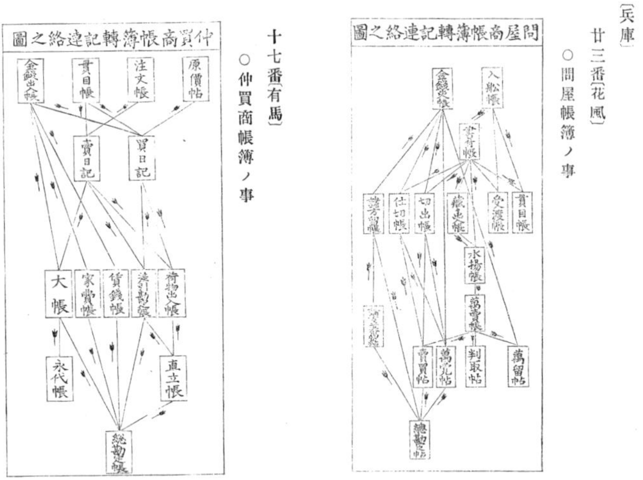

仲買商帳簿の転記連絡図（有馬）
出典 商事慣例類集 579頁

問屋帳簿の転記連絡図（北風）
出典 商事慣例類集 571頁

「北風」の誤植)[4] と書かれ，その後に「入船帳・書附帳・仕切帳・切出帳・藏々出入帳・水揚帳・萬賣帳・判取帳・萬留帳・賣買帳・金錢出入帳・諸方留帳・諸方二番留帳・萬覺帖・總勘定帳」(572–576頁）の説明と，それ以外の補助帳の名称が掲載されている。

左側は，「十七番〔有馬〕[5] ○仲買商帳簿ノ事」とあり，その次に，「貫目帳・賣日記・注文帳・買日記・原價帳・荷物出入帳・差引勘定帳・直立帳・金錢出入帳・賃錢帳・家費帳・大帳・總勘定帳」(580–585頁）の説明がなされ，これら以外に補助帳の名称のみが掲載されている。

帳簿の種類については，本文の兵庫の答申に出てきた9種と似ているが，帳簿数が多い。また，転記連絡図を見ると，各種帳簿の転記は，最終的に「總勘之帖」，「総勘定帳」というものに集まるようになっている。特に仲買のものを見るとはっきり読み取れる。この「総勘定帳」の説明には次のように書かれている。

「此帳ノ要用ハ計算期ニ諸帳簿ヨリ合計殘額ヲ記入シ年度中ノ損益且資金ノ

増減等ヲ知得スルモノニシテ商業者欠クベカラザル簿冊ナリ」（傍点引用者，585頁）。

帳簿の様式が書かれていないのが残念ではあるが，この説明からも分かるように，「総勘定帳」は決算書であることが分かる。これまでにも述べてきたように，江戸時代の商人の決算書は，「算用帳」とか，「算用目録」などと呼ばれることが多いが，兵庫では，「勘定帳」と呼ばれたのではなかったのだろうか[6]。

それでは『商事慣例類集』以外に，兵庫商人の帳合法に関する史料はないのだろうか。柚木学は『新修神戸市史』の中で，灘酒造家の帳簿への関心は，かなり早い時期から高まっていたと述べている。なかでも有力酒造家であった御影村の嘉納治郎右衛門家には，一連の帳簿が伝えられているという（新修神戸市史 1992，624）。『新修神戸市史』には，個別蔵ごとの勘定計算書である「酒造勘定帳」の作成過程の図が掲載されている（新修神戸市史 1992，625）。その図を見ると，まず，取引は「買米水揚帳」や，「飯米仕切帳」，「薪水揚帳」のような帳簿に記帳され，それらが「仕入帳」・「売附帳」に集められ，それを基に「酒造勘定帳」が作成されているのが分かる。長倉保は，「総勘定帳」には，「敷賃」という酒造蔵の減価償却費に比定されるものが計上されていることを指摘している（長倉 1960，30）。また，嘉納家では，図表2[7]のような各蔵別の酒造勘定帳を基礎に，酒造経営のみならず田地徳用や

図表2　総勘定帳と店卸帳の構成と関係

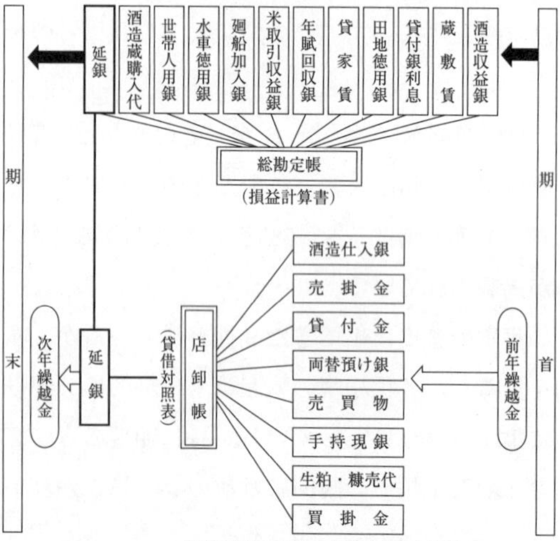

嘉納治郎右衛門家の総勘定帳と店卸帳

出典　新修神戸市史 1992，628

貸付銀利息を含めた全経営内容を表す「総勘定帳」（損益計算書的）と「店卸帳」（貸借対照表的）が作成されている（新修神戸市 1992, 627）。『商事慣例類集』では，決算書は「勘定帳」だけであるが，この酒造家では，「店卸帳」も作成される点が違う。同じ兵庫でも，製造業と商品売買業では帳簿組織が違うのであろうか。しかしながら，嘉納家の「酒造勘定帳」が，前述した『商事慣例類集』の兵庫の帳簿転記連絡の図と同じように，各種の帳簿の残高が集められ，作成されている点は同じである。

図表3　廻船経営の帳簿組織

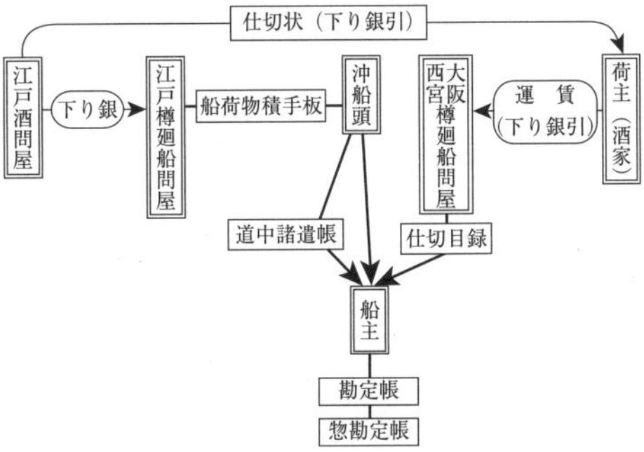

出典　柚木 1965, 227

これ以外にも，柚木は樽廻船の経営も研究し，積問屋，沖船頭，荷受問屋などが作成した各種の帳簿から，船主が「総勘定帳」（図表3）を作成していると述べている（柚木 1965, 227）。こちらも，『商事慣例類集』の兵庫の帳簿転記連絡の図と同じであるといえる。

それでは，講習所の和式帳合法の教育はどうなっていたのだろうか。この点については，次節で考察する。

3　創立当時の神戸商業講習所の和式帳合法の教育

講習所の和式帳合法についての教育についての詳細な研究は，拙稿（田中孝 1999・2000・2001b）をご覧戴きたい。ここでは簡単に述べる。

まず，創立当時の『兵庫縣商業講習所教則』（明治11年1月）には「本式略式帳合法」という科目が見られ，その細目は，次の三項である。

「一項　我舊法神戸ノ書風ヲ模スノ書體ヲ以テ我舊習ノ記帳ヲ教ヘ而シテ其勘定ノ連絡ヲ解得セシム

一節　雑費帳ヲ記載ス

二節　判取帳ヲ記載ス

三節　註文物帳ヲ記載ス

四節　賣買帳ヲ記載ス

五節　金錢出入帳ヲ記載ス

六節　手形帳ヲ記載ス

七節　預り帳ヲ記載ス

八節　貸附帳ヲ記載ス

九節　差引帳ヲ記載ス

十節　總勘定帳ノ結算ヲ示ス

二項　單記法ヲ教授シ其教授書ハ帳合法初篇ヲ用ユ

三項　復記法ヲ教授ス

一節　帳合法二冊ヲ用ユ

二節　銀行簿記精法ヲ用ユ

三節　實踐上ノ帳記ヲ設ケ其活用ヲ誨ユ」（傍点引用者，永田 1938，152-153）。

ここで，「二項」は，『帳合之法』初編，「三項」の「一節」は，『帳合之法』二編，「同項」の「二節」は，シャンド著の『銀行簿記精法』を想定してのことであろう。「三節」は，いわゆる「商業実践」というような科目で，記帳の練習をするものと思われるが，ここでは詳述は避ける[8]。

問題は，「我舊法神戸ノ書風ヲ模ス」とは，どういうことか。使われる帳簿については，次の一節から十節に書かれている。先に見た『商事慣例類集』第一篇の兵庫の答申や，巻末の帳簿転記連絡の図の帳簿と遜色ないと思われる。おそらく，各帳簿が「十節　總勘定帳」に集約されるのではないかという想定の元に，後者に似ているのではなかろうかとも思われる。

この「我舊法神戸ノ書風ヲ模ス」という科目は，明治 11 年 7 月改正の『兵庫縣商業講習所概則』では，「兵庫港仕來り諸帳合」（傍点引用者，兵庫縣 1879，9），さらに，明治 12（1879）年 7 月発行の『兵庫縣神戸商業講習所廣告』には，「日本仕來りの諸帳合」（傍点引用者，永田 1938，212–213 の間）という名称で掲載されている。もちろん，この時期は学校も開設当初で，いろいろと試行錯誤で進められていた時期であったと思われるが，講習所が兵庫商人の帳合法を取り入れようとしていたことははっきりと分かる。それでは，このような科目は，いったいどのようにして教えられていたのであろうか。

講習所には，「支店」という夜間部があり，『神戸商業講習所支店概則』（明治 11 年 6 月）が作られている。その規則にも「和式洋式帳合法」という科目があり，和式の細目は次のようになっている。

「固ト此支店ノ稽古人ハ晝間自家ノ店ニ於テ商賣ヲ行フモノ衆ケレハ成ルヘキ丈ケ毎日自店ニテ活用スルモノヲ學ハサレハ其功尠キハ言フ迄モナシ故ニ帳合法ノ如キモ最初ハ兵庫港仕來リノ法ヲ教ヘ以テ夜間此支店ニテ學ヒタルモノ、自店ニ歸テ商賣ヲナスニ便ナラシムル趣向ナリ然レトモ漸々稽古人ノ進歩ニ従ヒテ洋式帳合法ヲモ授ケントス帳面ノ種數大畧右ノ如シ

雜費帳　判取帳　注文帳　賣買帳　金銀出入帳　手形帳　預り帳　貸附帳　差引帳　總勘定元帳

但シ和式帳合教授書ハ神戸講習所編輯ノモノヲ用ユ」（傍点・下線引用者，兵庫縣 1879，17–18）。

このように，支店で教えられている「兵庫港仕來リノ法」も「金錢出入帳」が，「金銀出入帳」，「總勘定帳」が「總勘定元帳」（この点は，後で問題となる）になっている他は，「我舊法神戸ノ書風ヲ模ス」とほぼ同じ名称の帳面であり，その教育のために「神戸講習所編輯」の「和式帳合教授書」なるものが存在していたことが分かる。

また，『兵庫縣神戸商業講習所出品之主意書』というものも残されている。これは神戸商業講習所が明治 11 年 12 月に，文部省教育博物館に当時講習所で使用していた帳簿及び実地演習具を陳列した時の説明目録である。この中に，**「和式第一法帳面」，「和式第二法帳面」，「和式帳合教授法」**というのが掲載されている。「和式第一法帳面」は，「但此帳面ハ干鰯商ノ用ユルモノニシテ他商

人ノモノハ畧之」で始まり，その次に，「此帳面ヲ教ユルノ主意」として，「…凡ソ我日本ノ現况ニテ民間ニ斯ノ如キ簿記（西洋式簿記＝引用者）ヲ使用シテ商賣ヲ營ムモノハ百中ノ一モナカルヘシ然ラハ今他ニ簡易且仕慣レタル記法ナキヲ得ス卽チ日本在來ノ帳面ヲ以テ足ルヘシ此帳面ナルモノハ彼ノ西洋ノモノヽ如ク詳細便益ヲ極ムルモノニ非サレトモ亦一種ノ便利アリテ未タ必スシモ打捨ヘキモノニ非ラス…當講習所ハ夙ニ之ニ注意シテ商人ノ子弟ヲ導クニ頓ニ西洋ノ簿記ヲ教ヘス特ニ和式帳合教授ノ法ヲ設ケ西洋記簿法ノ精神ヲ取テ日本舊帳ノ体裁ニ調和シ次第ニ初歩ノ生徒ヲ導テ漸ク佳境ニ入ルニ從テ純粹ノ洋法ニ移ラントスルノ主旨ナリ」（下線引用者，兵庫縣 1879，24–25）と述べられている。すなわち，「和式第一法帳面」とは，「干鰯商」のものであり，それは「西洋記簿法ノ精神ヲ取テ日本舊帳ノ体裁ニ調和シ」た「和洋折衷」であるということが分かる。このことは，講習所の第 3 回卒業生である水島鐵也[9]の次の言葉からも実証できる。

「余の入學當時には和式簿記と唱へた一種の簿記法があつた。是れは大福帳流儀の**横帳**に，單式法に依つて記入し，これが濟むと日本風の**堅帳**に複式法を以つて記帳した。是れは畢竟，當時の國情に適する樣，和洋折衷を試みたものであろう。併し右の記帳が一通り濟むと，銀行簿記及び英文記帳は純然たる西洋式にて記帳した」（傍点・下線・太字引用者，永田 1938，277）。

この「和式第一法帳面」だけでなく，講習所で教えられていた和式帳合法は，全て「和洋折衷」ではなかったかと思われる。それは，一つは，実用性のため（生徒が帰って，店で使えるため），もう一つは，洋式を教えるために，純粋の和式（この場合は，兵庫式）に手を加えて改良されたものではなかったかと考えられる。

次の「和式第二法帳面　　　壹組」の説明には，「此法ハ第一法ヲ稍改革シタルモノニシテ勘定ノ時便利ヲ與フル爲出入則借貸ノ部ヲ上下二段ニ區別シタルモノナリ但其記入ノ法ノ如キハ第一法ト異ナルコトナシ」（下線引用者，兵庫縣 1879，25）と記されている。すなわち，「和式第二法帳面」とは，「和式第一法帳面」の金額欄を上下二段に区分したものであるということが分かる。『帳

図表 4　神戸商業講習所帳合教授法（和式帳合教授法）の表紙

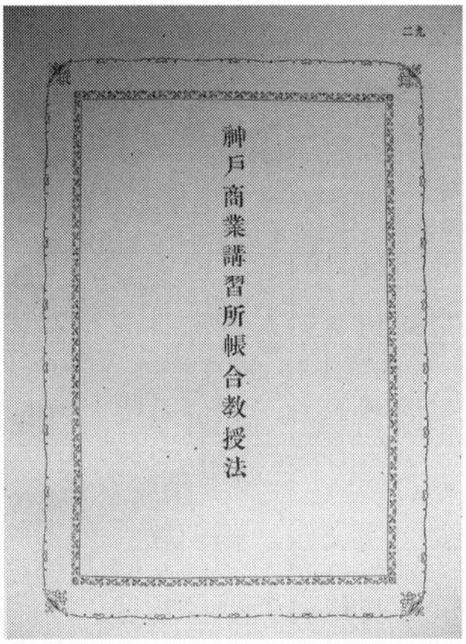

出典　兵庫縣 1879，29–35

合之法』の様式を連想させるものである。

また，『和式帳合教授法　　壹冊　』の説明には，「従前我國ニ於テ帳合法ヲ教ユルノ學校ナケレハ之ヲ授クルノ書ナキハ勿論ナリ故ニ今當講習所ニ於テハ假ニ此法設ケテ生徒ニ授クルト雖トモ尚未タ經驗中ニ付他日改正スルコトアルヘシ」（兵庫縣 1879，27）と書かれている。

それでは，この『和式帳合教授法』とは何か。それは『**神戸商業講習所帳合教授法**』（図表 4）のことである[10]。これは，僅か四頁の冊子であるが，和式帳合の指導の仕方について書かれており，**和式帳合法教育の指導書**ということができるものである。我国初の簿記教育の指導書と言ってもいいかもしれない。末尾に，**「和式帳合教授法終」**と記されている。このことから，先述の「和式帳合教授法」が，この冊子であることが分かる。先ず「各種商家帳合法ヲ教ユ」と書かれ，教授する和式帳合法を，普通帳合法を基本とし，干鰯商帳面，荷物取扱問屋帳面，穀物問屋帳面，兩替屋帳面，質屋帳面を揚げている。このことは，講習所の和式帳合法の指導に関して，『商事慣例類集』の兵庫の答申の各委員の議論にあったと同じように，業種別の帳合法にこだわっていたことを示す確かな証拠となるのではなかろうか。

また，特に「干鰯商帳面」については，具体的な帳面まで揚げている。先述の「和式第一法帳面」の説明文にも「干鰯商帳面」を掲げている。確かに，当時の兵庫神戸では，干鰯商が大きな利益をもたらすビジネスであったことは確かであるが，それ以外にも，干鰯商と講習所の結びつきが伺われる。おそらく干鰯商とは，**神田兵右衛門**[11] ではないかと思われる。神田は，講習所の前途を協議する商談會に出席しているし，講習所補助金を話し会う会合の出席者にも名を連ねている（永田 1938, 229-230）。また，「明親館」の設立に尽力するなど教育に関心を持っている人物だからである。いずれにしても，和式帳合法の教育に兵庫商人の影響があったこと大であると思われる。

さらに，『神戸商業講習所帳合教授法』では，その教授方法として，「諸帳面ノ連絡ヲ口授シ且黒板ニ其繪圖ヲ書キ以テ稽古人ヲシテ愈相關係セル理合ヲ了解セシムヘシ」（傍点引用者，兵庫縣 1879, 33）とある。このことは，『商事慣例類集』の各府県の答申中，唯一兵庫だけが帳簿転記連絡の図を掲載できたことと関係があるのではなかろうか。この点について，すでに西川孝治郎も同様の指摘をしていた（西川孝 1969, 8）。

また，「普通帳合法」として，「仕入帳　賣出帳　雜費帳　金銀出入帳　手形帳　注文帳　差引帳　勘定帳」を揚げ，「諸帳面ノ順序ニ從テ一冊ツヽ之ヲ教授シ此帳面ト彼ノ帳面（西洋式簿記の帳簿＝引用者）ト互ノ連絡ヲ知ラシメ且記入法及結算法ヲ授ケ稽古人ヲシテ能ク其事ニ慣ラスヘシ」（下線・傍点引用者，兵庫縣 1879, 33）と述べている。

4　創立当時の簿記教科書と和式帳合法

それでは，講習所の教科書の方は，どうなっていたのであろうか。その点について，昭和 13 年（1938）発刊の『六十年史』には，創立当初に講習所で用いられていた簿記の教科書として，「一，帳合法初篇・二篇　福澤諭吉著　一，略式帳合法附錄　藤井清著　　一，銀行簿記精法」（傍点引用者，永田 1938, 169）を挙げられている。「帳合法初篇・二篇」と「銀行簿記精法」は承知の通りであるが，「略式帳合法附錄」とは何か。先にも述べたように，藤井清とは，講習所を設立するために慶応義塾から派遣された三人の教師のうちの一人である。つまり，その藤井が著した簿記の教科書ということである。

そこで，まず，この藤井清著**『略式帳合法附録』**（藤井 1878a）における帳簿の形式に目を向けると，縦書きで，貸借を二段にし，漢数字に○を加えた位取り記数法を用いている。このことは福沢諭吉の『帳合之法』の影響であると思われる。また，帳簿の構成は，日記帳，大帳，金銀出入帳，手形帳，仕入帳，賣帳，船積帳，雑費帳からなり，日常の取引をそれぞれの関係する帳簿に記入して行く。特に債権債務の関係する取引は，日記帳に単記で記入され，それを大帳に設けられた各口座に転記される。これは西洋式の単式簿記である。福沢は『帳合之法』においてSingle Entryを略式と翻訳した。したがって『略式帳合法附録』の略式の意味は，『帳合之法』初編でいうところの略式（つまり単式）ということになるのではなかろうか。

さらに，日記帳と大帳に記入された取引は，月の半ばと月末には，試算表を作成し，正誤をチェックするようになっている。これは，西川孝治郎も指摘するように，『馬耳蘇氏記簿法』の大帳試算表の流用である（西川孝 1982，178）。使用する帳簿も，前述したように『略式帳合法附録』が8種類であるのに対して，『馬耳蘇氏記簿法』は，「日用帳，大帳，金銀出納帳，船積帳，送状控帳，賣物帳，手形帳」の7種類である。前者の方が，雑費帳が多いだけで，他の帳簿はほとんど同じである。違いは，前者が，仕入帳に固定資産の購入を記入するのに対して，後者の送状控帳には，受託品の記帳を行なっていることぐらいかと思われる。片岡泰彦の描いた『馬耳蘇氏記簿法』の「単式の帳簿の関係図」（片岡 2007，390）を見ると，『略式帳合法附録』の帳簿組織の同一性がよく分かる。

さらに，『略式帳合法附録』が，『馬耳蘇氏記簿法』の影響を受けていることは，他の事からも伺える。次頁の図表5は，『略式帳合法附録』の決算書に当たる「總勘定表」である。この表は，『馬耳蘇氏記簿法』の貸借対照表である「本財及借財正算表」（小林 1875，38丁）と，損益計算表であるところの「商賣ノ損益計算之法」（小林 1875，38丁）を合わせたものと考えることができる。「總勘定表」は，三つの部分に分かれる。第一区分では，次のような計算を行っている。

資産勘定　　元手（期末資産）－拂口（期末負債）＝現在身代（期末資本）

……①

また，第二区分で以下のような計算を行っている。

図表５『略式帳合法附録』掲載の「總勘定表」

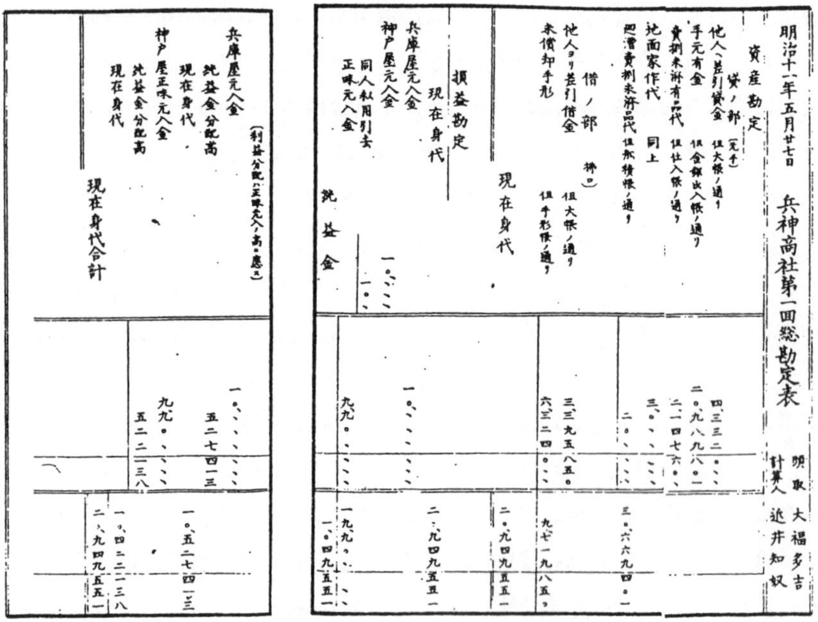

出典　藤井 1878，23-24 丁

損益勘定　　現在身代（期末資本）－正味元入金（引出金控除後の期首資本）＝純益金　……②

第一区分で行われている①式は，いうまでもなく資本等式であり，第一区分は，貸借対照表である。②式は，財産法による損益計算である。この形式は，片岡の指摘する「商賣ノ損益計算之法」における損益計算（片岡 2007，389）と同一である。

第三区分では，期首における出資者それぞれの持分に，純利益の分配額を加算し，期末資本（現在身代）を求めているものである。この様式は，『馬耳蘇氏記簿法』にはない。ただし，「本財及借財正算表」の末尾では，期首のそれぞれの持分を，「商賣ノ損益計算之法」の末尾では，純利益の分配額を表示しているので，両者の末尾を合わせたものと考えられないこともない。

以上のように『略式帳合法附録』は，西洋式簿記法の影響を受けているといえる。このことは，著者の藤井が，慶應義塾から派遣されたことと，『馬耳蘇氏記簿法』の翻訳が，福沢門下の小林儀秀であることなどを考え合わせると，本書が，『帳合之法』や『馬耳蘇氏記簿法』の影響を受けているのも当然といえる。

しかしながら，「貸ノ部」に資産を，「借ノ部」に負債を記載している用法は，我国古来のものである。また，「身代」をはじめ，当時の商人の用語や帳簿名を使っていることなど，当時の兵庫の書風に合わそうとしていることもよく分かる。決算書の「總勘定表」という名称自体も，前述の兵庫の「總勘定帳」からきているのではないかと思われる。取引も兵庫神戸の例を使い，送り状，領収書，手形など，実務で使用されていたと思われるものを掲載している。

また，「總勘定表」の「貸ノ部」を見ると，「他人へ差引資金　但大帳ノ通リ」とか，「手元有金　但金銀出入帳ノ通リ」のように，「○○帳ノ通リ」という説明書きがなされている。これは，その項目（科目）並びに金額が，その○○帳から直接転記されたという意味である。第1章の第4節でみたように，帳合法で総勘定元帳に当たるものがない場合には，このような形で，直接，各帳簿から金額を転記して算用帳を作り上げる（書き上げる）しか方法はない。したがって，このことは『略式帳合法附録』が，江戸時代の帳合法の決算書の作成方法と軌を一にしていることでもある。

さらに，第三の区分で行っているような，決算書の末尾で利益の分配額を示すことも，幕末期兵庫の廻船業者の勘定帳に見出すことが出来る（津川 1959, 28-32, 45-49）。

このように見てくると，『略式帳合法附録』が，兵庫商人の帳簿組織を取り入れたものであるということも疑いもない事実である。おそらく，講習所の「兵庫港仕來り諸帳合」という科目は，本書を教科書として使用したものではなかろうか。また，前述の「和式第二法帳面」の説明で，「出入則借貸ノ部ヲ上下二段ニ區別シタルモノ」と書かれているのも，本書を想定してのことではないかと考えられる。

また，藤井は，**『和欧帳面くらべ』**（藤井 1878b）という書物（教科書）も著している。この書物は，上下二巻から成り，和式と洋式の比較ができるようになっている。上巻では，まず総論に当たる「勘定ノ心得」（藤井 1878b，上巻，1-11）が書かれ，その後に日本流（藤井は，和式のことを「日本流」と称している）の帳面について，一つ一つ具体的に説明され，その書式，さらには西洋流のどの帳簿に当たるかも明記されている。下巻は，上巻に載せられている日本流の帳面を全く同じ取引，同じ金額で，西洋式の複式簿記に改めたものを掲載している。つまり，上巻と下巻とで，日本流と西洋流の比較ができるようになっている。ここまで書いてくると，前述の『神戸商業講習所帳合教授法』に於ける「此帳面ト彼ノ帳面ト互ノ連絡ヲ知ラシメ」を思わせる内容である。

さて，上巻の「勘定ノ心得」において，「西洋勘定ニ於テ眼目トスル大切ノ帳面ハ日記帳及ヒ總勘定元帳　大帳トモ原帳トモ云フ　ノ二種ニテ」（藤井 1878b，上巻 3）と，「日記帳」と「總勘定元帳（大帳）」の重要性を指摘し，「今實際ニ取扱フ所ノ日本流儀ト西洋流儀ノ方法トヲ比較シ以テ此兩帳ノ用法ヲ示シ併セテ他帳ノ用法モ附記シテ其照察ニ供シタレハ畧ホ西洋勘定ノ要領ヲ解得スルニ便スヘキナリ」（藤井 1878b，上巻 4）と，この両帳を中心として和洋の比較を通じて西洋式簿記法を理解させようという意図が伺える。ただし，帳合法には，日記帳から，総勘定元帳に転記するということがないから，この時点で，日本流を改良していることが分かる。

その日本流の帳面は，第一式から第三式まで３段階で説明されている。まず第一式では，**當座帳，差引帳，總勘定目録**の三種の帳面の説明と，その様式が書かれている。これが最も基本的な帳面であると思われる。おおよそ次のような説明がなされている。

當座帳…全て貸借出入がある時，即座に記入する。記入が済めば残高を算出する。記入する毎に差引帳に写し取り，（寫）の印を押しておく。この帳面は洋式の日記帳に符号する（傍点引用者，藤井 1878b，上巻 11）。

差引帳…帳面の中を区別して，各勘定の座を設ける。区別ができるように見出紙を貼附する。當座帳に記入したものは皆，この帳面に記入する。最後に各口座の残高を算出し，次の總勘定目録へ写す。記入に誤りがなければ，差引帳の各口座の残高合計と總勘定目録の残高は一致する。この帳面は，洋式の總勘定元帳に符号する（傍点引用者，藤井 1878b，上巻 12–15）。

總勘定目録…この目録を作成する主意は其帳主の身代を一目の下に明らかに見るがためであり，かつ差引帳への記入の正誤を確かめるためである。この目録の借の部には差引帳中の各口座の入金を記入し，貸の部には同帳中の各口座の出の残高を記入する。この帳面は，洋式の總勘定日表に符号する（傍点引用者，藤井 1878b，上巻 21–22）。

以上の三種の帳簿は，いわゆる主要簿に当たるもので，図示すると次のような関係になる。

當座帳（洋式の日記帳）→ 差引帳（洋式の總勘定元帳）
→ 總勘定目録（洋式の總勘定日表）

ここで，「總勘定目録」が，決算書の働きをしているのは，兵庫の使い方であり，これは良いと思われる。しかしながら，「差引帳」が，総勘定元帳の働きをしているのは，名称としてはおかしい。『商事慣例類集』第一篇の兵庫の答申では，「勘定帳」のことを「算用帳」または，「差引帳」といっている（79 頁）。すなわち，「差引帳」とは，決算書のことである。おそらく「損益を差引して計算する」ところから，きているのではないかと思われる。いずれにしても，改良が施されているのがよく分かる。

図表6　差引表

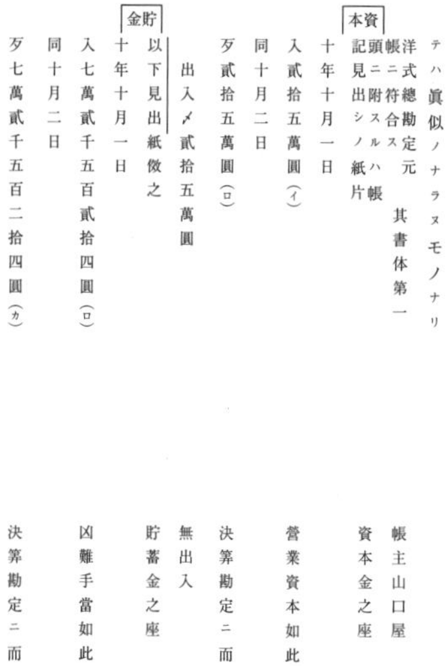

出典　藤井 1878b，上巻 15

さて，この日本流の帳面の様式は，『略式帳合法附録』と違い，帳合法のものである。図表6は，第一法における差引帳である。この図を見ても明らかなように，右から縦書きで，金額も我国古来の書き方をしている。また，金額の上に「出」,「入」,「歹（残）」の文字が書かれていること，勘定ごとに見出紙を貼附することなども，第一章の第4節で考察した帳合法の特徴である。

次の第二式では，金銀出納方と，雑費方を分掌する仕組みになる。前者においては，金銀出入帳，金銀有高帳，金銀有高表を，後者においては，雑費帳，雑費表をそれぞれ把握する。

さらに第三式になると實用を目的とし，さらに計算方が分掌され，その他の諸帳面（貸附金元帳，當座預金元帳，損益勘定帳などの）を把握することになる。

帳面の記入の順序は，先ず諸帳面の記入を済ませ，その後に當座帳に記載されるを良しとする。若し，當座帳を以て之を先んずれば，必ずや諸帳記入の脱漏多きを免れず（藤井 1878b，上巻 42），としている。

しかしながら，ここで重要なことは，第二式の中で**「入金手形」**,**「出金手形」**が挙げられていることである。この手形は，出納方が，現金の出入りが有る度に記入して，他の帳面記入の元とする。但し，出納方が勝手に書くことは不安があるので，主だった人（原文「重モ立タル人」）に認め印をもらうことを通例とするなり（藤井 1878b，上巻 27）と，述べられている。西川孝治郎の指摘するように，ここで「手形」とは,「伝票」のことである（西川孝 1982，175）。すなわち,「入金手形」とは,「入金伝票」,「出金手形」とは,「出金伝票」のことである。この他,「勘定ノ心得」には,**「振替手形」**の説明がなされているし（藤井 1878b，上巻 9），下巻の西洋流には,「振替手形」も掲載されている（藤井 1878b，下巻 37）。その上，日本流，第三式の「當座帳」において，振替取引は,「朱字」を用いる（藤井 1878b，上巻 37）。つまり,「入金手形」,「出金手形」から転記されたものは「黒字」,「振替手形」から転記されたものには,「朱字」で書かれることとなる。西川孝治郎は，このような「當座帳」（すなわち仕訳帳）を,**「現金式総合仕訳帳」**といい，このような主簿組織―伝票制度→現金式総合仕訳帳→総勘定元帳―を**「シャンド式簿記法」**という（太字引用者，西川孝 1982，28），としている。ここまで来ると,『和歐帳面くらべ』

の日本流は，『銀行簿記精法』の改良であることが，推察できる。他にも，上巻には，『銀行簿記精法』を参考にせよ，というような文言が何か所も出てくる（藤井 1878b，上巻 4，36，42）。蓋し，このような改良は，江戸時代の帳合法が，いわゆる**現金主義**を取っていたことからなされた工夫ではなかろうか。

西洋流（洋式）の方をみても，西川孝治郎が指摘しているように，支払・振替・入金の三伝票と現金式総合仕訳（現金・振替・合計の三欄をもつ）と総勘定元帳と日計表から成り，『銀行簿記精法』に範をとったものである（西川孝 1982，175）。最初に述べたように，日本流の帳面と，西洋流の帳面は，対応する。そうであるなら，日本流の帳面は，様式は，我国の伝統的なものであるけれど，帳簿組織については，銀行簿記精法流（それはすなわち複式簿記）に改良されているということである。このことは，後に教育される『銀行簿記精法』との整合性を考えた場合，誠に理にかなっていることである。また，藤井がこのような書物を著せたのは，造幣寮で造幣簿記と銀行簿記を学び，その後，銀行・会社で実務経験を積んだからである（西川孝 1982，174・177），と思われる。

このように見てくると，前述の「和式第一法帳面」の中で書かれていた，「西洋記簿法ノ精神ヲ取テ日本舊帳ノ体裁ニ調和シ」た「和洋折衷」は，このような日本流を指すのではないかと思われる。明治 11 年 1 月の『兵庫縣商業講習所教則』並びに，明治 11 年 6 月『神戸商業講習所支店概則』に掲げられている帳簿には，「差引帳」も「勘定帳」も共に揚げられているので，創立当初からその意図がはっきりしていたのではなかろうか。

後述するが，明治 15 年 7 月の教則改正には，「和単更生法」という科目が掲げられている。江頭彰が述べるように，この科目の目的は，初学者に対する理解度を上げるという配慮によるものであり，「更生」には，和式から洋式の単式に移る場合，学習内容を比較，調和するという意味が含まれている（江頭 1996，79）[12]。そう考えるなら，規則の改正の根底には，『和歐帳面くらべ』の存在があったからであると思われる。

いずれにしても，兵庫商人の帳合法が，講習所の簿記教育に影響を与えたということは事実であろう。また，これらのことは後年，我国で初めて発布された商法に対応するために書かれた神戸商業学校の教科書，三澤爲忠著『商法實施日本帳合法』（明治23年（1890）12月），や，同じく滋賀商業学校の教科書，磯村音介・斉藤軍八郎共著『商法活用帳合之法』図書出版会社（明治23年（1890）12月）にも影響を与えたと考えられる（田中孝2001b）。

5　神戸商業講習所の簿記教育と兵庫商人

それでは，上記の事柄以外にも講習所と兵庫商人の結びつきはないのだろうか。先に『商事慣例類集』の兵庫の答申には，会頭（鹿島）以下各委員の議論が併せて掲載されていることを述べた。この会頭の鹿島なる人物こそ，明治13年（1880）から15年（1882）まで講習所の事務担当（支配人，実質的に校長と考えて良いと思われる）であった**鹿島秀麿**（後に衆議院議員）である。鹿島は，嘉永5年（1852）8月に徳島藩士の二男として生まれ，明治9年（1876）に慶應義塾を卒業している（丸山1970，119）。講習所が農商務省の特別下附金の補助を受けるのに貢献のあった人物である。鹿島には，大正5年（1916）までをかなり詳しく本人がまとめた履歴書が残されている。それによると明治14年（1881）に，法制局下問に係る商事慣習取調会々頭に選任されている（神戸市2001，2)。このことからも講習所と兵庫商人の結びつきが分かる。この鹿島が講習所で行った大きな功績は，教則の改正である。

また鹿島には，明治14年11月6日から明治21年（1888）6月4日までの日記が残されている。鹿島は，教則改正取調べのため兵庫県から東京出張の命令が出されているが（神戸市2001，11），日記は丁度，東京へ向けての出発の日から始まっている（神戸市2001，14)。日記によると，明治14年11月7日未明神戸港を発ち，同年12月28日帰神している。その間，鹿島は東京で教科書や授業法を調査している。当然文部省にも足を運んでいるし，11月25日の記事には，「木挽町商法講習所ニ至リ，矢野，成瀬，マーヤ三氏に遇フ」（傍点引用者，神戸市2001，26）と記されている。商法講習所とは，いうまでもなく我国初の商業学校である東京商法講習所であり，矢野とは，所長の矢野二郎[13]のことであり，成瀬正忠（隆蔵），マーヤ（Fredrick Adrian Meyer）の両名は，教師である。これ以外にも，教則改正のことでは，いろいろな人物に会っているようである。また，前講習所支配人，箕浦勝人とも会談していることが伺える。11月27日に「教則授業法ヲ製ス」（神戸市2001，26）とあり，翌々日の28日には「文部省ニ出頭，吉村及ヒ専門学校主任者ニ面会シ規則ヲ差出ス」（神戸市2001，26）とある。その後文部省に意見を聞いたり，兵庫県学務課長の本山彦一と教則の修正を行っている（神戸市2001，33-34）。また翌15年（1882）の2月18日には「講習所規則ヲ学務課へ差出ス」（神戸市2001，45），3月1日には「学務課ヨリ呼来，規則ノ事ヲ談ス」（神戸市2001，47），同月15日には再び「学務課へ規則ヲ出ス」（神戸市2001，50）という記事が見られ，以後教則に関する記事は見られなくなる。いずれにしても講習所規則は文部省や学務課との何度ものやり取りの中から修正されたものと思われる。その時に改正されたものが，次節で考察する明治15年7月の教則である。学科課程の「簿記」の部を見ると，小賣商及卸賣商簿記法，商社簿記，農工簿記法，遺産處分法簿記等，業種別の簿記を履修するようになっている（永田1938，257）。これは一つには，第四年で履修する「實踐科」[14]の授業との絡みもあると思われる。しかし，それ以外にも理由があるのだろうか。この点については，次節で考察する。

一方，鹿島が商事慣習取調会の任に当たっていたことも日記から読み取れる。日記によると，明治15年3月5日に「午后六時商事慣習調査会ヲ開ク」（神戸市2001，48）という記事があり，村野区長以下26名の出席者の名前が列記されている。しかしながら前述の『商事慣例類集』の議論の記事のメンバーと少し違う。また諮問項目の多さから考えても，まさか商事慣習調査会がこれ1回しか開催されなかったとは考えられない。履歴書から鹿島が商事慣習取調会々頭に選任されたのが，明治14年であるということは分かる。しかし具体的な月日は分からない。日記が残されていないので分からないが，おそらく商事慣習取調会は，15年3月5日よりももっと早くから何度も開催されていたのであろう。鹿島が教則改正のため上京するより前から行われていたと見て間違いはないと思われる。特に「商人商業及商業帳簿ノ事」の諮問は，一番に掲載されている事から考えても，真っ先に議論が行われたのではなかろうか。一方，商事慣習取調会が何時（いつ）終わったかは，日記に記載されている。明治15年4月15日の記事に，「商事慣習調査会ヲ終ル」（神戸市2001，55）[15]とある。前述したように，教則の改正は，15年3月15日には終わっている（もしくは鹿島の手を離れている）のであるから，商事慣習取調会と，教則の改正が並行して行われていたということになる。

また明治15年2月18日「三原氏来訪，商法慣習取調ノ事ヲ依頼ス」（神戸市2001，45），同月25日「炬口氏来訪，商法慣習取調ノ事ヲ談ス」（神戸市2001，47），4月8日「三原，炬口氏来訪，商事慣習ヲ調査シ答申案ヲ制ス」（神戸市2001，54），同月12日「慣習調査答申案再議会」（神戸市2001，55）という記事が見られる。つまり鹿島は，三原氏と炬口氏[16]と三人で答申を作ったことになる。三原氏というのは，当時，講習所の教員であり，鹿島の後を継いで第四代講習所所長となる三原国一郎であると思われる。このことは，講習所が，『商事慣例類集』の兵庫の答申に影響を与えたという明らかな証拠となり，それはまた逆に講習所の教則にも影響があったと見ることが出来るのではないかと思われる。

6　神戸商業講習所の業種別簿記の教育と商法講習所

鹿島が中心となり作り上げた明治15年7月の教則（M15）とは，いったいどういう内容であろうか。図表7の一番右側の列が，その教則の「簿記」の内容である。

1年生では，創立以来の神戸の簿記教育で行われている「和式帳合法」から始まり，「單式簿記法」，前節で触れた「和單更生法」，「複式簿記法」，「單複更生法」などを履修する。2年生からは，「小賣商及卸賣商簿記」，「商社簿記」など，業種別簿記を履修することになっている。

図表 7　"Counting House Book-Keeping" の目次と，東京，神戸の講習所の教則の比較表

Counting House Book-Keeping	ブライアントストラトン合著商業簿記法（商法講習所教則）	神戸商業講習所教則
INTRODUCTION.	緒言	和式帳合法（第一年　前期）
SET I. -Single Proprietor.		單式簿記法（　〃　）
SET II. -Continuation of SET I.	諸小売商	和單更正法（　〃　）
SET III. -Continuation of SET II.		複式簿記法（第一年　後期）
SET IV. -Partnership Business.	組合商業	單複更正法（　〃　）
SET V. -Jobbing and Importing.	物品卸問屋	小賣商及卸賣商簿記（第二年　前期）
Changing Single to Double Entry.	単記及複記ニ変スルノ法	商社簿記（　〃　）
Farm Accounts.	農業	株式取引所簿記（第二年　後期）
Agencies-Administrator's Books.	遺物処分	農工簿記法（　〃　）
Commission.	受売問屋	遺產處分法簿記（　〃　）
Forwarding.	通運会社	口錢商簿記（第三年　前期）
Banking.	銀行	郵便會社簿記（　〃　）
Brokerage and Exchange.	仲買	運輸會社簿記（　〃　）
Commercial Calculations.	商業必要算法通信及略語	貸庫簿記（第三年　後期）
Miscellaneous.		輸出入會社簿記（　〃　）
		保險會社簿記（　〃　）
		貯金預銀行簿記（第四年　前期）
		國立銀行簿記（　〃　）
		諸製造所簿記（第四年　後期）
		鉄道會社簿記（　〃　）

出典　Bryant 1863，3-4，一橋 1983b，114，永田義直 1938，257 より作成

江頭彰は，業種別の簿記を教授するのは，東京の商法講習所が使用した H. B. Bryant and H. D. Stratton の『商業簿記法』（原書名は不明）を参考にしたからだと思われる（江頭 2001b，80）と述べている。

ここで江頭が，「H. B. Bryant and H. D. Stratton の『商業簿記法』（原書名は不明）」というのは，『帳合之法』の原本になった "*Common School Book-Keeping*" の上級版ともいうべき，"*Counting House Book-Keeping*"（Bryant 1863）[17] という教科書である。なぜなら東京の商法講習所の明治 12 年（1879）7 月の改正教則には「ブライアント　ストラトン　合著商業簿記法」という課目（教科書名が使用されていると思われる）があり（一橋 1983b，110-117），その細目（図表 7 の中央列）が "*Counting House Book-Keeping*" の（図表 7 の左列）と

ほぼ一致し，さらに前述の講習所の改正教則の簿記の業種別の教育課程（図表7の右列）とよく似ているからである。つまり，“*Counting House Book-Keeping*”を教科書とした商法講習所の教育課程を，講習所のカリキュラムに取り入れたのではないかと考えられる。このことは，全国の商業学校は商法講習所に範をとっていたわけであるので当然のことであるし，前述したように，鹿島の日記にも，東京で商法講習所に足を運び，所長の矢野らと懇談していることが記されていた。

それでは，教科書の方はどうなっていたのだろうか。江頭は，「神戸商業講習所には，生徒への指導上の配慮から教科書を自前で編纂する経緯があった」（傍点引用者，江頭 2001b，80）とし，水島鐵也の「簿記の如きも僅に福澤先生の帳合の法，大藏省出版の銀行簿記精法，及び森島修太郎氏の簿記例題以外には邦文の書物が無かつた故，教員は『ブライアント，ストラットン』の簿記書を翻譯しつゝ記入せしむる外に，教員自ら商店會社を訪問して材料を集めつゝ，例題を作製して教授したものである」（傍点引用者，永田 1938，276），という回顧談を引用し，教材づくりの努力が窺える（江頭 2001b，80），と述べている。さらに江頭は，市販の教科書はあるものの，生徒を指導するにあたり適当なものが少なく，神戸や大阪の商業講習所では，自ら教材を編成していた（江頭 2001b，80），と述べている。ここで江頭が指摘している大阪の例は，府立大阪商業学校の明治 18 年（1885）3 月改正教則の「教科用書各級配當表」にある次のような文言でからである。

「簿記科教用書ハ適當ノモノ少ナク目下編纂中ニ付配當ニ記載スル書名ナケレハ暫ク簿記學例題簿記學階梯商用簿記學銀行簿記精法銀行簿記例題及ヒ「ブライアント〇ストラットン〇ノ簿記學等折衷シテ教授ス」（市立大阪 1911）。

さて，江頭が指摘する水島の回顧談と，大阪の「教科用書各級配當表」の登場しているものも共に，「ブライアントと，ストラットン」の簿記書である。

水島自身も，「明治十六七年頃に當校で出版した，簿記例題が数冊あった。あれは當時の教員山岡淸直，久保益良氏の丹精に成つたもので，其原稿は余が謄寫を命ぜられた事を覺えている」（永田 1938，277）[18] と述べている。ここで水島がいう簿記例題とは，以下に掲げる教科書であると思われる。

『新編　簿記例題』 和式ノ部　兵庫縣々立神戸商業講習所編輯
明治16年12月

『新編　簿記例題』 單式ノ部　兵庫縣々立神戸商業講習所編輯
明治17年3月

『新編　簿記例題』 複式ノ部　兵庫縣々立神戸商業講習所編輯
明治17年7月

『新編　簿記例題』 複式ノ部　建築　農業　輸入及仲買　問屋
兵庫縣々立神戸商業講習所編輯　明治17年12月

『新編　簿記例題』 複式ノ部　廻漕店　遺産處分法　兩換商　卸賣商
兵庫縣々立神戸商業講習所編輯　明治18年3月

『新編　銀行簿記例題』（上） 兵庫縣々立神戸商業講習所編輯
明治18年7月

『新編　銀行簿記例題』（下） 兵庫縣々立神戸商業講習所編輯
明治19年3月

これらの教科書は，業種別になっていることから，講習所のカリキュラムに合わせて作られたものであるといえる。また，この『新編　簿記例題』は，「例題」という名称からも分かるように取引例が詰まった教科書である。

まず，この『新編　簿記例題』の「和式ノ部」（兵庫県々立 1883）の例言を見ると，次のように書かれている。「此書之ヲ和式單式複式ノ數篇ニ別ツ而シテ初篇ニハ我國在來ノ帳合法ニ就キ其長短ヲ取捨折衷シテ之和式帳合ト名ケ初學ヲシテ先ツ端緒ヲコヽニ開キ漸次洋式ニ入ルノ階梯トナサシム」（〇三頁）。

講習所創設以来の和洋折衷の和式簿記を洋式簿記導入のクッションにすることを明言している。それに続き和式帳合法の様式について書かれている。「和式帳合ヲ別テ第一第二ノ兩式トシ初篇例題中第一第二ハ第一式ヲ用ヒ第三第四ハ第二式ヲ用ユルモノトス此兩式ノ雛形ハ凡例末ニ之ヲ示ス」（〇三頁）。

ここで述べられている和式帳合の「和式第一式」，「和式第二式」の様式は，図表8である。この図で見る限り，第一式は，我国伝統の**「横帳」**であり，第

図表 8　和式第一式，第二式

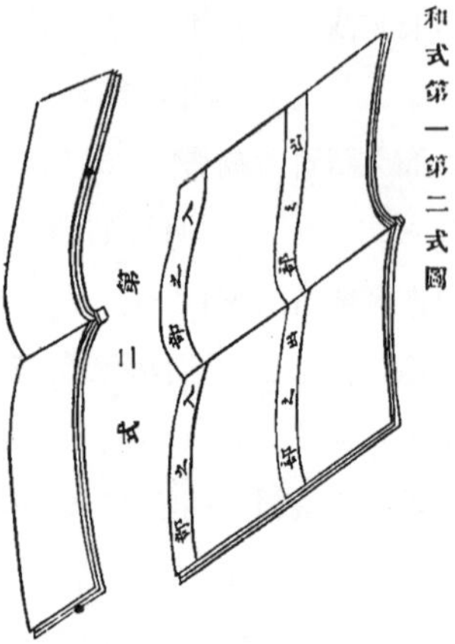

出典　『新編　簿記例題』「和式ノ部」，二頁

二式は「**竪帳**」である（第 2 章の注 13 参照）。第一式は，我国伝統の無罫であるのに対して，第二式は，「入之部」・「出之部」分けられているところからみると，改良が加えられている。しかしながら，水島の懐古談にあったように，「教員自ら商店會社を訪問して材料を集めつゝ」作成したものであり，兵庫商人の協力なしには編集できなかったに違いない。また，この「横帳」，「竪帳」は，第 3 節の水島鐵也の言葉とも符合する。

次に，「単式ノ部」以下の『新編　簿記例題』の取引例は“*Counting House Book-Keeping*”に負うところが多い。例えば，『新編　簿記例題』複式ノ部の　建築會社簿記という例題（一丁から十一丁）の初めには「單複更正法」とある。この前半部分は，“*Counting House Book-Keeping*”の“Changing Single to Double Entry.”[19]（商法講習所では，「単記及複記ニ変スルノ法」と訳）という章の EXERCISES の例題（Bryant 1863, 165–166）をほぼ翻訳したものである。また，同書の農業簿記の例題（十一丁から十九丁）は，“Farm Accounts”の取引（Bryant 1863, 172–175）とほぼ合致する。しかしながら，“*Counting House Book-Keeping*”の取引例をそのまま翻訳したものではない。水島の回顧談にもあったように，講習所の職員は地元商店を回りそれを教科書に取り入れていったものである。使用する帳簿の名称も記されているが，「水揚帳」のように我国独自の帳簿も揚げられている。

したがって神戸の講習所の教育課程並びに教科書は，東京の商法講習所並びにそこで使用されていた“*Counting House Book-Keeping*”に影響されて作られたという構図になる。しかしながら，和式帳合法を教育すると言う発想が出てきたのと同じように，そっくりそのまま東京から持ってきたわけではなく，神戸で改良が加えられている。

前述したように，このような講習所の業種別簿記の教育カリキュラムの発想は，講習所発足当時からあった。『神戸商業講習所帳合教授法』には，「各種商家帳合法ヲ教ユ」と書かれ，和式帳合法を，普通帳合法，各種商家帳合法（干鰯商帳面，荷物取扱問屋帳面，穀物問屋帳面，両替屋帳面，質屋帳面）に分けて指導することが記されていた。また，『商事慣例類集』の兵庫の答申の議論にも見られた。すなわち，発足当時からの講習所や兵庫商人の考え方とも一致していたから，より一層受け入れやすかったのではなかろうか。

さて，この神戸の業種別簿記の教育は，全国の商業学校にも広まっていっ

図表9　商業学校のカリキュラム表による業種別簿記教育の比較

<table>
<tr><th></th><th colspan="2">1年</th><th colspan="2">2年</th><th colspan="2">3年</th><th>4年</th></tr>
<tr><td>岡山商法講習所（明治13年10月創立当時）</td><td colspan="2">和式帳合，單式</td><td colspan="2">復式，單復變更</td><td colspan="2">銀行簿記，官省簿記</td><td>輸出入問屋簿記　農家簿記　石見人簿記　口錢問屋簿記　鐵道簿記　株式取引所簿記　米商會社簿記　保險會社簿記</td></tr>
<tr><td>大阪商業講習所（明治15年1月改正）</td><td>単式記入法</td><td>複式記入法</td><td>商店簿記
単複更換
変式雑題</td><td>遺産取扱人簿記　手数料簿記　運送簿記　仲買人簿記
農工用簿記</td><td>官省簿記
公私銀行簿記　統計大意</td><td>簿記学原理
統計大意</td><td></td></tr>
<tr><td>愛知県名古屋商業高等学校（明治16年6月設立当初）</td><td>単式　複式</td><td>雑式</td><td>小売卸売商社</td><td>日銭問屋遺産処分貯金銀行国立銀行</td><td>鉄道製造株式保険</td><td>簿記原理
帳簿編成法
勘定検査法</td><td></td></tr>
<tr><td>赤間関商業講習所（明治17年9月）</td><td>和式単式（新篇簿記例題1・2）</td><td>単式複式（新篇簿記例題1・2）</td><td>単複更正法
商店簿記（新篇簿記例題3・4）</td><td>諸会社簿記（新篇簿記例題4・5）</td><td colspan="2">銀行簿記　（新篇簿記例題5）</td><td></td></tr>
<tr><td>長崎商業学校（明治19年9月）</td><td colspan="2">単複式初歩　雑題変式　単複更正法</td><td colspan="2">小売　仲買　卸売　口銭商　諸会社</td><td colspan="2">銀行　復習</td><td></td></tr>
<tr><td>滋賀商業高等学校（明治19年3月）</td><td>單式簿記法</td><td>複式簿記法</td><td>小賣商及卸賣商簿記法
商社簿記</td><td>輸出入仲買商簿記法
遺産處分法簿記　倉庫簿記</td><td>口錢商簿記
運輸會社簿記　株式取引所簿記</td><td>銀行簿記
諸製造所簿記</td><td></td></tr>
</table>

出典　近藤1934，203，大阪市立1987下巻，916−917，愛知県1973，484，下関1987，52−53，長崎1985，63，川上1941，149より作成

た。図表9は，明治10年代の商業学校で，カリキュラム上，業種別簿記の教育を行っているものをまとめたものである。

但し，岡山の場合は第1級から第4級までで，修業年限の明記はない。赤間関商業講習所などは，『新編　簿記例題』を使用したことまで明記されている。

なお，岡山商法講習所と府立大阪商業学校のものは，神戸の教則改正以前の年月日になっているが，おそらく間違いであろうかと思われる[20]。さらに明治29年（1896）創立の三重県四日市商業学校の教則[21]でも，業種別に簿記を教育していることが伺える。おそらくこうした教育法は，かなり長く続いたものと考えられる。

7　神戸商業講習所の簿記教育と『中小企業簿記要領』

前節でみたように，明治初期に洋式簿記を導入するために神戸商業講習所を初めとした全国の商業学校は，和式帳合法の教育から入った後に洋式簿記を教育する方法をとった。にもかかわらず昭和に入っても洋式簿記は普及しなかった。洋式簿記は，銀行をはじめ新設の大企業から導入されたが，中小の商店や会社は，依然として帳合法を使っていった。

昭和9年（1934）発刊の『明治大正大阪市史』には，「二十三年舊商法の發布せられしより以來，商業帳簿に關する規定は法律上に明示せられ，他方には會社の發達，商業教育の普及と共に複式簿記法は盛んに講ぜられ，其著書も亦充棟の觀を呈するに至つた。而も猶國内商業の全部面に廣く普及し使用せられるに至つたとは云ひ難い」（大阪市役所 1934, 328）として，「商業帳簿の狀況は尙明治・大正期には統一するに至らず，一方には舊式記帳法根强く行はれる」（大阪市役所 1934, 329），と記述されている。

長年親しんできた文化が，そんなに簡単に転換することはない。昭和の偉大な会計学者の一人，太田哲三は明治22年（1889）の生まれであるが，回想録の中で，父親が銀行の通帳が読めなくて，一々それを縦書きに直させたことを語っている（太田 1956, 57）。今では当たり前に使っているアラビア数字が，明治の人々にとっては外国語であった。そのような状況だから，戦前には，各市，商工会議所の商工相談所を中心とした商工簿記運動が展開された（播 1985, 21）のであろう。

周知のように，第二次世界大戦後，シャウプ勧告が出され青色申告制度が生まれた。勧告は，日本における記帳は概嘆すべき状態（deplorable state）にある（シャウプ 1949, D56）ことを指摘し，特に中小企業における「会計様式は簡易にしておくべきである。様式は必要があれば，異つた事業および異つた農業條件に應じて変更すべきである」（シャウプ 1949, D58）と，記している。

このような状況の中で，昭和 24 年（1949）12 月 26 日，経済安定本部企業会計制度対策調査会から『中小企業簿記要領』（以下『要領』）が公表された。大企業向けに作られたのが『企業会計原則』であるのに対し，中小企業向けに作られたのが『要領』であるといえる[22]。『要領』の解説書には，業種別の例題が付けられており，『新編　簿記例題』とよく似た体裁になっている。この『要領』の詳述は避けるが，帳簿組織との関連で述べれば次のようになる。

『要領』は，二の「中小企業簿記が従わねばならぬ一般原則」の（七）において「簿記は，前号の要請をみたす限り，会計処理の方法及び帳簿組織をできるだけ簡単平易ならしめ，記帳の能率化，記帳負担の軽減をはからなければならない」（傍点引用者）としている。さらに三の「中小企業簿記要領の特徴」では，「前項の一般原則にもとづき，中小商工業者の記帳の実情を深く考慮して定めたものであって，おおむね左の点を特徴とする」（傍点引用者）として，

「（一）記帳者が複式簿記の知識なくして容易に記帳できるように，通常の複式簿記の採用する手続き，特にすべての取引を勘定の借方貸方に仕訳すること並びに総勘定元帳に転記することを省略する。

（二）原則として現金出納帳を中軸として他の関係帳簿との間に複記の組織を確立し，現金収支を基礎として記帳の照合試算を可能ならしめ，以て複式簿記の原理とその効果を実現する。

（三）簡単な業種においては，現金出納帳の多桁方式を発展せしめた日計表の方式を採用し，これには若干の補助明細表を配することによつて，完全な

記帳を行うことができるものとする。

（四）帳簿組織全体として，単に現金収支だけでなく資産，負債及び資本に関するすべての取引を記帳し，決算書表を作成しうるごとき体系的帳簿組織とする。

（五）帳簿の記入は，証ひよう書類又は伝票その他の原始記録にもとづいて正確に行われ，帳簿の記入の真実なることがこれら原始記録によつて確証されうるものとする。」（下線引用者）としている。

そして，日常の取引による現金の収支については，入金伝票と，出金伝票を用いる。毎月末に「月末収支総括表」を各帳簿から作成する。簡単な業種においては「日計表」を設け，入・出金伝票又は，日記帳から作成する。決算時には，損益計算書と貸借対照表を作成する。損益計算書は，毎月の「月末収支総括表」又は「日計表」の集計表及び棚卸表並びに前年末貸借対照表によつて作成する。貸借対照表は，現金出納帳その他の帳簿残高から作成する。

以上が，『要領』における帳簿組織の簡単な説明である。

（一）の「複式簿記の知識なくして…借方貸方に仕訳すること並びに総勘定元帳に転記することを省略する」という文言からは，我国の帳合法を思い起こさせる表現である。経済安定本部が出した『中小企業簿記要領解説—記帳例題つき—』には，図表10のような貸借対照表記帳連絡図が掲載されている。この図を見ると，貸借対照表が各種の帳簿の残高を集めて作成されるようになっている。これは，『略式帳合法附録』の「總勘定表」と同じ発想であり，和式帳合法に通じるものである[23]。

（二）の「現金出納帳を中軸として他の関係帳簿との間に複記の組織を確立し」や（三）の「現金出納帳の多桁方式を発展せしめた日計表」の表現からは，『和歐帳面くらべ』を想起させるものがあるし，帳合法が**現金主義**であったことと関係するのではなかろうか。

また，（二）の「他の関係帳簿との間に複記の組織を確立し」からは，第1章で紹介した近江商人の中井家の帳合法における「取引複記」を連想させる。小倉榮一郎も「中小企業簿記要領の綜括表示方式とは原理的に完全に一致して

図表 10　『中小企業簿記要領解説―記帳例題つき―』の貸借対照表記帳連絡図

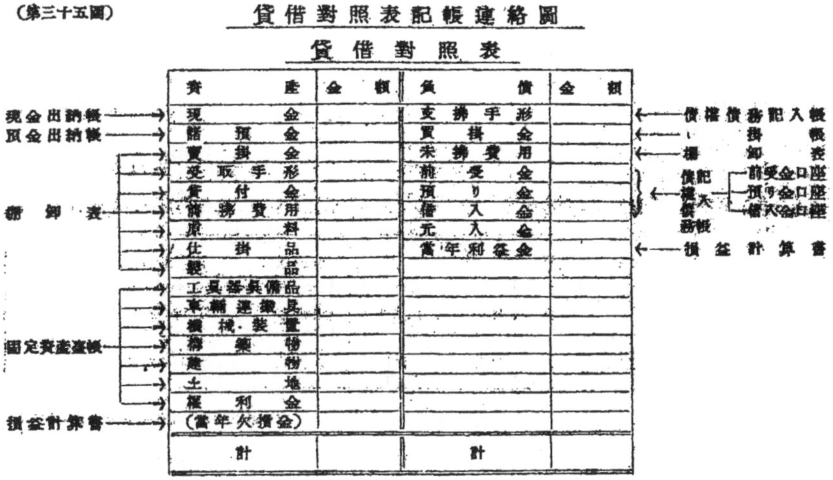

出典　経済安定本部 1950，124

いることを認めざるをえない」（小倉 1962，62）と述べている。

さらに三代川正秀は，『要領』の提唱する総括集計表方式や日計表方式の簿記法について「わが国の慣習（営々と記録され続けた『帳合』）を前提に，収支計算書と貸借対照表の作成を考えたのであって，西洋式簿記を平易にしたものではない」（三代川 2006，73）と述べている。

また，大蔵財務協会からは，『要領』による記帳を容易にするため，中小企業を規模，業種により九のタイプについて記帳例題が出されている（財団法人大藏 1950）。ここまで考えてくると『要領』は，講習所の影響を受けているのではないか，という疑問がわいてくる。『要領』を教科書として中小企業簿記を普及するために昭和 25 年（1950）3 月 27 日から 30 日までの 4 日間，東京大学法，文，経 38 番教室で行なわれた，日商・日中連・国税庁主催の指導者講習会の中で，経済安定本部企業会計制度対策調査会の中西寅雄は，「徳川時代でも問屋で海運関係の取引をしておるものは，帳面は，相当に複雑になつております。神戸の商人の使つておつた帳面は，まず複式簿記の一歩手前と言える帳簿の組織になっていると聞いておりますが…」（傍点引用者，國税廳 1950, 85）と述べている。また次に講演した黒澤清は，昭和 9 年（1934）初版の『簿記原理』の中で，「（四）我國固有の帳合法に於ける帳簿組織」を説明するために『商事慣例類集』を引用し，兵庫の帳簿転記連絡の図も掲載している（黒澤 1934, 243–249）ことは，第 1 章で述べた。したがって『要領』の作成者たちは，神戸の帳合法についての何らかの知識があったことは確かである。しかしながらそれがどの程度『要領』に影響を与えたかについては定かではないし，詳述する紙面もない。考えられることは，明治期の初め講習所の教員たちが，帳合法を教育に取り入れるに当たって強いられたような工夫を，『要領』の作成者たちもしなければならなかったのではなかろうかということだろう。だから，どうしても『要領』は，帳合法と似たものになったのではなかろうか。

実際問題として『要領』は，三代川が指摘するように戦前から東奭五郎，太田哲三，中西寅雄，播久夫らが帳簿改良の努力をしてきた中小企業簿記運動が結実したものであろうと思われる（三代川 2006, 73）。播自身も『要領』の総括表方式は「太田先生が簿記運動に使用されていたものが原型である」（播 1985, はしがき）と述べている。また播は，「中小企業簿記要領は，どこまでも標準であって，業種，業態，規模等によって実用的なものに工夫することが必要である」（播 1950, 34）とも述べている。実際播は，『要領』を基本として，小売商店，鮮魚，絹人絹織物，鋳物，木製品，陶磁器，薬局など 30 数種の業種別簿記要領の作成に尽力し，講習会等によって記帳指導に当たった（播 1992, 166）。

繰り返しになるが，『要領』が講習所の簿記教育に直接的な影響をどれだけ受けたかということは，はっきりしない。いや，むしろぜんぜん影響を受けなかったかもしれない。ここで言えることは，当時の状況が，明治初期の状況とあまり変わっていなかったということである。明治時代の初め神戸では，西洋式の簿記法を導入するためのステップとして，和洋折衷の和式帳合法を教育することを考え出した。また業種別の簿記教育も行った。そして，その教育方法は，瞬く間に全国の商業学校の簿記教育に広まっていった。

なぜなら，当時は，江戸時代の帳合法を使用していたのであり，業種ごとに異なっていたからである。そこに西洋式の簿記をどのように取り入れていくか，先人たちの苦労があったのではないかと思われる。鹿島の日記にも，「箓記改正請合業ノ事」（神戸市 2001，38），「鈴木氏来訪，箓記改正ノ事ヲ依頼ス」（神戸市 2001，61）などという記事が見られるし，大阪商業講習所規則でも「1学期以上当講習所ノ生徒タル者ニシテ自家取引事項ノ写ヲ持参シ帳簿ノ改正ヲ依頼スルトキハ其商店ニ適スベキ様好ミニ応シ之ヲ改正スヘシ」（大阪市立 1987，上巻　45）と記されている。こうした状況は，大正・昭和になり二つの世界大戦を経た後でも，中小商店や中小企業ではあまり変わっていなかったのではなかろうか。だから，それがために『要領』は，我国の伝統的な帳合法を生かしたものにせざるをえなくなり，また業種別の要領を工夫せざるをえなかったのではないかと思われる。

8 おわりに

以上，神戸商業講習所の教育課程と兵庫商人の関わりについて，『商事慣例類集』の答申を元に検討してきた。その結果，両者は深く関わっていることが分かった。すなわち，最初，兵庫商人が講習所に影響を与え，その講習所が，『商事慣例類集』における兵庫の答申に影響を与えた。「勘定の連絡図」などは講習所のアイデアであろうと思われる。

ところでその後，この勘定の連絡図について意外なことが分かった。それは失われたと思われていた北風家の史料について，喜多善平が，三千枚の文書の写真があるということを書き残していた（喜多 1965，6）[24]。さらに喜多は，北風家では，総勘定目録（貸借対照表）と総勘定明細（損益計算書）が作成され，明治5年（1874）の総勘定明細（後世には単に「勘定書」）は現存すると明言している（喜多 1969，36–37）[25]。北風家の勘定連絡図では，「総勘定帳」しか作成されていないが，嘉納家のように「店卸帳」も作成していたことになる。ということは誤った認識が後世まで伝えられたことになる[26]。ただし，これは，貸借対照表的な「店卸帳」（総勘定目録）が単純な帳簿残高の集合，或は店卸の結果から作成されるのに対して，「総勘定表」（総勘定明細）の方は，複雑な経過を辿って作成されるから，それを優先して，『商事慣例類集』の答申に掲載したのではなかろうかとも考えられる。

話は戻るが，講習所と兵庫商人を繋げたのは，講習所の事務担当で，商事慣習取調会々頭であった鹿島秀麿であった。商事慣習取調会と講習所の教則改正は同時並行的に行われていた。鹿島は教則の改正に，商事慣習取調会で出された兵庫商人の考えを生かしたものと思われる。それが業種別簿記の教育ではなかろうか。もちろん，これは東京の商法講習所で使われていた“*Counting House Book-Keeping*”というテキストが元になっているものと考えられるが，『商事慣例類集』の答申する場合に出された兵庫商人の意見が，鹿島の頭にあったことは確かである。さらに講習所は，業種別簿記を教育するために，『新編　簿記例題』5 冊と，『新編　銀行簿記例題』2 冊を編纂している。これらは“*Counting House Book-Keeping*”の翻訳を基にしていると思われるが，それだけではなく教師自ら商店街を回りながら教材を集め作成したものと考えられる。だから「水揚帳」のような我国独自の帳簿も掲げられている。こうした神戸の教育方法は，和式帳合法の教育がそうであったように，全国の商業学校に広まって行った。おそらくその地方に合った簿記法にアレンジされていると思われる。我国の商業学校の草分けはもちろん東京の商法講習所であるし，全国の商業学校の模範となったことも確かである。しかしながら，その東京発の商業教育を，より我国に受け入れられやすいように改良したのは神戸の講習所の功績であると考えられる。また，当時はまだどこでも和式の帳合法が行なわれており，それらは当然，業種別あるいは商店別であったので，このような簿記教育が全国的に広まりやすかったのではないかとも思われる。

帳合法と業種別の考え方は，第二次世界大戦後，政府が青色申告を導入する際，並行して作られた『要領』に，影響を与えたのではないかと考えられる[27]。

これまでも述べたように，西洋式の簿記法は，銀行と大企業から導入されていった[28]。しかしながら，中小商店や中小企業の多くは，依然として帳合法を使い続けた。戦前には，複式簿記を普及させるために，商工簿記運動が展開された。それでも帳合法は，命脈を保った。その背景には，中小商店や中小企業では帳合法で事足りたからであると思われる。帳合法は，青色申告が導入されることによって順次西洋式の簿記法に淘汰されていった。しかしながら，それは青色申告特典を付けることにより，初めて実現していったと考えられる。

考えてみれば，我国において永く守られてきた伝統が，そんなに容易く変わるものではないのではないか。昭和の初めの写真や映像を見れば，ほとんどの人が和装である。洋装（洋服）の合理性は分かっていても，公式の場以外では，ほとんどの人が着物姿である。洋装が主流になるのは，第二次大戦後のことである。外から見える服装にしてからがそうである。まして他人に秘密にしたい商売の儲けや，財産のことなら尚更のことであろう。そんなに簡単に変わらないのも当然といえば当然であろう。本書でみてきたように，和式簿記には千数百年もの歴史があるのである。

日本会計研究学会は，明治6年（1873）に我国で初めて西洋式の簿記書（言うまでもなく，『帳合之法』と『銀行簿記精法』）が発刊されてから，100年を経過した昭和48年（1973）を「近代会計百年」と定めている（近代会計1978，序言)。この頃には，さすがに帳合法を用いる所は無くなっていたのであろう。蓋し，永い間続いた伝統が変わるには，親，子，孫の三代は掛かるのではなかろうか。ちなみに辞書で，世代の「世」という文字を引くと，三十（卅）という意味がある。ひいては，三十年を1世代の意味に用いる（赤塚・阿部1986，142)。したがって，完全に西洋式の簿記に取って代わるのに，3世代の90年を要したのではなかろうか。

それでは，我国が近代と呼ばれるようになって150年近くたった現在，帳合法の痕跡は全くなくなってしまったのだろうか。いやそうではなく，現在の中小企業の会計とも関係している。河崎照行は，『中小企業簿記要領』で取り上げられていた中小企業に対する問題意識と中小企業の企業属性に即した簿記の必要性の議論は，今日の「中小企業の会計」をめぐる問題意識や議論と本質的に異なることはない（川﨑 2009，10），と述べ，『中小企業簿記要領』を，我国の「中小企業の会計」の淵源である（傍点引用者，川﨑 2012，13），とまで述べている。前述したように，『要領』は，我国の伝統的な帳合法を生かしたものであった。もちろん帳合法の考え方そのものは，現在の中小企業の会計に生かされないだろう。しかしながら，帳合法の発想を内在した『要領』が，参考にされたことは間違いのないことである。

また，「業種別簿記」に対する関心も高っているようである。つい最近の日本簿記学会全国大会の研究部会報告においても業種別簿記の報告がなされた[29]。しかしながら，これも元を辿れば『要領』に始まることである。さらに遡れば，明治初期，神戸の商業講習所で始まり，全国の商業学校に広まった業種別簿記の教育であるし，そのルーツは東京の商法講習所でテキストとして使われていた“*Counting House Book-keeping*”であるといえる。

現在は，過去の時間を土台として成立している。過去から現在まで，時間は途切れなく続いているものである。清水幾太郎は，彼が翻訳した E. H. カー著『歴史とは何か』の「はしがき」の中で次のように述べている。「過去は，過去ゆえに問題となるのではなく，私たちが生きている現在にとっての意味ゆえに問題になるのであり，他方，現在というものの意味は，孤立した現在においてでなく，過去との関係を通じて明らかになるものである」（E. H. カー・清水訳 1997，iii–iv）。

注

1　商業講習所の簿記教育については，拙稿（田中孝 2003・2005・2007）でもいろいろ検討しているので，そちらをご覧いただきたい。

2　「和式帳合法」の教育については，江頭彰氏が，佐賀県最古の商業学校，伊萬里商業学校においても行われていたことを突き止められた（江頭 2001a，21）。

3　紹介されたことは全く知らなかった。教育史の研究者である橋本美保氏から複写をお送りいただき初めて知った次第である。筆者の愚稿の論文としての価値はともかくとして，会計学の論文として執筆したつもりのものが，教育史のご本家である教育史学会の機関誌で紹介していただくことは誠に光栄であると思う。紹介していただいたのは，全く面識のない学習院大学の斉藤利彦氏である。斉藤氏は，愚稿について「田中孝治『近世商人と近代商業学校における和式帳合法の教育の史的考察』(『会計』159–4) は，神戸商業講習所での和式帳合法の教育を検討し，該帳合法が近世と近代の商業教育を結びつける役割をはたしたと指摘する」(斉藤 2002, 342) と，紹介していただいている。斉藤氏並びに，知らせていただいた橋本氏には感謝申し上げる。

4 なお，廿三番〔花風〕とあるのは，〔記事〕の議論から見ても，北風の誤植であると思われる。当時，兵庫において花風という商人は見当たらない。江戸時代，ロシアに連行されたことでも有名な豪商，高田屋嘉兵衛を育て，後ろ盾になったのも何代目かの北風家の北風荘右衛門である。また，幕末兵庫商社が設立されたとき，兵庫商人で唯一肝煎に加えられたのも北風荘右衛門である。明治時代になり，兵庫商法会議所の設立にも尽力し，副会頭にもなっている。この時は北風正造と名を改めている。しかしながら，この北風家の当主である北風正造が明治 17 年東京で客死したことにより没落していく。〔花風〕が，〔北風〕の誤植ではないかという指摘は，すでに小倉榮一郎氏（小倉 1960, 228 の注書き）や，西川孝治郎氏（西川孝 1969, 8 欄外の注書き）がしていた。このことは，後年，両氏の論文を読み直し気が付いた。

5 有馬市太郎のことであると思われる。やはりこの有馬も兵庫商法会議所設立の発起人に名を連ね理事にもなっている。明治 43 年の『日本紳士録』によると，「兵庫運輸株式會社社長，兵庫電氣軌道株式會社，日本毛織株式會社，日本商業銀行各取締役，日本米穀株式會社監査役，川崎町二〇●五〇」とある（高野 1989, 85)。

6 「勘定する」などの言葉からも分かるように，もともと（江戸時代には)，算用と勘定とは，ともに計算するというような意味で，同じようなニューアンスで使われていたと思われる。『商事慣例類集』の答申で，「勘定帳」の名がみられるのは，兵庫の他には，大阪，松山などである。馬関は「差引勘定」と記されている。西日本ばかりである。これは，地域性の問題なのか，もっとそれ以外の要因，例えば，大坂が「銀使い」で一々計量し，貫目を計算しなければならなかったことに関係するとか，或いは，商人の人的なネットワークと関係があってのことなのかなんともいえない。今後とも詳細に検討していく必要があるかと思われる。

7 長倉氏は，「多数の補助帳簿・仕訳帳のうえに成立してくる『総勘定帳』の延銀（あるいは損銀）と，『正味』の店卸し評価の比較から算出される『店卸帳』延（あるいは損）銀額との一致は原則的には考えても現実的には不可能な事態であったといえよう」と述べている（長倉 1960, 33)。

8 兵庫県第一神戸商業学校『六十年史』には，「開所以來舍内に各種商店・問屋・銀行・運送會社等の諸店を設けて，恰も所内を種々の商店に擬し，生徒に對して商業實地演習を課して實際商業取引上の訓練に資して來た」(永田 1938, 270) とある。

9 神戸新聞社が編集している『神戸ゆかりの 50 人』に，平清盛や，坂本竜馬らと並んで名を連ねるほどの人物である（神戸新聞社 2002, 32)。職業教育史の権威である三好信浩氏は，水島について次のように述べている。東京に次ぐ第二の官立高等商業学校（現，神戸大学＝引用者）が，1902年神戸に設けられた。その初代校長で，名校長とうたわれたのが，水島鐵也である。水島は，大分県中津に生まれ，神戸商業講習所から東京商業学校（現，一橋大学＝引用者）に進学し，1887年卒業。翌1888年には，大阪府立商業学校（現，大阪市立大学＝引用者）の校長心得となり，一度実業界に出るが，1896年に母校に戻って，東京高等商業学校の教授となり，39歳という異例の若さで，神戸における高等商業学校創設の大役を果たす。1925年までその職にあって，「神戸高商の水島か，水島の神戸高商か」と言われるまでになる。東爽五郎も水島に見出された一人。神戸に会計学の基礎を据えることに寄与した（三好1997，106）。

10 私事であるが，この『和式帳合教授法』を探し出すのに本当に苦労し，謎を解くのに長期間を要した。最初，神戸市をはじめとして，兵庫県一円の図書館や博物館，大学それに歴史民俗博物館のようなところにも問い合わせた。神戸市の市史編さん室にも尋ねたが，見つからなかった。それで探索範囲を歴史のある奈良県，京都府，大阪府などに広げたが見つからない。愛知県を中心とした中部地方から東京にまで範囲を広げた。三井文庫にも問い合わせたが，そういう書名の本は所蔵していないという。教科書の博物館も調べたが置いていなかった。「果してこのような書物は現存するのだろうか」と途方に暮れる日々が続いた。そんな時，西川孝治郎氏の『文献解題　日本簿記学生成史』（西川孝1982）の巻頭の写真をボォッと見ている時に，『神戸商業講習所帳合教授法』というのが目に入った。思わず我に返り「これではないのだろうか」と思い立ち前と同じ要領で当たってみたが，やはり見つからなかった。しかしながら，今度は明かりが見えた。もう一度，『文献解題　日本簿記学生成史』の写真を見直してみると，『兵庫縣神戸商業講習所教授具及規則類纂』の写真が並んで載せられていた。もしかしたら，この中に収載されているのではと思い立ち，インターネットで検索してみた。筑波大学の附属図書館しかヒットしなかった。それで，筑波大学からその史料の複写を取り寄せ確認したところ，『神戸商業講習所帳合教授法』が収容されていた。その『神戸商業講習所帳合教授法』の末尾には，「和式帳合教授法終」と書かれている。これでやっと謎を解くことができた。一時はその存在を疑ったが，とうとう発見することができた。その後，一橋大学附属図書館の西川文庫にも所蔵されていることが分かり照合に及んだ。また，本書は，左から縦書きされている珍しいものである。これまた，解明するのに一苦労した。最初，右から普通に読んで行って，なんとなく意味は分かるが，どうも文章が繋がらないので困ったものだった。

11 『兵庫県史』に掲載されている，「兵庫・灘目の兵庫開港商社役員」という表の中に，神田兵右衛門の名が見え，職業は「干鰯商　質屋」となっている（兵庫県1980，529）。このことから，神田兵右衛門が干鰯商であったことが分かる。しかも，商社役員の中で，干鰯商は神田だけである。一方，『新修神戸市史』には，「明治元年，兵庫の豪商らが図って明親館を設立したのが，神戸における近代教育の始まりであった」

(新修神戸市史 1994, 34) と記されている。『神戸市教育史』には，その辺の事情が詳しく記されている。すなわち，維新期の兵庫・神戸地域の人々の動揺ははなはだしく，世情は不安であった。そこで，町兵隊を編成したのであるが，そこにいる若者は，無学で粗暴なふるまいが多かった。それを憂いた，兵庫の岩間屋（神田）兵右衛門は，開港場として外国人に後れを取らないために，青少年の教育が必要であると痛感し，名主の安田惣兵衛・北風荘右衛門らと相談し，学校設立願いを兵庫裁判所に提出した。兵庫裁判所は，その請願を許可した。そこで，幕府の設けた函館物産会所を校舎とし，姫路藩の儒者菅野狷助を教頭に招いた。明治元年（1868）8 月 3 日に校舎を切戸町の県庁跡地に移した。菅野教頭は，この学校に適当な名をつけようとし，候補名を 2–3 選び，神田兵右衛門を介して県知事伊藤俊介（のちの博文）に諮り，その採決に従って，語源を「大学」から取って「明親館」と命名した（神戸市 1966, 27–29)。明治 4 年（1871）3 月には，神田兵右衛門が幹事長になり基金募集に乗り出している（兵庫県 1980, 230)。このことからも神田兵右衛門は，教育に関して熱心であることが伺え，講習所の教育においても，いろいろ助言したのではないかと考えられる。

12 これについて，江頭彰氏は，当時のアメリカの簿記書に，「単式簿記から複式簿記への転換手続き」という項目が見られるところから，それにヒントを得たのではないかと思われると，述べている（江頭 1996, 79)。このアメリカの簿記書こそ，本章の第 6 節で取り上げる *“Counting House Book-Keeping”* である。なお，江頭氏は，最近，「和単更生法」による複式簿記への道を明らかにするため誘導法的損益計算構造の変遷を分析する研究を発表している（江頭 2012)。

13 安藤英義氏によると，矢野二郎は，初代の商法講習所長で，東京商業学校校長。在任期間は，明治 9 年から 26 年までの 17 年間。明治 23 年前後に，高度の商業教育中心でいくか，実学中心でいくかの論争が起こった時，完全実用的商業教育優先だったとのことである（安藤 1999, 17–18)。矢野二郎については，矢野次郎と表記されているものもある。『一橋五十年史』（酒井 1925)，『商法講習所時代』（一橋 1983a)『一橋大学学制史資料』（一橋 1983b)，『一橋大学百二十年史』（一橋 1995)，三好信浩氏（三好 1997)，安藤英義氏（安藤 1999）では「二郎」，これに対して『商法講習所』（手塚 1960)，杉山和雄氏（杉山 1972)，『商業教育の曙』上巻・下巻（細谷 1990・1991）では「次郎」と表記している。本書では，「二郎」とする。

14 「實踐科」では「…諸科ノ學技ヲ實地ニ適用實踐セシム其法商業講習所内ヲ區劃シテ郵便局電信局運送問屋及銀行諸會社等ノ數局ニ分チ…商業ヲ營ム…」（永田 1938, 255)。なお，明治 16 年 5 月 11 日には，神戸商業講習所，大阪商業講習所，横浜商業学校の 3 校で，「商業實地演習聯合規約」（永田 1938, 270–273）がなされている。これなども鹿島の日記から，大阪商業講習所校長，桐原捨三や教頭の山本達雄，大阪商業講習所設立の立役者で大阪新聞編集主幹の加藤正之介それに横浜商業学校校長，美沢進などとたびたび会っている事から，実現したものと思われる。鹿島の日記によると明治15年4月14日の記事には，「美沢氏ヨリ聯合實地演習ヲ申越ス」（神戸市 2001，55）とある。彼らは皆，慶応義塾の卒業生であった。

15　4月7日には，「商業慣習調査ノ義ニ付出精ノ廉ヲ以テ金廿円ヲ給与セラル」とある（神戸市 2001，54）。

16　炬口氏なる人物は，淡路島出身で鹿島と共に，神戸新報，神戸又新日報をおこした炬口又郎であると思われる（田村 1999，161）。

17　プレヴィッツ＝メリノは，本書について「アメリカ国内ばかりでなく，国外においても標準的な著作とされた。それは，野心的かつ極めて実践的試みであり，現代の課程でいえば中級の簿記書に相当するが，もちろん19世紀において斯学が置かれていた状況で役立つように意図されていた」と述べている（Gary1979，45：大野・岡村・新谷・中瀬訳，53）。

18　実際，鹿島の日記の明治15年（1882）1月17日の記事にも，水島を講習所の書記とす，という記述が見られる（神戸市 2001，40）。

19　その要点として，「単式記入帳簿を複式記入帳簿に転換するには，企業における資産と負債を表現するために必要な勘定を総勘定元帳に開きなさい」と述べられている（Bryant1863，152）。

20　昭和9年（1934）出版の『實業教育五十年史』（近藤 1934，202–203）には岡山商法講習所の創立当初の学科課程として掲載されている。しかしながら，明治13年（1880）10月付の「岡山縣商法講習所廣酷」の教授の科目の「第一項　帳合法」には，「當地方仕來りの帳合法　畧式帳合法　本式帳合法　銀行簿記精法」となっており（武居 2001，66），神戸と同じような広告で，同じような教科目の宣伝を行っているので，このカリキュラムが岡山商法講習所創立当時のものとは考えにくい。また，府立大阪商業学校の学科課程も『大阪市立大学百年史』には明治15年1月改正として掲載されている。この年号が正確なら，神戸の改正より早いことになり，むしろ岡山や大阪が，神戸に影響を与えたということになる。この可能性は確かに否定できない。鹿島が教則の改正で相談した前講習所長の箕浦勝人は岡山の所長を兼ねていたし，大阪の教頭の山本達雄が岡山で教師をしていたという事実もある。その上，山本は，山岡清直と共著でブライアント・ストラットンの算術書の翻訳である『新撰實地商業算上下』を出版し，大阪で教科書として使用している（武居 2003，96–104）。したがって山本が“*Counting House Book-Keeping*”の内容について知っていた可能性は充分にある。また創立当初（明治13年（1880）7月）の大阪商業講習所の教則には，「原本簿記」の教授本として「ブライヤント氏大小本ヲ用ユ」（大阪市立 1987，下巻 914）とある。おそらく，ここでブライヤント氏小本は，“*Common School Book-Keeping*”で，大本の方が“*Counting House Book-Keeping*”であると思われる。したがって大阪では早くから後者を使っていたというはっきりした証拠があるので，神戸より早く業種別簿記の教育課程にした可能性はある。しかしながら『大阪市立大学百年史』全学編　上巻には，「『大阪商業講習所正速改正規則』と題する文書が『60年史』に収録されており（569−587ページ），『雑喉場の旧家鷺池平九郎氏の家に伝はったもの』で『出来た年月は判明しない』とされるが，この時（1882年1月）に改正施行されたものであろう」（大阪市立1987，上巻42）としている。また『大阪商科大学60年史』にもその規則について「一切年月を記していないのでやゝ不安な點もないではないが，…」（陶山1944，24）とある。だから正確な年月日ははっきりしない。『市立大阪高等商業學校35年史』の明治15年1月の記事には，「山本前所長心得ヲ教頭ニ任シ校則ヲ改正シ正則生徒ノ定員ヲ五十名ト爲シ一月ヨリ六月ニ至ル半年度ノ經ヒ豫算ヲ定メ…」（傍点引用者，市立大阪1915，8）となっているにも拘らず，『大阪商業講習所正速改正規則』では，1学期を3月1日から7月20日，2学期を9月11日から2月21日の2学期制（大阪市立1987，下巻915）としているので，整合性がない。その上，山本が岡山から大阪に来たのは14年の10月（それも岡山でトラブルがあっての来阪）であり，教頭に就任したのが15年の1月，規則の改正も同月。あまりに改正のための時間がなさ過ぎると思われる。したがって『大阪商業講習所正速改正規則』は，もう少し後になってできたのではないだろうか。まず神戸で業種別簿記の教育がカリキュラムに取り入れられ，それが全国の商業学校に波及していったと考えた方が妥当ではないかと考えられる。

21 「…各種營業ノ簿記計算ヲ練習セシム…」等々（泗商1996，74）。

22 細田尚彦氏は，企業会計原則と『要領』は「ともに企業財務会計理論的基盤としての同じ『会計公準』および同じ『会計原則』の上に設定されているといえよう。…『原則』（企業会計原則＝引用者）は株式会社をその適用の対象とするものであり，『要領』は法人以外の企業（つまりは個人企業）をその適用対象とするものである」と述べている（細田1991，29）。また，制定当時の安本財政金融局，葛原事務官は，「法制化されなかつたが，大蔵省令制定の基礎資料となり，これを実質的に尊重することゝなつた」と述べている（葛原1950，2）。

23 『要領』が，和式帳合法の影響を受けているのではないかということは，すでに小倉榮一郎氏（小倉1962，62），岩邊晃三氏（岩邊1987bc），三代川正秀氏（三代川2004）などにより指摘されてきた。

24 郷土史研究家，木南弘氏のご尽力により，北風家の子孫にあたる安田信吉氏宅に，膨大な量（恐らく，3千枚）の古文書の写真が残されていることが確認された。神戸市の文化財課も調査に入っている。

25 喜多氏によれば，北風家の総勘定目録の口座は，人名勘定残高，商品勘定残高，現金勘定残高，前年繰越高，元高（資本金）差引損益から成るとしている（喜多1969，36）。この勘定構成は，前述した『略式帳合法附録』の「総勘定表」と似ている。したがって著者の藤井氏は，北風家の総勘定目録も参考にしたのではないかとも考えられる。

26 もっとも明治初期，調査する側の意図と，される側の意識に差がある例は，他の例にも見られる。例えば海原徹氏によると，文部省の行なった寺子屋の調査において，寺子屋の数が鹿児島県において異常に少ないのは，「西南戦争による人心の荒廃，なかんずく中央政府への敵対感情が官製調査を意識的にサボタージュさせ，それがこのような粗笨な数字になったとも思われるが…」と述べている（海原 1988，298-299）。

27 中小企業に関する研究も手がけ，石川県の中小企業指導にも携わった高光兼重氏は，戦前，業種別簿記や業種別会計に関して記述した論考を残している（高光 1941）。また高光氏が戦後奉職した富山大学経済学部には，「業種別簿記論」「業種別会計論」という講座が設けられていた（富山 2002，543）。（『富山大学十五年史』では，「業種別特記（ママ）論」「業種別会計論」になっている（富山 1964，161）が，「業種別簿記論」の誤植であると思われる）。高光氏は，富山県立富山商業学校から高岡高等商業学校に進み，昭和 9 年（1934）3 月に神戸商業大学を卒業している（内田 1959，154）。さらに『要領』作成に当たって，中西寅雄・鍋嶋達両氏のもとで補助的な役割を果たしたといわれる山田一郎氏（後に関東学院大学教授，専修大学教授）（岩邊 1987c，（下）121）は，『要領』と同じ総括収支表方式を「東京都商工指導所簡易工場簿記要領草案」として提案している（山田 1949，26）。山田氏も浪華商業学校を経た後，昭和 10 年（1935），関東学院大学（旧制高等商業部）を卒業している（専修 1983，199）。業種別簿記，中小企業，神戸，商業学校は，関連性がありそうである。

28 紙幣寮の中に銀行学局が設けられ，西洋式簿記法が教育された。そのことについては，拙稿（田中孝 2005，131）でも少し論じておいた。また最近，大企業に於いて，洋式簿記がどのように導入されていったかについても研究が進んでいる。西川登氏が三井，山口不二夫氏が三菱の明治期における帳簿をそれぞれ分析され学会で報告されている。西川氏は，2012 年 9 月に行われた日本簿記学会第 28 回全国大会において，「明治初期の三井物産会社の帳簿組織」というテーマで報告し，その論文は，学会年報に掲載（西川登 2013）されている。また同年 10 月に開催された日本会計史学会第 31 回大会でも，「三井物産会社の草創期（1876～1881）の決算報告書」というテーマで報告されている。山口氏は，日本会計史学会第 30 回大会において，「三菱簿記法以前の三菱の和式帳簿 1872 年から 1875 年」という報告をされ，その論文（山口 2012）が学会年報に掲載されている。今後その全貌が，順次明らかになっていくものと思われる。

29 平成 25 年（2013）8 月 30 日から 9 月 1 日まで立教大学で開催された日本簿記学会第 29 回全国大会において，簿記実務研究部会「業種別簿記の研究」について部会長の成川正晃氏より中間報告がなされた。

引　用　文　献

相田二郎. 1923a.「金銭の融通から見た奈良朝の經師等の生活（上）」『歴史地理』41（2）：142–155.

相田二郎. 1923b.「金銭の融通から見た奈良朝の經師等の生活（下）」『歴史地理』41（3）：228–241.

愛知大学中日大辞典編纂所. 2010.『中日大辞典』第三版　大修館書店.

愛知県教育委員会. 1973.『愛知県教育史』第三巻.

青木和夫. 1973.『日本の歴史』第3巻　奈良の都　中央公論社.

赤坂憲雄. 2009.『東北学／忘れられた東北』講談社.

赤塚忠・阿部吉雄. 1986.『旺文社　漢和辞典』改定新版　旺文社.

秋田市教育委員会秋田城跡発掘調査事務所. 1983.『秋田城跡　昭和57年度秋田城跡発掘調査概報』.

秋山高志. 2001.『古文書のことば』柏書房.

浅田泰三. 1997.『中国質屋業史』東方書店.

阿部猛. 1966.『律令国家解体過程の研究』新生社.

阿部猛. 1990.『平安前期政治史の研究』高科書店.

網野善彦. 1993.「インタビュー　網野善彦“顔”のみえる『資本論』」『マージナル』9　現代書館：3–16.

網野善彦. 1994.「貨幣と資本」朝尾直弘・網野善彦・石井進・鹿野政直・早川庄八・安丸良夫編著.『岩波講座　日本通史』第9巻　中世3　岩波書店：207–246.

網野善彦. 1995a.「六百年まえの荘園の四季」網野善彦・大西廣. 佐竹昭広編.『春・夏・秋・冬　いまは昔むかしは今』第四巻　福音館書店：218–233.

網野善彦. 1995b.「ある荘園文書の遍歴―備中国新見荘とその代官―」網野善彦・大西廣. 佐竹昭広編.『春・夏・秋・冬　いまは昔むかしは今』第四巻　福音館書店：497–502.

網野善彦. 1996.『日本中世都市の世界』筑摩書房.

網野善彦. 1998a.『日本社会の歴史（下）』岩波書店.

網野善彦. 1998b.「宴会・接待・庄園現地の会計」上島有・大山喬平・黒川直則編.『東寺百合文書を読む■よみがえる日本の中世■』思文閣出版：135–147.

網野善彦. 1999.「元弘・建武期の備中国新見荘」東寺文書研究会編『東寺文書にみる中世社会』東京堂出版：333–343.

網野善彦. 2000.「荘園・文書が行き交う―若狭国太良荘を中心に」青木和夫・佐藤信一・高木昭作・坂野潤治編『文献史料を読む・古代から近代』朝日新聞社：41–

48
網野善彦. 2001.『蒙古襲来　転換する社会』小学館.
網野善彦. 2004.『中世荘園の様相』塙書房.
網野善彦. 2005.『日本の歴史をよみなおす（全)』筑摩書房.
網野善彦. 2007.『増補　無縁・公界・楽　日本中世の自由と平和』平凡社.
網野善彦. 2009.『海民と日本社会』新人物往来社.
新井喜久夫. 1978.「遠江国浜名郡輸租帳の一考察（一)」『信濃』30（5）: 13–21.
新居町史編さん委員会. 1986.『新居町史』第四巻　考古・古代中世資料　凸版印刷.
安藤英義. 1985.『商法会計制度論　—商法会計制度の系統及び歴史的研究—』国元書房.
安藤英義. 1997.「会計余話　会計の記録手段の今昔」『産業経理』57（1）: 86–87.
安藤英義. 1999.『一橋における商業教育の発展と課題』第四十期　一橋フォーラム21 ⑫　如水会.
安藤英義. 2001.『簿記会計の研究』中央経済社.
安藤英義. 2010.「簿記の財務会計化と『資本』衰退への危惧」『會計』177（6）: 1–14.
E. H. カー著・清水幾太郎訳. 1997.『歴史とは何か』岩波書店.
李鎔賢. 2009.「百済木簡　—新出資料を中心に」奈良女子大学 21 世紀 COE プログラム古代日本形成の特質解明の研究教育拠点編『若手研究者支援プログラム(四)』: 88–107.
池上岑夫・金七紀男・高橋都彦・富野幹雄. 1996.『現代ポルトガル辞典』白水社.
池田温. 1979.『中国古代籍帳研究—概観・録文』東京大学出版会.
池田温. 1987.「敦煌の便穀歴」日野開三郎博士頌壽記念論集刊行会編『日野開三郎博士頌壽記念　論集　中国社会・制度・文化史の諸問題』中国書店 : 355–389.
池田敬八. 1921.『得能良助君傳』印刷局.
石井進. 1989.「中世の村を歩く　寺院と荘園」野上毅編.『朝日百科・日本の歴史』4　中世Ⅰ　朝日新聞社 : 4–38–68.
石井進. 1992.『長福寺文書の研究』山川出版社.
石井進. 1998.「商人と市をめぐる伝説と実像」国立歴史民俗博物館『〔歴博フォーラム〕中世商人の世界—市をめぐる伝説と実像』日本エディタースクール出版部 : 3–25.
石井進・石母田正・笠松宏至・勝俣鎮夫・佐藤進一. 1981. 日本思想体系 21『中世政治社會思想　上』岩波書店.
石上英一. 1987.「出挙帳」国史大辞典編集委員会編『国史大辞典』第 8 巻 : 11–12.
石田瑞麿. 1997.『例文　仏教語大辞典』小学館.
泉谷勝美. 1997.『スンマへの径』森山書店.

出雲朝子. 1982. 『玉塵抄を中心とした室町時代語の研究』桜楓社.
市立大阪高等商業學校. 1911. 『府立大阪商業學校一覧　創立記念再版　從明治一三年創立至仝十九年三月』.
市立大阪高等商業學校. 1915. 『市立大阪高等商業學校三十五年史』市立大阪高等商業學校同窓會・校友會.
伊藤清郎・大石直正・斉藤利男. 1989. 「荘園関係基本用語解説」網野善彦・石井進・稲垣泰彦・永原慶二編『講座日本荘園史1　荘園入門』吉川弘文館：385-453.
伊藤正敏. 1991. 『中世後期の村落　―紀伊国賀太荘の場合―』吉川弘文館.
伊藤正敏. 2008. 『寺社勢力の中世―無縁・有縁・移民』筑摩書房.
犬飼隆. 2005. 「陸奥国戸口損益帳のドラマ」『説林』(愛知県立大学) 53：53-66.
井上辰雄. 1982. 『正税帳の研究』塙書房.
井上光貞・関晃・土田直鎮・青木和夫. 1976. 日本思想体系3『律令』岩波書店.
井上泰也. 2006. 「文献からみた中国の貨幣流通　―7～14世紀（唐・宗・元代）を中心に―」『出土銭貨』25：77-92.
井原今朝男. 2001. 「宋銭輸入の歴史的意義―沽価法と銭貨出挙の発達―」池亨編『【もの】から見る日本史　銭貨―前近代日本の貨幣と国家―』青木書店：63-92.
井原今朝雄. 2003. 「東国荘園年貢の京上システムと国家的保障体制」『国立歴史民俗博物館研究報告』108：93-119.
井原今朝雄. 2006. 「中世の印章と出納文書　―諏訪社造営銭徴収システムと武田家の有印文書―」有光友學編『戦国期　印章・印判状の研究』岩田書院：101-144.
荊木美行. 1995. 『律令官制成立史の研究』国書刊行会.
今泉淑夫. 1985. 「公帖」国史大辞典編集委員会編『国史大辞典』第五巻：385.
今谷明. 1985. 『室町幕府解体過程の研究』岩波書店.
今西康彦. 1956. 「中世末地方寺院経済の一面　―池田本郷の竜徳寺の場合―」『岐阜史学』16：9-11.
岩崎民平・小稲義男. 1971. 『新英和中辞典（第三版）』研究社.
岩邊晃三. 1986. 「16世紀日欧会計史　―イタリア式簿記の伝播について―」『社会科学論集』58（埼玉大学経済研究室）：48-77.
岩邊晃三. 1987a. 「江戸初期帳合法とルネッサンス　―イタリア式簿記の日本への伝播について―」『社会科学論集』60（埼玉大学経済研究室）：1-32.
岩邊晃三. 1987b. 「『中小企業簿記要領』の意義と内容」（上）『社会科学論集』（埼玉大学）61：13-40.
岩邊晃三. 1987c. 「『中小企業簿記要領』の意義と内容」（下）『社会科学論集』（埼玉大学）62：95-121.
岩邊晃三. 1988. 「桂離宮大福帳と歴史の謎　―イタリア式簿記の伝播に関連して―」『社会科学論集』63（埼玉大学経済研究室）：1-37.

岩辺晃三．1989.「イタリア式簿記の日本への伝播について」『會計』135（6）：15-29.
岩辺晃三．1992.「会計帳簿と日本史の謎　―文化論的アプローチにもとづいて―」『會計』142（1）：103-119.
岩辺晃三．1993.『天界・光秀の謎　―会計と文化―』税務経理教会.
岩辺晃三．1994.『複式簿記の黙示録』徳間書店.
岩邊晃三．1997.「第3節　日本における会計の歴史」岩邊晃三編『基本会計』税務経理協会：11-16.
植木直一郎．1906（復刻1977）.「延暦・貞観・延喜の交替式」『國學院雑誌』第十二巻十二號：76-80.
上野秀治．2012.「第五講　江戸幕府と遷宮」清水潔・岡田登・多田實道・岡野友彦・上野秀治・松浦光修・谷口裕信・田浦雅徳　共著『伊勢の神宮と式年遷宮』皇学館大学出版部　平成24年11月
上野利三・高倉一紀．1999.『伊勢商人　竹口家の研究』和泉書院.
上野正男．1978.「中世の会計―とくに王室・荘園会計を中心に―」『和光経済』11（1・2）：1-15.
植村正治．1977.「播州近藤家の魚問屋運営と帳合法」『大阪大学経済学』26（3・4）：288-301.
内田穣吉．1959.「高光兼重教授　略歴・著作目録」『富大経済論集』（富山大学経済学部経済研究会）5（2）：154-157.
海原徹．1988.『近世の学校と教育』思文閣出版.
梅棹忠夫．1999.『日本とは何か　近代日本文明の形成と発展』日本放送出版協会.
梅原猛．2009.『梅原猛，日本仏教をゆく』朝日新聞社.
梅原三千・西田重嗣．1960.『津市史』第二巻　津市役所.
梅村喬．1975.「民部省勘会と勘解由使勘判」名古屋大学文学部国史学研究室編『名古屋大学日本史論集』上巻　吉川弘文館：259-289.
梅村喬．1978.「民部省勘会制の成立」彌永貞三先生還暦記念会編『日本古代の社会と経済』上巻　吉川弘文館：315-349.
梅村喬．1989.『日本古代財政組織の研究』吉川弘文館.
浦長瀬隆．1985.「一六世紀後半京都における貨幣流通」『地方史研究』35（3）：1-16.
江頭彰．1996.「簿記教育にみる利益計算システム」日本簿記学会簿記理論研究部会『簿記理論における利益計算システムの研究』〔最終報告〕：77-87.
江頭彰．2001a.「明治期佐賀県の商業教育　―伊萬里商業学校を中心に―」『地域経済研究センター年報』（佐賀大学経済学部）12：18-31.
江頭彰．2001b.「明治期の中等商業学校における簿記教育」『日本簿記学会年報』16：78-83.

江頭彰．2012.「洋式簿記導入期における誘導的損益計算構造の変遷　―『和単更生法』による複式簿記への道―」『日本簿記学会年報』27：63−70.
NHK「新シルクロード」プロジェクト．2005.『NHK スペシャル　新シルクロード』3 天山南路・敦煌　NHK 出版.
榎英一．1979.「田租・出挙小論　―その起源について―　」日本史論叢会『論究日本古代史』學生社：263−275.
榎原雅治．1996.「日記とよばれた文書　―荘園文書と惣有文書の接点―」『史學雑誌』105（8）：1−40.
遠藤廣昭．1988.「三河国龍渓院輪住制と地域社会　―『祠堂帳』分析を中心として―」『宗学研究』（駒沢大学　曹洞宗宗学研究所）30：156−161.
遠藤慶太．2012.『東アジアの日本書紀　―歴史書の誕生―』吉川弘文館.
遠藤武．1988.「帳」国史大辞典編集委員会編『国史大辞典』第九巻：562.
大内田貞郎．1960.「正倉神火をめぐる一考察」『續日本紀研究』7（5）：15−25.
大喜多甫文．2005.『松坂商人のすべて（二）―あるじの苦悩と奉公人の苦労』伊勢の國・松坂十樂.
大阪市參事會．1911.『大阪市史』第五　秀英舍.
大阪市參事會．1914.『大阪市史』第二　秀英舍.
大阪市役所．1934.『明治大正大阪市史』第三巻〈經濟篇　中〉日本評論社.
大阪市立大阪高等商業學校．1915.『市立大阪高等商業學校 35 年史』.
大阪市立大学百年史編集委員会．1987.『大阪市立大学百年史』全学編　上巻.
大阪市立大学百年史編集委員会．1987.『大阪市立大学百年史』全学編　下巻.
大隅亜希子．2010.「算師と八世紀の官人社会」栄原永遠男編『日本古代の王権と社会』塙書房：267−280.
大曾根章介．1992.「新猿楽記」国史大辞典編集委員会編『国史大辞典』第七巻：831.
太田哲三．1956.『会計学の四十年』中央経済社.
大谷壽太郎．1937a.「江戸時代に於ける織物問屋の帳簿（其一完）」『會計』41（5）：101−108.
大谷壽太郎．1937b.「江戸時代に於ける織物問屋の帳簿（其二完）」『會計』41（6）：99−111.
大津透．1998.「唐西州高昌県粟出挙帳断簡について―スタイン将来吐魯番文書管見」皆川完一編『古代中世史料学研究　上巻』吉川弘文館：475−511.
大津透．2009.『日本古代史を学ぶ』岩波書店.
大塚徳郎．1962.「観察使について　―門脇氏『律令体制の変貌』を読んで―」『日本歴史』175：9−16.
大塚徳郎．1970.「平安遺文巻十所収『播津国正税帳案』等について」『日本歴史』269：9−19.

大西民一．2006．『伊勢大湊の今昔』大和印刷．
大西林五郎・石丸正誠．1903．『經濟大辭典』東京：弘文館，大阪：積文社．
大日方克己．2007．「家司受領藤原行房と出雲国正税返却帳」『社会文化論集』4（島根大学法文学部）：1−18．
大邨西崖．1915．『支那美術史彫塑篇』佛書刊行會圖像部．
大森研造．1921．「我國在來の商業帳簿」『経済論叢』12（5）：117−133．
大山誠一．1973．「『天平十二年遠江国浜名郡輸租帳』の史料性に関する一考察」『日本歴史』306：111−120．
大山誠一．1999．「再び『天平一二年遠江国浜名郡輸租帳』の史料性について」『延喜式研究』16：22−48．
岡崎敬．1991．「敦煌」フランク・B・ギブニー『ブリタニカ国際大百科事典』14　株式会社ティビーエス・ブリタニカ：744−745．
岡崎敬・平野邦雄．1971．『古代の日本』9　研究資料　角川書店．
岡田利文．1976．「『延喜式』収載の正税帳書式の成立時期について」『歴史』49：1−13．
岡田利文．1978．「現存正税帳の残存状況に関する研究史整理」『研究紀要』18　愛媛県立新居浜西高等学校：1−24．
岡田利文．1980a．「税帳の作成部数および提出先に関する覚書」『川内古代史論集』創刊号：7−12．
岡田利文．1980b．「弘仁主税式勘税帳条の成立」関晃教授暦記念会編『関晃先生日本古代史の研究』吉川弘文館：327−358．
岡田利文．1981．「税帳制度成立に関する一試論」『ソーシアル・リサーチ』9：23−45．
岡田登．1998．「新潟県和島村西遺跡出土の第一号木簡」『史料』153（皇学館大學史料編纂所報）．
岡野友彦．2013．『院政とは何だったか　「権門体制論」を見直す』株式会社 PHP 研究所．
岡山県史編纂委員会編．1991．『岡山県史』第二十巻　家わけ史料　山陽新聞社．
荻須純道．1979．「雪江宗深　—妙心寺の再興」『花園大学研究紀要』10：1−12．
荻野三七彦．1985．「日記」日本歴史大辞典編集委員会編『普及新版　日本歴史大辞典』第七巻：504−505．
奥野高廣．1933．「室町時代における土倉の研究」『史學雜誌』44（8）：44−95．
小倉榮一郎．1957．「江州中井家の決算法について　—中井家帳合の法—」『彦根論叢』37（滋賀大学経済学会）：1−23．
小倉榮一郎．1960．「我が国固有の簿記法展望」『彦根論叢』65・66・67 合併号（滋賀大学経済学会）：217−232．
小倉榮一郎．1962．『江州中井家帖合の法』ミネルヴァ書房．

小倉榮一郎. 1967.「わが国固有簿記法の展望」『彦根論叢』122・123合併号（滋賀大学経済学会）: 70-90.

小倉榮一郎. 1974.「わが国固有の会計法の発達と西洋式簿記法」『會計』105 (3) : 1-16.

小倉榮一郎. 1975.「出合いの人・出合いの書」『企業会計』27 (3) : 100-101.

小倉榮一郎. 1979.「わが国固有の簿記会計法」黒澤清総編集・小島男佐夫編『体系近代会計学Ⅶ　会計史および会計学史』中央経済社 : 259-283.

小倉榮一郎. 1980a.「わが国固有帳合法の史的展開／1　損益計算は商人のいのち〈原始形態〉」『企業会計』32 (1) : 98-101.

小倉榮一郎. 1980b.「わが国固有帳合法の史的展開／4　毎日の行事『帳合わせ』―取引複記の原則」『企業会計』32 (4) : 116-103.

小倉榮一郎. 1980c.「わが国固有帳合法の史的展開／6　多帳簿制記帳と複式決算の技法」『企業会計』32 (6) : 100-103.

小倉榮一郎. 1980d.「わが国固有帳合法の史的展開／10　江戸時代の工業会計―出雲帖合の法」『企業会計』32 (10) : 100-103.

小倉榮一郎. 1981.「会計史研究の問題点」『企業会計』33 (2) : 58-64.

小倉榮一郎. 1991.『近江商人の経営管理』中央経済社.

小津三百三十年史編纂委員会. 1983.『小津三百三十年のあゆみ』株式会社小津商店.

小野晃輔. 1941.『日本産業発達史の研究』詩文堂.

小葉田淳. 1932.「中世に於ける祠堂錢に就いて―社寺の經濟組織の研究―」『歴史と地理』29 (1) : 15-33.

小葉田淳・豊田武・寳月圭吾・森克己. 1966.『讀史總覽』人物往来社.

賀川隆行. 1999.「江戸木綿問屋長谷川家の経営の転換」『三井文庫論叢』33 : 1-108.

賀川隆行. 2003.「元禄・宝暦期の江戸木綿問屋大和屋の経営」『三井文庫論叢』37 : 1-51.

賀川隆行. 2006.「元文・寛政期の江戸木綿問屋綿屋惣兵衛の経営」『三井文庫論叢』40 : 59-112.

賀川隆行. 2007.「近世後期の江戸木綿問屋長井嘉左衛門家の商業金融経営」『三井文庫論叢』41 : 1-83.

滝沢武雄. 1988.「出目」国史大辞典編集委員会編『国史大辞典』第九巻 : 913.

筧敏夫. 1988.「霊亀青苗簿式の成立」『ヒストリア』121 : 102-121.

笠井純一. 1967.「観察使に関する一考察（上）」『續日本紀研究』194 : 1-15.

笠井純一. 1976.「平安朝初期国司監察制度の展開をめぐって」『ヒストリア』70 : 1-19

笠松宏至・佐藤進一・百瀬今朝雄. 1981.『中世政治社會思想』下　岩波書店.

片岡泰彦. 2007.『複式簿記発達史論』(大東文化大学経営研究所研究叢書 25) 大東文化大学経営研究所.

片岡泰彦. 2009.「フッガー家と三井家の会計諸表比較研究」『経済論集』(大東文化大学経済学会) 93：1-18.

勝俣鎮夫. 1985.「戦国時代の村落」『社会史研究』6　日本エディタースクール：1-36.

勝俣鎮夫. 1989.「虹と市　神との交歓・人との交換」野上穀編.『朝日百科・日本の歴史』2　古代　朝日新聞社：2-213-214.

加藤徹. 2007.「日中二千年漢字のつきあい」『NHK 知るを楽しむ　歴史に好奇心』2007 年 4 月 5 月号　日本放送出版協会.

門脇禎二. 1974.「勘會」日本歴史大辞典編集委員会『日本歴史大辞典』第 3 巻　河出書房新社：267.

鐘江宏之. 2001.「諸国正税帳の筆記と書生―継目裏書と郡司記名の検討を踏まえて―」『正倉院文書研究』7：170-186.

鎌田茂雄. 2003.『仏教の来た道』講談社.

鎌田元一. 1988.「調帳」国史大辞典編集委員会編『国史大辞典』第九巻：631-632.

上坂倉次. 1938.「西鶴時代の商業帳簿」『歴史と生活』3 (慶応義塾経済史学会)：93-96.

亀井孝. 1978.『日葡辞書』勉誠社.

亀田隆之. 1980.『日本古代制度史論』吉川弘文館.

亀田隆之. 1992.「問民苦使」国史大辞典編集委員会編『国史大辞典』第十三巻：919.

亀田隆之. 2001.『奈良時代の政治と制度』吉川弘文館.

河合秀敏. 1979.『現代監査の論理』中央経済社.

河合秀敏. 1983.『監査論〔改訂版〕』同文舘出版.

河合秀敏. 1997.「企業に必要な 3 つの監査」河合秀敏編『監査の社会的役割』中央経済社：5-14.

川上卯治郎. 1941.『八幡商業五十五年史』滋賀縣, 八幡商業學校五十周年記念會.

川上孤山. 1917.『妙心寺史』上　妙心寺派教務本所.

川上孤山. 1921.『妙心寺史』下　妙心寺派教務本所.

河崎照行. 2009.「中小企業における簿記の意義と役割」『會計』176 (3)：1-12.

河崎照行. 2012.「『中小企業の会計』の制度的定着化」『會計』182 (5)：1-13.

川島晃. 1993.「勘解由使」江上波夫・上田正昭・佐伯有清監修『日本古代史事典』大和書房：283-284.

河原一夫. 1977.『江戸時代の帳合法』ぎょうせい.

神崎宣武・門暉代司・中牧弘允・兼田麗子・櫻井治男. 2010. パネルディスカッション「伊勢と伊勢商人」『伝統文化』37 伝統文化活性化国民協会：23-49.

菊池康明．1956．「上代国司制度の一考察」『書陵部紀要』6：1–23.
菊地礼子．1972．「交替式の一考察」『人文科学紀要』（お茶の水女子大学）第25巻第三分冊：1–51.
岸俊男．1956．「所謂『陸奥国戸籍』残簡補考」『續日本紀研究』3（2）：1–28.
木島幹世．1963a．「伯耆製鉄業者の帳合（一）」『産業と教育』127：16–22.
木島幹世．1963b．「伯耆製鉄業者の帳合（二）」『産業と教育』128：27–33.
喜田新六．1960a．「国の四度使いと公文の勘申（上）」『歴史教育』8（9）：87–95.
喜田新六．1960b．「国の四度使いと公文の勘申（中）『歴史教育』8（10）：97–105, 57.
喜田新六．1960c．「国の四度使いと公文の勘申（下）」『歴史教育』8（11）：96–105.
北島正元．1962．『江戸商業と伊勢店　―木綿問屋長谷川家の経営を中心として―』吉川弘文館.
喜多善平．1965．「北風家文書のことども」『歴史と神戸』（神戸史学会）4（4）：6.
喜多善平．1969．「兵庫の北風家（一）―その嫡家の系統」『歴史と神戸』（神戸史学会）8（6）：2–39.
北原薫．1980．「晩唐・五代の敦煌寺院経済　―収支決算報告を中心に―」『講座敦煌3　敦煌の社会』大東出版社：371–456.
北原進．1973．「本居宣長の帳簿と家業經營」大野晋編『本居宣長全集』第十九巻　筑摩書房：23–71.
鬼頭清明．1977．『日本古代都市論序説』法政大学出版局.
岐阜県．1969．『岐阜県史』通史編　中世　巖南堂書店.
岐阜県．1983．『岐阜県史』史料編　古代中世三　大衆書房.
木村和三郎．1950．『日本における簿記會計學の發展』潮流講座經濟學全集〔第一部　經濟理論の發展〕第十回配本　潮流社.
木村和三郎．1972．『科学としての会計学』（下）有斐閣.
木村和三郎．1975．「帳簿組織の歴史的発展」小島男在夫編『簿記史研究』大学堂書店：31–42.
京都大学近世物価史研究会．1962．『15～17世紀における物価変動の研究　―日本近世物価史研究1―』読史会.
京都府立総合史料館編．1977．『東寺百合文書目録』第二　京都府立総合史料館.
桐生貴明．2006．「検税使大伴卿に関する一考察」『二松學舍大學論集』49：15–31.
近代会計制度百周年記念事業委員会．1978．『近代会計百年―その歩みと文献目録』日本会計研究学会.
日下部與市．1980．『新会計監査詳説』中央経済社.
葛原秀治．1950．「中小企業簿記要領制定について」『財政経済弘報』175：1–2.
久田松和則．2004．『伊勢御師と旦那　伊勢信仰の開拓者たち』弘文堂.
窪寺恭秀．1999．「伊勢御師幸福大夫の出自とその活動について　―中世末期を中心に―」『皇學館史學』14：19－40.
久米康生．1976．『和紙の文化史』．木耳社.
黒川直則．1981．「中世一揆史研究の前進のために―史料と方法」『一揆』5 一揆と国家　東京大学出版会：247－307.
黑坂勝美．1964．『新訂増補國史体系』第二十八巻『政事要略』吉川弘文館.
黑坂勝美．1965a．『新訂増補國史体系』第二十六巻『交替式』吉川弘文館.
黑坂勝美．1965b．『新訂増補國史体系』第二十五巻『類聚三代格』吉川弘文館.
黑坂勝美．1974．『新訂増補國史体系』第十巻『續日本後紀』吉川弘文館.
黑坂勝美．2000．『新訂増補國史体系』第六巻『類聚國史　後篇』吉川弘文館.
黑澤淸．1934．『簿記原理』（会計学全集）東洋出版社.
黑澤淸．1990．『日本会計制度発展史』財経詳報社.
経済安定本部．1950．『中小企業簿記要領解説―記帳例題つき―』森山書店.
小市和雄．1984．「延喜青苗簿式の成立」『史観』110：2－15.
幸田成友．1972．「質屋」『幸田成友著作集』第一巻　中央公論社：132－174.
河野勝行．1983．「遠江国浜名郡輸租帳について」『續日本紀研究』129：28－32.
神戸市教育委員会．2001．『神戸市文献史料』第二十巻.
神戸市教育史編集委員会．1966．『神戸市教育史』第一巻　神戸市教育史刊行委員会.
神戸新聞社．2002．『神戸ゆかりの 50 人』神戸新聞総合出版センター.
國稅廳廣報課．1950．『「中小企業の帳簿のつけ方」解説―中小企業簿記指導者講習會速記錄―』.
小島鉦作 .1985．『伊勢神宮史の研究』小島鉦作著作集　第二巻　吉川弘文館.
児玉幸多．1989．「名主・庄屋」国史大辞典編集委員会編『国史大辞典』第十巻：721－722.
後藤隆之．1990．『伊勢商人の世界』三重県良書出版会.
後藤隆之．1997．「記念講演　伊勢商人の経営管理に学ぶ」『三重の商業教育』（三重県高等学校商業教育会）34：67－85.
小西瑞恵．2000．『中世都市共同体の研究』思文閣出版.
小早川欣吾．1933．「我国中世に於ける動産質（2・完）」『社会経済史学』2（10）：47－62.
小林計一郎．1977．「神宮の御師」『瑞垣』112：45－50.
小林儀秀．1875．『馬耳蘇氏記簿法』巻之上　文部省.
小松淑郎．1975．「会計帳簿からみた英国中世荘園」『北海道大学紀要』25（2）：15－31.
五味文彦．1992．「目代」国史大辞典編集委員会『国史大辞典』第十三巻：814.
近藤榮助．1934．『實業教育五十年史』文部省實業學務局内實業教育五十周年記念會.

紺野浦二．1935．『大傳馬町』学芸書院．
財団法人茨城県教育財団．1983．『鹿の子C遺跡漆紙文書—本文編—』茨城県教育財団文化調査報告第20集．
財団法人大蔵財務協会．1950．『中小企業簿記要領による中小企業の帳簿のつけ方—各業種別記帳例題による説明—』．
斉藤利彦．2002．「日本教育史の研究動向（近現代）」『日本の教育史学』（教育史学会機関誌編集委員会）教育史学会紀要45：338-349．
齋藤博．1989．『質屋史の研究』新評論．
酒井龍男．1925．『一橋五十年史』東京商科大學一橋會．
栄原永遠男．1979．「奉写一切経所の財政」『追手門学院大学文学部紀要』13：129-160．
栄原永遠男．1987．「平城京住民の生活誌」岸俊男編『日本の古代9　都城の生態』中央公論社：187-266．
栄原永遠男．1989．「調庸制から交易制へ　律令税制と流通経済」野上毅編．『朝日百科・日本の歴史』2　古代　朝日新聞社：2-196-204．
坂上康俊．2009．『律令国家の転換と「日本」』講談社．
坂内三彦．1997．「返抄について　—様式の変遷と文書請文の発生をめぐって—」平田耿二還暦記念論文集『歴史における史料の発見　—あたらしい“読み”へむけて—』平田研究室：229-290．
坂本賞三．1991．『日本王朝国家体制論』東京大学出版会．
坂元義種．1966．「按察使制の研究　—成立事情と職掌・待遇を中心に—」『ヒストリア』44・45：1-12．
作道洋太郎．1962．「近世大阪両替商経営の形成過程　—十人両替の創設と鴻池両替店—」『バンキング』175：32-54（後に，作道洋太郎．1975．「大阪両替商経営の形成過程　—十人両替の創設と鴻池両替店—」宮本又次編『大阪の研究　—近世大阪の商業史・経営史的研究—』第三巻　清文堂：181-216に所収）．
作道洋太郎．1965．「江戸時代の貨幣改鋳と鴻池両替店」『バンキング』204：73-88．
作道洋太郎．1966．「鴻池両替店の帳合法」『社会経済史学』32：26-53．
桜井英治．1995．「割符に関する研究—日本中世における為替手形の性格をめぐって—」『史學雜誌』104（7）：1-36．
桜井英治．2004．「中世における物価の特性と消費者行動」『国立歴史民俗博物館研究報告』113：55-79．
佐々木銀弥．1981．『中世の商品流通史の研究』法政大学出版会．
佐々木宗雄．1987．「10〜11世紀の受領と中央政府」『史学雑誌』96（9）：1-36．
佐竹昭．1980．「勘解由使勘判の構造と解由制の変質について」『地域文化研究』（広島大学総合科学部紀要Ⅰ）6：25-53．
佐藤進一．2002．『[新版]古文書学入門』法政大学出版局．

澤田吾一．1927．『奈良朝時代民政経済の数的研究』冨山房．
三光寺由美子．2011．『中世フランス会計史― 13-14 世紀会計帳簿の実証的研究』同文舘出版．
塩沢君夫．1965．『古代専制国家の構造』お茶の水書房．
泗商百年史編集委員会．1996．『泗商百年史』三重県立四日市商業高等学校．
静岡県．1994．『静岡県史』通史編 1　原始・古代　ぎょうせい．
信濃史料刊行會．1968．『信濃史料』第十四巻．
柴田純．1983．「近世前期における学文の歴史的位置」『日本史研究』247：112-136．
島崎隆夫．1989．「松阪商人・その栄光への道」『松阪大学地域社会研究所報』創刊号：62-80．
嶋田謙次．1987．『伊勢商人』伊勢商人研究会．
清水廣一郎．1982．『中世イタリア商人の世界　ルネサンス前夜の年代記』平凡社．
下坂守．1978．「中世土倉論」日本史研究会史料研究部会編『中世日本の歴史像』創元社：215-249．
下関商業高等学校百年史編集委員会．1987．『下商百年史』資料年表編　下関商業高等学校．
シャウプ使節團．1949．『日本税制報告書』巻 1（REPORT ON JAPANESE TAXATION BY THE SHOUP MISSION VOLUME Ⅰ）．
寿岳文章．1983．「紙」国史大辞典編集委員会編『国史大辞典』第三巻：563-564．
商業學會．1978．『實業名家講話集』　雄松堂書店．
史料館．1954．「伊勢国射和村富山家文書解題」『史料館所蔵史料目録』第三集：55-58．
新修神戸市史編修委員会．1992．『新修神戸市史』歴史編Ⅲ　近世　神戸市．
新修神戸市史編修委員会．1994．『新修神戸市史』歴史編Ⅳ　近代・現代　神戸市．
新城常三．1980．「運上」国史大辞典編集委員会編『国史大辞典』第二巻：203．
新城常三．1982．『新稿社寺参詣の社会経済史的研究』塙書房．
新城常三．1988．「津料」国史大辞典編集委員会編『国史大辞典』第九巻：820-821．
新野直吉．1960．「『正倉神火』事件における監主之司と虚納者について　―大内田氏にお答えする―」『續日本紀研究』7（12）：5-12．
新保博．1971．「わが国在来帳合法の成立と構造　―近世簿記発達史についての一試論―」『国民経済雑誌』12（4）：1-19．
杉本徳栄．1998．『開城簿記法の論理』森山書店．
杉山和雄．1972．「商業教育の発展と矢野次郎」『成蹊大学　経済学部論集』（成蹊大学経済学部学会）3（1）：77-107．
鈴木公雄．2002．『銭の考古学』吉川弘文館．
鈴木浩三．1995．『江戸の経済システム』日本経済新聞社．
鈴木日出男．2005．「女流文学の成立―日記文学・随筆」鈴木日出男・多田一臣・藤原克己『日本の古典—古代編』放送大学教育振興会：172–190.
鈴木牧之著・宮栄二校注．1978.『秋山記行・夜職草』平凡社．
陶山誠太郎．1944.『大阪商科大学60年史』大阪商科大學60年史編纂委員會．
妹尾達彦．1990.「唐代長安の店舗立地と街西の致富譚」布目潮渢博士古稀記念論集会『布目潮渢博士古稀記念論集　東アジアの法と社会』汲古書院：191–243.
専修経営学論集編集委員会．1983.「山田一郎教授　履歴・業績」『専修経営学論集』（専修大学学会）36：199–206.
曽我部静雄．1970.『律令を中心とした日中関係史の研究』吉川弘文館．
曾我部静雄．1971.『中国律令史の研究』吉川弘文館．
孫徳榮．1993.「出雲帳合研究とその記録計算構造の特質」『鹿児島経大論集』34（1）：79–104.
高槻市史編さん委員会．1979.『高槻市史』第4巻（二）　史料編Ⅲ　高槻市役所．
高寺貞男．1978a.「和式簿記法と洋式簿記法の比較会計史」『経済論叢』121（4・5）：1–10.
高寺貞男．1978b.「初期の三井大元方における簿外不動産追補会計の解析」『経済論叢』122（3・4）：1–12.
高寺貞男．1979.「和式簿記法と洋式簿記法の比較会計史」高寺貞男・醍醐聡編『大企業会計史の研究』同文舘出版：219–227.
高寺貞男．1995.『複雑系の会計学』（大阪経済大学研究叢書第28冊）三嶺書房．
高野義夫．1989.『明治大正昭和　神戸人名録』日本図書センター．
高橋厳．1992.「中国会計史の輝ける一駒　—四川製塩業の龍門帳—」『経営研究』5（2）（愛知学泉大学　経営研究所）：445–456.
高橋崇．1955.「按察史の制度—特に陸奥出羽の—」『歴史地理』85（3・4）：65–79.
高橋崇．1962.「出雲国正税返却帳の基礎的研究」『文科紀要』9（東北大学教養部）：25–39.
高橋隆三．1935.「臨濟宗官寺の制度—官寺の沿革及び住持職兩班に就いて—」『國史學』24：13–30
高光兼重．1941.「昭和十五年度會計學文献解題　1. 簿記，2. 會計學」高岡高等商業學校研究會『研究論集』42（2）：111–122.
高柳光寿・竹内理三．1995.『角川日本史辞典』（第二版）角川書店．
瀧川政次郎．1941a.『日本法制史研究』有斐閣．
瀧川政次郎．1941b.『日本法制史』有斐閣．
瀧川政次郎．1967a.「貯穀及び舂米」『法制史論叢　第一冊　律令格式の研究』角川書店．
瀧川政次郎．1967b.「事発日記と問注状　—庁例における証拠法の発達—」『法制史論叢　第四冊　律令諸法制の令外官の研究』角川書店：347–373.
瀧川政次郎．1970.「檢税使大伴卿」『國學院法学』7（4）：1–43.

滝沢武雄. 1983.「官銭」国史大辞典編集委員会編『国史大辞典』第三巻：868.
滝沢武雄. 1983.「出目」国史大辞典編集委員会編『国史大辞典』第九巻：913.
瀧本誠一. 1992.『日本経済大典』第 54 巻　鳳文書館.
瀧本誠一・豊田仁. 1935.『日本法制經濟史―大日本史食貨志釋―』福田書房.
武居奈緒子. 2001.「岡山商法講習所の開設とその時代」『産業と経済』(奈良産業大学経済経営学会) 16 (2)：51-78.
武居奈緒子. 2003.「岡山商法講習所の設立と成果」『産業と経済』(奈良産業大学経済経営学会) 18 (2)：87-107.
竹内一男. 1976.『経済季報　鴻池与三吉家差引帳の紹介　江戸時代両替商預金元帳に表れた貨幣流通事情』昭和 51 年秋特別号　三和銀行.
竹内一男. 1998.『大福帳と算用帳　鴻池両替店の帳簿組織』(自費出版).
竹内理三. 1932.『奈良朝時代に於ける寺院経済の研究』大岡山書店.
竹内理三. 1943.『寧楽遺文』八木書店.
竹内理三. 1965.『平安遺文』東京堂出版.
竹内理三・山田英雄・平野邦雄. 1979.『日本古代人名辞典』2　吉川弘文館.
竹貫元勝. 1994.『京都の禅寺散歩』雄山閣出版.
多田實道. 2008.「曹洞宗における住吉明神信仰」『神道史研究』56：35-55.
多田實道. 2009.「『平家物語』巻一 『祇園精舎』を読む　～　国史学と仏教学の立場より　～」『皇学館大学講演叢書』第 122 輯.
田名網宏. 1963.「出挙制の本質」『歴史学研究』282：45-54.
田名網宏. 1973.「日唐雑令の出挙条文について」『日本歴史』303：1-12.
田中治郎左衛門. 1966.『田端屋の生ひ立ち』株式会杜田端屋.
田中孝治. 1999.「江戸商人の帳合法（和式帳合法）の教育史」『三重の商業教育'99』36：34-86.
田中孝治. 2000.「帳合法をめぐる近世・近代の会計教育」『経営総合科学』(愛知大学経営総合研究所) 75：15-122.
田中孝治. 2001a.「近世商人と近代商業学校における和式帳合法の教育の史的考察」『會計』159 (4)：72-85.
田中孝治. 2001b.「実務使用を目的とした和式帳合法」『経営総合科学』(愛知大学経営総合科学研究所) 77：139-205.
田中孝治. 2003.「明治維新期の国際会計教育」河合秀敏・盛田良久編『21 世紀の会計と監査』 同文舘出版：161-175.
田中孝治. 2004.「グローバルスタンダードと西洋式簿記」『経営総合科学』愛知大学経営総合科学研究所：65-88.
田中孝治. 2005.「日本の伝統簿記と様式簿記の導入―日本簿記史―」平林喜博編著『近代会計成立史』同文舘出版：121-136.
田中孝治. 2007.「商法講習所のもう一つの簿記教科書」安藤英義編著『会計学論

考』中央経済社：223－260.
田中浩司. 1990.「戦国期寺院領主経済の一齣—天龍寺の『納下帳』分析を中心に—」『中央大学大学院論究』22　文学研究科：1－18.
田中浩司. 2002.「儀礼からみた中世後期の領主経済の構造と消費」『国立歴史民俗博物館研究報告』92：59－85.
田中浩司. 2003.「十六世紀前期の帳簿史料からみた金の流通と機能」峰岸純夫『日本中世史の再発見』吉川弘文館：303－323.
田中浩司. 2004.「一六世紀後半の京都大徳寺の帳簿史料からみた金・銀・米・銭の流通と機能」『国立歴史民俗博物館研究報告』113：193－210.
田中康雄. 1972.「江戸商人名前一覧」『三井文庫論叢』6：220－344.
玉井力. 2008.「勘出考」『日本歴史』720：1－18.
玉村竹二. 1962.『五山文學　—大陸文化紹介者としての五山禪僧の活動—』至文堂.
田村昭治. 1999.『ここに人あり—淡路人物誌—』教育出版センター.
千枝大志. 2011.『中近世伊勢神宮の貨幣と商業組織』岩田書院.
千早耿一郎. 2000.「おれはろくろのまわるまま」『伊勢人』117　伊勢文化舎：36－51.
塚本善隆. 1942.『支那佛教史研究（北魏篇）』弘文堂書房.
津川正幸. 1959.「近世における廻船に関する若干の資料」『経済論集』（関西大学経済学会）9（1）：17－52.
津市教育委員会. 1998.『川喜田家歴史資料目録』.
津谷原弘. 1998.『中国会計史』税務経理協会.
津田秀雄. 1991.「三井家における内部監査制度の展開」桜井久勝・加藤恭彦編『財務公開制度論』千倉書房：151－170.
津田秀雄. 1992.「維新期三井組大元方の内部監査体制」『経済理論』（和歌山大学経済学会）247：1－18.
津田秀雄. 1993.「住友財閥における内部監査体制の変遷」日本会計史学会編『会計史学会年報』11：14－26.
津田秀雄. 2012.『日本内部監査制度の史的展開』森山書店.
鶴岡実枝子. 1987.「大福帳」国史大辞典編集委員会編『国史大辞典』第八巻：862－863.
敦賀市史編さん委員会. 1982.『敦賀市史』史料編第四巻上　敦賀市役所.
手塚竜麿. 1960.『商法講習所』都史紀要八　東京都.
寺内浩. 2004.『受領制の研究』塙書房.
寺崎保広. 2004.「帳簿」平川南・沖森卓也・栄原永遠男・山中章編『文字と古代日本1　支配と文字』吉川弘文館：280－303.
土井忠生・森田武・長南実. 1995.『邦訳　日葡辞書』岩波書店.

東京大學史料編纂所. 1961.『大日本史料』第十一編之十二　東京大學.
東京大學史料編纂所. 1968a.『大日本古文書』編年之一　東京大學出版會.
東京大學史料編纂所. 1968b.『大日本古文書』編年之三　東京大學出版會.
東京大學史料編纂所. 1969.『大日本古文書』編年之十一　東京大學出版會.
東京大學史料編纂所. 1995.『大日本古文書』家わけ第十七　大徳寺文書別集　眞珠庵文書之三　東京大学.
東野治之. 1978.『正倉院文書と木簡の研究』塙書房.
栂井義雄. 1961.「三井大元方の資本蓄積」『専修大学論集』27：80-88.
ドク・ベルツ編　菅沼竜太郎訳. 1997.『ベルツの日記』(上) 岩波書店.
鳥羽至英. 1994.「監査理論と監査史―中世の荘園・ギルドにおける監査―」『南山経営研究』9 (2)：505-517.
友岡賛. 2005.『歴史にふれる会計学』有斐閣.
富山大学. 1964.『富山大学十五年史』富山大学.
富山大学年史編纂委員会. 2002.『富山大学五十年史』上巻　富山大学.
豊田武. 1950.『日本商人史　中世篇』東京堂.
豊田武. 1982.『中世日本の商業』豊田武著作集第 2 巻　吉川弘文館.
虎尾俊哉. 1958.「延喜主税式勘税帳条の研究」『國史研究』(弘前大学国史研究会) 12：1-19.
虎尾俊哉. 1961.『班田収授法の研究』吉川弘文館.
虎尾俊哉. 1982.『古代典籍文書論考』吉川弘文館.
虎尾俊哉. 1987.「正倉院文書三題」『国立歴史民俗博物館』12：1-13.
虎尾俊哉. 2007.『訳注日本史料　延喜式』中　集英社.
長倉保. 1960.「江戸後期における酒造資本の存在形態―灘五郷・嘉納家の場合」『研究』史学篇 (神戸大学文学会) 22：17-61.
長崎市立長崎商業百年史編集委員会. 1985.『長崎商業百年史』長崎市立長崎商業高等学校.
長澤規矩也. 1983.「巻子本」国史大辞典編集委員会編『国史大辞典』第三巻：856.
仲彰一. 1976.『大澤山龍渓院誌』曹洞宗　大沢山龍渓院.
永島福太郎. 1948.「金融業の一僧」『日本歴史』13：47-49.
中島圭一. 1992.「中世京都における土倉業の成立」『史學雜誌』101 (3)：41-60.
中島圭一. 1993.「中世京都における祠堂銭金融の展開」『史学雑誌』102 (12)：1-33.
中島圭一. 2000.「祠堂銭」黒川雄一編『日本歴史大辞典』2　小学館：386.
中瀬勝太郎. 1990.『徳川幕府の会計検査制度』築地書館.
永田義直. 1938.『六十年史』兵庫県第一神戸商業学校.
中田易直. 1959.『三井高利』吉川弘文館.
中田祝夫編. 1971.『玉塵抄』(6) 勉誠社.

中田祝夫校注・訳. 1987.『日本古典文学全集　日本霊異記』. 小学館.
中田四朗. 1963.「室町末期の大湊」『地方史研究』13 (2・3):11-20.
中野栄夫. 1972.「遠江国浜名郡輸租帳の基礎的考察」『日本歴史』291:67-86.
仲村研. 1981.『今堀日吉神社文書集成』雄山閣出版.
仲村研. 1989.「得珍保今堀郷研究補遺」『日本歴史』489:1-19.
中村幸彦・岡見正雄・阪倉篤義. 1994.『角川古語大辞典』第四巻　角川書店.
中村義太郎. 1955.「天平十二年遠江国浜名郡輸租帳と荘園制の胚胎」『歴史教育』3 (6):73-77.
中山伊知郎・金森久雄・荒憲治郎. 1984.『有斐閣経済事典』有斐閣.
那波利貞. 1939.「佛教信仰に基きて組織せられたる中晩唐五代時代の社邑に就きて (上)」『史林』24 (3).
那波利貞. 1941.「燉煌發見文書に據る中晩唐時代の佛教寺院の錢穀布帛類貸附營利事業運營の實況」『支那學』10 (3):103-180.
那波利貞. 1977.『唐代社會文化史研究』創文社.
南勢新報. 1910.「長井家の祖先祭」『三重県史談会々誌』1 (2):89.
新見市史編纂委員会編. 1993.『新見市史』通史編　上巻　第一法規出版.
新村出. 1983.『広辞苑』第三版　岩波書店.
西岡虎之助. 1974.「撿税使」日本歴史大辞典編集委員会『日本歴史大辞典』第4巻　河出書房新社.
西川孝治郎. 1955.「わが国固有の帳合法について」『企業会計』7 (7):111-113.
西川孝治郎. 1969.「日本固有帳合法の特徴について」『商学集志』2・3・4合併号:1-17.
西川孝治郎. 1971.「わが国会計史研究について　—和式帳合の二重構造—」『會計』100 (7):94-114.
西川孝治郎. 1974.『日本簿記史談』同文舘出版.
西川孝治郎. 1982.『文献解題　日本簿記学生成史』雄松堂書店.
西川順土. 1975.「庶民は何を考え何を求めて伊勢へ来たか」『瑞垣』107:14-21.
西川順土. 1976.「中世末における参宮者の為替利用」『皇學館大学紀要』14:161-170.
西川登. 1991.「会計における江戸時代の『遺産』」『経済貿易研究所年報』(神奈川大学経済貿易研究所) 17:35-45.
西川登. 1993.『三井家勘定管見』白桃書房.
西川登. 1995.「会計組織と簿記技法」安岡重明・天野雅敏編『日本経営史1　近世的経営の展開』岩波書店:197-232.
西川登. 1996.「社史に見る西洋式簿記の導入」『商経論叢』31 (3):99-135.
西川登. 2004.『三井家勘定管見［資料編］』白桃書房.
西川登. 2013.「明治初期における複合仕訳帳制の簿記実務　—先収会社と三井物産

会社の事例を中心に—」『日本簿記学会年報』28：66–72.
西山克. 1987.『道者と地下人　—中世末期の伊勢—』吉川弘文舘.
日本經濟研究所編. 1940.『日本經濟史辭典』上巻　日本評論社.
日本国語大辞典第二版編集委員会　小学館国語辞典編集部. 2001a.『日本国語大辞典　第二版』第三巻　小学館.
日本国語大辞典第二版編集委員会　小学館国語辞典編集部. 2001b.『日本国語大辞典　第二版』第八巻　小学館.
日本国語大辞典第二版編集委員会　小学館国語辞典編集部. 2001c.『日本国語大辞典　第二版』第九巻　小学館.
日本国語大辞典第二版編集委員会　小学館国語辞典編集部. 2001d.『日本国語大辞典　第二版』第十一巻　小学館.
日本国語大辞典第二版編集委員会　小学館国語辞典編集部. 2001e.『日本国語大辞典　第二版』第十二巻　小学館.
布目潮渢・栗原益男. 1974.『中国の歴史』第4巻　隋唐帝国　講談社.
野田只夫. 1952.「中世京都に於ける高利貸業の発展」『学報』A2　京都学芸大学：31–42.
芳賀登. 1972.『本居宣長』清水書院.
橋倉雄二. 1997.「税帳上の倉別部記載について（下）」『皇學館論叢』175：17–42.
橋本浩. 1986.「中間地域における百姓名の存在形態」『日本史研究』182：1–35.
塙保己一・川俣馨一. 1977.『新校　羣書類従』第17巻　名著普及会.
濱田弘作. 1988.「3.5　古代中国人の会計」『財務会計の基礎』多賀出版：25–26.
濱田弘作. 2003.「第3章　古代中国会計史」『会計史研究』多賀出版：39–63.
早川庄八. 1958.「正税帳覚書」『続日本紀研究』5（3）：1–5.
早川庄八. 1962.「所謂『伊予国正税帳』について」『書陵部紀要』13：43–56.
早川庄八. 1971.「延暦交替式・貞観交替式・延喜交替式」坂本太郎・黒坂昌夫編『国史大系書目解題』上巻　吉川弘文館：379–420.
早川庄八. 1983.「勘会」国史大辞典編集委員会編『国史大辞典』第三巻：856.
早川庄八. 1987.「出挙」国史大辞典編集委員会編『国史大辞典』第8巻：9–11.
早川純三郎. 1914.『徳川時代商業叢書』第三　國書刊行會.
林陸朗. 1969.『上代政治社会の研究』吉川弘文館.
林陸朗. 1971.「青苗簿について」『日本歴史』272：41–57.
林陸朗. 1982.「桓武朝前期の国司監察　—勘解由使設置の前提として—」『國學院大學紀要』20：1–21.
林陸朗・鈴木靖民. 1985.『復元　天平諸国正税帳』現代思潮社.
林玲子. 1982.『江戸店犯科帳』吉川弘文館.
林玲子. 1989.「伊勢商人と江戸」地方史研究協議会編『三重—その歴史と交流』雄山閣出版：54–70.

林玲子．2001．『江戸・上方の大店と町家女性』吉川弘文館．
原征二．1975．「わが国固有の簿記法研究への一視角　―日本会計史研究序説―」『経営志林』（法政大学）12（3）：43-65．
原征二．1977．「わが国固有の簿記法に関する一考察　―固有帳合法と複式簿記との比較―」『経営志林』（法政大学）13（4）：111-140．
原秀三郎．1997．「遠江国浜名郡輸租帳の史料的性格」大山喬平教授退官記念会編『日本国家の史的特質　古代・中世』思文閣出版：121-146．
原田敏明・高橋貢訳．1975．『日本霊異記』平凡社．
春山千明．1959．「律令時代に於ける出挙」『金城学院大学論集』14：144-177．
播久夫．1950．「青色申告と簿記普及運動」『中小企業情報』2（2）：33-34．
播久夫．1985．『簿記運動史―青色申告制度三十五年史』財団法人大蔵財務協会．
播久夫．1992．『実録中小企業運動史―戦前の小売商問題と戦後の中小企業問題』同文舘出版．
一橋大学学園史編集委員会．1983a．『商法講習所時代』．
一橋大学学園史編纂事業委員会．1983b．『一橋大学学制史資料』第五集　第一巻．
一橋大学学園史刊行委員会．1995．『一橋大学百二十年史』一橋大学．
日野開三郎．1987．『日野開三郎　東洋史学論集』第五巻　唐・五代の貨幣と金融　三一書房．
兵庫縣勧業課．1879．『兵庫縣神戸商業講習所　教授具及規則類纂』．
兵庫県史編集専門委員会．1980．『兵庫県史』第5巻．
兵庫縣々立神戸商業講習所編輯．1883．『新編　簿記例題』和式ノ部．
平泉澄．1926．『中世に於ける社寺と社會との關係』至文堂．
平井泰太郎．1936．「出雲帳合の性質」『国民経済雑誌』61（3）：1-28．
平岡定海．1960．「中世寺院に於ける講について」『日本歴史』145：19-28．
平川南．1984．「秋田城跡第二号，第三号漆紙文書について」秋田市教育委員会秋田城跡発掘調査事務所編．『秋田城跡発掘調査事務所研究紀要Ⅰ　秋田城出土文字資料集』：1-20．
平川南．1989．『漆紙文書の研究』吉川弘文館．
平川南．1995．「律令制と東国」『新版［古代の日本］⑧関東』角川書店：209-240．
平川南．2003．『古代地方木簡の研究』吉川弘文館．
平川南．2009．「古代朝鮮と日本を結ぶ木簡学」『國文學』54（6）：6-23．
土方久．2005．『複式簿記の歴史と論理　―ドイツ簿記の16世紀―』森山書店．
土方久．2008．『複式簿記会計の歴史と論理　―ドイツ簿記の16世紀から複式簿記会計への進化―』森山書店．
土方久．2012．『16世紀におけるドイツ固有の簿記の研究　―複式簿記の歴史からその論理を求めて―』研究叢書No.39　西南学院大学学術研究所．
平山諦．1997．「算木」国史大辞典編集委員会編『国史大辞典』第6巻：512-513．

廣田宗玄．2006．資料紹介『禅林諸祖伝』所収「『開山行実記』・『妙心禅寺記』―流布本『正法山六祖伝』『関山慧玄』章・『妙心禅寺記』との対照を通して―」『禪學研究』84：1-37.
福井保．1985．「冊子」国史大辞典編集委員会編『国史大辞典』第六巻：378.
福井俊彦．1964．「観察使をめぐる諸問題」『續日本紀研究』124：9-18.
福井俊彦．1978．『交替式の研究』吉川弘文館.
福澤諭吉．1873．『帳合え法』初編　慶應義塾出版局.
福島正樹．1981．「民部省勘会の変質と家産制的勘会の成立　―『国家公権の私的分割論』への一視点」『紀尾井史学』1：1-12.
福島正樹．1983．「封戸制再検討の一前提　―10世紀に関する東大寺封戸関係文書群と封戸制の盛衰―」『歴史学研究』521：35-47.
福島正樹．1984．「抄帳」荒居英次・高橋正彦・飯倉晴武・広瀬順晧・太田順三・福田アジオ・佐々木克編『古文書用語辞典』：238.
福島正樹．1986a．「王朝国家期における財政と税制をめぐって」『新しい歴史学のために』182：12-22.
福島正樹．1986b．「中世成立期の国家と勘会制」『歴史学研究』560：65-76.
福島正樹．1986c．「平安後期の国家と財政」『古代史研究の最前線』第2巻政治・経済編下　雄山閣出版：194-211.
福島正樹．1988．「『百姓』返抄の成立と王朝国家」『歴史評論』464：20-33・63.
福島正樹．1992．「家産制的勘会の成立と展開」『史學雜誌』101（2）：43-81.
福島正樹．1997a．「領収」竹内誠・佐藤和彦・君島和彦・木村茂光『方法 教養日本史』東京大学出版会：141-154.
福島正樹．1997b．「四度公文・抄帳・結解」平田耿二還暦記念論文集『歴史における史料の発見　―あたらしい“読み”へむけて―』平田研究室：205-227.
福島正樹．1999．「財政文書からみた中世国家の成立」十世紀研究会編『中世成立期の政治文化』東京堂出版：334-360.
福島正樹．2004．「返抄―任務遂行証明書から物品領収書」平川南・沖森卓也・栄原永遠男・山中章編『文字と古代日本1　支配と文字』吉川弘文館：232-253.
福田アジオ・新谷尚紀・湯川洋司・福田より子・中込睦子・渡邊欣雄年編．1999．『日本民俗大辞典』上　吉川弘文館.
藤井清．1878a．『畧式帳合法附録』慶應義塾出版社.
藤井清．1878b．『和歐帳面くらべ』上巻・下巻　慶應義塾出版社.
藤野恵．1927．『公益質屋法要論』良書普及會.
藤本利治．1988．『門前町』古今書院.
藤原明衡撰・重松明久校注．2006．『新猿楽記　雲州消息』現代思潮新社.
フランソワ・カロン　幸田成友訳．1974．『日本大王国志』平凡社.
寶月圭吾．1999．『中世日本の売券と徳政』吉川弘文館.

北条秀樹．1974．「文書行政より見たる国司受領化　—調庸輸納をめぐって—」『史學雑誌』84（6）：1-43.
北条秀樹．1978．「平安前期徴税機構の一考察」井上光貞博士還暦記念会編『古代史論叢』下巻：121-163.
細田尚彦．1991．「『企業会計原則』と『中小企業簿記要領』」『産業経理』51（3）：21-30.
細谷新治．1990．『商業教育の曙』上巻　如水会学園史刊行委員会.
細谷新治．1991．『商業教育の曙』下巻　如水会学園史刊行委員会.
堀敏一．1975．『均田制の研究　—中国古代国家の土地政策と土地所有制—』岩波書店.
堀江保藏．1940．「利子」日本經濟史研究所編『日本經濟史辭典』下巻　日本評論社：1679-1680.
堀江保藏．1940．「御師」日本經濟史研究所編『日本經濟史辭典』上巻　日本評論社：173.
堀部猛．2002．「民部省勘会と損益帳」『延喜式研究』18：65-88.
本郷恵子．2012．『蕩尽する中世』新潮社.
増渕徹．1986a．「『勘解由使勘判抄』の基礎的考察」『史學雑誌』95（4）：34-61.
増渕徹．1986b．「平安前期国司監察制度の展開について」『古代史研究の最前線』第2巻政治・経済編下　雄山閣出版：82-93.
俣野好治．1987．「青苗簿制度について」『續日本紀研究』251：1-20.
松阪古文書研究会．2006．『小津清左衛門長柱日記』（1）　松阪市教育委員会文化課郷土資料室・
松阪古文書研究会．2011．『小津清左衛門長柱日記』（4）　松阪市教育委員会文化課郷土資料室・
松阪市史編さん委員会．1981．『松阪市史』第九巻　史料篇　地誌（2）　経済　勁草書房.
松阪市史編さん委員会．1983．『松阪市史』第十二巻　史料篇　近世（2）　経済　勁草書房.
松薗斉．2011．「序章　日記で読む日本中世史」元木泰雄・松薗斉編『日記で読む日本中世史』ミネルヴァ書房：1-10.
丸山信．1970．『福沢諭吉とその門下書誌』慶応通信.
三重県．1998．『三重県史』資料編　近世4（上）　ぎょうせい.
三重県．1999．『三重県史』資料編　中世1（下）　ぎょうせい.
三重県．2005．『三重県史』資料編　中世2　ぎょうせい.
三上喜孝．1999．「古代地方社会の出挙運営と帳簿—出挙関係木簡を手がかりに—」『民衆史研究』58：34-51.
三上喜孝．2004．「日本古代の銭貨出挙についての覚書」『国立歴史民俗博物館研究報告』113：169-179.
三上喜孝．2005.「出挙の運用」平川南・沖森卓也・栄原永遠男・山中章編『文字と古代日本3　流通と文字』吉川弘文館：63-84.
三上喜孝．2009.「古代アジア出挙制度試論」工藤元男・李成市編『東アジア古代出土文字資料の研究』アジア研究機構叢書人文学篇　第一巻　雄山閣：264-283.
水野柳太郎．1955a.「大安寺の食封と出挙稲（一）―施入時代―」『続日本紀研究』2（2）：31-45.
水野柳太郎．1955b.「大安寺の食封と出挙稲（二）―運営と状態―」『続日本紀研究』2（7）：1-14.
水野柳太郎．1955c.「大安寺の食封と出挙稲（三）―両者の性格―」『続日本紀研究』2（12）：1-14.
水野柳太郎．1959.「出挙の起源とその変遷」『ヒストリア』24：1-17.
三谷芳幸．2006.「班符と租帳　―平安中・後期の班田制について」義江彰夫編『古代中世の政治と権力』吉川弘文館：29-64.
道端良秀．1933.「支那佛教寺院の金融業　―無盡について」『大谷學報』14（1）：91-129.
道端良秀．1985.『中国仏教史全集』第四巻　書苑.
三井高維．1932.「江戸時代に於ける特殊商業としての呉服屋と兩替屋」『社會經濟史學』2（9）：57-61.
三井高維．1933.『新稿兩替年代記關鍵』二巻交證篇　岩波書店.
三井高陽．1982.『越後屋反故控』中央公論社.
宮川満．1985.「検注帳」国史大辞典編集委員会編『国史大辞典』第五巻：199-200.
宮城栄昌．1975.『延喜式の研究　論述篇』大修館書店.
宮崎道三郎．1929.「質屋の話」中田薫編『宮崎先生　法制史論集』岩波書店：11-44.
宮本救．1960.「天平一二年遠江国浜名郡輸租帳の一問題　―『戸某』について」『續日本紀研究』7（12）：1-4.
宮本又次．1940.「商業帳簿」日本經濟史研究所編『日本經濟史辭典』上巻　日本評論社：796-798.
宮本又次．1942.「帳簿と帳合」『あきなひと商人』ダイヤモンド社.：63-71.
宮本又次．1957.「江戸時代の帳簿と帳合」『大阪大学経済学』6（3.4）：87-112.
宮本又郎．1990.「十人両替」国史大辞典編集委員会編『国史大辞典』第七巻：296.
三代川正秀．2004.「江戸の帳合と正規の簿記の原則」『経営経理研究』（拓殖大学経営経理研究所）71：19-32.
三代川正秀．2006.『辺境会計への史的展開』税務経理協会.
三代川正秀．2012.『会計史余滴』DTP出版.
三代川正秀．2013.「家計簿の変遷史」『産業と人間』（拓殖大学）：315-326.

三好信浩．1997．「日本における商業教育論の歴史的展開」日本商業教育学会『商業教育論集』7：100-110.
武藤長蔵．1975．「明治以前長崎ニ伝ハリシ蘭文伊太利式（商業）簿記書ニ就テ」小島男佐夫編『簿記史研究』大学堂書店：240-250.
武藤和夫．1965．「伊勢商人の研究（一）」『研究紀要』32（三重大学学芸学部教育研究所）：1-40.
村尾次郎．1956．「陸奥国戸口損益帳断簡二紙片」『續日本紀研究』3（8）：16-20.
村尾次郎．1964．『律令財政史の研究　増訂版』吉川弘文館.
村上直次郎訳・柳谷武夫編．1969．『イエズス会　日本年報　下』雄松堂書店.
村下重夫．1993．「五大力菩薩　ごだいりきぼさつ」下中弘編『日本史大事典』第三巻：335.
室町時代語辞典編集委員会．2000．『時代別国語大辞典』室町時代編四　三省堂.
室町時代語辞典編集委員会．2001．『時代別国語大辞典』室町時代編五　三省堂.
茂木虎雄．1971．「日本会計史論の展開と課題　―研究史と展望―」『立教経済学研究』25（3）：263-288.
茂木虎雄．1976．「和式帳合と洋式簿記　―複式簿記法展開の世界史的体系化の問題―」『立教経済学研究』29（4）：1-41.
森公章．2005．「封戸と封主」平川南・沖森卓也・栄原永遠男・山中章編『文字と古代日本3　流通と文字』吉川弘文館：85-100.
安岡重明．1960．「前期的資本の蓄積過程（一）　―鴻池家算用帳の研究の一節―」『同志社商学』11（5）：95-128.
安岡重明．1966．「三井家初期の大元方勘定目録」『近世史研究』40：1-14.
安岡重明．1968．「前期的資本の蓄積過程（一）　―鴻池家算用帳の研究の一節―」『同志社商学』19（4）：1-23.
矢野憲一．2002．「御師の廃絶と伊勢の町」『伊勢の町と御師　―伊勢参宮を支えた力―』御師廃絶130年記念シンポジウム実行委員会：13.
山岸徳平・竹内理三・家永三郎・大曾根章介．1981．『日本思想体系8　古代政治社會思想』岩波書店.
山口不二夫．2012．「三菱簿記法以前の三菱の和式帳簿1872年から1875年」『会計史学会年報』30：47-61.
山崎宇治彦・北野重夫．1956．『射和(いざわ)文化史』射和村教育委員會.
山里純一．1991．『律令地方財政史の研究』吉川弘文館.
山下勝治．1936．「出雲帳合法に於ける兩面勘定」『彦根高等商業学校調査課調査研究』50輯：89-136.
山田一郎．1949．「―中小企業を對象とする―會計帳簿組織」『事務と經営』（社團法人日本事務能率協會）1（7）：24-26.
柚木学．1965．『近世灘酒経済史』ミネルヴァ書房.

行武和博. 1992.「出島オランダ商館の会計帳簿　―その帳簿分析と日蘭貿易の実態把握―」『社會經濟史學』57（6）：59−97.

横山智代. 2000.「中世末期伊勢御師の為替　―宮後三頭大夫文書を中心に―」『日本女子大学大学院文学研究科紀要』7：57−68.

義江彰夫. 2008.『神仏習合』岩波書店.

吉川幸次郎・佐竹昭広・日野龍夫. 1987.『日本思想大系 40　本居宣長』岩波書店.

吉川敏子. 2005.「借金証文」平川南・沖森卓也・栄原永遠男・山中章編『文字と古代日本 3　流通と文字』吉川弘文館：101−114.

吉田晶. 1979.『日本古代社会構成史論』塙書房.

吉永昭. 1962.「伊勢商人の研究　―近世前期における『富山家』の発展と構造―」『史學雜誌』71（3）：49−85.

吉野武. 2007.「第 96 号漆紙文書の追加報告」宮城県多賀城跡調査研究所『宮城県多賀城跡調査研究所年報　2006　多賀城跡』：80−83.

吉村茂樹. 1934.「國司制の崩壊」國史研究會編輯『岩波講座　日本歴史』岩波書店.

吉村茂樹. 1962.『国司制度』塙書房.

米田雄介. 1970.「日次記に非ざる『日記』について　―『平安遺文』を中心に―」『高橋隆三先生喜寿記念論集　古記録の研究』続群書類従完成会：147−169.

米田雄介. 1972.「摂津国租帳に関する基礎的考察」『書陵部紀要』24：30−50.

米田雄介. 1995.「算師」国史大辞典編集委員会編『国史大辞典』第六巻：539−540.

李成市. 2002.「古代朝鮮の文字文化と日本」『國文學』47（4）：13−18.

和歌山県史編さん委員会. 1983.『和歌山県史』中世史料二.

和漢三才事圖會刊行委員会. 1990.『寺島良安編　和漢三才事圖會』（上）東京美術.

綿貫友子. 1998.『中世東国の太平洋海運』東京大学出版会.

和田龍介. 2000.「石川・畝田（うねだ）・寺中（じちゅう）遺跡」『木簡研究』22：159−161.

渡部育子. 1967.「奈良朝における国司監察制度について」『續日本紀研究』188：18−34.

A. C. Littleton. 1933. *Accounting Evolution To 1900*. New York: Russell & Russell（片野一郎訳. 1989.『リトルトン会計発達史（増補版）』同文舘出版）.

Arthur H. Woolf. 1912. *A Short History Of Accountants And Accountancy*. New York and London: Garland Publishing（片岡義雄・片岡泰彦訳. 1977.『ウルフ会計史』法政大学出版局）.

Bryant Stratton & Packard. 1863. *Bryant & Stratton'S Counting House Book-Keeping: Containing A Complete Exposition Of The Science Of Accounts, In Its Application To The Various Depatments Of Business; Including Complete Stes Retail Merchandising, Farming, Settlment Of Estates Forwading, Commission, Banking Exchange, Stock Brokerage, ETC*. Entered, according to Act of Congress, in the year 1863.

Gary John Previts, Barbara Dubis Merino. 1979. *A history of accounting in america An Interpretation of the Cultural Significance of Accounting* by John Wiley & Sons. Inc.（大野功一・岡村勝義・新谷典彦・中瀬忠和訳. 1983. プレヴィッツ＝メリノ著『アメリカ会計史—会計の文化的意義に関する史的解釈—』同文舘出版).

刘秋根. 1995.『中国典当制度史』上海古籍出版社.

Hideki Murai, and Yoshiro Kimizuka. 2006. Over the waves:accounting flowed into Japan. *Accounting Theory Journal* Vol. 34 (No. 90): 157–169. Accounting Association (attached to the Science Council of Poland) Warsaw 2006.

李鎔賢. 2008.「佐官貸食記と百済貸食制」国立扶余博物館『百済木簡—所蔵品調査資料集』: 61–63.

郭道揚. 1982.『中國會計史稿』(上冊): 1988. 同書（下冊）中國財政経済出版社.

郭道揚. 1984.『会計發展史綱』中央廣播電視大学出版社（津谷原弘訳. 1988.『中国会計発展史綱』(上): 1990. 同書（下）文眞堂).

国家文物局古文献研究室・新疆維吾爾自治区博物館・武漢大學歴史系編. 1983.「唐質庫帳歴（？)」『吐魯番出土文書（第五冊)』文物出版社：314–340.

Michael Chatfield・Richard Vangermeersch. 1966. *The History of Accounting-An International Encyclopedia*. Garland publishing,Inc.

Michael Chatfield. 1974. *A History Accounting Thought*. Illiois: the Dryden Press（津田正晃・加藤順介訳. 1979.『チャットフィールド　会計思想史』文眞堂).

王静. 2001.「唐代長安新昌防的片変遷　—長安社会史研究之—」『唐研究』第七巻北京大学出版社：229–248.

Peter F. Drucker. 1962, The Economy's Dark Continent. *Fortune* 64 (4): 103, 265, 266, 268, 270.

羅彤華. 2005.『唐代民間借貸之研究』台湾商務印書館.

陳國燦. 1983.「従吐魯番出土的『質庫帳』看唐代的質庫制度」唐長孺主編『敦煌吐魯番文書初探』武漢大學出版社：316–343.

陳國燦. 1995.『斯坦因所獲吐魯番文書研究』武漢大學出版社.

唐耕耦. 1997.『敦煌寺院會計文書研究』新文豐出版公司.

唐長孺主編・中国文物研究室・新疆維吾爾自治区博物館・武漢大學歴史系編. 1994.『吐魯番出土文書』〔貳〕文物出版社：328–340.

Vernon K. Zimmerman. 1954. *British Backgrounds Of American Accountancy*. Illinois（小澤康人・佐々木重人訳. 1993.『近代アメリカ会計発達史—イギリス会計の影響力を中心に—』. 同文舘出版).

索　引

た行

な行

は行

ま行

や行

ら行

わ行

初 出 一 覧

各章については，以下の論文の一部を加筆・修正したものである。

第1章　本書のために書き下ろした。但し，日本簿記学会第13回全国大会（1997年），日本簿記学会第14回全国大会（1998年）の自由論題報告を基にしている。

第2章　「伊勢商人の帳合法と監査」『経営総合科学』（愛知大学）第79号　2002年9月

第3章　「我国中世における荘園会計について」『産業経理』第67巻　第2号　2007年7月

第4章　「和式簿記の起源に関する一考察—正税帳と出挙帳を中心として—」『産業経理』第68巻　第3号　2008年10月

第5章　「我国中世の会計について—中世寺院の会計を中心として—」『産業経理』第69巻　第3号　2009年10月

第6章　「日記と和式簿記」『経営総合科学』（愛知大学）第96号　2011年9月

第7章　「和式簿記の源流についての一考察　—東アジアにその源流を求めて—」『産業経理』第70巻　第4号　2011年1月

第8章　「我国監査の起源に関する一考察」『経営総合科学』（愛知大学）第97号　2012年3月

補　論　「兵庫商人と神戸商業講習所の簿記教育との関係とその影響」『会計史学会年報』第24号　2006年3月

あ と が き

私事になるが，筆者は，お伊勢さん（伊勢神宮）のお膝下で生まれ育った。そして今もその近くに住み，仕事をし，生活している。伊勢市というのは，誠に歴史的な町である。古市に行けば江戸時代の「お蔭参り」の風情に浸ることができるし，伊勢神宮に佇むと，古代のロマンを感じずにはいられない。しかしながら，会計学と，日本古代史はどう考えても繋がらない。だから，古代史の勉強は，老後の楽しみにとっておこうと考えていた。まさか，自分が研究の一環として取り組むことになるとは思いもしなかった。

筆者が，この日本式の簿記に興味を持ったのは，18 年も前のことになる。それは，商業科教員の研修会で，「伊勢商人の経営管理に学ぶ」という講演を聞いたことに始まる。実は，最初そのテーマを聞いた時，「なんで今さら伊勢商人なのか！」というのが正直な気持ちであった。何か他に仕事があれば，研修会を欠席したいくらいの気持ちであった。筆者だけであろうか，欧米の学問が優れており，日本の江戸時代の商人などというと，何か，非科学的で，時代遅れのイメージがあるのは。社会科学系の学問を専攻した者は，多かれ少なかれこういったイメージを持っているのではないだろうか。欠席する適当な理由も見つからなかったので，結局，その研修会に参加した。しかしながら，そこで，「伊勢商人は，西洋式の複式簿記は知らなかったが，それに匹敵する簿記を持っていた。損益計算書も，貸借対照表も作っていた」というような話を聞いた。その講師の先生は，後藤隆之氏という郷土史家の方であったが，東京商科大学（今の一橋大学）を卒業され，長く公認会計士をされている方であったので，信憑性もあると思った。その時，目から鱗が落ちるような気分になったことを覚えている。

「面白い。その研究をやってみよう。歴史も歴史の本を読むのも好きだ。しかもこのテーマなら田舎にいても研究しやすい。帳簿なども旧家に行き，借りればいい」などと思い，安易な気持ちで研究に取り掛かった。しかしながら，自分の考えの甘さに気付くのにそんなに時間はかからなかった。なぜなら，歴史が好きとか，歴史の本を読むといっても，教養書のレベルであったし，また，帳簿類も有名な商家の古文書は，都会の文書館や博物館に所蔵されていた。たとえ田舎に在ったとしても，そんなに簡単には見せてくれるものではない。それは，例えば見ず知らずの他人から，「あなたの家の倉庫とか納屋の奥に入っているものを見せてくれ」と言われても，そんな面倒な事，簡単に了解できないというのが当たり前の論理である。それが貴重な古文書なら，なおさらのことである。しかもそんなことより，筆者は，古文書の扱い方も知らない上に，くずし字も読めない。大学や，大学院で体系的な歴史の勉強したわけでもない。それどころか，高校時代に「日本史」という科目すら履修していなかった。

このような理由で，これまで無手勝流に研究してきたのが実情である。地方の一教師の著すものであるので，どこまで正確な事を解明できたかは分からない。誤字脱字はもとより，今後，間違いや考え違いは多く出てくると思う。本書を纏めるに当たって，以前書いた論文を改めて読み直し，勘違いや考え違いを多く発見し，訂正するのに難儀した。また，本書では，我国古代史から近代史，さらには古代東アジア史という非常に広い分野をカバーしているため，その分野の専門の研究者の方から見れば稚拙なものと映るかもしれない。しかしながら，**アウトライン**は間違っていないと思う。**「暗黒大陸」の輪郭**ぐらいは，何とか捉えられたのではないかと，自分では考えている。しかし，もしこの試みが間違っているとしても，本書が今後，日本の会計の歴史を探求するきっかけにでもなれば，幸いかと思う。

本書を締め括るに当たり，最後の「補論」で，明治以後のことをあえて取り上げた意味について述べてみたい。そこで，まず次の三人の有識者の言葉をご覧いただきたい。

網野善彦氏は，「……この国家は，経済的には長い列島社会の歴史のなかで蓄積されてきた高度な手工業の技術，生産方法，あるいは商業・信用経済の極度の発達した実態を継承し，また高いレベルの読み書き算盤の能力をもつ一般人民の広大な基盤に支えられて存立，発展しえたのであり，もとよりすべてが（明治以後＝引用者）『一新』されたわけでは決してなかった。そのほんの一例をあげれば，現在まで用いられつづけている商業の実用的な用語—市場，取引，相場，手形，切手，株式，寄付，大引などの言葉には翻訳語がまったくなく，古代・中世にまでさかのぼる在来の語であるという事実からも，そのことを読み取ることができる。この分野では欧米のシステムにただちに応ずるだけの実態を，日本の社会は達成していたのである」（網野 1998a，150−151）と，述べられている。

梅棹忠夫氏は，「革命というものは，旧時代との断絶の面と，連続の面とを，あわせもっているものです。フランス革命がそうであったように，明治革命もまたそうでありました」（梅棹 1999，151）と述べられ，さらに，「技術の点では，近代日本はおおくのものをヨーロッパにおうているとおもわれます。しかしそれも，日本にはほぼ同程度の技術の地盤が用意されていたからこそ，導入が可能であったのであります。……現代においても，日本は技術的にすぐれた国ですが，わたしは，その伝統は古代以来のものであったとかんがえています」(梅棹 1999，42–43）とも述べられている。

また，加藤徹氏は，「日本では，幼稚園から大学院まで，すべての教育を日本語で受けられる。この事実も，外国人を驚かせます。アジア，アフリカには，高等教育は現地語でなく英語やフランス語で行なう，という国が，いまも珍しくありません。日常生活を送るには現地語だけで間に合うが，現地語には科学や西洋近代哲学の概念をあらわす単語がないため西洋語で授業をせざるをえない，という国は，案外多いのです」(加藤 2007，69）と述べている。

これらは皆，日本の文化の歴史的な重みと，それが明治以後も受け継がれたということを述べているものである。補論に於いては，和式簿記というものが明治の簿記教育に影響を与えたこと，さらには第二次大戦後に青色申告制度が導入されるまで命脈を保ち，『中小企業簿記要領』にまで影響を与える結果となったことについて考察をした。

ここで強調しておきたいことは，我々は，古代以来千数百年続いた和式会計を誇りに思ってはいいのではないかということである。確かに，江戸時代の人々は，複式簿記（Double Entry Book-Keeping）の発想は知らなかった。しかしながら，福沢諭吉が“*Common School Book-Keeping*”を翻訳し，『帳合之法』を著した時，我国には，「日記帳」もあれば，「大帳」もあった。「売帳」も，「仕入帳」も「金銀出入帳」もあったわけである。福沢は，『帳合之法』の序文で，和式簿記を不便利なものと，一蹴しているが，和式簿記というものがなかったら，彼の翻訳に支障をきたしたのではなかろうか。当然，和式帳簿を参考にして，翻訳したわけである。だから，神戸商業講習所の教科書として著された『和歐帳面くらべ』において，和洋帳簿の対比ができたのである。

明治 9 年（1876），東京大学の医学部に「お雇い教師」として招かれたベルツは，明治 9 年 10 月 25 日の日記に次のようなことを書き残している。

「ところが—なんと不思議なことには—現代の日本人は自分自身の過去については，もう何も知りたくはないのです。それどころか，教養のある人たちはそれを恥じてさえいます。『いや，何もかもすっかり野蛮なものでした〔言葉そのまま！〕』と私に言明したものがあるかと思うと，またあるものは，私が日本の歴史について質問したとき，きっぱりと『われわれには歴史はありません，われわれの歴史は今からやっと始まるのです』と断言しました。なかには，そんな質問に戸惑いの苦笑をうかべていたのですが，私が本心から興味をもっていることに気がついて，ようやく態度を改めるものもありました」（ドク・ベルツ 1997，47）。

時代が転換した時に，その前の時代を悪く言うことは，永い人類の歴史を見渡した場合の常である。世界中どこに行っても，歴史書は，勝者の歴史である。我国に於いてもその例外ではなく，明治期には，徳川時代のことを，また，第二次大戦後には，戦前のことを悪く言った（戦後は，逆に徳川時代のことを見直した）。

明治時代の人々は，一刻でも早く西洋に追いつき近代化することを切望していたのであろうし，また，そのために大変な努力をしたものと思う。だから過去を顧みている余裕などなかった。ある意味過去を捨てねばならなかったと思う。しかし，社会が激しく変動している現代，本書を書き終えるにあたって，ベルツの言葉の重みを感じずにはいられない気持ちでいっぱいである。

2014 年 4 月　校正を終えて

田　中　孝　治

〈著 者 略 歴〉

田中　孝治（たなか　たかはる）

三重県立学校高等部　教諭。

1957年三重県伊勢市に生まれる。

1982年3月愛知大学大学院経営学研究科修了。

1994年4月1日から同年9月30日まで一橋大学へ内地留学。

愛知大学経営総合科学研究所客員研究員。

所属学会

日本会計研究学会，日本会計史学会，日本簿記学会，日本商業教育学会，日本歴史学会

共著

河合秀敏・盛田良久編著『21世紀の会計と監査』 同文舘出版，2003年

平林喜博編著『近代会計成立史』 同文舘出版，2005年

安藤英義編著『会計学論考』 中央経済社，2007年

主な論文

「会計教育についての現場からの提言」『経営総合科学』（愛知大学）第91号（2008年）

「統合評価法を利用した簿記教育」『日本簿記学会年報』'97 第12号（1997年）

「国際会計基準委員会（IASC）と会計基準の国際的統一性について」『三重県商業教育』'95　第32号（1995年）

「企業の社会的責任と会計ディスクロージャーの拡大」『三重県商業教育100周年記念誌　あゆみ』（1984年）

その他多数

江戸時代帳合法成立史の研究（えどじだいちょうあいほうせいりつし）

2014年6月25日　初版第1刷発行

著　者 ©　田 中 孝 治（た なか たか はる）

発行者　菅 田 直 文

発行所　有限会社 森山書店　東京都千代田区神田錦町 1-10 林ビル（〒101-0054）

TEL 03-3293-7061 FAX 03-3293-7063　振替口座 00180-9-32919

落丁・乱丁本はお取りかえ致します　印刷／製本・シナノ書籍印刷

ISBN 978-4-8394-2143-4